VOYAGES EXTRAORDINAIRES

JULES VERNE

AVENTURES
DU CAPITAINE HATTERAS
LES ANGLAIS AU PÔLE NORD
LE DÉSERT DE GLACE
PAR
JULES VERNE
DESSINS DE RIOU

VOYAGES EXTRAORDINAIRES
ÉDITION J. HETZEL

Ouvrage couronné par l'Académie française.

JULES VERNE

VOYAGES ET AVENTURES

DU

CAPITAINE HATTERAS

Les Anglais au pôle nord — Le Désert de glace

150

VIGNETTES PAR RIOU.

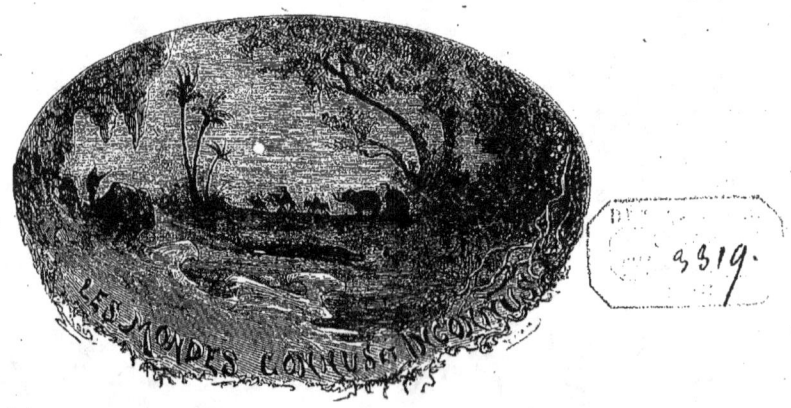

BIBLIOTHÈQUE
D'ÉDUCATION ET DE RÉCRÉATION
J. HETZEL ET Cⁱᵉ, 18, RUE JACOB
PARIS

Tous droits de traduction et de reproduction réservés.

Paris. — Imp. GAUTHIER-VILLARS, 55, quai des Grands-Augustins.

AVERTISSEMENT DE L'ÉDITEUR

Les excellents livres de M. Jules Verne sont du petit nombre de ceu
qu'on peut offrir avec confiance aux générations nouvelles. Il n'en est pas,
parmi les productions contemporaines, qui répondent mieux au besoin
généreux qui pousse la société moderne à connaître enfin les merveilles
de cet univers où s'agitent ses destinées. Il n'en est pas qui aient mieux
justifié le rapide succès qui les a accueillis dès leur apparition.

Si le caprice du public peut s'égarer un instant sur une œuvre tapageuse
et malsaine, son goût ne s'est jamais fixé en revanche d'une façon durable
que sur ce qui est fondamentalement sain et bon. Ce qui a fait la double
fortune des œuvres de M. Jules Verne, c'est que la lecture de ses livres
charmants a tout à la fois les qualités d'un aliment substantiel et la saveur
des mets les plus piquants.

Les critiques les plus autorisés ont salué dans M. Jules Verne un écrivain
d'un tempérament exceptionnel, auquel, dès ses débuts, il n'était que
juste d'assigner une place à part dans les lettres françaises. Conteur plein
d'imagination et de feu, écrivain original et pur, esprit vif et prompt, égal
aux plus habiles dans l'art de nouer et de dénouer les drames inattendus
qui donnent un si puissant intérêt à ses hardies conceptions, et à côté de
cela profondément instruit, il a créé un genre nouveau. Ce qu'on promet
si souvent, ce qu'on donne si rarement, l'instruction qui amuse, l'amu
sement qui instruit, M. Verne le prodigue sans compter dans chacune de
pages de ses émouvants récits.

Les Romans de M. Jules Verne sont d'ailleurs arrivés à leur point
Quand on voit le public empressé courir aux conférences qui se son

ouvertes sur mille points de la France, quand on voit qu'à côté des critiques d'art et de théâtre, il a fallu faire place dans nos journaux aux comptes rendus de l'Académie des Sciences, il faut bien se dire que l'art pour l'art ne suffit plus à notre époque, et que l'heure est venue où la science a sa place faite dans le domaine de la littérature.

Le mérite de M. Jules Verne, c'est d'avoir le premier et en maître, mis le pied sur cette terre nouvelle, c'est d'avoir mérité qu'un illustre savant, parlant des livres que nous publions, en ait pu dire sans flatterie : « Ces romans qui vous amuseront comme les meilleurs d'Alexandre Dumas, vous instruiront comme les livres de François Arago. »

Petits et grands, riches et pauvres, savants et ignorants, trouveront donc plaisir et profit à faire des excellents livres de M. Verne, les amis de la maison et à leur donner une place de choix dans la bibliothèque de la famille.

L'édition illustrée par M. Riou, que nous en donnons aujourd'hui, à un bon marché inusité et dans des conditions qui en font un livre de vrai luxe, témoigne de la confiance que nous avons dans la valeur de l'œuvre que nous tenons à honneur de populariser, et dans le goût du public de tout rang et de tout âge, à qui nous l'offrons.

Nous publierons successivement, après les *Aventures du capitaine Hatteras*, qui se composent des *Anglais au pôle nord* pour la première partie, et du *Désert de glace* pour la seconde,—le *Voyage au centre de la terre*, revu et augmenté de plusieurs chapitres nouveaux par l'auteur, —*De la Terre à la Lune* — et *Cinq semaines en ballon*.

Les œuvres nouvelles de M. Verne viendront s'ajouter successivement à cette édition, que nous aurons soin de tenir toujours au courant. Les ouvrages parus et ceux à paraître embrasseront ainsi dans leur ensemble le plan que s'est proposé l'auteur, quand il a donné pour sous-titre à son œuvre celui de *Voyages dans les Mondes connus et inconnus*. Son but est, en effet, de résumer toutes les connaissances *géographiques*, *géologiques*, *physiques*, *astronomiques*, amassées par la science moderne, et de refaire, sous la forme attrayante et pittoresque qui lui est propre, l'histoire de l'univers.

J. HETZEL.

— JULES VERNE —

LES ANGLAIS AU
POLE NORD

CHAPITRE PREMIER. — LE FORWARD.

« Demain, à la marée descendante, le brick le *Forward*, capitaine K. Z., second, Richard Shandon, partira de New Prince's Docks pour une destination inconnue. »

Voilà ce que l'on avait pu lire dans le *Liverpool Herald* du 5 avril 1860.

Le départ d'un brick est un événement de peu d'importance pour le port le plus commerçant de l'Angleterre. Qui s'en apercevrait au milieu des navires de tout tonnage et de toute nationalité que deux lieues de bassins à flot ont de la peine à contenir ?

Cependant, le 6 avril, dès le matin, une foule considérable couvrait les quais de New Prince's Docks ; l'innombrable corporation des marins de la ville semblait s'y être donné rendez-vous. Les ouvriers des warfs environnants avaient abandonné leurs travaux, les négociants leurs sombres comptoirs, les marchands leurs magasins déserts. Les omnibus multicolores qui longent le mur extérieur des bassins déversaient à chaque minute leur cargaison de curieux; la ville ne paraissait plus avoir qu'une seule préoccupation : assister au départ du *Forward*.

Le *Forward* était un brick de cent soixante-dix tonneaux, muni d'une hélice et d'une machine à vapeur de la force de cent vingt chevaux. On l'eût volontiers confondu avec les autres bricks du port. Mais, s'il n'offrait rien d'extraordinaire aux yeux du public, les connaisseurs remarquaient en lui certaines particularités auxquelles un marin ne pouvait se méprendre.

Aussi, à bord du *Nautilus*, ancré non loin, un groupe de matelots se livrait-il à mille conjectures sur la destination du *Forward*.

« Que penser, disait l'un, de cette mâture ? il n'est pas d'usage, pourtant, que les navires à vapeur soient si largement voilés.

— Il faut, répondit un quartier-maître à large figure rouge, il faut que ce bâtiment-là compte plus sur ses mâts que sur sa machine, et s'il a donné un tel développement à ses hautes voiles, c'est sans doute parce que les basses seront souvent masquées. Ainsi donc, ce n'est pas douteux pour moi, le *Forward* est destiné aux mers arctiques ou antarctiques, là où les montagnes de glace arrêtent le vent plus qu'il ne convient à un brave et solide navire.

— Vous devez avoir raison, maître Cornhill, reprit un troisième matelot. Avez-vous remarqué aussi cette étrave qui tombe droit à la mer ?

— Ajoute, dit maître Cornhill, qu'elle est revêtue d'un tranchant d'acier fondu affilé comme un rasoir, et capable de couper un trois-ponts en deux, si le *Forward*, lancé à toute vitesse, l'abordait par le travers.

—Bien sûr, répondit un pilote de la Mersey, car ce brick-là file joliment ses quatorze nœuds à l'heure avec son hélice. C'était merveille de le voir fendre le courant, quand il a fait ses essais. Croyez-moi, c'est un fin marcheur.

—Et à la voile, il n'est guère embarrassé non plus, reprit maître Cornhill ; il va droit dans le vent et gouverne à la main ! Voyez-vous, ce bateau-là va tâter des mers polaires, ou je ne m'appelle pas de mon nom ! Et tenez, encore un détail ! Avez-vous remarqué la large jaumière par laquelle passe la tête de son gouvernail ?

—C'est ma foi vrai, répondirent les interlocuteurs de maître Cornhill ; mais qu'est-ce que cela prouve ?

—Cela prouve, mes garçons, riposta le maître avec une dédaigneuse satisfaction, que vous ne savez ni voir, ni réfléchir ; cela prouve qu'on a voulu donner du jeu à la tête de ce gouvernail, afin qu'il pût être facilement placé ou déplacé. Or, ignorez-vous qu'au milieu des glaces, c'est une manœuvre qui se reproduit souvent ?

—Parfaitement raisonné, répondirent les matelots du *Nautilus*.

—Et d'ailleurs, reprit l'un d'eux, le chargement de ce brick confirme l'opinion de maître Cornhill. Je le tiens de Clifton, qui s'est bravement embarqué. Le *Forward* emporte des vivres pour cinq ou six ans, et du charbon en conséquence. Charbon et vivres, c'est là toute sa cargaison, avec une pacotille de vêtements de laine et de peaux de phoque.

—Eh bien, fit maître Cornhill, il n'y a plus à en douter ; mais enfin, l'ami, puisque tu connais Clifton, Clifton ne t'a-t-il rien dit de sa destination ?

—Il n'a rien pu me dire ; il l'ignore ; l'équipage est engagé comme cela. Où va-t-il ? Il ne le saura guère que lorsqu'il sera arrivé.

— Et encore, répondit un incrédule, s'ils vont au diable, comme cela m'en a tout l'air.

— Mais aussi quelle paye, reprit l'ami de Clifton en s'animant, quelle haute paye ! cinq fois plus forte que la paye habituelle ! Ah ! sans cela, Richard Shandon n'aurait trouvé personne pour s'engager dans des circonstances pareilles ! Un bâtiment d'une forme étrange, qui va on ne sait où, et n'a pas l'air de vouloir beaucoup revenir ! Pour mon compte, cela ne m'aurait guère convenu.

— Convenu ou non, l'ami, répliqua maître Cornhill, tu n'aurais jamais pu faire partie de l'équipage du *Forward*.

—Et pourquoi cela ?

—Parce que tu n'es pas dans les conditions requises. Je me suis laissé dire que les gens mariés en étaient exclus. Or, tu es dans la grande catégorie. Donc, tu n'as pas besoin de faire la petite bouche, ce qui, de ta part d'ailleurs, serait un véritable tour de force. »

Le matelot, ainsi interpellé, se prit à rire avec ses camarades, montrant ainsi combien la plaisanterie de maître Cornhill était juste.

« Il n'y a pas jusqu'au nom de ce bâtiment, reprit Cornhill satisfait de lui-même, qui ne soit terriblement audacieux ! Le 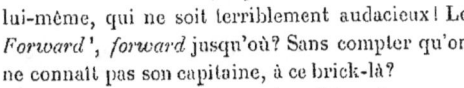 *Forward*[1], *forward* jusqu'où? Sans compter qu'on ne connaît pas son capitaine, à ce brick-là?

— Mais si, on le connaît, répondit un jeune matelot de figure assez naïve.

— Comment ! on le connaît?

— Sans doute.

— Petit, fit Cornhill, en es-tu à croire que Shandon soit le capitaine du *Forward*?

— Mais, répliqua le jeune marin...

— Sache donc que Shandon est le commander[2], pas autre chose ; c'est un brave et hardi marin, un baleinier qui a fait ses preuves, un solide compère, digne en tout de commander, mais enfin il ne commande pas ; il n'est pas plus capitaine que toi ou moi, sauf mon respect ! Et quant à celui qui sera maître après Dieu à bord, il ne le connaît pas davantage. Lorsque le moment sera venu, le vrai capitaine apparaîtra on ne sait comment et de je ne sais quel rivage des deux mondes, car Richard Shandon n'a pas dit et n'a pas eu la permission de dire vers quel point du globe il dirigerait son bâtiment.

— Cependant, maître Cornhill, reprit le jeune marin, je vous assure qu'il y a eu quelqu'un de présenté à bord, quelqu'un annoncé dans la lettre où la place de second était offerte à M. Shandon !

— Comment ! riposta Cornhill en fronçant le sourcil, tu vas me soutenir que le *Forward* a un capitaine à bord?

— Mais oui, maître Cornhill.

— Tu me dis cela, à moi !

— Sans doute, puisque je le tiens de Johnson, le maître d'équipage.

— De maître Johnson?

— Sans doute ; il me l'a dit à moi-même !

— Il te l'a dit, Johnson?

— Non-seulement il m'a dit la chose, mais il m'a montré le capitaine.

— Il te l'a montré ! répliqua Cornhill stupéfait.

---

[1] *Forward*, en avant. — [2] Second d'un bâtiment anglais.

—Il me l'a montré.
—Et tu l'as vu?
—Vu de mes propres yeux.
—Et qui est-ce?
—C'est un chien.
—Un chien?
—Un chien à quatre pattes?
—Oui! »

La stupéfaction fut grande parmi les marins du *Nautilus*. En toute

autre circonstance, ils eussent éclaté de rire. Un chien capitaine d'un brick de cent soixante-dix tonneaux! il y avait là de quoi étouffer! Mais, ma foi, le *Forward* était un bâtiment si extraordinaire, qu'il fallait y regarder à deux fois avant de rire, avant de nier. D'ailleurs, maître Cornhill lui-même ne riait pas.

« Et c'est Johnson qui t'a montré ce capitaine d'un genre si nouveau, ce chien? reprit-il en s'adressant au jeune matelot. Et tu l'as vu?..

—Comme je vous vois, sauf votre respect!

—Eh bien, qu'en pensez-vous? demandèrent les matelots à maître Cornhill.

—Je ne pense rien, répondit brusquement ce dernier, je ne pense rien, sinon que le *Forward* est un vaisseau du diable, ou de fous à mettre à Bedlam ! »

Les matelots continuèrent à regarder silencieusement le *Forward*, dont les préparatifs de départ touchaient à leur fin ; et pas un ne se rencontra parmi eux à prétendre que le maître d'équipage Johnson se fût moqué du jeune marin.

Cette histoire de chien avait déjà fait son chemin dans la ville, et parmi la foule des curieux plus d'un cherchait des yeux ce *captain-dog*, qui n'était pas éloigné de le croire un animal surnaturel.

Depuis plusieurs mois, d'ailleurs, le *Forward* attirait l'attention publique ; ce qu'il y avait d'un peu extraordinaire dans sa construction, le mystère qui l'enveloppait, l'incognito gardé par son capitaine, la façon dont Richard Shandon reçut la proposition de diriger son armement, le choix apporté à la composition de l'équipage, cette destination inconnue à peine soupçonnée de quelques-uns, tout contribuait à donner à ce brick une allure plus qu'étrange.

Pour un penseur, un rêveur, un philosophe, au surplus, rien d'émouvant comme un bâtiment en partance ; l'imagination le suit volontiers dans ses luttes avec la mer, dans ses combats livrés aux vents, dans cette course aventureuse qui ne finit pas toujours au port, et pour peu qu'un incident inaccoutumé se produise, le navire se présente sous une forme fantastique, même aux esprits rebelles en matière de fantaisie.

Ainsi du *Forward*. Et si le commun des spectateurs ne put faire les savantes remarques de maître Cornhill, les on-dit accumulés pendant trois mois suffirent à défrayer les conversations liverpooliennes.

Le brick avait été mis en chantier à Birkenhead, véritable faubourg de la ville, situé sur la rive gauche de la Mersey, et mis en communication avec le port par le va-et-vient incessant des barques à vapeur.

Le constructeur, Scott et C°, l'un des plus habiles de l'Angleterre, avait reçu de Richard Shandon un devis et un plan détaillé, où le tonnage, les dimensions, le gabarit du brick étaient donnés avec le plus grand soin. On devinait dans ce projet la perspicacité d'un marin consommé. Shandon ayant des fonds considérables à sa disposition, les travaux commencèrent, et, suivant la recommandation du propriétaire inconnu, on alla rapidement.

Le brick fut construit avec une solidité à toute épreuve ; il était évidemment appelé à résister à d'énormes pressions, car sa membrure en bois de teack, sorte de chêne des Indes, remarquable par son extrême dureté, fut en outre reliée par de fortes armatures de fer. On se demandait même dans le monde des marins pourquoi la coque d'un navire établi dans ces conditions de résistance n'était pas faite de tôle, comme celle des autres bâtiments à vapeur. A cela, on répondait que l'ingénieur mystérieux avait ses raisons pour agir ainsi.

Peu à peu le brick prit figure sur le chantier, et ses qualités de force et de finesse frappèrent les connaisseurs. Ainsi que l'avaient remarqué les matelots du *Nautilus*, son étrave faisait un angle droit avec la quille; elle était revêtue, non d'un éperon, mais d'un tranchant d'acier fondu dans les ateliers de R. Hawthorn, de Newcastle. Cette proue de métal, resplendissant au soleil, donnait un air particulier au brick, bien qu'il n'eût rien d'absolument militaire. Cependant un canon du calibre de 16 fut installé sur le gaillard d'avant; monté sur pivot, il pouvait être facilement pointé dans toutes les directions; il faut ajouter qu'il en était du canon comme de l'étrave; ils avaient beau faire tous les deux, ils n'avaient rien de positivement guerrier.

Le 5 février 1860, l'étrange navire fut lancé au milieu d'un immense concours de spectateurs, et sa mise à l'eau réussit parfaitement.

Mais si le brick n'était pas un navire de guerre, ni un bâtiment de commerce, ni un yacht de plaisance, car on ne fait pas de promenades avec six ans d'approvisionnement dans sa cale, qu'était-ce donc?

Un navire destiné à la recherche de l'*Erebus* et du *Terror*, et de sir John Franklin? Pas davantage, car en 1859, l'année précédente, le commandant Mac Clintock était revenu des mers arctiques, rapportant la preuve certaine de la perte de cette malheureuse expédition.

Le *Forward* voulait-il donc tenter encore le fameux passage du Nord-

Ouest? A quoi bon? Le capitaine Mac Clur l'avait trouvé en 1853, et son lieutenant Creswel eut le premier l'honneur de contourner le continent américain du détroit de Behring au détroit de Davis.

Il était pourtant certain, indubitable pour des esprits compétents, que le *Forward* se préparait à affronter la région des glaces. Allait-il pousser vers le pôle Sud, plus loin que le baleinier Wedell, plus avant que le capitaine James Ross? Mais à quoi bon, et dans quel but?

On le voit, bien que le champ des conjectures fût extrêmement restreint, l'imagination trouvait encore moyen de s'y égarer.

Le lendemain du jour où le brick fut mis à flot, sa machine lui arriva, expédiée des ateliers de R. Hawthorn, de Newcastle.

Cette machine, de la force de cent vingt chevaux, à cylindres oscillants, tenait peu de place; sa force était considérable pour un navire de cent soixante-dix tonneaux, largement voilé d'ailleurs, et qui jouissait d'une marche remarquable. Ses essais ne laissèrent aucun doute à cet égard, et même le maître d'équipage Johnson avait cru convenable d'exprimer de la sorte son opinion à l'ami de Clifton :

« Lorsque le *Forward* se sert en même temps de ses voiles et de son hélice, c'est à la voile qu'il arrive le plus vite. »

L'ami de Clifton n'avait rien compris à cette proposition, mais il croyait tout possible de la part d'un navire commandé par un chien en personne.

Après l'installation de la machine à bord, commença l'arrimage des approvisionnements; et ce ne fut pas peu de chose, car le navire emportait pour six ans de vivres. Ceux-ci consistaient en viande salée et séchée, en poisson fumé, en biscuit et en farine; des montagnes de café et de thé furent précipitées dans les soutes en avalanches énormes. Richard Shandon présidait à l'aménagement de cette précieuse cargaison en homme qui s'y entend; tout cela se trouvait casé, étiqueté, numéroté avec un ordre parfait; on embarqua également une très-grande provision de cette préparation indienne nommée pemmican, et qui renferme sous un petit volume beaucoup d'éléments nutritifs.

Cette nature de vivres ne laissait aucun doute sur la longueur de la croisière; mais un esprit observateur comprenait de prime-saut que le *Forward* allait naviguer dans les mers polaires, à la vue des barils de lime-juice [1], des pastilles de chaux, des paquets de moutarde, de graines d'oseille et de cochléaria, en un mot, à l'abondance de ces puissants antiscorbutiques, dont l'influence est si nécessaire dans les navigations australes et

[1] Jus de citron.

boréales. Shandon avait sans doute reçu avis de soigner particulièrement cette partie de la cargaison, car il s'en préoccupa fort, non moins que de la pharmacie de voyage.

Si les armes ne furent pas nombreuses à bord, ce qui pouvait rassurer les esprits timides, la soute aux poudres regorgeait, détail de nature à effrayer. L'unique canon du gaillard d'avant ne pouvait avoir la prétention d'absorber cet approvisionnement. Cela donnait à penser. Il y avait également des scies gigantesques et des engins puissants, tels que leviers, masses de plomb, scies à main, haches énormes, etc., sans compter une recommandable quantité 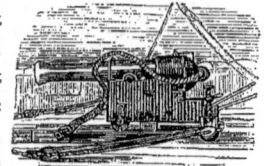 de blasting-cylinders [1], dont l'explosion eût suffi à faire sauter la douane de Liverpool. Tout cela était étrange, sinon effrayant, sans parler des fusées, signaux, artifices et fanaux de mille espèces.

Les nombreux spectateurs des quais de New Prince's Docks admiraient encore une longue baleinière en acajou, une pirogue de fer-blanc recouverte de gutta-percha, et un certain nombre de halkett-boats, sortes de manteaux en caoutchouc, que l'on pouvait transformer en canots en soufflant dans leur doublure. Chacun se sentait de plus en plus intrigué, et même ému, car avec la marée descendante le *Forward* allait bientôt partir pour sa mystérieuse destination.

CHAPITRE II. — UNE LETTRE INATTENDUE.

Voici le texte de la lettre reçue par Richard Shandon huit mois auparavant.

« Aberdeen, 2 août 1860.

« Monsieur Richard Shandon,

« Liverpool.

« Monsieur,

« La présente a pour but de vous donner avis d'une remise de seize mille livres sterling [2] qui a été faite entre les mains de MM. Marcuart et Cᵒ, banquiers à Liverpool. Ci-joint une série de mandats signés de moi, qui vous permettront de disposer sur lesdits MM. Marcuart jusqu'à concurrence des seize mille livres susmentionnées.

[1] Sortes de pétards. — [2] 400,000 francs.

« Vous ne me connaissez pas. Peu importe. Je vous connais. Là est l'important.

« Je vous offre la place de second à bord du brick le *Forward*, pour une campagne qui peut être longue et périlleuse.

« Si non, rien de fait. Si oui, cinq cents livres [1] vous seront allouées comme traitement, et à l'expiration de chaque année, pendant toute la durée de la campagne, vos appointements seront augmentés d'un dixième.

« Le brick le *Forward* n'existe pas. Vous aurez à le faire construire de façon qu'il puisse prendre la mer dans les premiers jours d'avril 1860 au plus tard. Ci-joint un plan détaillé avec devis. Vous vous y conformerez scrupuleusement. Le navire sera construit dans les chantiers de MM. Scott et C°, qui régleront avec vous.

« Je vous recommande particulièrement l'équipage du *Forward*; il sera composé d'un capitaine, moi, d'un second, vous, d'un troisième officier, d'un maître d'équipage, de deux ingénieurs [2], d'un ice-master [3], de huit matelots et de deux chauffeurs, en tout dix-huit hommes, en y comprenant le docteur Clawbonny de cette ville, qui se présentera à vous en temps opportun.

« Il conviendra que les gens appelés à faire la campagne du *Forward* soient Anglais, libres, sans famille, célibataires, sobres, car l'usage des spiritueux et de la bière même ne sera pas toléré à bord, prêts à tout entreprendre comme à tout supporter. Vous les choisirez de préférence doués d'une constitution sanguine, et par cela même portant en eux à un plus haut degré le principe générateur de la chaleur animale.

« Vous leur offrirez une paye quintuple de leur paye habituelle, avec accroissement d'un dixième par chaque année de service. A la fin de la campagne, cinq cents livres seront assurées à chacun d'eux, et deux mille livres [4] réservées à vous-même. Ces fonds seront faits chez MM. Marcuart et C°, déjà nommés.

« Cette campagne sera longue et pénible, mais honorable. Vous n'avez donc pas à hésiter, monsieur Shandon.

« Réponse, poste restante, à Gotteborg (Suède), aux initiales K. Z.

« P.-S. Vous recevrez, le 15 février prochain, un chien grand danois, à lèvres pendantes, d'un fauve noirâtre, rayé transversalement de bandes noires. Vous l'installerez à bord, et vous le ferez nourrir de pain d'orge

---

[1] 12,500 francs. — [2] Ingénieurs-mécaniciens. — [3] Pilote des glaces. — [4] 50,000 francs.

mélangé avec du bouillon de pain de suif[1]. Vous accuserez réception dudit chien à Livourne (Italie), mêmes initiales que dessus.

« Le capitaine du *Forward* se présentera et se fera connaître en temps utile. Au moment du départ, vous recevrez de nouvelles instructions.

« Le capitaine du *Forward*,
« K. Z. »

CHAPITRE III. — LE DOCTEUR CLAWBONNY.

Richard Shandon était un bon marin ; il avait longtemps commandé les baleiniers dans les mers arctiques, avec une réputation solidement établie dans tout le Lancastre. Une pareille lettre pouvait à bon droit l'étonner ; il s'étonna donc, mais avec le sang-froid d'un homme qui en a vu d'autres.

Il se trouvait d'ailleurs dans les conditions voulues ; pas de femme, pas d'enfant, pas de parents. Un homme libre s'il en fut. Donc, n'ayant personne à consulter, il se rendit tout droit chez MM. Marcuart et Cⁱᵉ, banquiers.

« Si l'argent est là, se dit-il, le reste va tout seul. »

Il fut reçu dans la maison de banque avec les égards dus à un homme

---

[1] Pain de suif ou pain de cretons très-favorable à la nourriture des chiens.

que seize mille livres attendent tranquillement dans une caisse; ce point vérifié, Shandon se fit donner une feuille de papier blanc, et de sa grosse écriture de marin il envoya son acceptation à l'adresse indiquée.

Le jour même il se mit en rapport avec les constructeurs de Birkenhead, et vingt-quatre heures après, la quille du *Forward* s'allongeait déjà sur les tins du chantier.

Richard Shandon était un garçon d'une quarantaine d'années, robuste, énergique et brave, trois qualités pour un marin, car elles donnent la confiance, la vigueur et le sang-froid. On lui reconnaissait un caractère jaloux et difficile; aussi ne fut-il jamais aimé de ses matelots, mais craint. Cette réputation n'allait pas, d'ailleurs, jusqu'à rendre laborieuse la composition de son équipage, car on le savait habile à se tirer d'affaire.

Shandon craignait que le côté mystérieux de l'entreprise fût de nature à gêner ses mouvements.

« Aussi, se dit-il, le mieux est de ne rien ébruiter; il y aurait de ces chiens de mer qui voudraient connaître le parce que et le pourquoi de l'affaire, et comme je ne sais rien, je serais fort empêché de leur répondre. Ce K. Z. est à coup sûr un drôle de particulier; mais au bout du compte, il me connaît, il compte sur moi: cela suffit. Quant à son navire, il sera joliment tourné, et je ne m'appelle pas Richard Shandon, s'il n'est pas destiné à fréquenter la mer Glaciale. Mais gardons cela pour moi et mes officiers. »

Sur ce, Shandon s'occupa de recruter son équipage, en se tenant dans les conditions de famille et de santé exigées par le capitaine.

Il connaissait un brave garçon très-dévoué, bon marin, du nom de James Wall. Ce Wall pouvait avoir trente ans, et n'en était pas à son premier voyage dans les mers du Nord. Shandon lui proposa la place de troisième officier, et James Wall accepta les yeux fermés; il ne demandait qu'à naviguer, et il aimait beaucoup son état. Shandon lui conta l'affaire en détail, ainsi qu'à un certain Johnson, dont il fit son maître d'équipage.

« Au petit bonheur, répondit James Wall; autant cela qu'autre chose. Si c'est pour chercher le passage du Nord-Ouest, il y en a qui en reviennent.

—Pas toujours, répondit maître Johnson; mais enfin ce n'est pas une raison pour n'y point aller.

—D'ailleurs, si nous ne nous trompons pas dans nos conjectures, reprit Shandon, il faut avouer que ce voyage s'entreprend dans de bonnes conditions. Ce sera un fin navire, ce *Forward*, et, muni d'une bonne machine, il

pourra aller loin. Dix-huit hommes d'équipage, c'est tout ce qu'il nous faut.
— Dix-huit hommes, répliqua maître Johnson, autant que l'Américain Kane en avait à bord, quand il a fait sa fameuse pointe vers le pôle.
— C'est toujours singulier, reprit Wall, qu'un particulier tente encore de traverser la mer du détroit de Davis au détroit de Behring. Les expéditions envoyées à la recherche de l'amiral Franklin ont déjà coûté plus de sept cent soixante mille livres [1] à l'Angleterre, sans produire aucun résultat pratique! Qui diable peut encore risquer sa fortune dans une entreprise pareille?
— D'abord, James, répondit Shandon, nous raisonnons sur une simple hypothèse. Irons-nous véritablement dans les mers boréales ou australes, je l'ignore. Il s'agit peut-être de quelque nouvelle découverte à tenter. Au surplus, il doit se présenter un jour ou l'autre un certain docteur Clawbonny, qui en saura sans doute plus long, et sera chargé de nous instruire. Nous verrons bien.
— Attendons alors, dit maître Johnson; pour ma part, je vais me mettre en quête de solides sujets, commandant; et quant à leur principe de chaleur animale, comme dit le capitaine, je vous le garantis d'avance. Vous pouvez vous en rapporter à moi. »

Ce Johnson était un homme précieux; il connaissait la navigation des hautes latitudes. Il se trouvait en qualité de quartier-maître à bord du *Phénix*, qui fit partie des expéditions envoyées en 1853 à la recherche de Franklin; ce brave marin fut même témoin de la mort du lieutenant français Bellot, qu'il accompagnait dans son excursion à travers les glaces. Johnson connaissait le personnel maritime de Liverpool, et se mit immédiatement en campagne pour recruter son monde.

Shandon, Wall et lui firent si bien que, dans les premiers jours de décembre, leurs hommes se trouvèrent au complet; mais ce ne fut pas sans difficultés; beaucoup se sentaient alléchés par l'appât de la haute paye, que l'avenir de l'expédition effrayait, et plus d'un s'engagea résolûment, qui vint plus tard rendre sa parole et ses à-comptes, dissuadé par ses amis de tenter une pareille entreprise. Tous d'ailleurs essayaient de percer le mystère, et pressaient de questions le commandant Richard. Celui-ci les renvoyait à maître Johnson.

« Que veux-tu que je te dise, mon ami? répondait invariablement ce dernier; je n'en sais pas plus long que toi. En tout cas, tu seras en bonne compagnie, avec des lurons qui ne bronchent pas; c'est quelque chose, cela! ainsi donc, pas tant de réflexions : c'est à prendre ou à laisser! »

---

[1] Dix-neuf millions.

Et la plupart prenaient.

« Tu comprends bien, ajoutait parfois le maître d'équipage, je n'ai que l'embarras du choix. Une haute paye, comme on n'en a jamais vu de mémoire de marin, avec la certitude de trouver un joli capital au retour. Il y a là de quoi allécher.

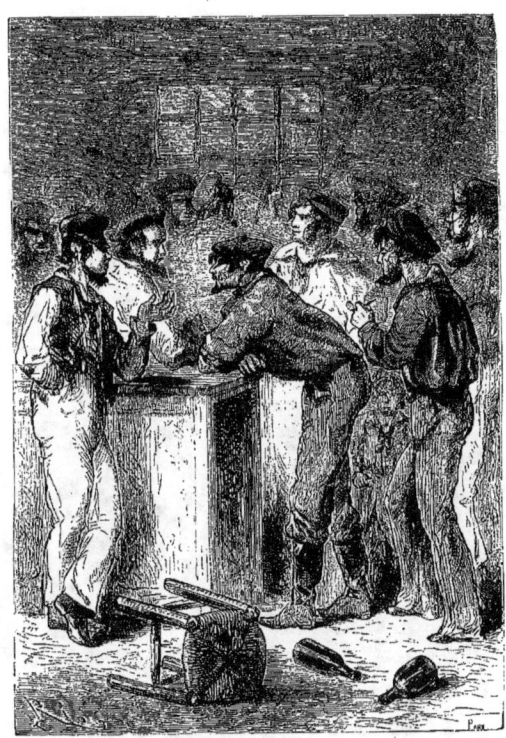

— Le fait est, répondaient les matelots, que cela est fort tentant! De l'aisance jusqu'à la fin de ses jours!

— Je ne te dissimulerai point, reprenait Jonhson, que la campagne sera longue, pénible, périlleuse; cela est formellement dit dans nos instructions; ainsi, il faut bien savoir à quoi l'on s'engage; très-probablement à tenter tout ce qu'il est humainement possible de faire, et peut-être plus encore! Donc, si tu ne te sens pas un cœur hardi, un tempérament à toute épreuve, si tu n'as pas le diable au corps, si tu ne te dis pas que tu as vingt chances contre une d'y rester, si tu tiens en un mot à laisser ta peau dans un endroit plutôt que dans un autre, ici de préférence à là-bas, tourne-moi les talons, et cède ta place à un plus hardi compère!

—Mais, au moins, maître Johnson, reprenait le matelot poussé au mur, au moins, vous connaissez le capitaine?

—Le capitaine, c'est Richard Shandon, l'ami, jusqu'à ce qu'il s'en présente un autre. »

Or, il faut le dire, c'était bien la pensée du commandant; il se laissait facilement aller à cette idée, qu'au dernier moment il recevrait ses instructions précises sur le but du voyage, et qu'il demeurerait chef à bord du *Forward*. Il se plaisait même à répandre cette opinion, soit en causant avec ses officiers, soit en suivant les travaux de construction du brick, dont les premières levées se dressaient sur les chantiers de Birkenhead, comme les côtes d'une baleine renversée.

Shandon et Johnson s'étaient strictement conformés à la recommandation touchant la santé des gens de l'équipage; ceux-ci avaient une mine rassurante, et ils possédaient un principe de chaleur capable de chauffer la machine du *Forward;* leurs membres élastiques, leur teint clair et fleuri les rendaient propres à réagir contre les froids intenses. C'étaient des hommes confiants et résolus, énergiques et solidement constitués; ils ne jouissaient pas tous d'une vigueur égale; Shandon avait même hésité à prendre quelques-uns d'entre eux, tels que les matelots Gripper et Garry, et le harponneur Simpson, qui lui semblaient un peu maigres; mais, au demeurant, la charpente était bonne, le cœur chaud, et leur admission fut signée.

Tout cet équipage appartenait à la même secte de la religion protestante; dans ces longues campagnes, la prière en commun, la lecture de la Bible, doivent souvent réunir des esprits divers, et les relever aux heures de découragement; il importe donc qu'une dissidence ne puisse pas se produire. Shandon connaissait par expérience l'utilité de ces pratiques et leur influence sur le moral d'un équipage; aussi sont-elles toujours employées à bord des navires qui vont hiverner dans les mers polaires.

L'équipage composé, Shandon et ses deux officiers s'occupèrent des approvisionnements; ils suivirent strictement les instructions du capitaine, instructions nettes, précises, détaillées, dans lesquelles les moindres articles se trouvaient portés en qualité et quantité. Grâce aux mandats dont le commandant disposait, chaque article fut payé comptant, avec une bonification de 8 pour cent, que Richard porta soigneusement au crédit de K. Z.

Équipage, approvisionnements, cargaison, tout se trouvait prêt en janvier 1860; le *Forward* prenait déjà tournure. Shandon ne passait pas un jour sans se rendre à Birkenhead.

Le 23 janvier, un matin, suivant son habitude, il se trouvait sur l'une de ces larges barques à vapeur, qui ont un gouvernail à chaque extrémité pour éviter de virer de bord, et font incessamment le service entre les deux rives de la Mersey; il régnait alors un de ces brouillards habituels qui obligent les marins de la rivière à se diriger au moyen de la boussole, bien que leur trajet dure à peine dix minutes.

Cependant, quelque épais que fût ce brouillard, il ne put empêcher Shandon de voir un homme de petite taille, assez gros, à figure fine et réjouie, au regard aimable, qui s'avança vers lui, prit ses deux mains, et les secoua avec une ardeur, une pétulance, une familiarité « toute méridionale, » eût dit un Français.

Mais si ce personnage n'était pas du Midi, il l'avait échappé belle; il parlait, il gesticulait avec volubilité; sa pensée devait à tout prix se faire jour au dehors, sous peine de faire éclater la machine. Ses yeux, petits comme les yeux de l'homme spirituel, sa bouche, grande et mobile, étaient autant de soupapes de sûreté qui lui permettaient de donner passage à ce trop-plein de lui-même; il parlait, il parlait tant et si allègrement, il faut l'avouer, que Shandon n'y pouvait rien comprendre.

Seulement, le second du *Forward* ne tarda pas à reconnaître ce petit homme qu'il n'avait jamais vu; il se fit un éclair dans son esprit, et au moment où l'autre commençait à respirer, Shandon glissa rapidement ces paroles :

« Le docteur Clawbonny?

—Lui-même, en personne, commandant! Voilà près d'un grand demi-quart d'heure que je vous cherche, que je vous demande partout et à tous! Concevez-vous mon impatience! Cinq minutes de plus et je perdais la tête! C'est donc vous, commandant Richard? vous existez réellement? vous n'êtes point un mythe? votre main, votre main! que je la serre encore une fois dans la mienne! Oui, c'est bien la main de Richard Shandon! Or, s'il y a un commandant Richard, il existe un brick le *Forward* qu'il commande; et, s'il le commande, il partira; et, s'il part, il prendra le docteur Clawbonny à son bord.

—Eh bien, oui, docteur, je suis Richard Shandon, il y a un brick le *Forward*, et il partira!

—C'est logique, répondit le docteur, après avoir fait une large provision d'air à expirer, c'est logique. Aussi, vous me voyez en joie, je suis au comble de mes vœux! Depuis longtemps j'attendais une pareille circonstance, et je désirais entreprendre un semblable voyage. Or, avec vous, commandant...

—Permettez... fit Shandon.

—Avec vous, reprit Clawbonny sans l'entendre, nous sommes sûrs d'aller loin, et de ne pas reculer d'une semelle.

—Mais... reprit Shandon.

—Car vous avez fait vos preuves, commandant, et je connais vos états de service. Ah! vous êtes un fier marin!

—Si vous voulez bien...

—Non, je ne veux pas que votre audace, votre bravoure et votre habileté soient mises un instant en doute, même par vous! Le capitaine qui vous a choisi pour second est un homme qui s'y connaît, je vous en réponds !

—Mais il ne s'agit pas de cela, fit Shandon impatienté.

—Et de quoi s'agit-il donc? Ne me faites pas languir plus longtemps.

—Vous ne me laissez pas parler, que diable! Dites-moi, s'il vous plaît, docteur, comment vous avez été amené à faire partie de l'expédition du *Forward*?

—Mais par une lettre, par une digne lettre que voici, lettre d'un brave capitaine, très-laconique, mais très-suffisante ! »

Et ce disant, le docteur tendit à Shandon une lettre ainsi conçue :

Inverness, 22 janvier 1860.

« Au docteur Clawbonny,

« Liverpool.

« Si le docteur Clawbonny veut s'embarquer sur le *Forward*, pour une longue campagne, il peut se présenter au commander Richard Shandon, qui a reçu des instructions à son égard.

« Le capitaine du *Forward*,

« K. Z. »

« Et la lettre est arrivée ce matin, et me voilà prêt à prendre pied à bord du *Forward*.

—Mais au moins, reprit Shandon, savez-vous, docteur, quel est le but de ce voyage?

—Pas le moins du monde ; mais que m'importe, pourvu que j'aille quelque part! On dit que je suis un savant; on se trompe, commandant : je ne sais rien, et si j'ai publié quelques livres qui ne se vendent pas trop mal, j'ai eu tort; le public est bien bon de les acheter ! Je ne sais rien, vous dis-je, si ce n'est que je suis un ignorant. Or, on m'offre de compléter, ou, pour mieux dire, de refaire mes connaissances en médecine, en chirurgie, en histoire, en géographie, en botanique, en minéralogie, en conchyliologie, en géodésie, en chimie, en physique, en mécanique, en hydrographie ; eh bien, j'accepte, et je vous assure que je ne me fais pas prier!

—Alors, reprit Shandon désappointé, vous ne savez pas où va le *Forward*?

—Si, commandant ; il va là où il y a à apprendre, à découvrir, à s'instruire, à comparer, où se rencontrent d'autres mœurs, d'autres contrées, d'autres peuples à étudier dans l'exercice de leurs fonctions ; il va, en un mot, là où je ne suis jamais allé.

—Mais plus spécialement? s'écria Shandon.

—Plus spécialement, répliqua le docteur, j'ai entendu dire qu'il faisait voile vers les mers boréales. Eh bien, va pour le septentrion !

—Au moins, demanda Shandon, vous connaissez son capitaine?

—Pas le moins du monde ! Mais c'est un brave, vous pouvez m'en croire ! »

Le commandant et le docteur étant débarqués à Birkenhead, le premier mit le second au courant de la situation, et ce mystère enflamma l'imagination du docteur. La vue du brick lui causa des transports de joie. Depuis ce jour il ne quitta plus Shandon, et vint chaque matin faire sa visite à la coque du *Forward*.

D'ailleurs, il fut spécialement chargé de surveiller l'installation de la pharmacie du bord.

Car c'était un médecin, et même un bon médecin que ce Clawbonny, mais peu pratiquant. A vingt-cinq ans docteur comme tout le monde, il fut un véritable savant à quarante ; très-connu de la ville entière, il devint membre influent de la Société littéraire et philosophique de Liverpool. Sa petite fortune lui permettait de distribuer quelques conseils qui n'en valaient pas moins pour être gratuits ; aimé comme doit l'être un homme éminemment aimable, il ne fit jamais de mal à personne, pas même à lui ; vif et bavard, si l'on veut, mais le cœur sur la main, et la main dans celle de tout le monde.

Lorsque le bruit de son intronisation à bord du *Forward* se répandit dans la ville, ses amis mirent tout en œuvre pour le retenir, ce qui l'enracina plus profondément dans son idée ; or, quand le docteur s'était enraciné quelque part, bien habile qui l'en eût arraché !

Depuis ce jour, les on-dit, les suppositions, les appréhensions allèrent croissant ; mais cela n'empêcha pas le *Forward* d'être lancé le 5 février 1860. Deux mois plus tard, il était prêt à prendre la mer.

Le 15 mars, comme l'annonçait la lettre du capitaine, un chien de race danoise fut expédié par le railway d'Édimbourg à Liverpool, à l'adresse de Richard Shandon. L'animal paraissait hargneux, fuyard, même un peu sinistre, avec un singulier regard. Le nom du *Forward* se lisait sur  son collier de cuivre. Le commandant l'installa à bord le jour même, et en accusa réception à Livourne aux initiales indiquées.

Ainsi donc, sauf le capitaine, l'équipage du *Forward* était complet. Il se décomposait comme suit:

1° K. Z., capitaine ; 2° Richard Shandon, commandant ; 3° James Wall, troisième officier; 4° le docteur Clawbonny; 5° Johnson, maître d'équipage; 6° Simpson, harponneur; 7° Bell, charpentier; 8° Brunton, premier ingénieur; 9° Plover, second ingénieur; 10° Strong (nègre), cuisinier; 11° Foker, ice-master; 12° Wolsten, armurier; 13° Bolton, matelot; 14° Garry, matelot; 15° Clifton, matelot; 16° Gripper, matelot; 17° Pen, matelot; 18° Waren, chauffeur.

CHAPITRE IV — DOG-CAPTAIN.

Le jour du départ était arrivé avec le 5 avril. L'admission du docteur à bord rassurait un peu les esprits. Où le digne savant se proposait d'aller, on pouvait le suivre. Cependant la plupart des matelots ne laissaient pas d'être inquiets, et Shandon, craignant que la désertion ne fît quelques vides à son bord, souhaitait vivement d'être en mer. Les côtes hors de vue, l'équipage en prendrait son parti.

La cabine du docteur Clawbonny était située au fond de la dunette, et elle occupait tout l'arrière du navire. Les cabines du capitaine et du second, placées en retour, prenaient vue sur le pont. Celle du capitaine resta hermétiquement close, après avoir été garnie de divers instruments, de meubles, de vêtements de voyage, de livres, d'habits de rechange et d'ustensiles indiqués dans une note détaillée. Suivant la recommandation de l'inconnu, la clef de cette cabine lui fut adressée à Lubeck; il pouvait donc seul entrer chez lui.

Ce détail contrariait Shandon, et ôtait beaucoup de chances à son commandement en chef. Quant à sa propre cabine, il l'avait parfaitement appropriée aux besoins du voyage présumé, connaissant à fond les exigences d'une expédition polaire.

La chambre du troisième officier était placée dans le faux-pont, qui formait un vaste dortoir à l'usage des matelots; les hommes s'y trouvaient fort à l'aise, et ils eussent difficilement rencontré une installation aussi commode à bord de tout autre navire. On les soignait comme une cargaison de prix; un vaste poêle occupait le milieu de la salle commune.

Le docteur Clawbonny était, lui, tout à son affaire; il avait pris possession de sa cabine dès le 6 février, le lendemain même de la mise à l'eau du *Forward*.

« Le plus heureux des animaux, disait-il, serait un colimaçon qui pourrait se faire une coquille à son gré ; je vais tâcher d'être un colimaçon intelligent. »

Et, ma foi, pour une coquille qu'il ne devait pas quitter de longtemps, sa cabine prenait bonne tournure ; le docteur se donnait un plaisir de savant ou d'enfant à mettre en ordre son bagage scientifique. Ses livres, ses herbiers, ses casiers, ses instruments de précision, ses appareils de physique, sa collection de thermomètres, de baromètres, d'hygromètres, d'udomètres, de lunettes, de compas, de sextants, de cartes, de plans, les fioles, les poudres, les flacons de sa pharmacie de voyage très-complète, tout cela se classait avec un ordre qui eût fait honte au British Museum. Cet espace de six pieds carrés contenait d'incalculables richesses ; le docteur n'avait qu'à étendre la main, sans se déranger, pour devenir instantanément un médecin, un mathématicien, un astronome, un géographe, un botaniste ou un conchyliologue.

Il faut l'avouer, il était fier de ces aménagements, et heureux dans son sanctuaire flottant, que trois de ses plus maigres amis eussent suffi à remplir. Ceux-ci, d'ailleurs, y affluèrent bientôt avec une abondance qui devint gênante, même pour un homme aussi facile que le docteur, et, à l'encontre de Socrate, il finit par dire :

« Ma maison est petite, mais plût au ciel qu'elle ne fût jamais pleine d'amis ! »

Pour compléter la description du *Forward*, il suffira de dire que la niche du grand chien danois était construite sous la fenêtre même de la cabine mystérieuse ; mais son sauvage habitant préférait errer dans l'entrepont et la cale du navire ; il semblait impossible à apprivoiser, et personne n'avait eu raison de son naturel bizarre ; on l'entendait, pendant la nuit surtout, pousser de lamentables hurlements qui résonnaient dans les cavités du bâtiment d'une façon sinistre.

Était-ce regret de son maître absent ? Était-ce instinct aux approches d'un périlleux voyage ? Était-ce pressentiment des dangers à venir ? Les matelots se prononçaient pour ce dernier motif, et plus d'un en plaisantait, qui prenait sérieusement ce chien-là pour un animal d'espèce diabolique.

Pen, homme fort brutal d'ailleurs, s'étant un jour élancé pour le frapper, tomba si malheureusement sur l'angle du cabestan, qu'il s'ouvrit affreusement le crâne. On pense bien que cet accident fut mis sur la conscience du fantastique animal.

Clifton, l'homme le plus superstitieux de l'équipage, fit aussi cette singulière remarque, que ce chien, lorsqu'il était sur la dunette, se promenait toujours du côté du vent; et plus tard, quand le brick fut en mer et courut des bordées, le surprenant animal changeait de place après chaque virement, et se maintenait au vent comme l'eût fait le capitaine du *Forward*.

Le docteur Clawbonny, dont la douceur et les caresses auraient appri-

voisé un tigre, essaya vainement de gagner les bonnes grâces de ce chien ; il y perdit son temps et ses avances.

Cet animal, d'ailleurs, ne répondait à aucun des noms inscrits dans le calendrier cynégétique. Aussi les gens du bord finirent-ils par l'appeler Captain, car il paraissait parfaitement au courant des usages du bord. Ce chien-là avait évidemment navigué.

On comprend dès lors la réponse plaisante du maître d'équipage à l'ami de Clifton, et comment cette supposition ne trouva pas beaucoup d'incrédules; plus d'un la répétait en riant, qui s'attendait à voir ce chien, reprenant un beau jour sa forme humaine, commander la manœuvre d'une voix retentissante.

Si Richard Shandon ne ressentait pas de pareilles appréhensions, il n'était pas sans inquiétudes, et la veille du départ, le 5 avril au soir, il s'entretenait sur ce sujet avec le docteur, Wall et maître Johnson, dans le carré de la dunette.

Ces quatre personnes dégustaient alors un dixième grog, leur dernier sans doute, car, suivant les prescriptions de la lettre d'Aberdeen, tous les hommes de l'équipage, depuis le capitaine jusqu'au chauffeur, étaient *teetotalers*, c'est-à-dire qu'ils ne trouveraient à bord ni vin, ni bière, ni spiritueux, si ce n'est dans le cas de maladie, et par ordonnance du docteur.

Or, depuis une heure, la conversation roulait sur le départ. Si les instructions du capitaine se réalisaient jusqu'au bout, Shandon devait le lendemain même recevoir une lettre renfermant ses derniers ordres.

« Si cette lettre, disait le commandant, ne m'indique pas le nom du capitaine, elle doit au moins nous apprendre la destination du bâtiment. Sans cela, où le diriger?

—Ma foi, répondit l'impatient docteur, à votre place, Shandon, je partirais même sans lettre; elle saurait bien courir après nous, je vous en réponds.

—Vous ne doutez de rien, docteur! Mais vers quel point du globe feriez-vous voile, s'il vous plaît?

—Vers le pôle Nord, évidemment! cela va sans dire, il n'y a pas de doute possible.

—Pas de doute possible! répliqua Wall; et pourquoi pas vers le pôle Sud?

—Le pôle Sud, s'écria le docteur, jamais! Est-ce que le capitaine aurait eu l'idée d'exposer un brick à la traversée de tout l'Atlantique! Prenez donc la peine d'y réfléchir, mon cher Wall.

—Le docteur a réponse à tout, répondit ce dernier.

—Va pour le Nord, reprit Shandon. Mais, dites-moi, docteur, est-ce au Spitzberg? est-ce au Groënland? est-ce au Labrador? est-ce à la baie d'Hudson? Si les routes aboutissent toutes ou même but, c'est-à-dire à la banquise infranchissable, elles n'en sont pas moins nombreuses, et je serais fort embarrassé de me décider pour l'une ou pour l'autre. Avez-vous une réponse catégorique à me faire, docteur?

—Non, répondit celui-ci, vexé de n'avoir rien à dire; mais enfin, pour conclure, si vous ne recevez pas de lettre, que ferez-vous?

—Je ne ferai rien; j'attendrai.

—Vous ne partirez pas? s'écria Clawbonny, en agitant son verre avec désespoir.

—Non, certes.

—C'est le plus sage, répondit doucement maître Johnson, tandis que le docteur se promenait autour de la table, car il ne pouvait tenir en place. Oui, c'est le plus sage; et cependant une trop longue attente peut avoir des conséquences fâcheuses : d'abord, la saison est bonne, et si nord il y a, nous devons profiter de la débâcle pour franchir le détroit de Davis; en outre, l'équipage s'inquiète de plus en plus; les amis, les camarades de nos hommes les poussent à quitter le *Forward*, et leur influence pourrait nous jouer un mauvais tour.

—Il faut ajouter, reprit James Wall, que si la panique se mettait parmi nos matelots, ils déserteraient jusqu'au dernier; et je ne sais pas, commandant, si vous parviendriez à recomposer votre équipage.

—Mais que faire ? s'écria Shandon.

—Ce que vous avez dit, répliqua le docteur : attendre, mais attendre jusqu'à demain avant de se désespérer. Les promesses du capitaine se sont accomplies jusqu'ici avec une régularité de bon augure; il n'y a donc aucune raison de croire que nous ne serons pas avertis de notre destination en temps utile; je ne doute pas un seul instant que demain nous ne naviguions en pleine mer d'Irlande; aussi, mes amis, je propose un dernier grog à notre heureux voyage ; il commence d'une façon un peu inexplicable, mais avec des marins comme vous, il a mille chances pour bien finir. »

Et tous les quatre, ils trinquèrent une dernière fois.

« Maintenant, commandant, reprit maître Johnson, si j'ai un conseil à vous donner, c'est de tout préparer pour le départ; il faut que l'équipage vous croie certain de votre fait. Demain, qu'il arrive une lettre ou non, appareillez ; n'allumez pas vos fourneaux ; le vent a l'air de bien tenir; rien ne sera plus facile que de descendre grand largue; que le pilote monte à bord; à l'heure de la marée, sortez des docks ; allez mouiller au delà de la pointe de Birkenhead ; nos hommes n'auront plus aucune communication avec la terre, et si cette lettre diabolique arrive enfin, elle nous trouvera là comme ailleurs.

—Bien parlé, mon brave Johnson ! fit le docteur en tendant la main au vieux marin.

—Va comme il est dit ! » répondit Shandon.

Chacun alors regagna sa cabine, et attendit dans un sommeil agité le lever du soleil.

Le lendemain, les premières distributions de lettres avaient eu lieu dans la ville, et pas une ne portait l'adresse du commandant Richard Shandon.

Néanmoins, celui-ci fit ses préparatifs de départ; le bruit s'en répandit immédiatement dans Liverpool, et, comme on l'a vu, une affluence extraordinaire de spectateurs se précipita sur les quais de New Prince's Docks.

Beaucoup d'entre eux vinrent à bord du brick, qui pour embrasser une dernière fois un camarade, qui pour dissuader un ami, qui pour jeter un regard sur ce navire étrange, qui pour connaître enfin le but du voyage, et l'on murmurait à voir le commandant plus taciturne et plus réservé que jamais.

Il avait bien ses raisons pour cela.

Dix heures sonnèrent. Onze heures même. Le flot devait tomber vers une heure de l'après-midi. Shandon, du haut de la dunette, jetait un coup d'œil inquiet à la foule, cherchant à surprendre le secret de sa destinée sur un visage quelconque. Mais en vain. Les matelots du *Forward* exécutaient silencieusement ses ordres, ne le perdant pas des yeux, attendant toujours une communication qui ne se faisait pas.

Maître Johnson terminait les préparatifs de l'appareillage. Le temps était couvert, et la houle très-forte en dehors des bassins; il ventait du sud-est avec une certaine violence, mais on pouvait facilement sortir de la Mersey.

A midi, rien encore. Le docteur Clawbonny se promenait avec agitation, lorgnant, gesticulant, *impatient de la mer*, comme il le disait avec une certaine élégance latine. Il se sentait ému, quoi qu'il pût faire. Shandon se mordait les lèvres jusqu'au sang.

En ce moment, Johnson s'approcha et lui dit :

« Commandant, si nous voulons profiter du flot, il ne faut pas perdre de temps; nous ne serons pas dégagés des docks avant une bonne heure. »

Shandon jeta un dernier regard autour de lui, et consulta sa montre. L'heure de la levée de midi était passée.

« Allez! dit-il à son maître d'équipage.

—En route, vous autres! » cria celui-ci, en ordonnant aux spectateurs de vider le pont du *Forward*.

Il se fit alors un certain mouvement dans la foule qui se portait à la coupée du navire pour regagner le quai, tandis que les gens du brick détachaient les dernières amarres.

Or, la confusion inévitable de ces curieux, que les matelots repoussaient sans beaucoup d'égard, fut encore accrue par les hurlements du chien. Cet animal s'élança tout d'un coup du gaillard d'avant à travers la masse compacte des visiteurs. Il aboyait d'une voix sourde.

On s'écarta devant lui; il sauta sur la dunette, et, chose incroyable, mais que mille témoins ont pu constater, ce dog-captain tenait une lettre entre ses dents.

« Une lettre! s'écria Shandon, mais *il* est donc à bord ?

—*Il* y était sans doute, mais il n'y est plus, répondit Johnson en montrant le pont complétement nettoyé de cette foule incommode.

—Captain ! Captain ! ici ! » s'écriait le docteur, en essayant de prendre la lettre que le chien écartait de sa main par des bonds violents. Il semblait ne vouloir remettre son message qu'à Shandon lui-même.

« Ici, Captain ! » fit ce dernier.

Le chien s'approcha; Shandon prit la lettre sans difficulté, et Captain fit alors entendre trois aboiements clairs au milieu du silence profond qui régnait à bord et sur les quais.

Shandon tenait la lettre sans l'ouvrir.

« Mais lisez donc ! lisez donc ! » s'écria le docteur.

Shandon regarda. L'adresse, sans date et sans indication de lieu, portait seulement :

« Au commandant Richard Shandon, à bord du brick le *Forward*. »

Shandon ouvrit la lettre, et lut :

« Vous vous dirigerez vers le cap Farewel. Vous l'atteindrez le 20 avril. Si le capitaine ne paraît pas à bord, vous franchirez le détroit de Davis, et vous remonterez la mer de Baffin jusqu'à la baie Melville.

       « Le capitaine du *Forward*,
         « K. Z. »

Shandon plia soigneusement cette lettre laconique, la mit dans sa poche et donna l'ordre du départ. Sa voix, qui retentit seule au milieu des sifflements du vent d'est, avait quelque chose de solennel.

Bientôt le *Forward* fut hors des bassins, et, dirigé par un pilote de Liverpool, dont le petit côtre suivait à distance, il prit le courant de la Mersey. La foule se précipita sur le quai extérieur qui longe les docks Victoria, afin d'entrevoir une dernière fois ce navire étrange. Les deux huniers, la misaine et la brigantine furent rapidement établis, et, sous cette voilure, le *Forward*, digne de son nom, après avoir contourné la pointe de Birkenhead, donna à toute vitesse dans la mer d'Irlande.

CHAPITRE V. — LA PLEINE MER.

Le vent, inégal, mais favorable, précipitait avec force ses rafales d'avril. Le *Forward* fendait la mer rapidement, et son hélice, rendue folle, n'opposait aucun obstacle à sa marche. Vers trois heures, il croisa le bateau à vapeur qui fait le service entre Liverpool et l'île de Man, et qui porte les trois jambes de Sicile écartelées sur ses tambours. Le capitaine le héla de son bord, dernier adieu qu'il fut donné d'entendre à l'équipage du *Forward*.

A cinq heures, le pilote remettait à Richard Shandon le commandement du navire, et regagnait son côtre, qui, virant au plus près, disparut bientôt dans le sud-ouest.

Vers le soir, le brick doubla le calf du Man, à l'extrémité méridionale de l'île de ce nom. Pendant la nuit, la mer fut très-houleuse; le *Forward* se comporta bien, laissa la pointe d'Ayr par le nord-ouest, et se dirigea vers le canal du Nord.

Johnson avait raison; en mer, l'instinct maritime des matelots reprenait le dessus. A voir la bonté du bâtiment, ils oubliaient l'étrangeté de la situation. La vie du bord s'établit régulièrement.

Le docteur aspirait avec ivresse le vent de la mer; il se promenait vigoureusement dans les rafales, et pour un savant il avait le pied assez marin.

« C'est une belle chose que la mer, dit-il à maître Johnson, en remontant sur le pont après le déjeuner. Je fais connaissance un peu tard avec elle, mais je me rattraperai.

—Vous avez raison, monsieur Clawbonny; je donnerais tous les continents du monde pour un bout d'océan. On prétend que les marins se fatiguent vite de leur métier; voilà quarante ans que je navigue, et je m'y plais comme au premier jour.

—Quelle jouissance vraie de se sentir un bon navire sous les pieds, et, si j'en juge bien, le *Forward* se conduit gaillardement.

— Vous jugez bien, docteur, répondit Shandon qui rejoignit les deux interlocuteurs; c'est un bon bâtiment, et j'avoue que jamais navire destiné à une navigation dans les glaces n'aura été mieux pourvu et mieux équipé. Cela me rappelle qu'il y a trente ans passés le capitaine James Ross, allant chercher le passage du nord-ouest...

— Montait la *Victoire*, dit vivement le docteur, brick d'un tonnage à peu près égal au nôtre, également muni d'une machine à vapeur.

— Comment! vous savez cela?

— Jugez-en, repartit le docteur; alors les machines étaient encore dans l'enfance de l'art, et celle de la *Victoire* lui causa plus d'un retard préjudiciable; le capitaine James Ross, après l'avoir réparée vainement pièce par pièce, finit par la démonter, et l'abandonna à son premier hivernage.

— Diable! fit Shandon; vous êtes au courant, je le vois!

— Que voulez-vous? reprit le docteur; à force de lire, j'ai lu les ouvrages de Parry, de Ross, de Franklin, les rapports de Mac Clure, de Kennedy, de Kane, de Mac Clintock, et il m'en est resté quelque chose. J'ajouterai que ce même Mac Clintock, à bord du *Fox*, brick à hélice dans le genre du nôtre, est allé plus facilement et plus directement à son but que tous ses devanciers.

— Cela est parfaitement vrai, répondit Shandon; c'est un hardi marin que ce Mac Clintock; je l'ai vu à l'œuvre; vous pouvez ajouter que comme lui nous nous trouverons dès le mois d'avril dans le détroit de Davis, et, si nous parvenons à franchir les glaces, notre voyage sera considérablement avancé.

— A moins, repartit le docteur, qu'il ne nous arrive comme au *Fox*, en 1857, d'être pris dès la première année par les glaces du nord de la mer de Baffin, et d'hiverner au milieu de la banquise.

— Il faut espérer que nous serons plus heureux, monsieur Shandon, répondit Johnson; et si avec un bâtiment comme le *Forward* on ne va pas où l'on veut, il faut y renoncer à jamais.

— D'ailleurs, reprit le docteur, si le capitaine est à bord, il saura mieux que nous ce qu'il faudra faire, et d'autant plus que nous l'ignorons complétement; car sa lettre, singulièrement laconique, ne nous permet pas de deviner le but du voyage.

— C'est déjà beaucoup, répondit Shandon assez vivement, de connaître la route à suivre, et maintenant, pendant un bon mois, j'imagine, nous pouvons nous passer de l'intervention surnaturelle de cet inconnu et de ses instructions. D'ailleurs, vous savez mon opinion sur son compte.

— Hé! hé! fit le docteur, je croyais comme vous que cet homme vous laisserait le commandement du navire, et ne viendrait jamais à bord, mais...

—Mais? répliqua Shandon avec une certaine contrariété.

—Mais depuis l'arrivée de sa seconde lettre, j'ai dû modifier mes idées à cet égard.

—Et pourquoi cela, docteur?

—Parce que, si cette lettre vous indique la route à suivre, elle ne vous fait pas connaître la destination du *Forward*; or, il faut bien savoir où l'on va. Le moyen, je vous le demande, qu'une troisième lettre vous parvienne, puisque nous voilà en pleine mer! Sur les terres du Groënland, le service de la poste doit laisser à désirer. Voyez-vous, Shandon, j'imagine que ce gaillard-là nous attend dans quelque établissement danois, à Hosteinborg ou Uppernawik; il aura été là compléter sa cargaison de peaux de phoques, acheter ses traîneaux et ses chiens, en un mot, réunir tout l'attirail que comporte un voyage dans les mers arctiques. Je serai donc peu surpris de le voir un beau matin sortir de sa cabine, et commander la manœuvre de la façon la moins surnaturelle du monde.

—Possible, répondit Shandon d'un ton sec; mais, en attendant, le vent fraîchit, et il n'est pas prudent de risquer ses perroquets par un temps pareil. »

Shandon quitta le docteur et donna l'ordre de carguer les voiles hautes.

« Il y tient, dit le docteur au maître d'équipage.

—Oui, répondit ce dernier, et cela est fâcheux, car vous pourriez bien avoir raison, monsieur Clawbonny. »

Le samedi, vers le soir, le *Forward* doubla le mull [1] de Galloway, dont le phare fut relevé dans le nord-est; pendant la nuit, on laissa le mull de Cantyre au nord, et à l'est le cap Fair sur la côte d'Irlande. Vers les trois heures du matin, le brick, prolongeant l'île Rathlin sur sa hanche de tribord, déboucha par le canal du Nord dans l'Océan.

C'était le dimanche 8 avril; les Anglais, et surtout les matelots, sont fort observateurs de ce jour; aussi la lecture de la Bible, dont le docteur se chargea volontiers, occupa une partie de la matinée.

Le vent tournait alors à l'ouragan et tendait à rejeter le brick sur la côte d'Irlande; les vagues furent très-fortes, le roulis très-dur. Si le docteur

[1] Promontoire.

n'eut pas le mal de mer, c'est qu'il ne voulut pas l'avoir, car rien n'était plus facile. A midi, le cap Malinhead disparaissait dans le sud; ce fut la dernière terre d'Europe que ces hardis marins dussent apercevoir, et plus d'un la regarda longtemps, qui sans doute ne devait jamais la revoir.

La latitude par observation était alors de 55°57', et la longitude, d'après les chronomètres, 7° 40' [1].

L'ouragan se calma vers les neuf heures du soir; le *Forward*, bon voilier, maintint sa route au nord-ouest. On put juger pendant cette journée de ses qualités marines; suivant la remarque des connaisseurs de Liverpool, c'était avant tout un navire à voile.

Pendant les jours suivants, le *Forward* gagna rapidement dans le nord-ouest; le vent passa dans le sud, et la mer fut prise d'une grosse houle; le brick naviguait alors sous pleine voilure. Quelques pétrels et des puffins vinrent voltiger au-dessus de la dunette; le docteur tua fort adroitement l'un de ces derniers, qui tomba heureusement à bord.

[1] Au méridien de Greenwich.

Simpson, le harponneur, s'en empara, et le rapporta à son propriétaire.

« Un vilain gibier, monsieur Clawbonny, dit-il.

—Qui fera un excellent repas, au contraire, mon ami!

—Quoi! vous allez manger cela?

—Et vous en goûterez, mon brave, fit le docteur en riant.

—Pouah! répliqua Simpson; mais c'est huileux et rance comme tous les oiseaux de mer.

—Bon! répliqua le docteur; j'ai une manière à moi d'accommoder ce gibier-là, et, si vous le reconnaissez après pour un oiseau de mer, je consens à ne plus en tuer un seul de ma vie.

—Vous êtes donc cuisinier, monsieur Clawbonny? demanda Johnson.

—Un savant doit savoir un peu de tout.

—Alors, défie-toi, Simpson, répondit le maître d'équipage; le docteur est un habile homme, et il va nous faire prendre ce puffin pour une groose[1] du meilleur goût. »

Le fait est que le docteur eut complétement raison de son volatile; il enleva habilement la graisse, qui est située tout entière sous la peau, principalement sur les hanches, et avec elle disparut cette rancidité et cette odeur de poisson dont on a parfaitement raison de se plaindre dans un oiseau. Ainsi préparé, le puffin fut déclaré excellent, et par Simpson lui-même.

Pendant le dernier ouragan, Richard Shandon s'était rendu compte des qualités de son équipage; il avait analysé ses hommes un à un, comme doit le faire tout commandant qui veut parer aux dangers de l'avenir; il savait sur quoi compter.

James Wall, officier tout dévoué à Richard, comprenait bien, exécutait bien, mais il pouvait manquer d'initiative; au troisième rang, il se trouvait à sa place.

Johnson, rompu aux luttes de la mer, et vieux routier de l'océan Arctique, n'avait rien à apprendre en fait de sang-froid et d'audace.

Simpson, le harponneur, et Bell, le charpentier, étaient des hommes

---

[1] Sorte de perdrix.

sûrs, esclaves du devoir et de la discipline. L'ice-master Foker, marin d'expérience, élevé à l'école de Johnson, devait rendre d'importants services.

Des autres matelots, Garry et Bolton semblaient être les meilleurs : Bolton, une sorte de loustic, gai et causeur; Garry, un garçon de trente-cinq ans, à figure énergique, mais un peu pâle et triste.

Les trois matelots, Clifton, Gripper et Pen, semblaient moins ardents et moins résolus; ils murmuraient volontiers. Gripper même avait voulu rompre son engagement au départ du *Forward;* une sorte de honte le retint à bord. Si les choses marchaient bien, s'il n'y avait ni trop de dangers à courir ni trop de manœuvres à exécuter, on pouvait compter sur ces trois hommes; mais il leur fallait une nourriture substantielle, car on peut dire qu'ils avaient le cœur au ventre. Quoique prévenus, ils s'accommodaient assez mal d'être *teetotalers*, et à l'heure du repas ils regrettaient le brandy ou le gin; ils se rattrapaient cependant sur le café et le thé, distribués à bord avec une certaine prodigalité.

Quant aux deux ingénieurs, Brunton et Plover, et au chauffeur Waren, ils s'étaient contentés jusqu'ici de se croiser les bras.

Shandon savait donc à quoi s'en tenir sur le compte de chacun.

Le 14 avril, le *Forward* vint à couper le grand courant du Gulf-stream qui, après avoir remonté le long de la côte orientale de l'Amérique, jusqu'au banc de Terre-Neuve, s'incline vers le nord-est et prolonge les rivages de la Norvége. On se trouvait alors par 51° 37' de latitude et 22° 58' de longitude, à deux cents milles de la pointe du Groënland. Le temps se refroidit; le thermomètre descendit à trente-deux degrés (0° centigrade)[1], c'est-à-dire au point de congélation.

Le docteur, sans prendre encore le vêtement des hivers arctiques, avait revêtu son costume de mer, à l'instar des matelots et des officiers; il faisait plaisir à voir avec ses hautes bottes dans lesquelles il descendait tout d'un bloc, son vaste chapeau de toile huilée, un pantalon et une jaquette de même étoffe; par les fortes pluies et les larges vagues que le brick embarquait, le docteur ressemblait à une sorte d'animal marin, comparaison qui ne laissait pas d'exciter sa fierté.

---

[1] Il s'agit du thermomètre de Fahrenheit.

Pendant deux jours, la mer fut extrêmement mauvaise; le vent tourna vers le nord-ouest et retarda la marche du *Forward*. Du 14 au 16 avril, la houle demeura très-forte; mais le lundi, il survint une violente averse qui eut pour résultat de calmer la mer presque immédiatement. Shandon fit remarquer cette particularité au docteur.

« Eh bien, répondit ce dernier, cela confirme les curieuses observations du baleinier Scoresby, qui fit partie de la Société royale d'Edinburgh, dont j'ai l'honneur d'être membre correspondant. Vous voyez que pendant la pluie les vagues sont peu sensibles, même sous l'influence d'un vent violent. Au contraire, avec un temps sec, la mer serait plus agitée par une brise moins forte.

—Mais comment explique-t-on ce phénomène, docteur?

—C'est bien simple, on ne l'explique pas. »

En ce moment, l'ice-master, qui faisait son quart dans les barres de perroquet, signala une masse flottante par tribord, à une quinzaine de milles sous le vent :

« Une montagne de glace dans ces parages ! » s'écria le docteur.

Shandon braqua sa lunette dans la direction indiquée et confirma l'annonce du pilote.

« Voilà qui est curieux! dit le docteur.

—Cela vous étonne? fit le commandant en riant. Comment! nous serions assez heureux pour trouver quelque chose qui vous étonnât?

—Cela m'étonne sans m'étonner, répondit en souriant le docteur, puisque le brick *Ann de Poole*, de Greenspond, fut pris en 1813 dans de véritables champs de glace par le quarante-quatrième degré de latitude nord, et que Dayement, son capitaine, les compta par centaines!

—Bon! fit Shandon, vous avez encore à nous en apprendre là-dessus!

—Oh! peu de chose, répondit modestement l'aimable Clawbonny, si ce n'est que l'on a trouvé des glaces sous des latitudes encore plus basses.

—Cela, vous ne me l'apprenez pas, mon cher docteur; car, étant mousse à bord du sloop de guerre *le Fly*...

—En 1818, continua le docteur, à la fin de mars, comme qui dirait avril, vous avez passé entre deux grandes îles de glaces flottantes, par le quarante-deuxième degré de latitude.

— Ah! c'est trop fort! s'écria Shandon.

— Mais c'est vrai; je n'ai donc pas lieu de m'étonner, puisque nous sommes deux degrés plus au nord, de rencontrer une montagne flottante par le travers du *Forward*.

— Vous êtes un puits, docteur, répondit le commandant, et avec vous il n'y a qu'à tirer le seau.

— Bon! je tarirai plus vite que vous ne pensez; et maintenant, si nous pouvons observer de près ce curieux phénomène, Shandon, je serai le plus heureux des docteurs.

— Justement. Johnson, fit Shandon en appelant son maître d'équipage, la brise, il me semble, a une tendance à fraîchir.

— Oui, commandant, répondit Johnson; nous gagnons peu, et les courants du détroit de Davis vont bientôt se faire sentir.

— Vous avez raison, Johnson, et si nous voulons être le 20 avril en vue du cap Farewel, il faut marcher à la vapeur, où bien nous serons jetés sur les côtes du Labrador. M. Wall, veuillez donner l'ordre d'allumer les fourneaux. »

Les ordres du commandant furent exécutés; une heure après, la vapeur avait acquis une pression suffisante; les voiles furent serrées, et l'hélice, tordant les flots sous ses branches, poussa violemment le *Forward* contre le vent du nord-ouest.

CHAPITRE VI. — LE GRAND COURANT POLAIRE.

Bientôt les bandes d'oiseaux de plus en plus nombreuses, des pétrels, des puffins, des contre-maîtres, habitants de ces parages désolés, signalèrent l'approche du Groënland. Le *Forward* gagnait rapidement dans le nord, en laissant sous le vent une longue traînée de fumée noire.

Le mardi 17 avril, vers les onze heures du matin, l'ice-master signala la première vue du *blink* de la glace[1]. Il se trouvait à vingt milles au moins dans le nord-nord-ouest. Cette bande d'un blanc éblouissant éclairait vivement, malgré la présence de nuages assez épais, toute la partie de l'atmosphère voisine de l'horizon. Les gens d'expérience du bord ne purent se

---

[1] Couleur particulière et brillante que prend l'atmosphère au-dessus d'une grande étendue de glace.

méprendre sur ce phénomène, et ils reconnurent à sa blancheur que ce *blink* devait venir d'un vaste champ de glace situé à une trentaine de milles au delà de la portée de la vue, et provenait de la réflexion des rayons lumineux.

Vers le soir, le vent retomba dans le sud, et devint favorable; Shandon put établir une bonne voilure, et, par mesure d'économie, il éteignit ses fourneaux. Le *Forward*, sous ses huniers, son foc et sa misaine, se dirigea vers le cap Farewel.

Le 18, à trois heures, un ice-stream fut reconnu, à une ligne blanche peu épaisse, mais de couleur éclatante, qui tranchait vivement entre les lignes de la mer et du ciel. Il dérivait évidemment de la côte est du Groënland plutôt que du détroit de Davis, car les glaces se tiennent de préférence sur le bord occidental de la mer de Baffin. Une heure après, le *Forward* passait au milieu des pièces isolées de l'ice-stream, et, dans la partie la plus compacte, les glaces, quoique soudées entre elles, obéissaient au mouvement de la houle.

Le lendemain, au point du jour, la vigie signala un navire : c'était le *Valkirien*, corvette danoise qui courait à contre-bord du *Forward* et se dirigeait vers le banc de Terre-Neuve. Le courant du détroit se faisait sentir, et Shandon dut forcer de voiles pour le remonter.

En ce moment, le commandant, le docteur, James Wall et Johnson se trouvaient réunis sur la dunette, examinant la direction et la force de ce courant. Le docteur demanda s'il était avéré que ce courant existât uniformément dans la mer de Baffin.

« Sans doute, répondit Shandon, et les bâtiments à voiles ont beaucoup de peine à le refouler.

—D'autant plus, ajouta James Wall, qu'on le rencontre aussi bien sur la côte orientale de l'Amérique que sur la côte occidentale du Groënland.

—Eh bien! fit le docteur, voilà qui donne singulièrement raison aux chercheurs du passage du nord-ouest! Ce courant marche avec une vitesse de cinq milles à l'heure environ, et il est difficile de supposer qu'il prenne naissance au fond d'un golfe.

—Ceci est d'autant mieux raisonné, docteur, reprit Shandon, que si ce courant va du nord au sud, on trouve dans le détroit de Behring un courant contraire qui coule du sud au nord, et doit être l'origine de celui-ci.

—D'après cela, messieurs, dit le docteur, il faut admettre que l'Amérique est complètement détachée des terres polaires, et que les eaux du Pacifique se rendent, en contournant ses côtes, jusque dans l'Atlantique. D'ailleurs, la plus grande élévation des eaux du premier donne encore raison à leur écoulement vers les mers d'Europe.

— Mais, reprit Shandon, il doit y avoir des faits à l'appui de cette théorie; et s'il y en a, ajouta-t-il avec une certaine ironie, notre savant universel doit les connaître.

— Ma foi, répliqua ce dernier avec une aimable satisfaction, si cela peut vous intéresser, je vous dirai que des baleines, blessées dans le détroit de Davis, ont été prises quelque temps après dans le voisinage de la Tartarie, portant encore à leur flanc le harpon européen.

— Et à moins qu'elles n'aient doublé le cap Horn ou le cap de Bonne-Espérance, répondit Shandon, il faut nécessairement qu'elles aient contourné les côtes septentrionales de l'Amérique. Voilà qui est indiscutable, docteur.

— Si cependant vous n'étiez pas convaincu, mon brave Shandon, dit le

docteur en souriant, je pourrais produire encore d'autres faits, tels que ces bois flottés dont le détroit de Davis est rempli, mélèzes, trembles et autres essences tropicales. Or, nous savons que le Gulf-stream empêcherait ces bois d'entrer dans le détroit; si donc ils en sortent, ils n'ont pu y pénétrer que par le détroit de Behring.

— Je suis convaincu, docteur, et j'avoue qu'il serait difficile avec vous de demeurer incrédule.

— Ma foi, dit Johnson, voilà qui vient à propos pour éclairer la discussion. J'aperçois au large une pièce de bois d'une jolie dimension; si le commandant veut le permettre, nous allons pêcher ce tronc d'arbre, le hisser à bord, et lui demander le nom de son pays.

— C'est cela, fit le docteur! l'exemple après la règle. »

Shandon donna les ordres nécessaires; le brick se dirigea vers la pièce de bois signalée, et, bientôt après, l'équipage la hissait sur le pont, non sans peine.

C'était un tronc d'acajou, rongé par les vers jusqu'à son centre, circonstance sans laquelle il n'eût pas pu flotter.

« Voilà qui est triomphant, s'écria le docteur avec enthousiasme, car, puisque les courants de l'Atlantique n'ont pu le porter dans le détroit de Davis, puisqu'il n'a pu être chassé dans le bassin polaire par les fleuves de l'Amérique septentrionale, attendu que cet arbre-là croît sous l'équateur, il est évident qu'il arrive en droite ligne de Behring. Et tenez, messieurs, voyez ces vers de mer qui l'ont rongé ; ils appartiennent aux espèces des pays chauds.

—Il est certain, reprit Halle, que cela donne tort aux détracteurs du fameux passage.

—Mais cela les tue tout bonnement ! répondit le docteur. Tenez, je vais vous faire l'itinéraire de ce bois d'acajou : il a été charrié vers l'océan Pacifique par quelque rivière de l'isthme de Panama ou du Guatemala ; de là, le courant l'a traîné le long des côtes d'Amérique jusqu'au détroit de Behring, et, bon gré mal gré, il a dû entrer dans les mers polaires ; il n'est ni tellement vieux ni tellement imbibé qu'on ne puisse assigner une date récente à son départ ; il aura heureusement franchi les obstacles de cette longue suite de détroits qui aboutit à la mer de Baffin, et, vivement saisi par le courant boréal, il est venu par le détroit de Davis se faire prendre à bord du *Forward* pour la plus grande joie du docteur Clawbonny, qui demande au commandant la permission d'en garder un échantillon.

—Faites donc, reprit Shandon : mais permettez-moi à mon tour de vous apprendre que vous ne serez pas le seul possesseur d'une épave pareille. Le gouverneur danois de l'île de Disko...

—Sur la côte du Groënland, continua le docteur, possède une table d'acajou faite avec un tronc pêché dans les mêmes circonstances ; je le sais, mon cher Shandon ; eh bien, je ne lui envie pas sa table, car, si ce n'était l'embarras, j'aurais là de quoi me faire toute une chambre à coucher. »

Pendant la nuit du mercredi au jeudi, le vent souffla avec une extrême violence ; le *drift vood*[1] se montra plus fréquemment ; l'approche de la côte offrait des dangers à une époque où les montagnes de glace sont fort nombreuses ; le commandant fit donc diminuer de voiles, et le *Forward* courut seulement sous sa misaine et sa trinquette.

Le thermomètre descendit au-dessous du point de congélation. Shandon fit distribuer à l'équipage des vêtements convenables, une jaquette et un

---

[1] Bois flotté.

pantalon de laine, une chemise de flanelle, des bas de wadmel, comme en portent les paysans norvégiens. Chaque homme fut également muni d'une paire de bottes de mer parfaitement imperméables.

Quant à Captain, il se contentait de sa fourrure naturelle ; il paraissait peu sensible aux changements de température ; il devait avoir passé par plus d'une épreuve de ce genre, et, d'ailleurs, un Danois n'avait pas le droit de se montrer difficile. On ne le voyait guère, et il se tenait presque toujours caché dans les parties les plus sombres du bâtiment.

Vers le soir, à travers une éclaircie de brouillard, la côte du Groënland se laissa entrevoir par 37° 2′ 7″ de longitude ; le docteur, armé de sa lunette, put un instant distinguer une suite de pics sillonnés par de larges

glaciers ; mais le brouillard se referma rapidement sur cette vision, comme le rideau d'un théâtre qui tombe au moment le plus intéressant de la pièce.

Le *Forward* se trouva, le 20 avril au matin, en vue d'un ice-berg haut de cent cinquante pieds, échoué en cet endroit de temps immémorial ; les dégels n'ont pas prise sur lui, et respectent ses formes étranges. Snow l'a vu ; James Ross, en 1829, en prit un dessin exact, et en 1851, le lieutenant français Bellot, à bord du *Prince-Albert,* le remarqua parfaitement. Naturellement le docteur voulut conserver l'image de cette montagne célèbre, et il en fit une esquisse très-réussie.

Il n'est pas surprenant que de semblables masses soient échouées, et, par conséquent, s'attachent invinciblement au sol ; pour un pied hors de l'eau, elles en ont à peu près deux au-dessous, ce qui donnait à celle-ci quatre-vingts brasses environ de profondeur [1].

Enfin, par une température qui ne fut à midi que de 12° (—11° centigrades) sous un ciel de neige et de brouillards, on aperçut le cap Farewel. Le *Forward* arrivait au jour fixé ; le capitaine inconnu, s'il lui plaisait de venir relever sa position par ce temps diabolique, n'aurait pas à se plaindre.

« Voilà donc, se dit le docteur, ce cap célèbre, ce cap si bien nommé [2] ! Beaucoup l'ont franchi comme nous, qui ne devaient jamais le revoir ! Est-ce donc un adieu éternel dit à ses amis d'Europe ? Vous avez passé là, Frobisher, Knight, Barlow, Vaugham, Scroggs, Barentz, Hudson, Blosseville

---

[1] Quatre cents pieds. — [2] *Farewel* signifie adieu.

Franklin, Crozier, Bellot, pour ne jamais revenir au foyer domestique, et ce cap a bien été pour vous le cap des Adieux ! »

Ce fut vers l'an 970 que des navigateurs partis de l'Islande[1] découvrirent le Groënland. Sébastien Cabot, en 1498, s'éleva jusqu'au 56° degré de latitude ; Gaspard et Michel Cotréal, de 1500 à 1502, parvinrent au 60° et Martin Frobisher, en 1576, arriva jusqu'à la baie qui porte son nom.

A Jean Davis appartient l'honneur d'avoir découvert le détroit en 1585, et, deux ans plus tard, dans un troisième voyage, ce hardi navigateur, ce grand pêcheur de baleines, atteignit le soixante-treizième parallèle, à vingt-sept degrés du pôle.

Barentz en 1596, Weymouth en 1602, James Hall en 1605 et 1607, Hudson, dont le nom fut attribué à cette vaste baie qui échancre si profondément les terres d'Amérique, James Poole en 1611, s'avancèrent plus ou moins dans le détroit, à la recherche de ce passage du nord-ouest, dont la découverte eût singulièrement abrégé les voies de communication entre les deux mondes.

Baffin, en 1616, trouva dans la mer de ce nom le détroit de Lancastre ; il fut suivi en 1619 par James Munk, et en 1719 par Knight, Barlow, Waugham et Scroggs, dont on n'a jamais eu de nouvelles.

En 1776, le lieutenant Pickersgill, envoyé à la rencontre du capitaine Cook, qui tentait de remonter par le détroit de Behring, pointa jusqu'au 68° degré ; l'année suivante, Young s'éleva dans le même but jusqu'à l'île des Femmes.

Vint alors James Ross, qui fit, en 1818, le tour des côtes de la mer de Baffin, et corrigea les erreurs hydrographiques de ses devanciers.

Enfin en 1819 et 1820, le célèbre Parry s'élance dans le détroit de Lancastre, parvient à travers d'innombrables difficultés jusqu'à l'île Melville, et gagne la prime de cinq mille livres[2] promise par acte du parlement aux matelots anglais qui couperaient le cent soixante-dixième méridien par une latitude plus élevée que le soixante-dix-septième parallèle.

En 1826, Beechey touche à l'île Chamisso ; James Ross hiverne, de 1829 à 1833, dans le détroit du Prince-Régent, et fait, entre autres travaux importants, la découverte du pôle magnétique.

Pendant ce temps, Franklin, par la voie de terre, reconnaissait les côtes septentrionales de l'Amérique, de la rivière Mackensie à la pointe Turnagain ; le capitaine Back marchait sur ses traces de 1823 à 1835, et ces explorations étaient complétées en 1839 par MM. Dease, Simpson et le docteur Rae.

---

[1] Ile des glaces. — [2] 125,000 francs.

Enfin, sir John Franklin, jaloux de découvrir le passage du nord-ouest, quitta l'Angleterre en 1845 sur l'*Erebus* et le *Terror* ; il pénétra dans la mer de Baffin, et depuis son passage à l'île Disko, on n'eut plus aucune nouvelle de son expédition.

Cette disparition détermina les nombreuses recherches qui ont amené la découverte du passage, et la reconnaissance de ces continents polaires si profondément déchiquetés ; les plus intrépides marins de l'Angleterre, de la France et des États-Unis, s'élancèrent vers ces terribles parages, et, grâce à leurs efforts, la carte si tourmentée, si difficile de ce pays, put figurer enfin aux archives de la Société Royale Géographique de Londres.

La curieuse histoire de ces contrées se présentait ainsi à l'imagination du docteur, tandis qu'appuyé sur la lisse, il suivait du regard le long sillage du brick. Les noms de ces hardis navigateurs se pressaient dans son souvenir, et il croyait entrevoir sous les arceaux glacés de la banquise les pâles fantômes de ceux qui ne revinrent pas.

CHAPITRE VII. — LE DÉTROIT DE DAVIS.

Pendant cette journée, le *Forward* se fraya un chemin facile parmi les glaces à demi brisées ; le vent était bon, mais la température très-basse ; les courants d'air, en se promenant sur les *ice-fields*[1], rapportaient leurs froides pénétrations.

[1] Champs de glace.

La nuit exigea la plus sévère attention; les montagnes flottantes se resserraient dans cette passe étroite; on en comptait souvent une centaine à l'horizon; elles se détachaient des côtes élevées, sous la dent des vagues rongeantes et l'influence de la saison d'avril, pour aller se fondre ou s'abîmer dans les profondeurs de l'Océan. On rencontrait aussi de longs trains de bois dont il fallait éviter le choc; aussi le *crow's-nest*[1] fut mis en place au sommet du mât de misaine; il consistait en un tonneau à fond mobile, dans lequel l'ice-master, en partie abrité contre le vent, surveillait la mer, signalait les glaces en vue, et même, au besoin, commandait la manœuvre.

Les nuits étaient courtes; le soleil avait reparu depuis le 31 janvier, par suite de la réfraction, et tendait à se maintenir de plus en plus au-dessus de l'horizon. Mais la neige arrêtait la vue, et, si elle n'amenait pas l'obscurité, rendait cette navigation pénible.

Le 21 avril, le cap Désolation apparut au milieu des brumes; la manœuvre fatiguait l'équipage; depuis l'entrée du brick au milieu des glaces, les matelots n'avaient pas eu un instant de repos; il fallut bientôt recourir à la vapeur pour se frayer un chemin au milieu de ces blocs amoncelés.

Le docteur et maître Johnson causaient ensemble sur l'arrière, pendant que Shandon prenait quelques heures de sommeil dans sa cabine. Clawbonny recherchait la conversation du vieux marin, auquel ses nombreux voyages avaient fait une éducation intéressante et sensée. Le docteur le prenait en grande amitié, et le maître d'équipage ne demeurait pas en reste avec lui.

« Voyez-vous, monsieur Clawbonny, disait Johnson, ce pays-ci n'est pas comme tous les autres; on l'a nommé la Terre-Verte[2], mais il n'y a pas beaucoup de semaines dans l'année où il justifie son nom!

—Qui sait, mon brave Johnson, répondit le docteur, si, au xe siècle

---

[1] Littéralement *nid de pie* — [2] Green Land.

cette terre n'avait pas le droit d'être appelée ainsi? Plus d'une révolution de ce genre s'est produite dans notre globe, et je vous étonnerais beaucoup en vous disant que, suivant les chroniqueurs islandais, deux cents villages florissaient sur ce continent, il y a huit ou neuf cents ans!

—Vous m'étonneriez tellement, monsieur Clawbonny, que je ne pourrais pas vous croire, car c'est un triste pays.

—Bon! si triste qu'il soit, il offre encore une retraite suffisante à des habitants, et même à des Européens civilisés.

—Sans doute! A Disko, à Uppernawik, nous rencontrerons des hommes qui consentent à vivre sous de pareils climats; mais j'ai toujours pensé qu'ils y demeuraient par force, non par goût.

—Je le crois volontiers; cependant l'homme s'habitue à tout, et ces Groënlandais ne me paraissent pas être aussi à plaindre que les ouvriers de nos grandes villes; ils peuvent être malheureux, mais, à coup sûr, ils ne sont point misérables; encore, je dis malheureux, et ce mot ne rend pas ma pensée; en effet, s'ils n'ont pas le bien-être des pays tempérés, ces gens-là, faits à ce rude climat, y trouvent évidemment des jouissances qu'il ne nous est pas donné de concevoir!

—Il faut le penser, monsieur Clawbonny, puisque le ciel est juste; mais bien des voyages m'ont amené sur ces côtes, et mon cœur s'est toujours serré à la vue de ces tristes solitudes; on aurait dû, par exemple, égayer les caps, les promontoires, les baies par des noms plus engageants, car le cap des Adieux et le cap Désolation ne sont pas faits pour attirer les navigateurs!

—J'ai fait également cette remarque, répondit le docteur; mais ces noms ont un intérêt géographique qu'il ne faut pas méconnaître; ils décrivent les aventures de ceux qui les ont donnés; auprès des noms des Davis, des Baffin, des Hudson, des Ross, des Parry, des Franklin, des Bellot, si je rencontre le cap Désolation, je trouve bientôt la baie de la Mercy; le cap Providence fait pendant au port Anxiety, la baie Repulse [1] me ramène au cap Éden, et, quittant la pointe Turnagain [2], je vais me reposer dans la baie du Refuge; j'ai là, sous les yeux, cette incessante succession de périls, d'échecs, d'obstacles, de succès, de désespoirs, de réussites, mêlés aux grands noms de mon pays, et, comme une série de médailles antiques, cette nomenclature me retrace toute l'histoire de ces mers.

—Justement raisonné, monsieur Clawbonny, et puissions-nous, dans notre voyage, rencontrer plus de baies du Succès que de caps du Désespoir!

---

[1] Baie qu'on ne peut atteindre. — [2] Cap du retour forcé.

— Je le souhaite, Johnson; mais, dites-moi, l'équipage est-il un peu revenu de ses terreurs?

— Un peu, monsieur; et cependant, pour tout dire, depuis notre entrée dans le détroit, on recommence à se préoccuper du capitaine fantastique; plus d'un s'attendait à le voir apparaître à l'extrémité du Groënland, et jusqu'ici, rien. Voyons, monsieur Clawbonny, entre nous, est-ce que cela ne vous étonne pas un peu?

— Si fait, Johnson.

— Croyez-vous à l'existence de ce capitaine?

— Sans doute.

— Mais quelles raisons ont pu le pousser à agir de la sorte?

— S'il faut dire toute ma pensée, Johnson, je crois que cet homme aura voulu entraîner l'équipage assez loin pour qu'il n'y eût plus à revenir. Or, s'il avait paru à son bord au moment du départ, chacun voulant connaître la destination du navire, il aurait pu être embarrassé.

— Et pourquoi cela?

— Ma foi, s'il veut tenter quelque entreprise surhumaine, s'il veut pénétrer là où tant d'autres n'ont pu parvenir, croyez-vous qu'il eût recruté son équipage? Tandis qu'une fois en route, on peut aller si loin, que marcher en avant devienne ensuite une nécessité.

— C'est possible, monsieur Clawbonny; j'ai connu plus d'un intrépide aventurier dont le nom seul épouvantait, et qui n'eût trouvé personne pour l'accompagner dans ses périlleuses expéditions...

— Sauf moi, fit le docteur.

— Et moi après vous, répondit Johnson, et pour vous suivre! Je dis donc que notre capitaine est sans doute du nombre de ces aventuriers-là. Enfin, nous verrons bien; je suppose que du côté d'Uppernawik ou de la baie Melville, ce brave inconnu viendra s'installer tranquillement à bord, et nous apprendra jusqu'où sa fantaisie compte entraîner le navire.

— Je le crois comme vous, Johnson; mais la difficulté sera de s'élever jusqu'à cette baie de Melville; voyez comme les glaces nous entourent de toutes parts! c'est à peine si elles laissent passage au *Forward*. Tenez, examinez cette plaine immense.

—Dans notre langage de baleiniers, monsieur Clawbonny, nous appelons cela un ice-field, c'est-à-dire une surface continue de glaces dont on n'aperçoit pas les limites.

—Et de ce côté, ce champ brisé, ces longues pièces plus ou moins réunies par leurs bords?

—Ceci est un pack; s'il a une forme circulaire, nous l'appelons palch, et stream, quand cette forme est allongée.

—Et là, ces glaces flottantes?

—Ce sont des drift-ice; avec un peu plus de hauteur, ce seraient des icebergs ou montagnes; leur contact est dangereux aux navires, et il faut les éviter avec soin. Tenez, voici là-bas, sur cet ice-field, une protubérance produite par la pression des glaces; nous appelons cela un hummock; si cette protubérance était submergée à sa base, nous la nommerions un calf; il a bien fallu donner des noms à tout cela pour s'y reconnaître.

—Ah! c'est véritablement un spectacle curieux, s'écria le docteur en contemplant ces merveilles des mers boréales, et l'imagination est vivement frappée par ces tableaux divers!

—Sans doute, répondit Johnson; les glaçons prennent parfois des formes fantastiques, et nos hommes ne sont pas embarrassés pour les expliquer à leur façon.

—Tenez, Johnson, admirez cet ensemble de blocs de glace! ne dirait-on pas une ville étrange, une ville d'Orient avec ses minarets et ses mosquées sous la pâle lueur de la lune? Voici plus loin une longue suite d'arceaux gothiques qui nous rappellent la chapelle d'Henry VII ou le palais du Parlement [1].

—Vraiment, monsieur Clawbonny, il y en a pour tous les goûts; mais ce sont des villes ou des églises dangereuses à habiter, et il ne faut pas les ranger de trop près. Il y a de ces minarets-là qui chancellent sur leur base, et dont le moindre écraserait un navire comme le *Forward*.

—Et l'on a osé s'aventurer dans ces mers, reprit le docteur, sans avoir la vapeur à ses ordres! Comment croire qu'un navire à voiles ait pu se diriger au milieu de ces écueils mouvants?

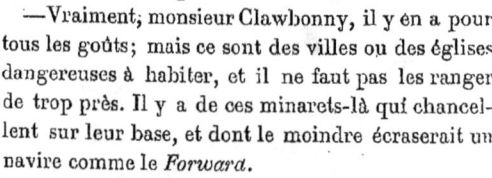

—On l'a fait cependant, monsieur Clawbonny; lorsque le vent devenait contraire, et cela m'est arrivé plus d'une fois, à moi qui vous parle, on s'ancrait patiemment à l'un de ces blocs; on dérivait plus ou moins avec lui; mais enfin on attendait l'heure favorable pour se remettre en route; il est vrai de dire qu'à cette manière de voyager on mettait des mois là où, avec un peu de bonheur, nous ne mettrons que quelques jours.

[1] Édifices de Londres.

—Il me semble, dit le docteur, que la température tend encore à s'abaisser.

—Ce serait fâcheux, répondit Johnson, car il faut du dégel pour que ces masses se divisent et aillent se perdre dans l'Atlantique; elles sont d'ailleurs plus nombreuses dans le détroit de Davis, parce que les terres se rapprochent sensiblement entre le cap Walsingham et Holsteinborg; mais au delà du soixante-septième degré, nous trouverons pendant la saison de mai et de juin des mers plus navigables.

—Oui; mais il faut passer d'abord.

—Il faut passer, monsieur Clawbonny; en juin et juillet, nous eussions trouvé le passage libre, comme il arrive aux baleiniers; mais les ordres étaient précis ; on devait se trouver ici en avril. Aussi je me trompe fort,

ou notre capitaine est un gaillard solidement trempé, qui a une idée; il n'est parti de si bonne heure que pour aller loin. Enfin, qui vivra verra. »

Le docteur avait eu raison de constater un abaissement dans la température; le thermomètre, à midi, n'indiquait plus que six degrés (—14° centig.), et il régnait une brise du nord-ouest qui, tout en éclaircissant le ciel, aidait le courant à précipiter les glaces flottantes sur le chemin du *Forward*. Toutes n'obéissaient pas d'ailleurs à la même impulsion; il n'était pas rare d'en rencontrer, et des plus hautes, qui, prises à leur base par un courant sous-marin, dérivaient dans un sens opposé.

On comprend alors les difficultés de cette navigation; les ingénieurs n'avaient pas un instant de repos; la manœuvre de la vapeur se faisait sur le pont même, au moyen de leviers qui l'ouvraient, l'arrêtaient, la renversaient instantanément, suivant l'ordre de l'officier de quart. Tantôt il fallait se hâter de prendre par une ouverture de champs de glace, tantôt lutter de vitesse avec un ice-berg qui menaçait de fermer la seule issue praticable; ou bien quelque bloc, se renversant à l'improviste, obligeait le brick à reculer subitement pour ne pas être écrasé. Cet amas de glaces entraînées, amoncelées, amalgamées par le courant du nord, se pressait dans la passe, et si la gelée venait à les saisir, elles pouvaient opposer au *Forward* une infranchissable barrière.

Les oiseaux se trouvaient en quantités innombrables dans ces parages; les pétrels et les contre-maîtres voltigeaient çà et là, avec des cris assourdissants ; on comptait aussi un grand nombre de mouettes à tête grosse, à cou court, à bec comprimé, qui déployaient leurs longues ailes, et bravaient en se jouant les neiges fouettées par l'ouragan. Cet entrain de la gent ailée ranimait le paysage.

De nombreuses pièces de bois allaient à la dérive, se heurtant avec bruit ; quelques cachalots à têtes énormes et renflées s'approchèrent du navire ; mais il ne fut pas question de leur donner la chasse, bien que l'envie n'en manquât pas à Simpson le harponneur. Vers le soir, on vit également plusieurs phoques, qui, le nez au-dessus de l'eau, nageaient entre les grands blocs.

Le 22, la température s'abaissait encore; le *Forward* força de vapeur pour gagner les passes favorables ; le vent s'était décidément fixé dans le nord-ouest; les voiles furent serrées.

Pendant cette journée du dimanche, les matelots eurent peu à manœuvrer. Après la lecture de l'office divin, qui fut faite par Shandon, l'équipage se livra à la chasse des guilleminots, dont il prit un grand nombre. Ces oiseaux, convenablement préparés suivant la méthode clawbonnienne, fournirent un agréable surcroît de provisions à la table des officiers et de l'équipage.

A trois heures du soir, le *Forward* avait atteint le Kin de Sael est-quart-nord-est, et la montagne de Sukkertop sud-est-quart-d'est-demi-est ; la mer était fort houleuse; de temps en temps, un vaste brouillard tombait inopinément du ciel gris. Cependant, à midi, une observation exacte put être faite. Le navire se trouvait par 65°20′ de latitude et 54°22′ de longitude. Il fallait gagner encore deux degrés pour rencontrer une navigation meilleure sur une mer plus libre.

Pendant les trois jours suivants, les 24, 25 et 26 avril, ce fut une lutte continuelle avec les glaces; la manœuvre de la machine devint très-fatigante; à chaque minute, la vapeur était subitement interrompue ou renversée, et s'échappait en sifflant par les soupapes.

Dans la brume épaisse, l'approche des ice-bergs se reconnaissait seulement à de sourdes détonations produites par les avalanches; le navire virait alors immédiatement; on risquait de se heurter à des masses de glace d'eau douce, remarquables par la transparence de leur cristal, et qui ont la dureté du roc. Richard Shandon ne manqua pas de compléter sa provision d'eau en embarquant chaque jour plusieurs tonnes de cette glace.

Le docteur ne pouvait s'habituer aux illusions d'optique que la réfraction produisait dans ces parages; en effet, tel ice-berg lui apparaissait comme une petite masse blanche fort rapprochée, qui se trouvait à dix ou douze milles du brick; il tâchait d'accoutumer ses regards à ce singulier phénomène, afin de pouvoir rapidement corriger plus tard l'erreur de ses yeux.

Enfin, soit par le halage du navire le long des champs de glace, soit par l'écartement des blocs les plus menaçants à l'aide de longues perches, l'équipage fut bientôt rompu de fatigue, et cependant, le vendredi 27 avril, le *Forward* était encore retenu sur la limite infranchissable du cercle polaire.

CHAPITRE VIII. — PROPOS DE L'ÉQUIPAGE.

Cependant le *Forward* parvint, en se glissant adroitement dans les passes, à gagner quelques minutes au nord; mais, au lieu d'éviter l'ennemi, il faudrait bientôt l'attaquer; les ice-fields de plusieurs milles d'étendue se rapprochaient, et comme ces masses en mouvement représentent souvent une pression de plus de dix millions de tonnes, on devait se garer avec soin de leurs étreintes. Des scies à glace furent donc installées à l'intérieur du navire, de manière à pouvoir être mises immédiatement en usage.

Une partie de l'équipage acceptait philosophiquement ces durs travaux mais l'autre se plaignait, si elle ne refusait pas d'obéir. Tout en procédan à l'installation des instruments, Garry, Bolton, Pen, Gripper, échangeaient leurs différentes manières de voir.

« Par le diable ! disait gaiement Bolton, je ne sais pourquoi il me vient à la pensée que dans Water-street il y a une jolie taverne où l'on ne s'accote pas trop mal entre un verre de gin et une bouteille de porter. Tu vois cela d'ici, Gripper ?

—A te dire vrai, riposta le matelot interpellé, qui faisait généralement profession de mauvaise humeur, je t'assure que je ne vois pas cela d'ici.

—C'est une manière de parler, Gripper; il est évident que dans ces villes de neige, qui font l'admiration de M. Clawbonny, il n'y a pas le plus mince cabaret où un brave matelot puisse s'humecter d'une ou deux demi-pintes de brandy.

—Pour cela, tu peux en être certain, Bolton ; et tu ferais bien d'ajouter qu'il n'y a même pas ici de quoi se rafraîchir proprement. Une drôle d'idée, de priver de tout spiritueux les gens qui voyagent dans les mers du nord !

—Bon ! répondit Garry, as-tu donc oublié, Gripper, ce que t'a dit le docteur ? Il faut être sobre de toute boisson excitante, si l'on veut braver le scorbut, se bien porter et aller loin.

—Mais je ne demande pas à aller loin, Garry, et je trouve que c'est déjà beau d'être venu jusqu'ici, et de s'obstiner à passer là où le diable ne veut pas qu'on passe.

—Eh bien, on ne passera pas ! répliqua Pen. Quand je pense que j'ai déjà oublié le goût du gin !

—Mais, fit Bolton, rappelle-toi ce que t'a dit le docteur.

—Oh ! répliqua Pen avec sa grosse voix brutale, pour le dire, on le dit. Reste à savoir si, sous prétexte de santé, on ne s'amuse pas à faire l'économie du liquide ?

—Ce diable de Pen a peut-être raison, répondit Gripper.

—Allons donc ! riposta Bolton, il a le nez trop rouge pour cela; et s'il perd un peu de sa couleur à naviguer sous un pareil régime, Pen n'aura pas trop à se plaindre.

—Qu'est-ce que mon nez t'a fait ? répondit brusquement le matelot attaqué à son endroit sensible. Mon nez n'a pas besoin de tes conseils ; il ne te les demande pas ; mêle-toi donc de ce qui regarde le tien !

—Allons ! ne te fâche pas, Pen, je ne te croyais pas le nez si susceptible.

Hé! je ne déteste pas plus qu'un autre un bon verre de wisky, surtout par une température pareille; mais si, au bout du compte, cela fait plus de mal que de bien, je m'en passe volontiers.

—Tu t'en passes, dit le chauffeur Waren qui prit part à la conversation : eh bien, tout le monde ne s'en passe peut-être pas!

—Que veux-tu dire, Waren? reprit Garry en le regardant fixement.

—Je veux dire que, pour une raison ou pour une autre, il y a des liqueurs à bord, et j'imagine qu'on ne s'en prive pas beaucoup à l'arrière.

—Et qu'en sais-tu? » demanda Garry.

Waren ne sut que répondre; il parlait pour parler, comme on dit.

« Tu vois bien, Garry, reprit Bolton, que Waren n'en sait rien.

—Eh bien, dit Pen, nous demanderons une ration de gin au commandant; nous l'avons bien gagnée, et nous verrons ce qu'il répondra.

—Je vous engage à n'en rien faire, répondit Garry.

—Et pourquoi? s'écrièrent Pen et Gripper.

—Parce que le commandant vous refusera. Vous saviez quel était le régime du bord quand vous vous êtes embarqués; il fallait y réfléchir à ce moment-là.

—D'ailleurs, répondit Bolton, qui prenait volontiers le parti de Garry, dont le caractère lui plaisait, Richard Shandon n'est pas le maître à bord; il obéit tout comme nous autres.

—Et à qui donc? demanda Pen.

—Au capitaine.

—Ah! toujours ce capitaine de malheur! s'écria Pen. Et ne voyez-vous pas qu'il n'y a pas plus de capitaine que de taverne sur ces bancs de glace? C'est une façon de nous refuser poliment ce que nous avons le droit d'exiger.

—Mais si, il y a un capitaine, reprit Bolton; et je parierais deux mois de ma paye que nous le verrons avant peu.

—C'est bon, fit Pen; en voilà un à qui je voudrais bien dire deux mots en face!

—Qui parle du capitaine? » dit en ce moment un nouvel interlocuteur.

C'était le matelot Clifton, passablement superstitieux et envieux à la fois.

« Est-ce que l'on sait quelque chose de nouveau sur le capitaine? demanda-t-il.

—Non, lui fut-il répondu d'une seule voix.

—Eh bien, je m'attends à le trouver installé un beau matin dans sa cabine, sans que personne sache ni comment, ni par où il sera arrivé.

— Allons donc! répondit Bolton; tu te figures, Clifton, que ce gaillard-est un farfadet, un lutin comme il en court dans les hautes terres d'Écosse!

— Ris tant que tu voudras, Bolton; cela ne changera pas mon opinion. Tous les jours, en passant devant la cabine, je jette un regard par le trou de la serrure, et l'un de ces matins je viendrai vous raconter à qui ce capitaine ressemble, et comment il est fait.

— Eh! par le diable, fit Pen, il sera bâti comme tout le monde, ton capitaine! Et si c'est un gaillard qui veut nous mener où cela ne nous plaît pas, on lui dira son fait.

— Bon! fit Bolton, voilà Pen qui ne le connaît même pas, et qui veut déjà lui chercher dispute!

— Qui ne le connaît pas? répliqua Clifton de l'air d'un homme qui en sait long; c'est à savoir, s'il ne le connaît pas!

— Que diable veux-tu dire? demanda Gripper.

— Je m'entends.

— Mais nous ne t'entendons pas!

— Eh bien, est-ce que Pen n'a pas eu déjà des désagréments avec lui?

— Avec le capitaine?

— Oui, le dog-captain, car c'est exactement la même chose. »

Les matelots se regardèrent sans trop oser répondre.

« Homme ou chien, fit Pen entre ses dents, je vous affirme que cet animal-là aura son compte un de ces jours.

— Voyons, Clifton, demanda sérieusement Bolton, prétends-tu, comme l'a dit Johnson en se moquant, que ce chien-là est le vrai capitaine?

— Certes, répondit Clifton avec conviction; et si vous étiez des observateurs comme moi, vous auriez remarqué les allures étranges de cet animal.

— Lesquelles? voyons, parle!

— Est-ce que vous n'avez pas vu la façon dont il se promène sur la dunette avec un air d'autorité, regardant la voilure du navire, comme s'il était de quart?

— C'est vrai, fit Gripper; et même un soir je l'ai positivement surpris les pattes appuyées sur la roue du gouvernail.

— Pas possible! fit Bolton.

— Et maintenant, reprit Clifton, est-ce que la nuit il ne quitte pas le bord pour aller se promener sur les champs de glace, sans se soucier ni des ours ni du froid?

— C'est toujours vrai, fit Bolton.

— Est-ce que vous voyez cet animal-là, comme un honnête chien, rechercher la compagnie des hommes, rôder du côté de la cuisine, et couver des yeux maître Strong quand il apporte quelque bon morceau au commandant? Est-ce que vous ne l'entendez pas, la nuit, quand il s'en va à deux ou trois milles du navire, hurler de façon à vous donner froid dans le dos, ce qui n'est pourtant pas facile à ressentir par une pareille température? Enfin, est-ce que vous avez jamais vu ce chien-là se nourrir? Il ne prend rien de personne; sa pâtée est toujours intacte, et, à moins qu'une main ne le nourrisse secrètement à bord, j'ai le droit de dire que cet animal vit sans manger. Or, si celui-là n'est pas fantastique, je ne suis qu'une bête.

—Ma foi, répondit Bell le charpentier, qui avait entendu toute l'argumentation de Clifton, ma foi, cela pourrait bien être! »

Cependant les autres matelots se taisaient.

—Enfin, demanda Bolton, où allons-nous avec le *Forward*?
—Je n'en sais rien, répondit Bell; à un moment donné, Richard Shandon recevra le complément de ses instructions.
—Mais par qui?
—Par qui?
—Oui, comment? dit Bolton qui devenait pressant.
—Allons, Bell, une réponse! reprirent les autres matelots.

— Par qui ? comment ? Eh ! je n'en sais rien, répliqua le charpentier, embarrassé à son tour.

— Eh ! par le Captain-dog, s'écria Clifton. Il a déjà écrit une première fois, il peut bien écrire une seconde. Oh ! si je savais seulement la moitié de ce que sait cet animal-là, je ne serais pas embarrassé d'être premier lord de l'Amirauté.

— Ainsi, reprit Bolton pour conclure, tu t'en tiens à ton opinion que ce chien-là est le capitaine ?

— Oui, comme je l'ai dit.

— Eh bien, dit Pen d'une voix sourde, si cet animal-là ne veut pas crever dans la peau d'un chien, il n'a qu'à se dépêcher de devenir un homme, car, foi de Pen, je lui ferai son affaire.

— Et pourquoi cela ? demanda Garry.

— Parce que cela me plaît, répondit brutalement Pen, et je n'ai de compte à rendre à personne.

— Assez causé, les enfants, cria maître Johnson en intervenant au moment où la conversation semblait devoir mal tourner. A l'ouvrage, et que ces scies soient installées plus vite que cela ! Il faut franchir la banquise !

— Bon ! un vendredi ! répondit Clifton en haussant les épaules. Vous verrez qu'on ne passe pas si facilement le cercle polaire ! »

Quoi qu'il en soit, les efforts de l'équipage furent à peu près impuissants pendant cette journée. Le *Forward*, lancé à toute vapeur contre les icefields, ne parvint pas à les séparer ; on fut obligé de s'ancrer pendant la nuit.

Le samedi, la température s'abaissa encore sous l'influence d'un vent de l'est ; le temps se mit au clair, et le regard put s'étendre au loin sur ces plaines blanches que la réflexion des rayons solaires rendait éblouissantes. A sept heures du matin, le thermomètre accusait huit degrés au-dessous de zéro (—21° centig.).

Le docteur était tenté de rester tranquillement dans sa cabine à relire des voyages arctiques ; mais il se demanda, suivant son habitude, ce qu'il lui serait le plus désagréable de faire en ce moment. Il se répondit que monter sur le pont par cette température, et aider les hommes dans la manœuvre, n'avait rien de très-réjouissant. Donc, fidèle à sa règle de conduite, il quitta sa cabine si bien chauffée et vint contribuer au halage du navire. Il avait bonne figure avec les lunettes vertes au moyen desquelles il préservait ses yeux contre la morsure des rayons réfléchis, et dans ses observations futures il eut toujours soin de se servir de snow-spectacles[1] pour éviter les ophthalmies très-fréquentes sous cette latitude élevée.

Vers le soir, le *Forward* avait gagné plusieurs milles dans le nord, grâce à l'activité des hommes et à l'habileté de Shandon, adroit à profiter de toutes les circonstances favorables; à minuit, il dépassait le soixante-sixième parallèle, et la sonde ayant rapporté vingt-trois brasses de profondeur, Shandon reconnut qu'il se trouvait sur le bas-fond où toucha le *Victory*, vaisseau de Sa Majesté. La terre s'approchait à trente milles dans l'est.

Mais alors la masse des glaces, immobile jusqu'alors, se divisa et se mit en mouvement; les ice-bergs semblaient surgir de tous les points de l'ho-

rizon; le brick se trouvait engagé dans une série d'écueils mouvants dont la force d'écrasement est irrésistible; la manœuvre devint assez difficile pour que Garry, le meilleur timonier, prît la barre; les montagnes tendaient à se refermer derrière le brick; il fut donc nécessaire de traverser cette flotte de glaces, et la prudence autant que le devoir commandait de se porter en avant. Les difficultés s'accroissaient de l'impossibilité où se trouvait Shandon de constater la direction du navire au milieu de ces points changeants, qui se déplaçaient et n'offraient aucune perspective stable.

Les hommes de l'équipage furent divisés en deux bordées de tribord et de bâbord; chacun d'eux, armé d'une longue perche garnie d'une pointe de fer, repoussait les glaçons trop menaçants. Bientôt le *Forward* entra dans une passe si étroite, entre deux blocs élevés, que l'extrémité de ses

---
[1] Lunettes à neige.

vergues froissa ces murailles aussi dures que le roc; peu à peu il s'engagea au milieu d'une vallée sinueuse remplie du tourbillon des neiges, tandis que les glaces flottantes se heurtaient et se brisaient avec de sinistres craquements.

Mais il fut bientôt constant que cette gorge était sans issue; un énorme bloc, engagé dans ce chenal, dérivait rapidement sur le *Forward*; il parut impossible de l'éviter, impossible également de revenir en arrière sur un chemin déjà obstrué.

Shandon, Johnson, debout à l'avant du brick, considéraient leur position. Shandon, de la main droite, indiquait au timonier la direction à suivre, et de la main gauche il transmettait à James Wall, posté près de l'ingénieur, ses ordres pour manœuvrer la machine.

« Comment cela va-t-il finir? demanda le docteur à Johnson.

— Comme il plaira à Dieu, » répondit le maître d'équipage.

Le bloc de glace, haut de cent pieds, ne se trouvait plus qu'à une encâblure du *Forward*, et menaçait de le broyer sous lui.

« Malheur et malédiction! s'écria Pen avec un effroyable juron.

— Silence! » s'écria une voix qu'il fut impossible de reconnaître au milieu de l'ouragan.

Le bloc parut se précipiter sur le brick, et il y eut un indéfinissable moment d'angoisse; les hommes, abandonnant leurs perches, refluèrent sur l'arrière en dépit des ordres de Shandon.

Soudain un bruit effroyable se fit entendre; une véritable trombe d'eau tomba sur le pont du navire, que soulevait une vague énorme. L'équipage jeta un cri de terreur, tandis que Garry, à sa barre, maintint le *Forward* en bonne voie, malgré son effrayante embardée.

Et lorsque les regards épouvantés se portèrent vers la montagne de glace, celle-ci avait disparu; la passe était libre, et au delà un long canal, éclairé par les rayons obliques du soleil, permettait au brick de poursuivre sa route.

« Eh bien, monsieur Clawbonny, dit Johnson, m'expliquerez-vous ce phénomène?

— Il est bien simple, mon ami, répondit le docteur, et il se reproduit souvent: lorsque ces masses flottantes se détachent les unes des autres à l'époque du dégel, elles voguent isolément et dans un équilibre parfait; mais peu à peu elles arrivent vers le sud, où l'eau est relativement plus chaude; leur base, ébranlée par le choc des autres glaçons, commence à fondre, à se miner; il vient donc un moment où le centre de gravité de ces masses se trouve déplacé, et alors elles culbutent. Seulement, si cet ice-berg se fût retourné deux minutes plus tard, il se précipitait sur le brick et l'écrasait dans sa chute. »

CHAPITRE IX. — UNE NOUVELLE

Le cercle polaire était enfin franchi; le *Forward* passait le 30 avril, à midi, par le travers d'Holsteinborg; des montagnes pittoresques s'élevaient dans l'horison de l'est. La mer paraissait pour ainsi dire libre de glaces, ou plutôt, ces glaces pouvaient être facilement évitées. Le vent sauta dans le sud-est, et le brick, sous sa misaine, sa brigantine, ses huniers et ses perroquets, remonta la mer de Baffin.

Cette journée fut particulièrement calme, et l'équipage put prendre un peu de repos; de nombreux oiseaux nageaient et voltigeaient autour du navire; le docteur remarqua, entre autres, des alca-alla, presque semblables à la sarcelle, avec le cou, les ailes, le dos noirs et la poitrine blanche; ils plongeaient avec vivacité, et leur immersion se prolongeait souvent au delà de quarante secondes.

Cette journée n'eût été marquée par aucun incident nouveau, si le fait suivant, quelque extraordinaire qu'il paraisse, ne se fût produit à bord.

Le matin, à six heures, en rentrant dans sa cabine après son quart, Richard Shandon trouva sur sa table une lettre avec cette suscription

« Au commandant Richard Shandon, à bord du *Forward*.

« Mer de Baffin. »

Shandon ne put en croire ses yeux; mais avant de prendre connaissance de cette étrange correspondance, il fit appeler le docteur, James Wall, le maître d'équipage, et leur montra cette lettre.

« Cela devient particulier, fit Johnson.

—C'est charmant! pensa le docteur.

—Enfin, s'écria Shandon, nous connaîtrons donc ce secret... »

D'une main rapide, il déchira l'enveloppe, et lut ce qui suit :

« Commandant,

« Le capitaine du *Forward* est content du sang-froid, de l'habileté et
« du courage que vos hommes, vos officiers et vous, vous avez montré
« dans les dernières circonstances ; il vous prie d'en témoigner sa recon-
« naissance à l'équipage.

« Veuillez vous diriger droit au nord vers la baie Melville, et de là vous
« tenterez de pénétrer dans le détroit de Smith.

« Le capitaine du *Forward*,
« K.-Z. »

« Ce lundi, 30 avril, par le travers du cap Walsingham. »

« Et c'est tout? s'écria le docteur.

—C'est tout, » répondit Shandon.

La lettre lui tomba des mains.

« Eh bien, dit Wall, ce capitaine chimérique ne parle même plus de venir à bord ; j'en conclus qu'il n'y viendra jamais.

—Mais cette lettre fit Johnson, comment est-elle arrivée? »

Shandon se taisait.

« M. Wall a raison, répondit le docteur, qui, ayant ramassé la lettre, la retournait dans tout les sens ; le capitaine ne viendra pas à bord par une excellente raison...

—Et laquelle? demanda vivement Shandon.

— C'est qu'il y est déjà, répondit simplement le docteur.

—Déjà! s'écria Shandon, que voulez-vous dire?

—Comment expliquer sans cela l'arrivée de cette lettre? »

Johnson hochait la tête en signe d'approbation.

« Ce n'est pas possible! fit Shandon avec énergie. Je connais tous les hommes de l'équipage ; il faudrait donc supposer que ce capitaine se trouvât parmi eux depuis le départ du navire ? Ce n'est pas possible, vous dis-je ! Depuis plus de deux ans, il n'en est pas un que je n'aie vu cent fois à Liverpool ; votre supposition, docteur, est inadmissible !

—Alors, qu'admettez-vous, Shandon ?

—Tout, excepté cela. J'admets que ce capitaine, ou un homme à lui, que sais-je ? a pu profiter de l'obscurité, du brouillard, de tout ce que vous voudrez, pour se glisser à bord ; nous ne sommes pas éloignés de la terre ; il y a des kaïaks d'Esquimaux qui passent inaperçus entre les glaçons ; on peut donc être venu jusqu'au navire, avoir remis cette lettre... le brouillard a été assez intense pour favoriser ce plan...

—Et pour empêcher de voir le brick, répondit le docteur ; si nous n'avons pas vu, nous, un intrus se glisser à bord, comment, lui, aurait-il pu découvrir le *Forward* au milieu du brouillard ?

—C'est évident, fit Johnson.

—J'en reviens donc à mon hypothèse, dit le docteur. Qu'en pensez-vous, Shandon ?

—Tout ce que vous voudrez, répondit Shandon avec feu, excepté la supposition que cet homme soit à mon bord.

—Peut-être, ajouta Wall, se trouve-t-il dans l'équipage un homme à lui qui a reçu ses instructions ?

—Peut-être, fit le docteur.

—Mais qui ? demanda Shandon. Je connais tous mes hommes, vous dis-je, et depuis longtemps.

—En tout cas, reprit Johnson, si ce capitaine se présente, homme ou diable, on le recevra ; mais il y a un autre enseignement, ou plutôt un autre renseignement à tirer de cette lettre.

—Et lequel ? demanda Shandon.

—C'est que nous devons nous diriger non-seulement vers la baie Melville, mais encore dans le détroit de Smith.

—Vous avez raison, répondit le docteur.

—Le détroit de Smith, répliqua machinalement Richard Shandon.

—Il est donc évident, reprit Johnson, que la destination du *Forward* n'est pas de rechercher le passage du nord-ouest, puisque nous laisserons sur notre gauche la seule entrée qui y conduise, c'est-à-dire le détroit de Lancastre. Voilà qui nous présage une navigation difficile dans des mers inconnues.

—Oui, le détroit de Smith, répondit Shandon ; c'est la route que l'Américain Kane a suivie en 1853, et au prix de quels dangers ! Longtemps on l'a cru perdu sous ces latitudes effrayantes ! Enfin, puisqu'il faut y aller, on ira ! mais jusqu'où ? Est-ce au pôle ?

—Et pourquoi pas? » s'écria le docteur.

La supposition de cette tentative insensée fit hausser les épaules au maître d'équipage.

« Enfin, reprit James Wall, pour en revenir au capitaine, s'il existe, je ne vois guère, sur la côte du Groënland, que les établissements de Disko ou d'Uppernawik où il puisse nous attendre; dans quelques jours, nous saurons donc à quoi nous en tenir.

—Mais, demanda le docteur à Shandon, n'allez-vous pas faire connaître cette lettre à l'équipage?

—Avec la permission du commandant, répondit Johnson, je n'en ferais rien.

—Et pourquoi cela? demanda Shandon.

—Parce que tout cet extraordinaire, ce fantastique, est de nature à décourager nos hommes. Ils sont déjà fort inquiets sur le sort d'une expédition qui se présente ainsi. Or, si on les pousse dans le surnaturel, cela peut produire de fâcheux effets, et au moment critique nous ne pourrions plus compter sur eux. Qu'en dites-vous, commandant?

—Et vous, docteur, qu'en pensez-vous? demanda Shandon.

—Maître Johnson, répondit le docteur, me paraît sagement raisonner.

—Et vous, James?

—Sauf meilleur avis, répondit Wall, je me range à l'opinion de ces messieurs. »

Shandon se prit à réfléchir pendant quelques instants; il relut attentivement la lettre.

« Messieurs, dit-il, votre opinion est certainement fort bonne, mais je ne puis l'adopter.

—Et pourquoi cela, Shandon? demanda le docteur.

—Parce que les instructions de cette lettre sont formelles; elles commandent de porter à la connaissance de l'équipage les félicitations du capitaine ; or, jusqu'ici j'ai toujours obéi aveuglément à ses ordres, de quelque façon qu'ils me fussent transmis, et je ne puis...

—Cependant..., reprit Johnson, qui redoutait justement l'effet de semblables communications sur l'esprit des matelots.

—Mon brave Johnson, repartit Shandon, je comprends votre insistance, vos raisons sont excellentes, mais lisez:

« Il vous prie d'en témoigner sa reconnaissance à l'équipage. »

—Agissez donc en conséquence, reprit Johnson, qui était d'ailleurs un strict observateur de la discipline. Faut-il rassembler l'équipage sur le pont?

—Faites, » répondit Shandon.

La nouvelle d'une communication du capitaine se répandit immédiatement à bord. Les matelots arrivèrent sans retard à leur poste de revue, et le commandant lut à haute voix la lettre mystérieuse.

Un morne silence accueillit cette lecture ; l'équipage se sépara en proie à mille suppositions ; Clifton eut de quoi se livrer à toutes les divagations de son imagination superstitieuse ; la part qu'il attribua dans cet événement à Captain-dog fut considérable, et il ne manqua plus de le saluer, quand par hasard il le rencontrait sur son passage.

« Quand je vous disais, répétait-il aux matelots, que cet animal savait écrire ! »

On ne répliqua rien à cette observation, et Bell lui-même, le charpentier, eût été fort empêché d'y répondre.

Cependant, il fut constant pour chacun qu'à défaut du capitaine, son ombre ou son esprit veillait à bord ; les plus sages se gardèrent désormais d'échanger entre eux leurs suppositions.

Le 1ᵉʳ mai, à midi, l'observation donna 68° pour la latitude, et 56° 32′ pour la longitude. La température s'était relevée, et le thermomètre marquait vingt-cinq degrés au-dessus de zéro (— 4° cent.).

Le docteur put s'amuser à suivre les ébats d'une ourse blanche et de deux oursons sur le bord d'un pack qui prolongeait la terre. Accompagné de Wall et de Simpson, il essaya de lui donner la chasse dans le canot ; mais l'animal, d'humeur peu belliqueuse, entraîna rapidement sa progéniture avec lui, et le docteur dut renoncer à le poursuivre.

Le cap Chidley fut doublé pendant la nuit sous l'influence d'un vent favorable, et bientôt les hautes montagnes de Disko se dressèrent à l'horizon; la baie de Godavhn, résidence du gouverneur général des établissements danois, fut laissée sur la droite. Shandon ne jugea pas à propos de s'arrêter, et dépassa bientôt les pirogues d'Esquimaux qui cherchaient à l'atteindre.

L'île Disko porte également le nom d'île de la Baleine; c'est de ce point que le 12 juillet 1845 sir John Franklin écrivit pour la dernière fois à l'Amirauté, et c'est à cette île aussi que, le 27 août 1859, le capitaine Mac Clintock toucha à son retour, rapportant les preuves trop certaines de la perte de cette expédition.

La coïncidence de ces deux faits devait être remarquée par le docteur; ce triste rapprochement était fécond en souvenirs, mais bientôt les hauteurs de Disko disparurent à ses yeux.

Il y avait alors de nombreux ice-bergs sur les côtes, de ceux que les plus forts dégels ne parviennent pas à détacher; cette suite continue de crêtes se prêtait aux formes les plus étranges.

Le lendemain, vers les trois heures, on releva au nord-est Sanderson-Hope; la terre fut laissée à une distance de quinze milles sur tribord; les montagnes paraissaient teintes d'un bistre rougeâtre. Pendant la soirée, plusieurs baleines de l'espèce des *finners*, qui ont des nageoires sur le dos, vinrent se jouer au milieu des trains de glace, rejetant l'air et l'eau par leurs évents.

Ce fut pendant la nuit du 3 au 4 mai que le docteur put voir pour la première fois le soleil raser le bord de l'horizon sans y plonger son disque lumineux; depuis le 31 janvier, ses orbes s'allongeaient chaque jour, et il régnait maintenant une clarté continuelle.

Pour des spectateurs inhabitués, cette persistance du jour est sans cesse un sujet d'étonnement, et même de fatigue; on ne saurait croire à quel point l'obscurité de la nuit est nécessaire à la santé des yeux; le docteur éprouvait une douleur véritable pour se faire à cette lumière continue, rendue plus mordante encore par la réflexion des rayons sur les plaines de glace.

Le 5 mai, le *Forward* dépassa le soixante-douzième parallèle. Deux mois plus tard il eût rencontré de nombreux baleiniers se livrant à la pêche sous ces latitudes élevées; mais le détroit n'était pas encore assez libre pour permettre à ces bâtiments de pénétrer dans la mer de Baffin.

Le lendemain, le brick, après avoir dépassé l'île des Femmes, arriva en vue d'Uppernawik, l'établissement le plus septentrional que possède le Danemark sur ces côtes.

CHAPITRE X. — PÉRILLEUSE NAVIGATION.

Shandon, le docteur Clawbonny, Johnson, Foker et Strong, le cuisinier, descendirent dans la baleinière et se rendirent au rivage.

Le gouverneur, sa femme et ses cinq enfants, tous de race esquimau, vinrent poliment au-devant des visiteurs. Le docteur, en sa qualité de philologue, possédait un peu de danois qui suffit à établir des relations fort amicales; d'ailleurs, Foker, interprète de l'expédition en même temps qu'ice-master, savait une vingtaine de mots de la langue groënlandaise, et avec vingt mots on va loin, si l'on n'est pas ambitieux.

Le gouverneur est né à l'île Disko, et n'a jamais quitté son pays natal; il fit les honneurs de sa ville, qui se compose de trois maisons de bois, pour lui et le ministre luthérien, d'une école, et de magasins dont les navires naufragés se chargent de faire l'approvisionnement. Le reste consiste en huttes de neige dans lesquelles les Esquimaux entrent en rampant par une ouverture unique.

Une grande partie de la population s'était portée au-devant du *Forward*, et plus d'un naturel s'avança jusqu'au milieu de la baie dans son kaïak, long de quinze pieds, et large de deux au plus.

Le docteur savait que le mot *esquimau* signifie *mangeur de poissons crus*; mais il savait aussi que ce nom est considéré comme une injure dans le pays: aussi ne se fit-il pas faute de traiter les habitants de « Groënlandais. »

Et cependant, à leurs vêtements huileux de peaux de phoques, à leurs bottes de même nature, à tout cet ensemble graisseux et infect qui ne permet pas de distinguer les hommes des femmes, il était facile de reconnaître de quelle nourriture ces gens-là faisaient usage; d'ailleurs, comme chez tous les peuples ichthyophages, la lèpre les rongeait en partie, mais ils ne s'en portaient pas plus mal pour cela.

Le ministre luthérien et sa femme, avec lesquels le docteur se promettait de causer plus spécialement, se trouvaient en tournée du côté de Proven, au sud d'Uppernawik; il fut donc réduit à s'entrenir avec le gouverneur. Ce premier magistrat ne paraissait pas fort lettré; un peu moins, c'était un âne; un peu plus, il savait lire.

Cependant le docteur l'interrogea sur le commerce, les habitudes, les mœurs des Esquimaux, et il apprit dans la langue des gestes que les pho-

ques valaient environ quarante livres [1] rendus Copenhague; une peau d'ours se payait quarante dollars danois, une peau de renard bleu, quatre, et de renard blanc, deux ou trois dollars.

Le docteur voulut aussi, dans le but de compléter son instruction per-

[1] 1,000 francs.

sonnelle, visiter une hutte d'Esquimaux; on ne se figure pas de quoi est capable un savant qui veut savoir; heureusement l'ouverture de ces cahutes était trop étroite, et l'enragé ne put y passer. Il l'échappa belle, car rien de plus repoussant que cet entassement de choses mortes ou vivantes, viande de phoque ou chair d'Esquimaux, poissons pourris et vêtements infects, qui meublent une cabane groënlandaise; pas une fenêtre pour renouveler cet air irrespirable; un trou seulement au sommet de la hutte, qui livre passage à la fumée, mais ne permet pas à la puanteur de sortir.

Foker donna ces détails au docteur, et ce digne savant n'en maudit pas moins sa corpulence. Il eût voulu juger par lui-même de ces émanations *sui generis*.

« Je suis sûr, dit-il, que l'on s'y fait, à la longue. »

A la longue peint d'un seul mot le digne Clawbonny.

Pendant les études ethnographiques de ce dernier, Shandon s'occupait, suivant ses instructions, de se procurer des moyens de transport sur les glaces; il dut payer quatre livres un traîneau et six chiens, et encore les naturels firent des difficultés pour s'en dessaisir.

Shandon eût également voulu engager Hans Christian, l'habile conducteur de chiens, qui fit partie de l'expédition du capitaine Mac Clintock, mais ce Hans se trouvait alors dans le Groënland méridional.

Vint alors la grande question à l'ordre du jour: se trouvait-il à Uppernawik un Européen attendant le passage du *Forward*? Le gouverneur avait-il connaissance de ce fait, qu'un étranger, vraisemblablement un Anglais, se fût fixé dans ces parages? A quelle époque remontaient ses dernières relations avec des navires baleiniers ou autres?

A ces questions, le gouverneur répondit que pas un étranger n'avait débarqué sur cette partie de la côte depuis plus de dix mois.

Shandon se fit donner les noms des baleiniers arrivés en dernier lieu; il n'en reconnut aucun. C'était désespérant.

« Vous m'avouerez docteur, que c'est à n'y rien comprendre, dit-il à son compagnon. Rien au cap Farewel! Rien à l'île Disko! Rien à Uppernawik!

— Répétez-moi encore dans quelques jours : Rien à la baie de Melville, mon cher Shandon, et je vous saluerai comme l'unique capitaine du *Forward*. »

La baleinière revint au brick vers le soir, en ramenant les visiteurs; Strong, en fait d'aliments nouveaux, s'était procuré plusieurs douzaines d'œufs d'eider-ducks[1], deux fois gros comme des œufs de poule et d'une couleur verdâtre. C'était peu, mais enfin très-rafraîchissant pour un équipage soumis au régime de la viande salée.

Le vent devint favorable le lendemain, et cependant Shandon n'ordonna pas l'appareillage; il voulut attendre encore un jour, et, par acquit de conscience, laisser le temps à tout être quelconque appartenant à la race humaine de rejoindre le *Forward*; il fit même tirer, d'heure en heure, la pièce de 16 qui tonnait avec fracas au milieu des ice-bergs; mais il ne réussit qu'à épouvanter des nuées de molly-mokes[2] et de rotches[3]. Pendant la nuit, plusieurs fusées furent lancées dans l'air, mais en vain. Il fallut se décider à partir.

Le 8 mai, à six heures du matin, le *Forward*, sous ses huniers, sa misaine et son grand perroquet, perdait de vue l'établissement d'Uppernawik et ces perches hideuses auxquelles pendent, le long du rivage, des intestins de phoques et des panses de daims.

Le vent soufflait du sud-est, et la température remonta à trente-deux degrés (0 centig.). Le soleil perçait le brouillard, et les glaces se desserraient un peu sous son action dissolvante.

Cependant la réflexion de ces rayons blancs produisit un effet fâcheux sur la vue de plusieurs hommes de l'équipage. Wolsten, l'armurier, Gripper, Clifton et Bell furent atteints de *snow-blindness*, sorte de maladie des yeux très-commune au printemps, et qui détermine chez les Esquimaux de nombreux cas de cécité. Le docteur conseilla aux malades en particulier, et à tous ses compagnons en général, de se couvrir la figure d'un voile de gaze verte, et il fut le premier lui-même à suivre sa propre ordonnance.

Les chiens achetés par Shandon à Uppernawik étaient d'une nature assez sauvage; cependant ils s'acclimatèrent à bord, et Captain ne prit pas trop mal avec ses nouveaux camarades; il semblait connaître leurs habitudes.

---

[1] Canard édredon. — [2] Oiseaux des mers boréales. — [3] Sortes de perdrix de rochers.

Clifton ne fut pas le dernier à faire cette remarque, que Captain devait avoir eu déjà des rapports avec ses congénères du Groënland. Ceux-ci, toujours affamés et réduits à une nourriture incomplète à terre, ne pensaient qu'à se refaire avec le régime du bord.

Le 9 mai, le *Forward* rasa à quelques encâblures la plus occidentale des îles Baffin. Le docteur remarqua plusieurs roches de la baie entre les îles et la terre, de celles que l'on nomme Crimson-cliffs; elles étaient recouvertes d'un neige rouge comme du beau carmin, à laquelle le docteur Kane donne une origine purement végétale; Clawbonny eût voulu considérer de plus près ce singulier phénomène, mais la glace ne permit pas de s'approcher de la côte; quoique la température tendît à s'élever, il était facile de voir que les ice-bergs et les ice-streams s'accumulaient vers le nord de la mer de Baffin.

Depuis Uppernawik, la terre offrait un aspect différent, et d'immenses glaciers se profilaient à l'horizon sur un ciel grisâtre. Le 10, le *Forward* laissait sur la droite la baie de Hingston près du soixante-quatorzième degré de latitude; le canal de Lancastre s'ouvrait dans la mer à plusieurs centaines de milles dans l'ouest.

Mais alors cette immense étendue d'eau disparaissait sous de vastes champs, sur lesquels s'élevaient des hummocks réguliers comme la cristallisation d'une même substance. Shandon fit allumer ses fourneaux, et jusqu'au 11 mai, le *Forward* serpenta dans les pertuis sinueux, traçant avec sa noire fumée sur le ciel la route qu'il suivait sur la mer.

Mais de nouveaux obstacles ne tardèrent pas à se présenter; les passes se fermaient par suite de l'incessant déplacement des masses flottantes; l'eau menaçait à chaque instant de manquer devant la proue du *Forward,* et s'il venait à être *nipped* [1], il lui serait difficile de s'en tirer. Chacun le savait, chacun y pensait.

Aussi, à bord de ce navire sans but, sans destination connue, qui cherchait follement à s'élever vers le nord, quelques symptômes d'hésitation se manifestèrent; parmi ces gens habitués à une existence de dangers, beaucoup, oubliant les avantages offerts, regrettaient de s'être aventurés si loin. Il régnait déjà dans les esprits une certaine démoralisation, accrue encore par les frayeurs de Clifton, et les propos de deux ou trois meneurs, tels que Pen, Gripper, Waren et Wolsten.

Aux inquiétudes morales de l'équipage se joignaient alors des fatigues accablantes, car, le 12 mai, le brick se trouvait enfermé de toutes parts; sa vapeur était impuissante. Il fallut s'ouvrir un chemin à travers les

---

[1] Pincé.

champs de glace. La manœuvre des scies était fort pénible dans ses *floes* [1] qui mesuraient jusqu'à six et sept pieds d'épaisseur ; lorsque deux entailles parallèles divisaient la glace sur une longueur d'une centaine de pieds, il fallait casser la partie intérieure à coups de hache et d'anspect ; alors on élongeait des ancres fixées dans un trou fait au moyen d'une grosse tarière ; puis la manœuvre du cabestan commençait, et on halait le navire à bras ; la plus grande difficulté consistait à faire rentrer sous les *floes* les morceaux brisés, afin de livrer passage au bâtiment, et l'on devait les repousser au moyen de *pôles*, longues perches munies d'une pointe en fer.

Enfin, manœuvre de la scie, manœuvre du halage, manœuvre du cabestan, manœuvre des *pôles*, manœuvres incessantes, obligées, périlleuses, au

milieu du brouillard ou des neiges épaisses, température relativement basse, souffrances ophthalmiques, inquiétudes morales, tout contribuait à affaiblir l'équipage du *Forward* et à réagir sur son imagination.

Lorsque les matelots ont affaire à un homme énergique, audacieux, convaincu, qui sait ce qu'il veut, où il va, à quel but il tend, la confiance les soutient en dépit d'eux-mêmes ; ils sont unis de cœur avec leur chef, forts de sa propre force, et tranquilles de sa propre tranquillité. Mais à bord du brick, on sentait que le commandant n'était pas rassuré, qu'il hésitait devant ce but et cette destination inconnus. Malgré l'énergie de son caractère, sa défaillance se traduisait à son insu par des changements d'ordres, des manœuvres incomplètes, des réflexions intempestives, mille détails qui ne pouvaient échapper à son équipage.

Et puis, Shandon n'était pas le capitaine du navire, le maître après

[1] Glaçons.

Dieu ; raison suffisante pour qu'on en arrivât à discuter ses ordres : or, de la discussion au refus d'obéir, le pas est rapidement franchi.

Les mécontents rallièrent bientôt à leurs idées le premier ingénieur, qui jusqu'ici restait esclave du devoir.

Le 16 mai, six jours après l'arrivée du *Forward* à la banquise, Shandon n'avait pas gagné deux milles dans le nord. On était menacé d'être pris par les glaces jusqu'à la saison prochaine. Cela devenait fort grave.

Vers les huit heures du soir, Shandon et le docteur, accompagnés du matelot Garry, allèrent à la découverte au milieu des plaines immenses ; ils eurent soin de ne pas trop s'éloigner du navire, car il devenait difficile de se créer des points de repère dans ces solitudes blanches, dont les aspects

changeaient incessamment. La réfraction produisait d'étranges effets ; le docteur en demeurait étonné ; là où il croyait n'avoir qu'un saut d'un pied à faire, c'étaient cinq ou six pieds à franchir ; ou bien le contraire arrivait, et dans les deux cas, le résultat était une chute, sinon dangereuse, du moins fort pénible, sur ces éclats de glace durs et acérés comme du verre.

Shandon et ses deux compagnons allaient à la recherche de passes praticables ; à trois milles du navire, ils parvinrent non sans peine à gravir un ice-berg qui pouvait mesurer trois cents pieds de hauteur. De là, leur vue s'étendit sur cet amas désolé, semblable aux ruines d'une ville gigantesque, avec ses obélisques abattus, ses clochers renversés, ses palais culbutés tout d'une pièce. Un véritable chaos. Le soleil traînait péniblement ses orbes autour d'un horizon hérissé, et jetait de longs rayons obliques d'une lumière sans chaleur, comme si des substances athermanes se fussent placées entre lui et ce triste pays.

La mer paraissait entièrement prise jusqu'aux limites les plus reculées du regard.

« Comment passerons-nous? dit le docteur.

—Je l'ignore, répondit Shandon, mais nous passerons, dût-on employer la poudre à faire sauter ces montagnes; je ne me laisserai certainement pas saisir par les glaces jusqu'au printemps prochain.

—Comme cela, cependant, arriva au *Fox*, à peu près dans ces parages. Bah! fit le docteur, nous passerons... avec un peu de philosophie. Vous verrez, cela vaut toutes les machines du monde!

—Il faut avouer, répondit Shandon, que cette année ne se présente pas sous une apparence favorable.

—Cela n'est pas contestable, Shandon, et je remarque que la mer de Baffin tend à se retrouver dans l'état où elle était avant 1817.

—Est-ce que vous pensez, docteur, que ce qui est maintenant n'a pas toujours été?

—Non, mon cher Shandon; il y a de temps en temps de vastes débâcles que les savants n'expliquent guère : ainsi, jusqu'en 1817, cette mer demeura constamment obstruée, lorsqu'un immense cataclysme eut lieu, et rejeta dans l'Océan ces ice-bergs, dont la plus grande partie vint s'échouer sur le banc de Terre-Neuve. A partir de ce moment, la baie de Baffin fut à peu près libre, et devint le rendez-vous de nombreux baleiniers.

—Ainsi, demanda Shandon, depuis cette époque les voyages au nord furent plus faciles?

—Incomparablement; mais on remarque que depuis quelques années, la baie tend à se reprendre encore et menace de se fermer, pour longtemps peut-être, aux investigations des navigateurs. Raison de plus, donc, pour pousser aussi avant qu'il nous sera possible. Et cependant nous avons un peu l'air de gens qui s'avancent dans des galeries inconnues, dont les portes se referment sans cesse derrière eux.

—Me conseilleriez-vous de reculer? demanda Shandon en essayant de lire au plus profond des yeux du docteur.

—Moi! je n'ai jamais su mettre un pied derrière l'autre, et dût-on ne jamais revenir, je dis qu'il faut marcher. Seulement, je tiens à établir que, si nous faisons des imprudences, nous savons parfaitement à quoi nous nous exposons.

—Et vous, Garry, qu'en pensez-vous? demanda Shandon au matelot.

—Moi, commandant, j'irais tout droit; je pense comme M. Clawbonny; d'ailleurs, vous ferez ce qu'il vous plaira; commandez, nous obéirons.

—Tous ne parlent pas comme vous, Garry, reprit Shandon; tous ne sont pas d'humeur à obéir! Et s'ils refusent d'exécuter mes ordres?

—Je vous ai donné mon avis, commandant, répliqua Garry d'un air froid, parce que vous me l'avez demandé ; mais vous n'êtes pas obligé de le suivre. »

Shandon ne répondit pas ; il examina attentivement l'horizon, et redescendit avec ses deux compagnons sur le champ de glace.

CHAPITRE XI. — LE POUCE-DU-DIABLE.

Pendant l'absence du commandant, les hommes avaient exécuté divers travaux, de façon à permettre au navire d'éviter la pression des ice-fields. Pen, Clifton, Bolton, Gripper, Simpson, s'occupaient de cette manœuvre pénible ; le chauffeur et les deux mécaniciens durent même venir en aide à leurs camarades, car, du moment que le service de la machine n'exigeait plus leur présence, ils redevenaient matelots, et comme tels, ils pouvaient être employés à tous les services du bord.

Mais cela ne se faisait pas sans grande irritation.

« Je déclare en avoir assez, dit Pen, et si dans trois jours la débâcle n'est pas arrivée, je jure Dieu que je me croise les bras !

—Te croiser les bras, répondit Gripper ; il vaut mieux les employer à revenir en arrière ! Est-ce que tu crois que nous sommes d'humeur à hiverner ici jusqu'à l'année prochaine?

—En vérité, ce serait un triste hivernage, repartit Plover, car le navire est exposé de toutes parts !

—Et qui sait, dit Brunton, si même au printemps prochain la mer sera plus libre qu'elle ne l'est aujourd'hui?

—Il ne s'agit pas de printemps prochain, répliqua Pen ; nous sommes au jeudi ; si dimanche, au matin, la route n'est pas libre, nous revenons dans le sud.

—Bien parlé ! dit Clifton.

—Ça vous va-t-il ? demanda Pen.

—Ça nous va, répondirent ses camarades.

—Et c'est juste, reprit Waren, car si nous devons travailler de la sorte et haler le navire à force de bras, je suis d'avis de le ramener en arrière.

—Nous verrons cela dimanche, fit Wolsten.

—Qu'on m'en donne l'ordre, reprit Brunton, et mes fourneaux seront bientôt allumés !

—Eh ! reprit Clifton, nous les allumerons bien nous-mêmes.

— Si quelque officier, répondit Pen, veut se donner le plaisir d'hiverner ici, libre à lui; on l'y laissera tranquillement; il ne sera pas embarrassé de se construire une hutte de neige pour y vivre en véritable Esquimau.

— Pas de ça, Pen, répliqua Brunton; nous n'avons personne à abandonner; entendez-vous bien, vous autres? Je crois d'ailleurs que le commandant ne sera pas difficile à décider; il m'a l'air fort inquiet déjà, et en lui proposant doucement la chose...

— A savoir, reprit Plover; Richard Shandon est un homme dur et entêté quelquefois; il faudrait le tâter adroitement.

— Quand je pense, reprit Bolton avec un soupir de convoitise, que dans un mois nous pouvons être de retour à Liverpool! Nous aurons rapidement franchi la ligne des glaces dans le sud! La passe du détroit de Davis sera ouverte au commencement de juin, et nous n'aurons plus qu'à nous laisser dériver dans l'Atlantique!

— Sans compter, répondit le prudent Clifton, qu'en ramenant le commandant avec nous, en agissant sous sa responsabilité, nos parts et nos gratifications nous seront acquises; or, si nous revenions seuls, nous ne serions pas certains de l'affaire.

— Bien raisonné, dit Plover; ce diable de Clifton s'exprime comme un comptable! Tâchons de ne rien avoir à débrouiller avec ces messieurs de l'Amirauté, c'est plus sûr, et n'abandonnons personne.

— Mais si les officiers refusent de nous suivre? » reprit Pen qui voulait pousser ses camarades à bout.

On fut assez embarrassé de répondre à une question posée aussi directement.

« Nous verrons cela, quand le moment en sera venu, répliqua Bolton; il nous suffira d'ailleurs de gagner Richard Shandon à notre cause, et j'imagine que cela ne sera pas difficile.

— Il y a pourtant quelqu'un que je laisserai ici, fit Pen avec d'énormes jurons, quand il devrait me manger un bras

— Ah! ce chien, dit Plover.

— Oui, ce chien, et je lui ferai son affaire avant peu!

— D'autant mieux, répliqua Clifton, revenant à sa thèse favorite, que ce chien-là est la cause de tous nos malheurs.

— C'est lui qui nous a jeté un sort, dit Plover.

— C'est lui qui nous a entraînés dans la banquise, répondit Gripper.

— C'est lui qui a ramassé sur notre route, répliqua Wolsten, plus de glaces qu'on n'en vit jamais à pareille époque?

— Il m'a donné ces maux d'yeux, dit Brunton.

— Il a supprimé le gin et le brandy, répliqua Pen.

—Il est cause de tout ! s'écria l'assemblée en se montant l'imagination.

—Sans compter, répliqua Clifton, qu'il est le capitaine.

—Eh bien, capitaine de malheur, s'écria Pen, dont la fureur sans raison s'accroissait avec ses propres paroles, tu as voulu venir ici, et tu y resteras !

—Mais comment le prendre ? fit Plover.

—Eh ! l'occasion est bonne, répondit Clifton, le commandant n'est pas à bord ; le lieutenant dort dans sa cabine ; le brouillard est assez épais pour que Johnson ne puisse nous apercevoir...

—Mais le chien ? s'écria Pen.

—Captain dort en ce moment près de la soute au charbon, répondit Clifton, et si quelqu'un veut...

—Je m'en charge, répondit Pen avec fureur.

—Prends garde, Pen ; il a des dents à briser une barre de fer !

—S'il bouge, je l'éventre, » répliqua Pen en prenant son couteau d'une main.

Et il s'élança dans l'entre-pont, suivi de Waren, qui voulut l'aider dans son entreprise.

Bientôt ils revinrent tout les deux, portant l'animal dans leurs bras, le museau et les pattes fortement attachés ; ils l'avaient surpris pendant son sommeil, et le malheureux chien ne pouvait parvenir à leur échapper.

« Hurrah pour Pen ! s'écria Plover.

—Et maintenant, qu'en veux-tu faire ? demanda Clifton.

—Le noyer, et s'il en revient jamais... » répliqua Pen avec un affreux sourire de satisfaction.

Il y avait à deux cents pas du navire un trou de phoques, sorte de crevasse circulaire faite avec les dents de cet amphibie, et toujours creusée de l'intérieur à l'extérieur ; c'est par là que le phoque vient respirer à la surface de la glace ; mais il doit prendre soin d'empêcher celle-ci de se refermer à l'orifice, car la disposition de sa mâchoire ne lui permet pas de refaire ce trou de l'extérieur à l'intérieur, et au moment du danger, il ne pourrait échapper à ses ennemis.

Pen et Waren se dirigèrent vers cette crevasse, et là, malgré ses efforts énergiques, le chien fut impitoyablement précipité dans la mer ; un énorme glaçon repoussé ensuite sur cette ouverture ferma toute issue à l'animal, ainsi muré dans sa prison liquide.

« Bon voyage, capitaine ! » s'écria le brutal matelot.

Peu d'instants après, Pen et Waren rentraient à bord. Johnson n'avait rien vu de cette exécution ; le brouillard s'épaississait autour du navire, et la neige commençait à tomber avec violence.

Une heure après, Richard Shandon, le docteur et Garry regagnaient le *Forward*.

Shandon avait remarqué dans la direction du nord-est une passe dont il résolut de profiter. Il donna ses ordres en conséquence ; l'équipage obéit avec une certaine activité ; il voulait faire comprendre à Shandon l'impossibilité d'aller plus avant, et d'ailleurs il lui restait encore trois jours d'obéissance.

Pendant une partie de la nuit et du jour suivant, les manœuvres des scies et du halage furent menées avec ardeur ; le *Forward* gagna près de deux milles dans le nord. Le 18, il se trouvait en vue de terre, à cinq ou six encâblures d'un pic singulier, auquel sa forme étrange a fait donner le nom de Pouce-du-Diable.

A cette même place, le *Prince-Albert* en 1851, l'*Advance* avec Kane en 1853, furent obstinément pris par les glaces pendant plusieurs semaines.

La forme bizarre du Pouce-du-Diable, les environs déserts et désolés, de vastes cirques d'ice-bergs dont quelques-uns dépassaient trois cents pieds de hauteur, les craquements des glaçons que l'écho reproduisait d'une façon sinistre, tout rendait effroyablement triste la position du *Forward*. Shandon comprit qu'il fallait le tirer de là et le conduire plus loin. Vingt-quatre heures après, suivant son estime, il avait pu s'écarter de cette côte funeste de deux milles environ. Mais ce n'était pas assez. Shandon se sentait envahir par la crainte, et la situation fausse où il se trouvait paralysait son énergie ; pour obéir à ses instructions et se porter en avant, il avait jeté son navire dans une situation excessivement périlleuse ; le halage mettait les hommes sur les dents ; il fallait plus de trois heures pour creuser un canal de vingt pieds de long dans une glace qui avait communément de quatre à cinq pieds d'épaisseur ; la santé de l'équipage menaçait déjà de s'altérer. Shandon s'étonnait du silence de ses hommes et de leur dévouement inaccoutumé ; mais il craignait que ce calme ne précédât quelque orage prochain.

On peut donc juger de la pénible surprise, du désappointement, du désespoir même qui s'empara de son esprit, quand il s'aperçut que, par suite d'un mouvement insensible de l'ice-field, le *Forward* reperdait pendant la nuit du 18 au 19 tout ce qu'il avait gagné au prix de tant de fatigues ; le samedi matin, il se retrouvait en face du Pouce-du-Diable toujours menaçant, et dans une situation plus critique encore ; les ice-bergs se multipliaient et passaient comme des fantômes dans le brouillard.

Shandon fut complétement démoralisé ; il faut dire que l'effroi passa dans le cœur de cet homme intrépide et dans celui de son équipage. Shandon avait entendu parler de la disparition du chien ; mais il n'osa pas punir les coupables ; il eût craint de provoquer une révolte.

Le temps fut horrible pendant cette journée ; la neige, soulevée en épais tourbillons, enveloppait le brick d'un voile impénétrable ; parfois, sous l'action de l'ouragan, le brouillard se déchirait, et l'œil effrayé apercevait du côté de la terre ce Pouce-du-Diable dressé comme un spectre.

Le *Forward* ancré sur un immense glaçon, il n'y avait plus rien à faire, rien à tenter ; l'obscurité s'accroissait, et l'homme de la barre n'eût pas aperçu James Wall qui faisait son quart à l'avant.

Shandon se retira dans sa cabine en proie à d'incessantes inquiétudes ; le docteur mettait en ordre ses notes de voyage ; des hommes de l'équipage, moitié restait sur le pont, et moitié dans la salle commune.

A un moment où l'ouragan redoubla de violence, le Pouce-du-Diable sembla se dresser démesurément au milieu du brouillard déchiré.

« Grand Dieu! s'écria Simpson en reculant avec effroi.
—Qu'est-ce donc? » dit Foker.

Aussitôt les exclamations s'élevèrent de toutes parts.

« Il va nous écraser!
—Nous sommes perdus!
—Monsieur Wall! monsieur Wall!
—C'est fait de nous!
—Commandant! Commandant! »

Ces cris étaient simultanément proférés par les hommes de quart.

Wall se précipita vers le gaillard d'arrière; Shandon, suivi du docteur, s'élança sur le pont, et regarda.

Au milieu du brouillard entr'ouvert, le Pouce-du-Diable paraissait s'être subitement rapproché du brick; il semblait avoir grandi d'une façon fantastique; à son sommet se dressait un second cône renversé et pivotant sur sa pointe; il menaçait d'écraser le navire de sa masse énorme; il oscillait, prêt à s'abattre. C'était un spectacle effrayant. Chacun recula instinctivement, et plusieurs matelots, se jetant sur la glace, abandonnèrent le navire.

« Que personne ne bouge! s'écria le commandant d'une voix sévère; chacun à son poste! »

— Eh! mes amis, ne craignez rien, dit le docteur; il n'y a pas de danger! Voyez, commandant, voyez, monsieur Wall, c'est un effet de mirage, et pas autre chose!

— Vous avez raison, monsieur Clawbonny, répliqua maître Johnson; ces ignorants se sont laissés intimider par une ombre. »

Après les paroles du docteur, la plupart des matelots s'étaient rapprochés, et de la crainte passaient à l'admiration de ce merveilleux phénomène, qui ne tarda pas à s'effacer.

« Ils appellent cela du mirage! dit Clifton; eh bien! le diable est pour quelque chose là-dedans, vous pouvez m'en croire.

— C'est sûr, » lui répondit Gripper.

Mais le brouillard, en s'entr'ouvrant, avait montré aux yeux du commandant une passe immense et libre qu'il ne soupçonnait pas; elle tendait à l'écarter de la côte; il résolut de profiter sans délai de cette chance favorable; les hommes furent disposés de chaque côté du chenal; des aussières leur furent tendues, et ils commencèrent à remorquer le navire dans la direction du nord.

Pendant de longues heures, cette manœuvre fut exécutée avec ardeur, quoique en silence; Shandon avait fait allumer les fourneaux pour profiter de ce chenal si heureusement découvert.

« C'est un hasard providentiel, dit-il à Johnson, et si nous pouvons gagner seulement quelques milles, peut-être serons-nous à bout de nos peines! Monsieur Brunton, activez le feu; dès que la pression sera suffisante, vous me ferez prévenir. En attendant, que nos hommes redoublent de courage; ce sera autant de gagné. Ils ont hâte de s'éloigner du Pouce-du-Diable! eh bien! nous profiterons de leurs bonnes dispositions. »

Tout d'un coup, la marche du brick fut brusquement suspendue.

« Qu'y-a-t-il? demanda Shandon. Wall, est-ce que nous avons cassé nos remorques ?

— Mais non, commandant, répondit Wall en se penchant au-dessus du bastingage. Hé! voilà les hommes qui rebroussent chemin; ils grimpent sur le navire; ils ont l'air d'être en proie à une étrange frayeur!

— Qu'est-ce donc? s'écria Shandon en se précipitant à l'avant du brick.

— A bord! à bord! » s'écriaient les matelots avec l'accent de la plus vive terreur.

Shandon regarda dans la direction du nord et frissonna malgré lui.

Un animal étrange, aux mouvements effrayants, dont la langue fumante sortait d'une gueule énorme, bondissait à une encâblure du navire; il paraissait avoir plus de vingt pieds de haut; ses poils se hérissaient; il poursuivait les matelots, se mettant en arrêt sur eux, tandis que sa queue formidable, longue de dix pieds, balayait la neige et la soulevait en épais tourbillons. La vue d'un pareil monstre glaça d'effroi les plus intrépides.

« C'est un ours! disait l'un.

— C'est la bête du Gévaudan!

— C'est le lion de l'Apocalypse! »

Shandon courut à sa cabine prendre un fusil toujours chargé; le docteur sauta sur ses armes, et se tint prêt à faire feu sur cet animal qui par ses dimensions rappelait les quadrupèdes antédiluviens.

Il approchait, en faisant des bonds immenses; Shandon et le docteur firent feu en même temps, et soudain la détonation de leurs armes, ébranlant les couches de l'atmosphère, produisit un effet inattendu.

Le docteur regarda avec attention, et ne put s'empêcher d'éclater de rire.

« La réfraction ! dit-il.

—La réfraction ! » s'écria Shandon.

Mais une exclamation terrible de l'équipage les interrompit.

« Le chien ! fit Clifton.

—Le dog-captain ! répétèrent ses camarades.

—Lui ! s'écria Pen, toujours lui ! »

En effet, c'était lui qui, brisant ses liens, avait pu revenir à la surface du champ par une autre crevasse. En ce moment la réfraction, par un phénomène commun sous ces latitudes, lui donnait des dimensions formidables, que l'ébranlement de l'air avait dissipées ; mais l'effet fâcheux n'en était pas moins produit sur l'esprit des matelots, peu disposés à admettre l'explication du fait par des raisons purement physiques. L'aventure du Pouce-du-Diable, la réapparition du chien dans ces circonstances fantastiques, achevèrent d'égarer leur moral, et les murmures éclatèrent de toutes parts.

CHAPITRE XII. — LE CAPITAINE HATTERAS.

Le *Forward* avançait rapidement sous vapeur entre les ice-fields et les montagnes de glace. Johnson tenait lui-même la barre. Shandon examinait l'horizon avec son *snow-spectacle* ; mais sa joie fut de courte durée, car il reconnut bientôt que la passe aboutissait à un cirque de montagnes.

Cependant, aux difficultés de revenir sur ses pas, il préféra les chances de poursuivre sa marche en avant.

Le chien suivait le brick en courant sur la plaine, mais il se tenait à une distance assez grande. Seulement, s'il restait en arrière, on entendait un sifflement singulier qui le rappelait aussitôt.

La première fois que ce sifflement se produisit, les matelots regardèrent autour d'eux ; ils étaient seuls sur le pont, réunis en conciliabule ; pas un étranger, pas un inconnu ; et cependant ce sifflement se fit encore entendre à plusieurs reprises.

Clifton s'en alarma le premier.

« Entendez-vous ? dit-il, et voyez-vous comme cet animal bondit quand il s'entend siffler ?

—C'est à ne pas y croire, répondit Gripper.

—C'est fini ! s'écria Pen ; je ne vais pas plus loin.

—Pen a raison, répliqua Brunton ; c'est tenter Dieu.

—Tenter le diable, répondit Clifton. J'aime mieux perdre toute ma part de bénéfice que de faire un pas de plus

—Nous n'en reviendrons pas, » fit Bolton avec abattement.
L'équipage en était arrivé au plus haut point de démoralisation.
« Pas un pas de plus ! s'écria Wolsten ; est-ce votre avis ?
— Oui, oui ! répondirent les matelots.

—Eh bien, dit Bolton, allons trouver le commandant ; je me charge de lui parler. »

Les matelots, en groupe serré, se dirigèrent vers la dunette.

Le *Forward* pénétrait alors dans un vaste cirque qui pouvait mesurer huit cents pieds de diamètre ; il était complétement fermé, à l'exception d'une seule issue, par laquelle arrivait le navire.

Shandon comprit qu'il venait s'emprisonner lui-même. Mais que faire ? Comment revenir sur ses pas ? Il sentit toute sa responsabilité ; sa main se crispait sur sa lunette.

Le docteur regardait en se croisant les bras, et sans mot dire ; il contemplait les murailles de glace, dont l'altitude moyenne pouvait dépasser trois cents pieds. Un dôme de brouillard demeurait suspendu au-dessus de ce gouffre.

Ce fut en ce moment que Bolton adressa la parole au commandant :

« Commandant, lui dit-il d'une voix émue, nous ne pouvons pas aller plus loin.

—Vous dites ? répondit Shandon, à qui le sentiment de son autorité méconnue fit monter la colère au visage.

—Nous disons, commandant, reprit Bolton, que nous avons assez fait pour ce capitaine invisible, et nous sommes décidés à ne pas aller plus avant.

—Vous êtes décidés ?... s'écria Shandon. Vous parlez ainsi, Bolton ! prenez garde !

—Vos menaces n'y feront rien, répondit brutalement Pen ; nous n'irons pas plus loin ! »

Shandon s'avançait vers ses matelots révoltés, lorsque le maître d'équipage vint lui dire à voix basse :

« Commandant, si nous voulons sortir d'ici, nous n'avons pas une minute à perdre. Voilà un ice-berg qui s'avance dans la passe ; il peut boucher toute issue, et nous retenir prisonniers. »

Shandon revint examiner la situation.

« Vous me rendrez compte de votre conduite plus tard, vous autres, dit-il en s'adressant aux mutins. En attendant, vire de bord ! »

Les marins se précipitèrent à leur poste. Le *Forward* évolua rapidement ; les fourneaux furent chargés de charbon ; il fallait gagner de vitesse sur la montagne flottante. C'était une lutte entre le brick et l'ice-berg ; le premier courait vers le sud pour passer, le second dérivait vers le nord, prêt à fermer tout passage.

« Chauffez, chauffez ! s'écria Shandon, à toute vapeur ! Brunton, m'entendez-vous ? »

Le *Forward* glissait comme un oiseau au milieu des glaçons épars que sa proue tranchait vivement ; sous l'action de l'hélice, la coque du navire frémissait, et le manomètre indiquait une tension prodigieuse de la vapeur ; celle-ci sifflait avec un bruit assourdissant.

« Chargez les soupapes ! » s'écria Shandon.

Et l'ingénieur obéit, au risque de faire sauter le bâtiment.

Mais ses efforts désespérés devaient être vains ; l'ice-berg, saisi par un courant sous-marin, marchait rapidement vers la passe ; le brick s'en trouvait encore éloigné de trois encâblures, quand la montagne, entrant comme un coin dans l'intervalle libre, adhéra fortement à ses voisines et ferma toute issue.

« Nous sommes perdus ! s'écria Shandon, qui ne put retenir cette imprudente parole.

—Perdus ! répéta l'équipage.

—Sauve qui peut ! dirent les uns.

—A la mer les embarcations ! dirent les autres.

—A la cambuse ! s'écrièrent Pen et quelques-uns de sa bande, et s'il faut nous noyer, noyons-nous dans le gin ! »

Le désordre arriva à son comble parmi ces hommes, qui rompaient tout frein. Shandon se sentit débordé ; il voulut commander ; il balbutia ; il hésita ; sa pensée ne put se faire jour à travers ses paroles. Le docteur se promenait avec agitation. Johnson se croisait les bras stoïquement et se taisait.

Tout d'un coup une voix forte, énergique, impérieuse, se fit entendre et prononça ces paroles :

« Tout le monde à son poste! pare à virer. »

Johnson tressaillit, et, sans s'en rendre compte, il fit rapidement tourner la roue du gouvernail.

Il était temps ; le brick, lancé à toute vitesse, allait se briser sur les murs de sa prison.

Mais tandis que Johnson obéissait instinctivement, Shandon, Clawbonny, l'équipage, tous, jusqu'au chauffeur Waren qui abandonna ses foyers, jusqu'au noir Strong qui laissa ses fournaux, tous se trouvèrent réunis sur le pont, et tous virent sortir de cette cabine, dont il avait seul la clef, un homme...

Cet homme, c'était le matelot Garry.

« Monsieur ! s'écria Shandon en pâlissant. Garry... vous... de quel droit commandez-vous ici ?...

—Duk ! » fit Garry en reproduisant ce sifflement qui avait tant surpris l'équipage.

Le chien, à l'appel de son vrai nom, sauta d'un bond sur la dunette, et vint se coucher tranquillement aux pieds de son maître.

L'équipage ne disait mot. Cette clef que devait posséder seul le capitaine du *Forward*, ce chien envoyé par lui et qui venait pour ainsi dire constater son identité, cet accent de commandement auquel il était impossible de se méprendre, tout cela agit fortement sur l'esprit des matelots, et suffit à établir l'autorité de Garry.

D'ailleurs, Garry n'était plus reconnaissable ; il avait abattu les larges favoris qui encadraient son visage, et sa figure ressortait plus impassible encore, plus énergique, plus impérieuse; revêtu des habits de son rang déposés dans sa cabine, il apparaissait avec les insignes du commandement.

Aussi, avec cette mobilité naturelle, l'équipage du *Forward*, emporté malgré lui-même, s'écria d'une seule voix:

« Hurrah! hurrah! hurrah pour le capitaine!

—Shandon, dit celui-ci à son second, faites ranger l'équipage; je vais le passer en revue. »

Shandon obéit, et donna ses ordres d'une voix altérée. Le capitaine s'avança au-devant de ses officiers et de ses matelots, disant à chacun ce qu'il convenait de lui dire, et le traitant selon sa conduite passée.

Quand il eut fini son inspection, il remonta sur la dunette, et d'une voix calme il prononça les paroles suivantes:

« Officiers et matelots, je suis un Anglais, comme vous, et ma devise est celle de l'amiral Nelson:

« L'Agleterre attend que chacun fasse son devoir [1].

« Comme Anglais, je ne veux pas, nous ne voulons pas que de plus hardis aillent là où nous n'aurions pas été. Comme Anglais, je ne souffrirai pas, nous ne souffrirons pas que d'autres aient la gloire de s'élever plus au nord. Si jamais pied humain doit fouler la terre du pôle, il faut que ce soit le pied d'un Anglais? Voici le pavillon de notre pays. J'ai armé ce navire, j'ai consacré ma fortune à cette entreprise, j'y consacrerai ma vie et la vôtre, mais ce pavillon flottera sur le pôle boréal du monde. Ayez confiance. Une somme de mille livres sterling [2] vous sera acquise par chaque degré que nous gagnerons dans le nord à partir de ce jour. Or, nous sommes par le soixante-douzième, et il y en a quatre-vingt-dix. Comptez. Mon nom d'ailleurs vous répondra de moi. Il signifie énergie et patriotisme. Je suis le capitaine Hatteras!

—Le capitaine Hatteras! » s'écria Shandon.

Et ce nom, bien connu du marin anglais, courut sourdement parmi l'équipage.

« Maintenant, reprit Hatteras, que le brick soit ancré sur les glaçons; que les fourneaux s'éteignent et que chacun retourne à ses travaux habituels. Shandon, j'ai à vous entretenir des affaires du bord. Vous me rejoindrez dans ma cabine, avec le docteur, Wall et le maître d'équipage. Johnson, faites rompre les rangs. »

Hatteras, calme et froid, quitta tranquillement la dunette, pendant que Shandon faisait assurer le brick sur ses ancres.

---

[1] « England expects every one to make his duty. » — [2] 25,000 francs.

Qu'était donc cet Hatteras, et pourquoi son nom faisait-il une si profonde impression sur l'équipage ?.

John Hatteras, fils unique d'un brasseur de Londres, mort six fois millionnaire en 1852, embrassa, jeune encore, la carrière maritime, malgré la brillante fortune qui l'attendait. Non qu'il fût poussé à cela par la vocation du commerce, mais l'instinct des découvertes géographiques le tenait au cœur ; il rêva toujours de poser le pied là où personne ne l'eût posé encore.

A vingt ans déjà, il possédait la constitution vigoureuse des hommes maigres et sanguins : une figure énergique, à lignes géométriquement arrêtées, un front élevé et perpendiculaire au plan des yeux, ceux-ci beaux, mais froids, des lèvres minces dessinant une bouche avare de paroles, une taille moyenne, des membres solidement articulés et mus par des muscles de fer formaient l'ensemble d'un homme doué d'un tempérament à toute épreuve. A le voir, on le sentait audacieux, à l'entendre, froidement passionné ; c'était un caractère à ne jamais reculer, et prêt à jouer la vie des autres avec autant de conviction que la sienne. Il fallait donc y regarder à deux fois avant de le suivre dans ses entreprises.

John Hatteras portait haut la fierté anglaise, et ce fut lui qui fit un jour à un Français cette orgueilleuse réponse.

Le Français disait devant lui avec ce qu'il supposait être de la politesse, et même de l'amabilité :

« Si je n'étais Français, je voudrais être Anglais.

— Si je n'étais Anglais, moi, répondit Hatteras, je voudrais être Anglais. »

On peut juger l'homme par la réponse.

Il eût voulu, par-dessus tout, réserver à ses compatriotes le monopole des découvertes géographiques ; mais, à son grand désespoir, ceux-ci avaient peu fait, pendant les siècles précédents, dans la voie des découvertes.

L'Amérique était due au Génois Christophe Colomb, les Indes au Portugais Vasco de Gama, la Chine au Portugais Fernand d'Andrada, la Terre de Feu au Portugais Magellan, le Canada au Français Jacques Cartier, les îles de la Sonde, le Labrador, le Brésil, le cap de Bonne-Espérance, les Açores, Madère, Terre-Neuve, la Guinée, le Congo, le Mexique, le cap Blanc, le Groënland, l'Islande, la mer du Sud, la Californie, le Japon, le Cambodje, le Pérou, le Kamtchatka, les Philippines, le Spitzberg, le cap Horn, le détroit de Behring, la Tasmanie, la Nouvelle-Zélande, la Nouvelle-Bretagne, la Nouvelle-Hollande, la Louisiane, l'île de Jean-Mayen, à des Islandais, à des Scandinaves, à des Russes, à des Portugais, à des Danois, à des Espagnols, à des Génois, à des Hollandais; mais pas un Anglais ne figurait parmi eux, et c'était un désespoir pour Hatteras de voir les siens exclus de cette glorieuse phalange des navigateurs qui firent les grandes découvertes des xv° et xvi° siècles.

Hatteras se consolait un peu en se reportant aux temps modernes; les Anglais prenaient leur revanche avec Sturt, Doual Stuart, Burke, Wills

King, Gray, en Australie, avec Palliser en Amérique, avec Cyril Graham, Wadington, Cummingham dans l'Inde, avec Burton, Speeke, Grant, Livingstone en Afrique.

Mais cela ne suffisait pas; pour Hatteras, ces hardis voyageurs étaient plutôt des *perfectionneurs* que des *inventeurs*; il fallait donc trouver mieux, et John eût inventé un pays pour avoir l'honneur de le découvrir.

Or, il avait remarqué que si les Anglais ne formaient pas majorité parmi les découvreurs anciens, et que s'il fallait remonter à Cook pour obtenir la Nouvelle-Calédonie en 1774 et les îles Sandwich où il périt en 1778, il existait néanmoins un coin du globe sur lequel ils semblaient avoir réuni tous leurs efforts.

C'étaient précisément les terres et les mers boréales du nord de l'Amérique.

En effet, le tableau des découvertes polaires se présente ainsi :

La Nouvelle-Zemble,	découverte par	Willoughby en	1553.
L'île de Weigatz	—	Barrough	— 1556.
La côte ouest du Groënland	—	Davis	— 1585.
Le détroit de Davis	—	Davis	— 1587.
Le Spitzberg	—	Willoughby	— 1596.
La baie d'Hudson	—	Hudson	— 1610.
La baie de Baffin	—	Baffin	— 1616.

Pendant ces dernières années, Hearne, Mackensie, John Ross, Parry, Franklin, Richardson, Beechey, James Ross, Back, Dease, Sompson, Rae, Inglefield, Belcher, Austin, Kellet, Moore, Mac Clure, Kennedy, Mac Clintock, fouillèrent sans interruption ces terres inconnues.

On avait bien délimité les côtes septentrionales de l'Amérique, à peu près découvert le passage du nord-ouest, mais ce n'était pas assez ; il y avait mieux à faire, et ce mieux, John Hatteras l'avait deux fois tenté en armant deux navires à ses frais ; il voulait arriver au pôle même, et couronner ainsi la série des découvertes anglaises par une tentative du plus grand éclat.

Parvenir au pôle, c'était le but de sa vie.

Après d'assez beaux voyages dans les mers du sud, Hatteras essaya pour la première fois, en 1846, de s'élever au nord par la mer de Baffin ; mais il ne put dépasser le soixante-quatorzième degré de latitude ; il montait le sloop *Halifax* ; son équipage eut à souffrir des tourments atroces, et John Hatteras poussa si loin son aventureuse témérité, que désormais les marins furent peu tentés de recommencer de semblables expéditions sous un pareil chef.

Cependant, en 1850, Hatteras parvint à enrôler sur la goëlette le *Farewel* une vingtaine d'hommes déterminés, mais déterminés surtout par le haut prix offert à leur audace. Ce fut dans cette occasion que le docteur Clawbonny entra en correspondance avec John Hatteras, qu'il ne connaissait pas, et demanda à faire partie de l'expédition ; mais la place de médecin était prise, et ce fut heureux pour le docteur.

Le *Farewel*, en suivant la route prise par le *Neptune* d'Aberdeen en 1817, s'éleva au nord du Spitzberg jusqu'au soixante-seizième degré de latitude. Là, il fallut hiverner ; mais les souffrances furent telles et le froid si intense, que pas un homme de l'équipage ne revit l'Angleterre, à l'exception du seul Hatteras, rapatrié par un baleinier danois, après une marche de plus de deux cents milles à travers les glaces.

La sensation produite par ce retour d'un seul homme fut immense. Qui oserait désormais suivre Hatteras dans ses folles tentatives? Cependant il ne désespéra pas de recommencer. Son père, le brasseur, mourut, et il devint possesseur d'une fortune de nabab.

Sur ces entrefaites, un fait géographique se produisit, qui porta le coup le plus sensible à John Hatteras.

Un brick, l'*Advance*, monté par dix-sept hommes, armé par le négociant Grinnel, commandé par le docteur Kane, et envoyé à la recherche de sir John Franklin, s'éleva, en 1853, par la mer de Baffin et le détroit de Smith, jusqu'au delà du quatre-vingt-deuxième degré de latitude boréale, plus près du pôle qu'aucun de ses devanciers.

Or, ce navire était américain, ce Grinnel était Américain, ce Kane était Américain!

On comprendra facilement que le dédain de l'Anglais pour le Yankee se changea en haine dans le cœur d'Hatteras; il résolut de dépasser à tout prix son audacieux concurrent, et d'arriver au pôle même.

Depuis deux ans, il vivait incognito à Liverpool. Il passait pour un matelot. Il reconnut dans Richard Shandon l'homme dont il avait besoin; il lui fit ses propositions par lettre anonyme, ainsi qu'au docteur Clawbonny. Le *Forward* fut construit, armé, équipé. Hatteras se garda bien de faire connaître son nom; il n'eût pas trouvé un seul homme pour l'accompagner. Il résolut de ne prendre le commandement du brick que dans des conjonctures impérieuses, et lorsque son équipage serait engagé assez avant pour ne pas reculer; il avait, en réserve, comme on l'a vu, de telles offres d'argent à faire à ses hommes, que pas un ne refuserait de le suivre jusqu'au bout du monde.

Et c'était bien au bout du monde, en effet, qu'il voulait aller.

Or, les circonstances étant devenues critiques, John Hatteras n'hésita plus à se déclarer.

Son chien, le fidèle Duk, le compagnon de ses traversées, fut le premier à le reconnaître, et, heureusement pour les braves, malheureusement pour les timides, il fut bien et dûment établi que le capitaine du *Forward* était John Hatteras.

CHAPITRE XIII. — LES PROJETS D'HATTERAS.

L'apparition de ce hardi personnage fut diversement appréciée par l'équipage ; les uns se rallièrent complétement à lui, par amour de l'argent ou par audace ; d'autres prirent leur parti de l'aventure, qui se réservèrent le droit de protester plus tard ; d'ailleurs, résister à un pareil homme paraissait difficile actuellement. Chacun revint donc à son poste. Le 20 mai était un dimanche et fut jour de repos pour l'équipage.

Un conseil d'officiers se tint chez le capitaine ; il se composa d'Hatteras, de Shandon, de Wall, de Johnson et du docteur.

« Messieurs, dit le capitaine de cette voix à la fois douce et impérieuse qui le caractérisait, vous connaissez mon projet d'aller jusqu'au pôle ; je désire connaître votre opinion sur cette entreprise. Qu'en pensez-vous, Shandon ?

—Je n'ai pas à penser, capitaine, répondit froidement Shandon, mais à obéir. »

Hatteras ne s'étonna pas de la réponse.

« Richard Shandon, reprit-il non moins froidement, je vous prie de vous expliquer sur nos chances de succès.

—Eh bien, capitaine, répondit Shandon, les faits répondent pour moi ; les tentatives de ce genre ont échoué jusqu'ici ; je souhaite que nous soyons plus heureux.

—Nous le serons. Et vous, messieurs, qu'en pensez-vous ?

—Pour mon compte, répliqua le docteur, je crois votre dessein praticable, capitaine ; et comme il est évident que des navigateurs arriveront un jour ou l'autre à ce pôle boréal, je ne vois pas pourquoi ce ne serait pas nous.

—Et il y a des raisons pour que ce soit nous, répondit Hatteras, car nos mesures sont prises en conséquence, et nous profiterons de l'expérience de nos devanciers. Et, à ce propos, Shandon, recevez mes remerciements pour les soins que vous avez apportés à l'équipement du navire ; il y a bien quelques mauvaises têtes dans l'équipage, que je saurai mettre à la raison, mais, en somme, je n'ai que des éloges à vous donner. »

Shandon s'inclina froidement. Sa position à bord du *Forward*, qu'il croyait commander, était fausse. Hatteras le comprit et n'insista pas davantage.

« Quant à vous, messieurs, reprit-il en s'adressant à Wall et à Johnson, je ne pouvais m'assurer le concours d'officiers plus distingués par leur courage et leur expérience.

—Ma foi! capitaine, je suis votre homme, répondit Johnson, et, bien que votre entreprise me semble un peu hardie, vous pouvez compter sur moi jusqu'au bout.

—Et sur moi également, dit James Wall.

—Quant à vous, docteur, je sais ce que vous valez.

—Eh bien, vous en savez plus que moi, répondit vivement le docteur.

—Maintenant, messieurs, reprit Hatteras, il est bon que vous appreniez sur quels faits incontestables s'appuie ma prétention d'arriver au pôle. En 1817, le *Neptune* d'Aberdeen s'éleva au nord du Spitzberg jusqu'au quatre-vingt-deuxième degré. En 1826, le célèbre Parry, après son troisième voyage dans les mers polaires, partit également de la pointe du Spitzberg, et, avec des traîneaux-barques, monta à cent cinquante milles vers le nord. En 1852, le capitaine Inglefield pénétra, dans l'entrée de Smith, jusque par soixante-dix-huit degrés trente-cinq minutes de latitude. Tous ces navires étaient anglais, et commandés par des Anglais, nos compatriotes. »

Ici Hatteras fit une pause.

« Je dois ajouter, reprit-il d'un air contraint, et comme si les paroles ne pouvaient quitter ses lèvres, je dois ajouter qu'en 1854 l'Américain Kane, commandant le brick l'*Advance*, s'éleva plus haut encore, et que son lieutenant Morton, s'étant avancé à travers les champs de glace, fit flotter le pavillon des États-Unis au delà du quatre-vingt-deuxième degré. Ceci dit, je n'y reviendrai plus. Or, ce qu'il faut savoir, c'est que les capitaines du *Neptune*, de l'*Entreprise*, de l'*Isabelle*, de l'*Advance*, constatèrent qu'à partir de ces hautes latitudes il existait un bassin polaire entièrement libre de glaces.

—Libre de glaces! s'écria Shandon en interrompant le capitaine. C'est impossible!

—Vous remarquerez, Shandon, reprit tranquillement Hatteras, dont l'œil brilla un instant, que je vous cite des faits et des noms à l'appui. J'ajouterai que pendant la station du commandant Penny, en 1851, au bord du canal de Wellington, son lieutenant Stewart se trouva également en présence d'une mer libre, et que cette particularité fut confirmée pendant l'hivernage de sir Edward Belcher, en 1853, à la baie de Northumberland par soixante-seize degrés cinquante-deux minutes de latitude, et quatre-vingt-dix-neuf degrés vingt minutes de longitude; les rapports sont indiscutables, et il faudrait être de mauvaise foi pour ne pas les admettre.

—Cependant, capitaine, reprit Shandon, ces faits sont si contradictoires...

—Erreur, Shandon, erreur! s'écria le docteur Clawbonny; ces faits ne contredisent aucune assertion de la science; le capitaine me permettra de vous le dire.

—Allez, docteur! répondit Hatteras.

—Eh bien, écoutez ceci, Shandon : il résulte très-évidemment des faits géographiques et de l'étude des lignes isothermes que le point le plus froid du globe n'est pas au pôle même; comme le point magnétique de la terre, il s'écarte du pôle de plusieurs degrés. Ainsi les calculs de Brewster, de Bergham et de quelques physiciens, démontrent qu'il y a dans notre hémisphère deux pôles du froid : l'un serait situé en Asie par soixante-dix-neuf degrés trente minutes de latitude nord, et par cent vingt degrés de longitude est; l'autre se trouverait en Amérique par soixante-dix-huit degrés de latitude nord et par quatre-vingt-dix-sept degrés de longitude ouest. Ce dernier est celui qui nous occupe, et vous voyez, Shandon, qu'il se rencontre à plus de douze degrés au-dessous du pôle. Eh bien, je vous le demande, pourquoi au pôle la mer ne serait-elle pas aussi dégagée de glaces qu'elle peut l'être en été par le soixante-sixième parallèle, c'est-à-dire au sud de la baie de Baffin?

—Voilà qui est bien dit, répondit Johnson; M. Clawbonny parle de ces choses comme un homme du métier.

—Cela paraît possible, reprit James Wall.

—Chimères et suppositions! hypothèses pures! répliqua Shandon avec entêtement.

— Eh bien, Shandon, reprit Hatteras, considérons les deux cas : ou la mer est libre de glaces, ou elle ne l'est pas, et dans ces deux suppositions rien ne peut nous empêcher de gagner le pôle. Si elle est libre, le *Forward* nous y conduira sans peine ; si elle est glacée, nous tenterons l'aventure sur nos traîneaux. Vous m'accorderez que cela n'est pas impraticable ; une fois parvenus avec notre brick jusqu'au quatre-vingt-troisième degré, nous n'aurons pas plus de six cents milles [1] à faire pour atteindre le pôle.

— Et que sont six cents milles, dit vivement le docteur, quand il est constant qu'un Cosaque, Alexis Markoff, a parcouru sur la mer Glaciale, le long de la côte septentrionale de l'empire russe, avec des traîneaux tirés par des chiens, un espace de huit cents milles en vingt-quatre jours ?

— Vous l'entendez, Shandon, répondit Hatteras, et dites-moi si des Anglais peuvent faire moins qu'un Cosaque ?

— Non, certes ! s'écria le bouillant docteur.

— Non, certes ! répéta le maître d'équipage.

— Eh bien, Shandon ? demanda le capitaine.

— Capitaine, répondit froidement Shandon, je ne puis que vous répéter mes premières paroles : j'obéirai.

— Bien. Maintenant, reprit Hatteras, songeons à notre situation actuelle ; nous sommes pris par les glaces, et il me paraît impossible de nous élever cette année dans le détroit de Smith. Voici donc ce qu'il convient de faire. »

Hatteras déplia sur la table l'une de ces excellentes cartes publiées en 1859, par ordre de l'Amirauté.

« Veuillez me suivre, je vous prie. Si le détroit de Smith nous est fermé, il n'en est pas de même du détroit de Lancastre, sur la côte ouest de la mer de Baffin ; selon moi, nous devons remonter ce détroit jusqu'à celui de Barrow, et de là jusqu'à l'île de Beechey ; la route a été cent fois parcourue par des navires à voiles ; nous ne serons donc pas embarrassés avec un brick à hélice. Une fois à l'île Beechey, nous suivrons le canal Wellington aussi avant que possible, vers le nord, jusqu'au débouché de ce chenal qui fait communiquer le canal Wellington avec le canal de la Reine, à l'endroit même où fut aperçue la mer libre. Or, nous ne sommes qu'au 20 mai ; dans un mois, si les circonstances nous favorisent, nous aurons atteint ce point, et de là nous nous élancerons vers le pôle. Qu'en pensez-vous, messieurs ?

— C'est évidemment, répondit Johnson, la seule route à prendre.

— Eh bien, nous la prendrons, et dès demain. Que ce dimanche soit

[1] 278 lieues.

consacre au repos ; vous veillerez, Shandon, à ce que les lectures de la Bible soient régulièrement faites; ces pratiques religieuses ont une influence salutaire sur l'esprit des hommes, et un marin surtout doit mettre sa confiance en Dieu.

— C'est bien, capitaine, répondit Shandon, qui sortit avec le lieutenant et le maître d'équipage.

— Docteur, fit John Hatteras en montrant Shandon, voilà un homme froissé que l'orgueil a perdu; je ne peux plus compter sur lui. »

Le lendemain, le capitaine fit mettre de grand matin la pirogue à la mer; il alla reconnaître les ice-bergs du bassin, dont la largeur n'excédait pas deux cents yards[1]. Il remarqua même que par suite d'une lente pression des glaces, ce bassin menaçait de se rétrécir; il devenait donc urgent d'y pratiquer une brèche, afin que le navire ne fût pas écrasé dans cet étau de montagnes; aux moyens employés par John Hatteras, on vit bien que c'était un homme énergique.

Il fit d'abord tailler des degrés dans la muraille glacée, et il parvint au sommet d'un ice-berg; il reconnut de là qu'il lui serait facile de se frayer un chemin vers le sud-ouest; d'après ses ordres, on creusa un fourneau de mine presque au centre de la montagne; ce travail, rapidement mené, fut terminé dans la journée du lundi.

Hatteras ne pouvait compter sur ses blasting-cylinders de huit à dix livres de poudre, dont l'action eût été nulle sur des masses pareilles; ils n'étaient bons qu'à briser les champs de glace; il fit donc déposer dans le fourneau mille livres de poudre, dont la direction expansive fut soigneusement calculée. Cette mine, munie d'une longue mèche entourée de gutta-percha, vint aboutir au dehors. La galerie, conduisant au fourneau, fut remplie avec de la neige et des quartiers de glaçons, auxquels le froid de la nuit suivante devait donner la dureté du granit. En effet, la température, sous l'influence du vent d'est, descendit à douze degrés (—11° centigrades).

Le lendemain, à sept heures, le *Forward* se tenait sous vapeur, prêt à profiter de la moindre issue. Johnson fut chargé d'aller mettre le feu à la mine; la mèche avait été calculée de manière à brûler une demi-heure avant que de communiquer le feu aux poudres. Johnson eut donc le

---

[1] 182 mètres.

temps suffisant pour regagner le bord; en effet, dix minutes après avoir exécuté les ordres d'Hatteras, il revenait à son poste.

L'équipage se tenait sur le pont, par un temps sec et assez clair; la neige avait cessé de tomber; Hatteras, debout sur la dunette avec Shandon et le docteur, comptait les minutes sur son chronomètre.

A huit heures trente-cinq minutes, une explosion sourde se fit entendre, et beaucoup moins éclatante qu'on ne l'eût supposée. Le profil des montagnes fut brusquement modifié, comme dans un tremblement de terre; une fumée épaisse et blanche fusa vers le ciel à une hauteur considérable, et de longues crevasses zébrèrent les flancs de l'ice-berg, dont la partie supérieure, projetée au loin, retombait en débris autour du *Forward*.

Mais la passe n'était pas encore libre; d'énormes quartiers de glace, arc-boutés sur les montagnes adjacentes, demeuraient suspendus en l'air, et l'on pouvait craindre que l'enceinte ne se refermât par leur chute.

Hatteras jugea la situation d'un coup d'œil.

« Wolsten! s'écria-t-il. »

L'armurier accourut.

« Capitaine! fit-il.

—Chargez la pièce de l'avant à triple charge, dit Hatteras, et bourrez aussi fortement que possible.

—Nous allons donc attaquer cette montagne à boulets de canon? demanda le docteur.

—Non, répondit Hatteras. C'est inutile. Pas de boulet, Wolsten, mais une triple charge de poudre. Faites vite. »

Quelques instants après, la pièce était chargée.

« Que veut-il faire sans boulet? dit Shandon entre ses dents.

— On le verra bien, répondit le docteur.

— Nous sommes parés, capitaine, s'écria Wolsten.

— Bien, répondit Hatteras. Brunton ! cria-t-il à l'ingénieur, attention Quelques tours en avant. »

Brunton ouvrit les tiroirs, et l'hélice se mit en mouvement; le *Forward* s'approcha de la montagne minée.

« Visez bien à la passe ! » cria le capitaine à l'armurier.

Celui-ci obéit; lorsque le brick ne fut plus qu'à une demi-encâblure, Hatteras cria :

« Feu ! »

Une détonation formidable suivit son commandement, et les blocs ébranlés par la commotion atmosphérique furent précipités soudain dans la mer. Cette agitation des couches d'air avait suffi.

« A toute vapeur, Brunton ! s'écria Hatteras. Droit dans la passe, Johnson ! »

Johnson tenait la barre; le brick, poussé par son hélice, qui se vissait dans les flots écumants, s'élança au milieu du passage libre alors. Il était temps. Le *Forward* franchissait à peine cette ouverture, que sa prison se refermait derrière lui.

Le moment fut palpitant, et il n'y avait à bord qu'un cœur ferme et tranquille, celui du capitaine. Aussi l'équipage, émerveillé de la manœuvre, ne put retenir le cri de :

« Hurrah pour John Hatteras ! »

CHAPITRE XIV. — EXPÉDITION A LA RECHERCHE DE FRANKLIN

Le mercredi 23 mai, le *Forward* avait repris son aventureuse navigation, louvoyant adroitement au milieu des pacs et des ice-bergs, grâce à la vapeur, cette force obéissante qui manqua à tant de navigateurs des mers polaires; il semblait se jouer au milieu de ces écueils mouvants ; on eût dit qu'il reconnaissait la main d'un maître expérimenté, et, comme un cheval sous un écuyer habile, il obéissait à la pensée de son capitaine.

La température remontait. Le thermomètre marqua à six heures du matin vingt-six degrés (—3° centig.), à six heures du soir, vingt-neuf degrés (—2° centig.), et à minuit, vingt-cinq degrés (—4° centig.); le vent soufflait légèrement du sud-est.

Le jeudi, vers les trois heures du matin, le *Forward* arriva en vue de la baie Possession, sur la côte d'Amérique, à l'entrée du détroit de Lancastre ; bientôt le cap Burney fut entrevu. Quelques Esquimaux se dirigèrent vers le navire ; mais Hatteras ne prit pas le loisir de les attendre.

Les pics de Byam-Martin qui dominent le cap Liverpool, laissés sur la gauche, se perdirent dans la brume du soir ; celle-ci empêcha de relever le cap Hay, dont la pointe, très-basse d'ailleurs, se confond avec les glaces de la côte, circonstance qui rend souvent fort difficile la détermination hydrographique des mers polaires.

Les puffins, les canards, les mouettes blanches se montraient en très-grand nombre. La latitude par observation donna 74° 01', et la longitude, d'après le chronomètre, 77° 15'.

Les deux montagnes de Catherine et d'Élisabeth élevaient au-dessus des nuages leur chaperon de neige.

Le vendredi, à six heures, le cap Warender fut dépassé sur la côte droite du détroit, et sur la gauche, l'Admiralty-Inlet, baie encore peu explorée par des navigateurs qui avaient hâte de se porter dans l'ouest. La mer devint assez forte, et souvent les lames balayèrent le pont du brick en y projetant des morceaux de glace. Les terres de la côte nord offraient aux regards de curieuses apparences avec leurs hautes tables presque nivelées, qui réverbéraient les rayons du soleil.

Hatteras eût voulu prolonger les terres septentrionales, afin de gagner au plus tôt l'île Beechey et l'entrée du canal Wellington ; mais une banquise continue l'obligeait, à son grand déplaisir, de suivre les passes du sud.

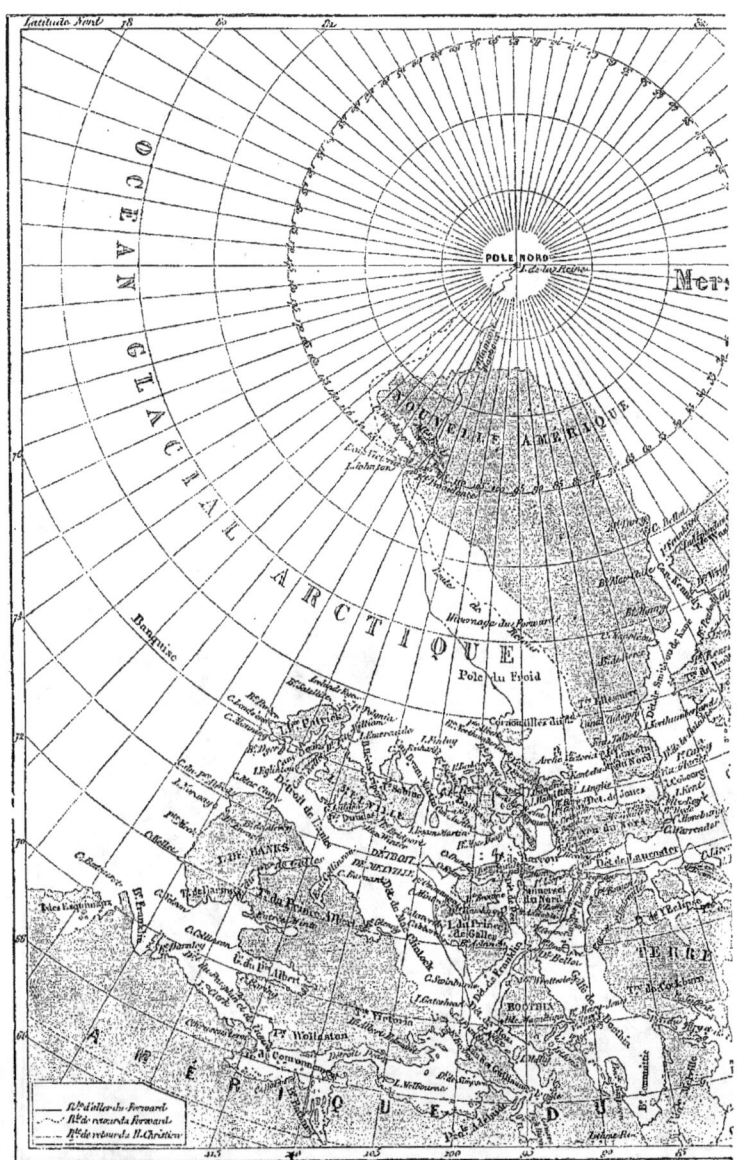

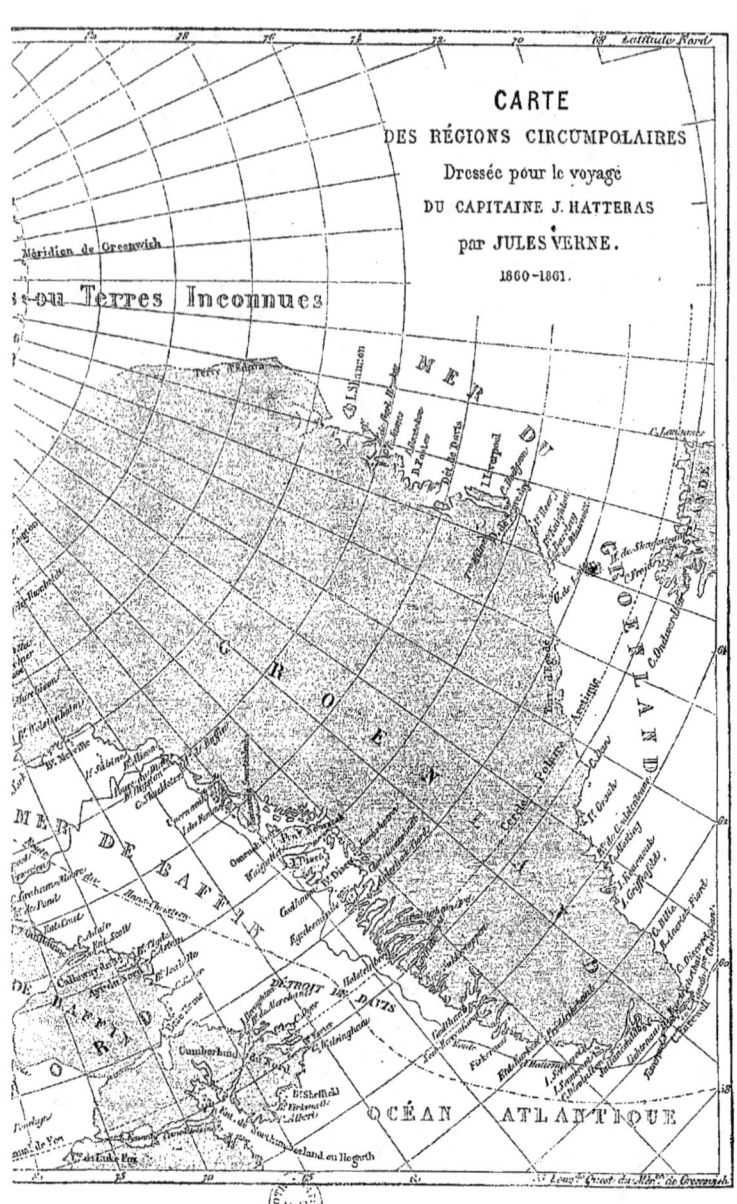

Ce fut pour cette raison que, le 26 mai, au milieu d'un brouillard sillonné de neige, le *Forward* se trouva par le travers du cap York; une

montagne d'une grande hauteur et presque à pic le fit reconnaître; le temps s'étant un peu levé, le soleil parut un instant vers midi, et permit de faire une assez bonne observation : 74°4′ de latitude, et 84°23′ de longitude. Le *Forward* se trouvait donc à l'extrémité du détroit de Lancastre.

Hatteras montrait sur ses cartes, au docteur, la route suivie et à suivre. Or, la position du brick était intéressante en ce moment.

« J'aurais voulu, dit-il, me trouver plus au nord; mais à l'impossible nul n'est tenu; voyez, voici notre situation exacte. »

Le capitaine pointa sa carte à peu de distance du cap York.

« Nous sommes au milieu de ce carrefour ouvert à tous les vents, et formé par les débouchés du détroit de Lancastre, du détroit de Barrow, du canal de Wellington et du passage du Régent; c'est un point auquel ont nécessairement abouti tous les navigateurs de ces mers.

—Eh bien, répondit le docteur, cela devait être embarrassant pour eux; c'est un véritable carrefour, comme vous dites, auquel viennent se croiser quatre grandes routes, et je ne vois pas de poteaux indicateurs du vrai chemin! Comment donc les Parry, les Ross, les Franklin ont-ils fait?

—Ils n'ont pas fait docteur, ils se sont laissé faire; ils n'avaient pas le choix, je vous assure; tantôt le détroit de Barrow se fermait pour l'un, qui, l'année suivante, s'ouvrait pour l'autre; tantôt le navire se sentait inévitablement entraîné vers le passage du Régent. Il est arrivé de tout cela, que, par la force des choses, on a fini par connaître ces mers si embrouillées.

—Quel singulier pays! fit le docteur en considérant la carte. Comme tout y est déchiqueté, déchiré, mis en morceaux, sans aucun ordre, sans aucune logique! Il semble que les terres voisines du pôle nord ne soient ainsi morcelées que pour en rendre les approches plus difficiles, tandis que dans l'autre hémisphère elles se terminent par des pointes tranquilles et effilées comme le cap Horn, le cap de Bonne-Espérance et la péninsule Indienne! Est-ce la rapidité plus grande de l'Équateur qui a ainsi modifié les choses, tandis que les terres extrêmes, encore fluides aux premiers jours du monde, n'ont pu se condenser, s'agglomérer les unes aux autres, faute d'une rotation assez rapide?

—Cela doit être, car il y a une logique à tout ici-bas, et rien ne s'y est fait sans des motifs que Dieu permet quelquefois aux savants de découvrir ; ainsi, docteur, usez de la permission.

—Je serai malheureusement discret, capitaine. Mais quel vent effroyable règne dans ce détroit? ajouta le docteur en s'encapuchonnant de son mieux.

—Oui, la brise du nord y fait rage surtout et nous écarte de notre route.

—Elle devrait cependant repousser les glaces au sud et laisser le chemin libre.

—Elle le devrait, docteur, mais le vent ne fait pas toujours ce qu'il doit. Voyez! cette banquise paraît impénétrable. Enfin, nous essayerons d'arriver à l'île Griffith, puis de contourner l'île Cornwallis pour gagner le canal de la Reine, sans passer par le canal de Wellington. Et cependant je veux absolument toucher à l'île Beechey, afin d'y refaire ma provision de charbon.

—Comment cela? répondit le docteur étonné.

—Sans doute; d'après l'ordre de l'Amirauté, de grandes provisions ont été déposées sur cette île, afin de pourvoir aux expéditions futures, et, quoi que le capitaine Mac Clintock ait pu prendre en août 1859, je vous assure qu'il en restera pour nous.

—Au fait, dit le docteur, ces parages ont été explorés pendant quinze ans, et, jusqu'au jour où la preuve certaine de la perte de Franklin a été acquise, l'Amirauté a toujours entretenu cinq ou six navires dans ces mers. Si je ne me trompe, même, l'île Griffith, que je vois là sur la carte, presque au milieu du carrefour, est devenue le rendez-vous général des navigateurs.

—Cela est vrai, docteur, et la malheureuse expédition de Franklin a eu pour résultat de nous faire connaître ces lointaines contrées.

—C'est juste, capitaine, car les expéditions ont été nombreuses depuis 1845. Ce ne fut qu'en 1848 que l'on s'inquiéta de la disparition de l'*Erebus* et du *Terror*, les deux navires de Franklin. On voit alors le vieil ami de l'amiral, le docteur Richardson, âgé de soixante-dix ans, courir au Canada et remonter la rivière Coppermine jusqu'à la mer polaire ; de son côté, James Ross, commandant l'*Entreprise* et l'*Investigator*, appareille d'Uppernawik en 1848, et arrive au cap York, où nous sommes en ce moment. Chaque jour il jette à la mer un baril contenant des papiers destinés à faire connaître sa position ; pendant la brume, il tire le canon; la nuit, il lance des fusées et brûle des feux de Bengale, ayant soin de se tenir toujours sous une petite voilure; enfin il hiverne au port Léopold de 1848 à 1849; là il s'empare d'une grande quantité de renards blancs, fait river à leur cou des colliers de cuivre sur lesquels était gravée l'indication de la situation des navires et des dépôts de vivres, et il les fait disperser dans toutes les directions; puis au printemps il commence à fouiller

les côtes de North-Sommerset sur des traîneaux, au milieu de dangers et de privations qui rendirent presque tous ses hommes malades ou estropiés, élevant des cairns[1], dans lesquels il enfermait des cylindres de cuivre, avec les notes nécessaires pour rallier l'expédition perdue; pendant son absence, le lieutenant Mac Clure explorait sans résultat les côtes sep-

Petites pyramides de pierre.

tentrionales du détroit de Barrow. Il est à remarquer, capitaine, que James Ross avait sous ses ordres deux officiers destinés à devenir célèbres plus tard, Mac Clure, qui franchit le passage du nord-ouest, Mac Clintock, qui découvrit les restes de Franklin.

—Deux bons et braves capitaines aujourd'hui, deux braves Anglais ; continuez, docteur, l'histoire de ces mers que vous possédez si bien ; il y a toujours à gagner aux récits de ces tentatives audacieuses.

—Eh bien, pour en finir avec James Ross, j'ajouterai qu'il essaya de gagner l'île Melville plus à l'ouest ; mais il faillit perdre ses navires, et, pris par les glaces, il fut ramené malgré lui jusque dans la mer de Baffin.

—Ramené, fit Hatteras en fronçant le sourcil, ramené malgré lui !

—Il n'avait rien découvert, reprit le docteur ; ce fut à partir de cette année 1850 que les navires anglais ne cessèrent de sillonner ces mers, et qu'une prime de vingt mille livres[1] fut promise à toute personne qui découvrirait les équipages de l'*Erebus* et du *Terror*. Déjà, en 1848, les capitaines Kellet et Moore, commandant l'*Herald* et le *Plover*, tentaient de pénétrer par le détroit de Behring. J'ajouterai que, pendant les années 1850 et 1851, le capitaine Austin hiverna à l'île Cornwallis, le capitaine Penny explora, sur l'*Assistance* et la *Résolue*, le canal Wellington, le vieux John Ross, le héros du pôle magnétique, repartit sur son yacht le *Felix* à la recherche de son ami, le brick le *Prince-Albert* fit un premier voyage aux frais de lady Franklin, et enfin que deux navires américains expédiés par Grinnel avec le capitaine Haven, entraînés hors du canal Wellington, furent rejetés dans le détroit de Lancastre. Ce fut pendant cette année que Mac Clintock, alors lieutenant d'Austin, poussa jusqu'à l'île Melville et au cap Dundas, points extrêmes atteints par Parry en 1819, et que l'on trouva à l'île Beechey des traces de l'hivernage de Franklin en 1845.

—Oui, répondit Hatteras, trois de ses matelots y avaient été inhumés, trois hommes plus chanceux que les autres !

—De 1851 à 1852, continua le docteur, en approuvant du geste la remarque d'Hatteras, nous voyons le *Prince-Albert* entreprendre un second voyage avec le lieutenant français Bellot ; il hiverne à Batty-Bay, dans le détroit du Prince-Régent, explore le sud-ouest de Sommerset, et en reconnaît la côte jusqu'au cap de Walker. Pendant ce temps, l'*Entreprise* et l'*Investigator*, de retour en Angleterre, passaient sous le commandement de Collinson et de Mac Clure, et rejoignaient Kellet et Moore au détroit de Behring ; tandis que Collinson revenait hiverner à Hong-Kong, Mac

---

[1] 500,000 francs.

Clure marchait en avant, et, après trois hivernages, de 1850 à 1851, de 1851 à 1852, de 1852 à 1853, il découvrit le passage du nord-ouest, sans rien apprendre sur le sort de Franklin. De 1852 à 1853, une nouvelle expédition composée de trois bâtiments à voile, l'*Assistance*, le *Resolute*, le *North-Star*, et de deux bateaux à vapeur, le *Pionnier* et l'*Intrépide*, mit à la voile sous le commandement de sir Edward Belcher, avec le capitaine Kellet pour second ; sir Edward visita le canal Wellington, hiverna à la baie de Northumberland, et parcourut la côte, tandis que Kellet, poussant jusqu'à Bridport dans l'île de Melville, explorait sans succès cette partie des terres boréales. Mais alors le bruit se répandit en Angleterre, que deux navires, abandonnés au milieu des glaces, avaient été aperçus non loin des côtes de la Nouvelle-Écosse. Aussitôt lady Franklin arme le petit steamer à hélice l'*Isabelle*, et le capitaine Inglefield, après avoir remonté la baie de Baffin jusqu'à la pointe Victoria par le quatre-vingtième parallèle, revient à l'île Beechey sans plus de succès. Au commencement de 1855, l'Américain Grinnel fait les frais d'une nouvelle expédition, et le docteur Kane, cherchant à pénétrer jusqu'au pôle...

—Mais il ne l'a pas fait, s'écria violemment Hatteras, et Dieu en soit loué ! Ce qu'il n'a pas fait, nous le ferons !

—Je le sais, capitaine, répondit le docteur, et si j'en parle, c'est que cette expédition se rattache forcément aux recherches de Franklin. D'ailleurs, elle n'eut aucun résultat. J'allais omettre de vous dire que l'Amirauté, considérant l'île Beechey comme le rendez-vous général des expéditions, chargea, en 1853, le steamer le *Phenix*, capitaine Inglefield, d'y transporter des provisions ; ce marin s'y rendit avec le lieutenant Bellot, et perdit ce brave officier qui, pour la seconde fois, mettait son dévouement au service de l'Angleterre ; nous pouvons avoir des détails d'autant plus précis sur cette catastrophe, que Johnson, notre maître d'équipage, fut témoin de ce malheur.

—Le lieutenant Bellot était un brave Français, dit Hatteras, et sa mémoire est honorée en Angleterre.

—Alors, reprit le docteur, les navires de l'escadre Belcher commencent à revenir peu à peu ; pas tous, car sir Edward dut abandonner l'*Assistance* en 1854, ainsi que Mac Clure avait fait de l'*Investigator* en 1853. Sur ces entrefaites, le docteur Rae, par une lettre datée du 29 juillet 1854 et adressée de Repulse-Bay, où il était parvenu par l'Amérique, fit connaître que les Esquimaux de la terre du roi Guillaume possédaient différents objets provenant de l'*Erebus* et du *Terror* ; pas de doute possible alors sur la destinée de l'expédition ; le *Phenix*, le *North-Star*, et le navire de Collinson revinrent en Angleterre ; il n'y eut plus de bâtiment anglais dans les mers arctiques. Mais si le gouvernement semblait avoir perdu tout espoir, lady Franklin espérait encore, et, des débris de sa fortune, elle équipa le *Fox*, commandé par Mac Clintock ; il partit en 1857, hiverna dans les parages où vous nous êtes apparu, capitaine, parvint à l'île Beechey, le 11 août 1858, hiverna une seconde fois au détroit de Bellot, reprit ses recherches en février 1859, le 6 mai découvrit le document qui ne laissa plus de doute sur la destinée de l'*Erebus* et du *Terror*, et revint en Angleterre à la fin de la même année. Voilà tout ce qui s'est passé pendant quinze ans dans ces contrées funestes, et, depuis le retour du *Fox*, pas un navire n'est revenu tenter la fortune au milieu de ces dangereuses mers !

— Eh bien, nous la tenterons, » répondit Hatteras.

CHAPTRE XV. — LE FORWARD REJETÉ DANS LE SUD

Le temps s'éclaircit vers le soir, et la terre se laissa distinguer clairement entre le cap Sepping et le cap Clarence, qui s'avance vers l'est, puis au sud, et est relié à la côte de l'ouest par une langue de terre assez basse. La mer était libre de glaces à l'entrée du détroit du Régent ; mais, comme si elle eût voulu barrer la route du nord au *Forward*, elle formait une banquise impénétrable au delà du port Léopold.

Hatteras, très-contrarié sans en rien laisser paraître, dut recourir à ses pétards pour forcer l'entrée du port Léopold ; il l'atteignit à midi, le dimanche 27 mai ; le brick fut solidement ancré sur de gros ice-bergs, qui avaient l'aplomb, la dureté et la solidité du roc.

Aussitôt, le capitaine suivi du docteur, de Johnson et de son chien Duk, s'élança sur la glace, et ne tarda pas à prendre terre. Duk gambadait de joie ; d'ailleurs, depuis la reconnaissance du capitaine, il était devenu très-sociable et très-doux, gardant ses rancunes pour certains hommes de l'équipage, que son maître n'aimait pas plus que lui.

Le port se trouvait débloqué de ces glaces que les brises de l'est y entassent généralement ; les terres coupées à pic présentaient à leur sommet de gracieuses ondulations de neige. La maison et le fanal, construit par James Ross, se trouvaient encore dans un certain état de conservation ; mais les provisions paraissaient avoir été saccagées par les renards et par les ours même, dont on distinguait les traces récentes ; la main des hommes ne devait pas être étrangère à cette dévastation, car quelques restes de huttes d'Esquimaux se voyaient sur le bord de la baie.

Les six tombes, renfermant six des marins de l'*Entreprise* et de l'*Investigator*, se reconnaissaient à un léger renflement de la terre; elles avaient été respectées par toute la race nuisible, hommes ou animaux.

En mettant le pied pour la première fois sur les terres boréales, le docteur éprouva une émotion véritable. On ne saurait se figurer les sentiments dont le cœur est assailli, à la vue de ces restes de maisons, de tentes, de huttes, de magasins, que la nature conserve si merveilleusement dans les pays froids.

« Voilà, dit-il à ses compagnons, cette résidence que James Ross lui-

même nomma le Camp de Refuge! Si l'expédition de Franklin eût atteint cet endroit, elle était sauvée. Voici la machine qui fut abandonnée ici même, et le poêle établi sur la plate-forme, auquel l'équipage du *Prince-Albert* se réchauffa en 1851; les choses sont restées dans le même état, et l'on pourrait croire que Kennedy, son capitaine, a quitté d'hier ce port hospitalier. Voici la chaloupe qui l'abrita pendant quelques jours, lui et les siens, car ce Kennedy, séparé de son navire, fut véritablement sauvé par le lieutenant Bellot, qui brava la température d'octobre pour le rejoindre.

— Un brave et digne officier que j'ai connu, dit Johnson. »

Pendant que le docteur recherchait avec l'enthousiasme d'un antiquaire les vestiges des précédents hivernages, Hatteras s'occupait de rassembler les provisions et le combustible qui ne se trouvaient qu'en très-petite quantité. La journée du lendemain fut employée à les transporter à bord.

Le docteur parcourait le pays, sans trop s'éloigner du navire, et dessinait les points de vue les plus remarquables. La température s'élevait peu à peu; la neige amoncelée commençait à fondre. Le docteur fit une collection assez complète des oiseaux du nord, tels que la mouette, le diver, les molly-nochtes, le canard édredon, qui ressemble aux canards ordinaires, avec la poitrine et le dos blancs, le ventre bleu, le dessus de la tête bleu, le reste du plumage blanc, nuancé de quelques teintes vertes; plusieurs d'entre eux avaient déjà le ventre dépouillé de ce joli édredon dont le mâle et la femelle se servent pour ouater leur nid. Le docteur aperçut aussi de gros phoques respirant à la surface de la glace, mais il ne put en tirer un seul.

Dans ses excursions, il découvrit la pierre des marées, où sont gravés les signes suivants,

[E I]
1849

qui indiquent le passage de l'*Entreprise* et de l'*Investigator*; il poussa jusqu'au cap Clarence, à l'endroit même où John et James Ross, en 1833, attendaient si impatiemment la débâcle des glaces. La terre était jonchée d'ossements et de crânes d'animaux, et l'on distinguait encore les traces d'habitations d'Esquimaux.

Le docteur avait eu l'idée d'élever un cairn au port Léopold, et d'y déposer une note indiquant le passage du *Forward* et le but de l'expédition. Mais Hatteras s'y opposa formellement; il ne voulait pas laisser derrière lui des traces dont quelque concurrent eût pu profiter. Malgré ses bonnes raisons, le docteur fut obligé de céder à la volonté du capitaine. Shandon ne fut pas le dernier à blâmer cet entêtement; car, en cas de catastrophe, aucun navire n'aurait pu s'élancer au secours du *Forward*.

Hatteras ne voulut pas se rendre à ces raisons. Son chargement étant terminé le lundi soir, il tenta encore une fois de s'élever au nord en forçant la banquise ; mais, après de dangereux efforts, il dut se résigner à redescendre le canal du Régent ; il ne voulait à aucun prix demeurer au port Léopold, qui, ouvert aujourd'hui, pouvait être fermé demain par un déplacement inattendu des ice-fields, phénomène très-fréquent dans ces mers, et dont les navigateurs doivent particulièrement se défier.

Si Hatteras ne laissait pas percer ses inquiétudes au dehors, au dedans

il les ressentait avec une extrême violence. Il voulait aller au nord et se trouvait forcé de marcher au sud! Où arriverait-il ainsi? Allait-il reculer jusqu'à Victoria-Harbour, dans le golfe Boothia, où hiverna sir John Ross en 1833 ? Trouverait-il le détroit de Bellot libre à cette époque, et, contournant North-Sommerset, pourrait-il remonter par le détroit de Peel ? Ou bien, se verrait-il capturé pendant plusieurs hivers comme ses devanciers, et obligé d'épuiser ses forces et ses approvisionnements?

Ces craintes fermentaient dans sa tête ; mais il fallait prendre un parti ; il vira de bord et s'enfonça vers le sud.

Le canal du Prince-Régent conserve une largeur à peu près uniforme depuis le port Léopold jusqu'à la baie Adélaïde. Le *Forward* marchait rapidement au milieu des glaçons, plus favorisé que les navires précédents, dont la plupart mirent un grand mois à descendre ce canal, même dans une saison meilleure ; il est vrai que ces navires, sauf le *Fox*, n'ayant pas la vapeur à leur disposition, subissaient les caprices d'un vent incertain et souvent contraire.

L'équipage se montrait généralement enchanté de quitter les régions boréales; il paraissait peu goûter ce projet d'atteindre le pôle; il s'effrayait volontiers des résolutions d'Hatteras, dont la réputation d'audace n'avait rien de rassurant. Hatteras cherchait à profiter de toutes les occasions d'aller en avant, quelles qu'en fussent les conséquences. Et cependant, dans les mers boréales, avancer c'est bien, mais il faut encore conserver sa position et ne pas se mettre en danger de la perdre.

Le *Forward* filait à toute vapeur; sa fumée noire allait se contourner en spirales sur les pointes éclatantes des ice-bergs; le temps variait sans cesse, passant d'un froid sec à des brouillards de neige avec une extrême rapidité. Le brick, d'un faible tirant d'eau, rangeait de près la côte de l'ouest; Hatteras ne voulait pas manquer l'entrée du détroit de Bellot, car le golfe de Boothia n'a d'autre sortie au sud que le détroit mal connu de la *Fury* et de l'*Hecla*; ce golfe devenait donc une impasse, si le détroit de Bellot était manqué ou devenait impraticable.

Le soir, le *Forward* fut en vue de la baie d'Elwin, que l'on reconnut à ses hautes roches perpendiculaires; le mardi matin, on aperçut la baie Batty, où, le 10 septembre 1851, le *Prince-Albert* s'ancra pour un long hivernage. Le docteur, sa lunette aux yeux, observait la côte avec intérêt. De ce point rayonnèrent les expéditions qui établirent la configuration géographique de North-Sommerset. Le temps était clair et permettait de distinguer les profondes ravines dont la baie est entourée.

Le docteur et maître Johnson, seuls peut-être, s'intéressaient à ces contrées désertes. Hatteras, toujours courbé sur ses cartes, causait peu; sa taciturnité s'accroissait avec la marche du brick vers le sud; il montait souvent sur la dunette, et là, les bras croisés, l'œil perdu dans l'espace, il demeurait des heures entières à fixer l'horizon. Ses ordres, s'il en donnait, étaient brefs et rudes. Shandon gardait un silence froid, et peu à peu, se retirant en lui-même, il n'eut plus avec Hatteras que les relations exigées par les besoins du service; James Wall restait dévoué à Shandon, et modelait sa conduite sur la sienne. Le reste de l'équipage attendait les événements, prêt à en profiter dans son propre intérêt. Il n'y avait plus à bord cette unité de pensées, cette communion d'idées si nécessaire pour l'accomplissement des grandes choses. Hatteras le savait bien.

On vit pendant la journée deux baleines filer rapidement vers le sud; on aperçut également un ours blanc qui fut salué de quelques coups de fusil sans succès apparent. Le capitaine connaissait le prix d'une heure dans ces circonstances, et ne permit pas de poursuivre l'animal.

Le mercredi matin, l'extrémité du canal du Régent fut dépassée ; l'angle de la côte ouest était suivi d'une profonde courbure de la terre. En consultant sa carte, le docteur reconnut la pointe de Sommerset-House ou pointe Fury.

« Voilà, dit-il à son interlocuteur habituel, l'endroit même où se perdit le premier navire anglais envoyé dans ces mers en 1815, pendant le troisième voyage que Parry faisait au pôle ; la *Fury* fut tellement maltraitée par les glaces à son second hivernage, que l'équipage dut l'abandonner et revenir en Angleterre sur sa conserve l'*Hecla*.

—Avantage évident d'avoir un second navire, répondit Johnson ; c'est une précaution que les navigateurs polaires ne doivent pas négliger ;

mais le capitaine Hatteras n'était pas homme à s'embarrasser d'un compagnon !

—Est-ce que vous le trouvez imprudent, Johnson ? demanda le docteur.

—Moi ? Je ne trouve rien, monsieur Clawbonny. Tenez, voyez sur la côte ces pieux qui soutiennent encore quelques lambeaux d'une tente à demi-pourrie.

—Oui, Johnson ; c'est là que Parry débarqua tous les approvisionnements de son navire, et, si ma mémoire est fidèle, le toit de la maison qu'il construisit était fait d'un hunier recouvert par les manœuvres courantes de la *Fury*.

—Cela a dû bien changer depuis 1825.

—Mais pas trop, Johnson. En 1829, John Ross trouva la santé et le salut de son équipage dans cette fragile demeure. En 1851, lorsque le prince Albert y envoya une expédition, cette maison subsistait encore ; le capitaine Kennedy la fit réparer, il y a neuf ans de cela. Il serait intéressant pour nous de la visiter ; mais Hatteras n'est pas d'humeur à s'arrêter !

— Et il a sans doute raison, monsieur Clawbonny ; si le temps est l'argent en Angleterre, ici c'est le salut, et pour un jour de retard, une heure même, on s'expose à compromettre tout un voyage. Laissons-le donc agir à sa guise. »

Pendant la journée du jeudi 1ᵉʳ juin, la baie qui porte le nom de baie Creswell fut coupée diagonalement par le *Forward*; depuis la pointe de la Fury, la côte s'élevait vers le nord en rochers perpendiculaires de trois cents pieds de hauteur ; au sud, elle tendait à s'abaisser ; quelques sommets neigeux présentaient aux regards des tables nettement coupées, tandis que les autres, affectant des formes bizarres, projetaient dans la brume leurs pyramides aiguës.

Le temps se radoucit pendant cette journée, mais au détriment de sa clarté ; on perdit la terre de vue ; le thermomètre remonta à trente-deux degrés (0 centig.) ; quelques gelinottes voletaient çà et là, et des troupes d'oies sauvages pointaient vers le nord ; l'équipage dut se débarrasser d'une partie de ses vêtements ; on sentait l'influence de la saison d'été dans ces contrées arctiques.

Vers le soir, le *Forward* doubla le cap Garry à un quart de mille du rivage par un fond de dix à douze brasses, et dès lors il rangea la côte de près jusqu'à la baie Brentford. C'était sous cette latitude que devait se rencontrer le détroit de Bellot, détroit que sir John Ross ne soupçonna même pas dans son expédition de 1828 ; ses cartes, en effet, indiquent une côte non interrompue, dont il a noté et nommé les moindres irrégularités avec le plus grand soin ; il faut donc admettre qu'à l'époque de son exploration l'entrée du détroit, complètement fermée par les glaces, ne pouvait en aucune façon se distinguer de la terre elle-même.

Ce détroit fut réellement découvert par le capitaine Kennedy dans une excursion faite en avril 1852 ; il lui donna le nom du lieutenant Bellot, « juste tribut, dit-il, aux importants services rendus à notre expédition « par l'officier français. »

CHAPITRE XVI. — LE POLE MAGNÉTIQUE.

Hatteras, en s'approchant de ce détroit, sentit redoubler ses inquiétudes, en effet, le sort de son voyage aller se décider ; jusqu'ici il avait fait plus que ses prédécesseurs, dont le plus heureux, Mac Clintock, mit quinze mois à atteindre cette partie des mers polaires; mais c'était peu, et rien même, s'il ne parvenait à franchir le détroit de Bellot; ne pouvant revenir sur ses pas, il se voyait bloqué jusqu'à l'année suivante.

Aussi il ne voulut s'en rapporter qu'à lui-même du soin d'examiner la côte; il monta dans le nid de pie, et il y passa plusieurs heures de la matinée du samedi.

L'équipage se rendait parfaitement compte de la situation du navire; un profond silence régnait à bord; la machine ralentit ses mouvements; le *Forward* se tint aussi près de terre que possible; la côte était hérissée de ces glaces que les plus chauds étés ne parviennent pas à dissoudre; il fallait un œil habile pour démêler une entrée au milieu d'elles.

Hatteras comparait ses cartes et la terre. Le soleil s'étant montré un instant vers midi, il fit prendre par Shandon et Wall une observation assez exacte qui lui fut transmise à voix haute.

Il y eut là une demi-journée d'anxiété pour tous les esprits. Mais soudain, vers deux heures, ces paroles retentissantes tombèrent du haut du mât de misaine :

« Le cap à l'ouest, et forcez de vapeur. »

Le brick obéit instantanément; il tourna sa proue vers le point indiqué; la mer écuma sous les branches de l'hélice, et le *Forward* s'élança à toute vitesse entre deux ice-streams convulsionnés.

Le chemin était trouvé; Hatteras redescendit sur la dunette, et l'ice-master remonta à son poste.

« Eh bien, capitaine, dit le docteur, nous sommes donc enfin entrés dans ce fameux détroit?

—Oui, répondit Hatteras en baissant la voix, mais ce n'est pas tout que d'y entrer, il faut encore en sortir. »

Et, sur cette parole, il regagna sa cabine.

« Il a raison, se dit le docteur; nous sommes là comme dans une souricière, sans grand espace pour manœuvrer, et s'il fallait hiverner dans ce détroit !... Bon! nous ne serions pas les premiers à qui pareille aventure arriverait, et où d'autres se sont tirés d'embarras, nous saurions bien nous tirer d'affaire ! »

Le docteur ne se trompait pas. C'est à cette place même, dans un petit port abrité nommé port Kennedy par Mac Clintock lui-même, que le *Fox* hiverna en 1858. En ce moment, on pouvait reconnaître les hautes chaînes granitiques et les falaises escarpées des deux rivages.

Le détroit de Bellot, d'un mille de large sur dix-sept milles de long, avec un courant de six à sept nœuds, est encaissé dans des montagnes dont l'altitude est estimée à seize cents pieds. Il sépare North-Sommerset de la terre Boothia ; les navires, on le comprend, n'y ont pas leurs coudées franches. Le *Forward* avançait avec précaution, mais il avançait; les tempêtes sont fréquentes dans cet espace resserré, et le brick n'échappa pas à leur violence habituelle ; par ordre d'Hatteras, les vergues des perroquets et des huniers furent envoyées en bas, les mâts dépassés ; malgré tout, le navire fatigua énormément ; les coups de mer arrivaient par paquets dans les rafales de pluie ; la fumée s'enfuyait vers l'est avec une étonnante rapidité ; on marchait un peu à l'aventure, au milieu des glaces en mouvement ; le baromètre tomba à vingt-neuf pouces ; il était difficile de se maintenir sur le pont ; aussi la plupart des hommes demeuraient dans le poste pour ne pas souffrir inutilement.

Hatteras, Johnson, Shandon restèrent sur la dunette, en dépit des tourbillons de neige et de pluie, et il faut ajouter le docteur, qui, s'étant demandé ce qui lui serait le plus désagréable de faire en ce moment, monta immédiatement sur le pont ; on ne pouvait s'entendre, et à peine se voir ; aussi garda-t-il pour lui ses réflexions.

Hatteras essayait de percer le rideau de brume, car, d'après son estime, il devait se trouver à l'extrémité du détroit vers les six heures du soir ; alors toute issue parut fermée ; Hatteras fut donc forcé de s'arrêter et s'ancra solidement à un ice-berg ; mais il resta en pression toute la nuit.

Le temps fut épouvantable. Le *Forward* menaçait à chaque instant de rompre ses chaînes; on pouvait craindre que la montagne, arrachée de sa base sous les violences du vent d'ouest, ne s'en allât à la dérive avec le brick. Les officiers furent constamment sur le qui-vive et dans des appréhensions extrêmes ; aux trombes de neige se joignait une véritable grêle ramassée par l'ouragan sur la surface dégelée des bancs de glace; c'étaient autant de flèches aiguës qui hérissaient l'atmosphère.

La température s'éleva singulièrement pendant cette nuit terrible; le thermomètre marqua cinquante-sept degrés (+ 14° centig.), et le docteur, à son grand étonnement, crut surprendre dans le sud quelques éclairs suivis d'un tonnerre très-éloigné. Cela semblait corroborer le témoignage du baleinier Scoresby, qui observa un pareil phénomène au delà du

soixante-cinquième parallèle. Le capitaine Parry fut également témoin de cette singularité météorologique en 1821.

Vers les cinq heures du matin, le temps changea avec une rapidité surprenante; la température retourna subitement au point de congélation, le vent passa au nord et se calma. On pouvait apercevoir l'ouverture occidentale du détroit, mais entièrement obstruée. Hatteras promenait un regard avide sur la côte, se demandant si le passage existait réellement.

Cependant le brick appareilla et se glissa lentement entre les ice-streams, tandis que les glaces s'écrasaient avec bruit sur son bordage ; les packs, à cette époque, mesuraient encore six à sept pieds d'épaisseur; il fallait éviter leur pression avec soin, car, au cas où le navire y eût résisté, il aurait couru le risque d'être soulevé et jeté sur le flanc.

A midi, et pour la première fois, on put admirer un magnifique phénomène solaire, un halo avec deux parhélies ; le docteur l'observa et en prit les dimensions exactes ; l'arc extérieur n'était visible que sur une étendue de trente degrés de chaque côté du diamètre horizontal; les deux images du soleil se distinguaient remarquablement; les couleurs aperçues dans les arcs lumineux étaient du dedans au dehors, le rouge, le jaune, le vert, un bleuâtre très-faible, enfin de la lumière blanche sans limite extérieure assignable.

Le docteur se souvint de l'ingénieuse théorie de Thomas Young sur ces météores ; ce physicien suppose que certains nuages composés de prismes de glaces sont suspendus dans l'atmosphère ; les rayons du soleil qui tombent sur les prismes sont décomposés sous des angles de soixante et quatre-vingt-dix degrés. Les halos ne peuvent donc se former par des ciels sereins. Le docteur trouvait cette explication fort ingénieuse.

Les marins habitués aux mers boréales considèrent généralement ce phénomène comme précurseur d'une neige abondante. Si cette observation se réalisait, la situation du *Forward* devenait fort difficile. Hatteras résolut donc de se porter en avant ; pendant le reste de cette journée et la nuit suivante, il ne prit pas un instant de repos, lorgnant l'horizon, s'élançant dans les enfléchures, ne perdant pas une occasion de se rapprocher de l'issue du détroit.

Mais, au matin, il dut s'arrêter devant l'infranchissable banquise. Le docteur le rejoignit sur la dunette. Hatteras l'emmena tout à fait à l'arrière, et ils purent causer sans crainte d'être entendus.

« Nous sommes pris, dit Hatteras ; impossible d'aller plus loin.

—Impossible ? fit le docteur.

—Impossible ! Toute la poudre du *Forward* ne nous ferait pas gagner un quart de mille ?

—Que faire alors ? dit le docteur.

—Que sais-je ? Maudite soit cette funeste année, qui se présente sous des auspices défavorables !

—Eh bien, capitaine, s'il faut hiverner, nous hivernerons ! Autant vaut cet endroit qu'un autre !

—Sans doute, fit Hatteras à voix basse ; mais il ne faudrait pas hiverner, surtout au mois de juin. L'hivernage est plein de dangers physiques et moraux. L'esprit d'un équipage se laisse vite abattre par ce long repos au milieu de véritables souffrances. Aussi, je comptais bien ne m'arrêter que sous une latitude plus rapprochée du pôle !

—Oui, mais la fatalité a voulu que la baie de Baffin fût fermée.

—Elle qui s'est trouvée ouverte pour un autre, s'écria Hatteras avec colère, pour cet Américain, ce...

— Voyons, Hatteras, dit le docteur, en l'interrompant à dessein, nous ne sommes encore qu'au 5 juin ; ne nous désespérons pas ; un passage soudain peut s'ouvrir devant nous ; vous savez que la glace a une tendance à se séparer en plusieurs blocs, même dans les temps calmes, comme si une force répulsive agissait entre les différentes masses qui la composent ; nous pouvons donc d'une heure à l'autre trouver la mer libre.

— Eh bien, qu'elle se présente, et nous la franchirons ! Il est très-possible qu'au delà du détroit de Bellot nous ayons la facilité de remonter vers le nord par le détroit de Peel ou le canal de Mac Clintock, et alors...

— Capitaine, vint dire en ce moment James Wall, nous risquons d'être démontés de notre gouvernail par les glaces.

— Eh bien, répondit Hatteras, risquons-le. Je ne consentirai pas à le faire enlever. Je veux être prêt à toute heure de jour ou de nuit. Veillez, monsieur Wall, à ce qu'on le protége autant que possible, en écartant les glaçons ; mais qu'il reste en place, vous m'entendez ?

— Cependant, ajouta Wall...

— Je n'ai pas d'observations à recevoir, monsieur, dit sévèrement Hatteras. Allez. »

Wall retourna vers son poste.

« Ah ! fit Hatteras avec un mouvement de colère, je donnerais cinq ans de ma vie pour me trouver au nord ! Je ne connais pas de passage plus dangereux. Pour surcroît de difficulté, à cette distance rapprochée du pôle magnétique, le compas dort, l'aiguille devient paresseuse ou affolée et change constamment de direction !

— J'avoue, répondit le docteur, que c'est une périlleuse navigation ; mais enfin, ceux qui l'ont entreprise s'attendaient à ces dangers, et il n'y a rien là qui doive les surprendre.

— Ah ! docteur ! mon équipage est bien changé, et, vous venez de le voir, les officiers en sont déjà aux observations. Les avantages pécuniaires offerts aux marins étaient de nature à décider leur engagement ; mais ils ont leur mauvais côté, puisque, après le départ, ils font désirer plus vivement le retour ! Docteur, je ne suis pas secondé dans mon entreprise, et si j'échoue, ce ne sera pas par la faute de tel ou tel matelot dont on peut avoir raison, mais par le mauvais vouloir de certains officiers... Ah ! ils le payeront cher !

— Vous exagérez, Hatteras.

— Je n'exagère rien ! Croyez-vous que l'équipage soit fâché des obstacles que je rencontre sur mon chemin ? Au contraire ! On espère qu'ils me feront abandonner mes projets ! Aussi ces gens ne murmurent pas, et tant que le *Forward* aura le cap au sud, il en sera de même. Les fous ! ils s'imaginent qu'ils se rapprochent de l'Angleterre! Mais si je parviens à remonter au nord, vous verrez les choses changer! Je jure pourtant que pas un être vivant ne me fera dévier de ma ligne de conduite! Un passage, une ouverture, de quoi glisser mon brick, quand je devrais y laisser le cuivre de son doublage, et j'aurai raison de tout. »

Les désirs du capitaine devaient être satisfaits dans une certaine proportion. Suivant les prévisions du docteur, il y eut un changement soudain pendant la soirée; sous une influence quelconque de vent, de courant ou de température, les ice-fields vinrent à se séparer; le *Forward* se lança hardiment, brisant de sa proue d'acier les glaçons flottants; il naviga toute la nuit, et le mardi, vers les six heures, il débouqua du détroit de Bellot.

Mais quelle fut la sourde irritation d'Hatteras en trouvant le chemin du nord obstinément barré! Il eut, cependant, assez de force d'âme pour contenir son désespoir, et, comme si la seule route ouverte eût été la route préférée, il laissa le *Forward* redescendre le détroit de Franklin; ne pouvant remonter par le détroit de Peel, il résolut de contourner la terre du Prince-de-Galles, pour gagner le canal de Mac-Clintock. Mais il sentait bien que Shandon et Wall ne pouvaient s'y tromper, et savaient à quoi s'en tenir sur son espérance déçue.

La journée du 6 juin ne présenta aucun incident; le ciel était neigeux, et les pronostics du halo s'accomplissaient.

Pendant trente-six heures, le *Forward* suivit les sinuosités de la côte de Boothia, sans parvenir à se rapprocher de la terre du Prince-de-Galles; Hatteras forçait de vapeur, brûlant son charbon avec prodigalité; il comptait toujours refaire son approvisionnement à l'île Beechey; il arriva le jeudi à l'extrémité du détroit de Franklin, et trouva encore le chemin du nord infranchissable.

C'était à se désespérer; il ne pouvait plus même revenir sur ses pas; les glaces le poussaient en avant, et il voyait sa route se refermer incessamment derrière lui, comme s'il n'eût jamais existé de mer libre là où il venait de passer une heure auparavant.

Ainsi, non-seulement le *Forward* ne pouvait gagner au nord, mais il ne devait pas s'arrêter un instant, sous peine d'être pris, et il fuyait devant les glaces, comme un navire fuit devant l'orage.

Le vendredi 8 juin, il arriva près de la côte de Boothia, à l'entrée du détroit de James-Ross, qu'il fallait éviter à tout prix, car il n'a d'issue qu'à l'ouest, et aboutit directement aux terres d'Amérique.

Les observations faites à midi sur ce point donnèrent 70° 5′ 17″ pour a latitude, et 96° 46′ 45″ pour la longitude; lorsque le docteur connut ces chiffres, il les rapporta à sa carte, et vit qu'il se trouvait enfin au pôle magnétique, à l'endroit même où James Ross, le neveu de sir John, vint déterminer cette curieuse situation.

La terre était basse près de la côte et se relevait d'une soixantaine de pieds seulement, en s'écartant de la mer de la distance d'un mille.

La chaudière du *Forward* ayant besoin d'être nettoyée, le capitaine fit ancrer son navire à un champ de glace, et permit au docteur d'aller à terre en compagnie du maître d'équipage. Pour lui, insensible à tout ce qui ne se rattachait pas à ses projets, il se renferma dans sa cabine, dévorant du regard la carte du pôle.

Le docteur et son compagnon parvinrent facilement à terre; le premier portait un compas destiné à ses expériences; il voulait contrôler les travaux de James Ross; il découvrit aisément le monticule de pierres à chaux élevé par ce dernier; il y courut; une ouverture permettait d'apercevoir à l'intérieur la caisse d'étain dans laquelle James Ross déposa le procès-verbal de sa découverte. Pas un être vivant ne paraissait avoir visité depuis trente ans cette côte désolée.

En cet endroit, une aiguille aimantée suspendue le plus délicatement possible, se plaçait aussitôt dans une position à peu près verticale sous l'influence magnétique; le centre d'attraction se trouvait donc à une très-faible distance, sinon immédiatement au-dessous de l'aiguille.

Le docteur fit son expérience avec soin.

Mais si James Ross, à cause de l'imperfection de ses instruments, ne put trouver pour son aiguille verticale qu'une inclinaison de 89° 59′, c'est que le véritable point magnétique se trouvait réellement à une minute de cet endroit. Le docteur Clawbonny fut plus heureux, et à quelque distance de là, il eut l'extrême satisfaction de voir son inclinaison de 90°.

« Voilà donc exactement le pôle magnétique du monde ! s'écria-t-il en frappant la terre du pied.

— C'est bien ici ? demanda maître Johnson.

— Ici même, mon ami.

— Alors, reprit le maître d'équipage, il faut abandonner toute supposition de montagne d'aimant ou de masse aimantée.

— Oui, mon brave Johnson, répondit le docteur en riant, ce sont les hypothèses de la crédulité ! Comme vous le voyez, il n'y a pas la moindre montagne capable d'attirer les vaisseaux, de leur arracher leur fer, ancre par ancre, clou par clou, et vos souliers eux-mêmes sont aussi libres qu'en tout autre point du globe.

— Alors comment expliquer...

— On ne l'explique pas, Johnson; nous ne sommes pas encore assez savants pour cela. Mais ce qui est certain, exact, mathématique, c'est que le pôle magnétique est ici même, à cette place!

—Ah! monsieur Clawbonny, que le capitaine serait heureux de pouvoir en dire autant du pôle boréal !

—Il le dira, Johnson, il le dira.
—Dieu le veuille! » répondit ce dernier.

Le docteur et son compagnon élevèrent un cairn sur l'endroit précis où l'expérience avait lieu, et le signal de revenir leur ayant été fait, ils retournèrent à bord à cinq heures du soir.

CHAPITRE XVII. — LA CATASTROPHE DE SIR JOHN FRANKLIN.

Le *Forward* parvint à couper directement le détroit de James-Ross, mais ce ne fut pas sans peine ; il fallut employer la scie et les pétards ; l'équipage éprouva une fatigue extrême. La température était heureusement fort supportable, et supérieure de trente degrés à celle que trouva James Ross à pareille époque. Le thermomètre marquait trente-quatre degrés ($+2°$ centig.).

Le samedi, on doubla le cap Félix, à l'extrémité nord de la terre du Roi Guillaume, l'une des îles moyennes de ces mers boréales.

L'équipage éprouvait alors une impression forte et douloureuse; il jetait des regards curieux, mais tristes sur cette île dont il longeait la côte.

En effet, il se trouvait en présence de cette terre du roi Guillaume, théâtre du plus terrible drame des temps modernes! A quelques milles dans l'ouest s'étaient à jamais perdus l'*Erebus* et le *Terror*.

Les matelots du *Forward* connaissaient bien les tentatives faites pour retrouver l'amiral Franklin et le résultat obtenu, mais ils ignoraient les affligeants détails de cette catastrophe. Or, tandis que le docteur suivait sur sa carte la marche du navire, plusieurs d'entre eux, Bell, Bolton, Simpson, s'approchèrent de lui et se mêlèrent à sa conversation. Bientôt leurs camarades les suivirent, mus par une curiosité particulière ; pendant ce temps, le brick filait avec une vitesse extrême, et la côte, avec ses baies, ses caps, ses pointes, passait devant le regard comme un panorama gigantesque.

Hatteras arpentait la dunette d'un pas rapide. Le docteur, établi sur le pont, se vit entouré de la plupart des hommes de l'équipage ; il comprit l'intérêt de cette situation, et la puissance d'un récit fait dans de pareilles circonstances ; il reprit donc en ces termes la conversation commencée avec Johnson :

« Vous savez, mes amis, quels furent les débuts de Franklin ; il fut mousse comme Cook et Nelson ; après avoir employé sa jeunesse à de grandes expéditions maritimes, il résolut, en 1845, de s'élancer à la recherche du passage du nord-ouest ; il commandait l'*Erebus* et le *Terror*, deux navires éprouvés, qui venaient de faire, avec James Ross, en 1840, une campagne au pôle antarctique. L'*Erebus*, monté par Franklin, portait soixante-dix hommes d'équipage, tant officiers que matelots, avec Fitz-James pour capitaine, Gore, Le Vesconte, pour lieutenants, Des

Vœux, Sargent, Couch, pour maîtres d'équipage, et Stanley pour chirurgien. Le *Terror* comptait soixante-huit hommes, capitaine Crozier, lieutenants, Little Hogdson et Irving, maîtres d'équipage, Horesby et Thomas, chirurgien, Peddie. Vous pouvez lire aux baies, aux caps, aux détroits, aux pointes, aux canaux, aux îles de ces parages, le nom de la plupart de ces infortunés, dont pas un n'a revu son pays! En tout cent trente-huit hommes! Nous savons que les dernières lettres de Franklin furent adressées de l'île Disko et datées du 12 juillet 1845. « J'espère, disait-il, appareiller cette nuit pour le détroit de Lancastre. » Que s'est-il passé depuis son départ de la baie de Disko? Les capitaines des baleiniers le *Prince-de-Galles* et l'*Entreprise* aperçurent une dernière fois les deux navires dans la baie de Melville, et, depuis ce jour, on n'entendit plus parler d'eux. Cependant, nous pouvons suivre Franklin dans sa marche vers l'ouest; il s'engage par les détroits de Lancastre et de Barrow et arrive à l'île Beechey, où il passe l'hiver de 1845 à 1846.

—Mais comment a-t-on connu ces détails? demanda Bell, le charpentier.

—Par trois tombes qu'en 1850 l'expédition Austin découvrit sur l'île. Dans ces tombes étaient inhumés trois des matelots de Franklin; puis ensuite, à l'aide du document trouvé par le lieutenant Hobson, du *Fox*, et qui porte la date du 25 avril 1848. Nous savons donc qu'après leur hivernage, l'*Erebus* et le *Terror* remontèrent le détroit de Wellington jusqu'au soixante-dix-septième parallèle; mais au lieu de continuer leur route au nord, route qui n'était sans doute pas praticable, ils revinrent vers le sud...

—Et ce fut leur perte! dit une voix grave. Le salut était au nord. »

Chacun se retourna. Hatteras, accoudé sur la balustrade de la dunette, venait de lancer à son équipage cette terrible observation.

« Sans doute, reprit le docteur, l'intention de Franklin était de rejoindre la côte américaine; mais les tempêtes l'assaillirent sur cette route funeste, et, le 12 septembre 1846, les deux navires furent saisis par les glaces, à quelques milles d'ici, au nord-ouest du cap Félix; ils furent entraînés encore jusqu'au nord-nord-ouest de la pointe Victory; là même. fit le docteur en désignant un point de la mer. Or, ajouta-t-il, les navires ne furent abandonnés que le 22 avril 1848. Que s'est-il donc passé pendant ces dix-neuf mois? Qu'ont-ils fait, ces malheureux? Sans doute, ils ont exploré les terres environnantes, tenté tout pour leur salut, car l'amiral était un homme énergique! et, s'il n'a pas réussi...

—C'est que ses équipages l'ont trahi peut-être, » dit Hatteras d'une voix sourde.

Les matelots n'osèrent pas lever les yeux; ces paroles pesaient sur eux.

« Bref, le fatal document nous l'apprend encore, sir John Franklin succombe à ses fatigues le 11 juin 1847. Honneur à sa mémoire! » dit le docteur en se découvrant.

Ses auditeurs l'imitèrent en silence.

« Que devinrent ces malheureux privés de leur chef, pendant dix mois? Ils restèrent à bord de leurs navires, et ne se décidèrent à les abandonner qu'en avril 1848; cent cinq hommes restaient encore sur cent trente-huit. Trente-trois étaient morts! Alors les capitaines Crozier et Fitz-James élèvent un cairn à la pointe Victory, et ils y déposent leur dernier document. Voyez, mes amis, nous passons devant cette pointe! Vous pouvez encore apercevoir les restes de ce cairn, placé pour ainsi dire au point extrême que John Ross atteignit en 1831. Voici le cap Jane Franklin! voici la pointe Franklin! voici la pointe Le Vesconte! voici la baie de l'*Erebus*, où l'on trouva la chaloupe faite avec les débris de l'un des navires, et posée sur un traîneau! Là furent découverts des cuillers d'argent, des munitions en abondance, du chocolat, du thé, des livres de religion! Car les cent cinq survivants, sous la conduite du capitaine Crozier, se mirent en route pour Great-Fish-River! Jusqu'où ont-ils pu parvenir? Ont-ils réussi à gagner la baie d'Hudson? Quelques-uns survivent-ils? Que sont-ils devenus depuis ce dernier départ?...

—Ce qu'ils sont devenus, je vais vous l'apprendre! dit John Hatteras d'une voix forte. Oui, ils ont tâché d'arriver à la baie d'Hudson, et se sont fractionnés en plusieurs troupes! Oui, ils ont pris la route du sud! Oui, en 1854, une lettre du docteur Rae apprit qu'en 1850 les Esquimaux avaient rencontré sur cette terre du Roi Guillaume un détachement de quarante hommes, chassant le veau marin, voyageant sur la glace, traînant un bateau, maigris, hâves, exténués de fatigues et de douleurs. Et plus tard, ils découvraient trente cadavres sur le continent, et cinq sur une île voisine, les uns à demi-enterrés, les autres abandonnés sans sépulture, ceux-ci sous un bateau renversé, ceux-là sous les débris d'une tente, ici un officier, son télescope à l'épaule et son fusil chargé près de lui, plus loin des chaudières avec les restes d'un repas horrible! A ces nouvelles, l'Amirauté pria la Compagnie de la baie d'Hudson d'envoyer ses agents les plus habiles sur le théâtre de l'événement. Ils descendirent la rivière de Back jusqu'à son embouchure. Ils visitèrent les îles de Montréal, Maconochie, pointe Ogle. Mais rien! Tous ces infortunés étaient morts de misère, morts de souffrance, morts de faim, en essayant de prolonger leur existence par les ressources épouvantables du cannibalisme! Voilà ce qu'ils sont devenus le long de cette route du sud jonchée de leurs cadavres mutilés? Eh bien: voulez-vous encore marcher sur leurs traces? »

La voix vibrante, les gestes passionnés, la physionomie ardente d'Hatteras, produisirent un effet indescriptible. L'équipage, surexcité par l'émotion en présence de ces terres funestes, s'écria tout d'une voix :

« Au nord! au nord!

— Eh bien! au nord! le salut et la gloire sont là! au nord! le ciel se déclare pour nous! le vent change! la passe est libre! pare à virer! »

Les matelots se précipitèrent à leur poste de manœuvre; les ice-streams se dégageaient peu à peu; le *Forward* évolua rapidement et se dirigea en forçant de vapeur vers le canal de Mac-Clintock.

Hatteras avait eu raison de compter sur une mer plus libre; il suivait en la remontant la route présumée de Franklin ; il longeait la côte orientale de la terre du Prince-de-Galles, suffisamment déterminée alors, tandis que la rive opposée est encore inconnue. Évidemment la débâcle des glaces vers le sud s'était faite par les pertuis de l'est, car ce détroit paraissait être entièrement dégagé ; aussi le *Forward* fut-il en mesure de regagner le temps perdu ; il força de vapeur, si bien que, le 14 juin, il dépassait la baie Osborne et les points extrêmes atteints dans les expéditions de 1851. Les glaces étaient encore nombreuses dans le détroit, mais la mer ne menaçait plus de manquer à la quille du *Forward*.

CHAPITRE XVIII. — LA ROUTE AU NORD.

L'équipage paraissait avoir repris ses habitudes de discipline et d'obéissance. Les manœuvres, rares et peu fatigantes, lui laissaient de nombreux loisirs. La température se maintenait au-dessus du point de congélation, et le dégel devait avoir raison des plus grands obstacles de cette navigation.

Duk, familier et sociable, avait noué des relations d'une amitié sincère avec le docteur Clawbonny. Ils étaient au mieux. Mais comme en amitié il y a toujours un ami sacrifié à l'autre, il faut avouer que le docteur n'était pas l'autre. Duk faisait de lui tout ce qu'il voulait. Le docteur obéissait comme un chien à son maître. Duk, d'ailleurs, se montrait aimable envers la plupart des matelots et des officiers du bord ; seulement, par instinct sans doute, il fuyait la société de Shandon ; il avait aussi conservé une dent, et quelle dent ! contre Pen et Foker ; sa haine pour eux se traduisait en grognements mal contenus à leur approche. Ceux-ci, d'ailleurs, n'osaient plus s'attaquer au chien du capitaine, « à son génie familier, » comme le disait Clifton.

En fin de compte, l'équipage avait repris confiance et se tenait bien.

« Il semble, dit un jour James Wall à Richard Shandon, que nos hommes aient pris au sérieux les discours du capitaine ; ils ont l'air de ne plus douter du succès.

—Ils ont tort, répondit Shandon ; s'ils réfléchissaient, s'ils examinaient la situation, ils comprendraient que nous marchons d'imprudence en imprudence.

—Cependant, reprit Wall, nous voici dans une mer plus libre ; nous revenons vers des routes déjà reconnues ; n'exagérez-vous pas, Shandon ?

— Je n'exagère rien, Wall; la haine, la jalousie, si vous le voulez, que m'inspire Hatteras, ne m'aveuglent pas. Répondez-moi, avez-vous visité les soutes au charbon?

— Non, répondit Wall.

— Eh bien! descendez-y, et vous verrez avec quelle rapidité nos approvisionnements diminuent. Dans le principe, on aurait dû naviguer surtout à la voile; l'hélice étant réservée pour remonter les courants ou les vents contraires, notre combustible ne devait être employé qu'avec la plus sévère économie; car, qui peut dire en quel endroit de ces mers et pour combien d'années nous pouvons être retenus? Mais Hatteras, poussé par cette frénésie d'aller en avant, de remonter jusqu'à ce pôle inaccessible, ne se préoccupe plus d'un pareil détail. Que le vent soit contraire ou non, il

marche à toute vapeur, et, pour peu que cela continue, nous risquons d'être fort embarrassés, sinon perdus.

— Dites-vous vrai, Shandon? cela est grave alors!

— Oui, Wall, grave, non-seulement pour la machine qui, faute de combustible, ne nous serait d'aucune utilité dans une circonstance critique, mais grave aussi au point de vue d'un hivernage auquel il faudra tôt ou tard arriver. Or, il faut un peu songer au froid dans un pays où le mercure gèle fréquemment dans le thermomètre [1].

— Mais, si je ne me trompe, Shandon, le capitaine compte renouveler son approvisionnement à l'île Beechey; il doit y trouver du charbon en grande quantité.

---

[1] Le mercure gèle à 42° centigrades au-dessous de zéro.

—Va-t-on où l'on veut, dans ces mers, Wall? Peut-on compter trouver tel détroit libre de glace? Et s'il manque l'île Beechey, et s'il ne peut y parvenir, que deviendrons-nous?

—Vous avez raison, Shandon; Hatteras me paraît imprudent; mais pourquoi ne lui faites-vous pas quelques observations à ce sujet?

—Non, Wall, répondit Shandon avec une amertume mal déguisée; j'ai résolu de me taire; je n'ai plus la responsabilité du navire; j'attendrai les événements; on me commande, j'obéis, et je ne donne pas d'opinion.

—Permettez-moi de vous dire que vous avez tort, Shandon, puisqu'il s'agit d'un intérêt commun, et que ces imprudences du capitaine peuvent nous coûter fort cher à tous.

—Et si je lui parlais, Wall, m'écouterait-il? »

Wall n'osa répondre affirmativement.

« Mais, ajouta-t-il, il écouterait peut-être les représentations de l'équipage.

—L'équipage! fit Shandon en haussant les épaules; mais, mon pauvre Wall, vous ne l'avez donc pas observé? Il est animé d'un tout autre sentiment que celui de son salut! Il sait qu'il s'avance vers le soixante-douzième parallèle, et qu'une somme de mille livres lui est acquise par chaque degré gagné au delà de cette latitude.

—Vous avez raison, Shandon, répondit Wall, et le capitaine a pris là le meilleur moyen de tenir ses hommes.

—Sans doute, répondit Shandon, pour le présent du moins.

—Que voulez-vous dire?

—Je veux dire qu'en l'absence de dangers ou de fatigues, par une mer libre, cela ira tout seul; Hatteras les a pris par l'argent; mais ce que l'on fait pour l'argent, on le fait mal. Viennent donc les circonstances difficiles, les dangers, la misère, la maladie, le découragement, le froid, au-devant duquel nous nous précipitons en insensés, et vous verrez si ces gens-là se souviennent encore d'une prime à gagner!

—Alors, selon vous, Shandon, Hatteras ne réussira pas?

—Non, Wall, il ne réussira pas; dans une pareille entreprise, il faut entre les chefs une parfaite communauté d'idées, une sympathie qui n'existent pas. J'ajoute qu'Hatteras est un fou; son passé tout entier le prouve! Enfin, nous verrons! il peut arriver des circonstances telles, que l'on soit forcé de donner le commandement du navire à un capitaine moins aventureux...

—Cependant, dit Wall, en secouant la tête d'un air de doute, Hatteras aura toujours pour lui...

—Il aura, répliqua Shandon, en interrompant l'officier, il aura le docteur Clawbonny, un savant qui ne pense qu'à savoir, Johnson, un marin esclave de la discipline, et qui ne prend pas la peine de raisonner, peut-être un ou deux hommes encore, comme Bell, le charpentier, quatre au plus, et nous sommes dix-huit à bord! Non, Wall, Hatteras n'a pas la confiance de l'équipage, il le sait bien, il l'amorce par l'argent; il a profité habilement de la catastrophe de Franklin pour opérer un revirement dans ces esprits mobiles; mais cela ne durera pas, vous dis-je et, s'il ne parvient pas à atterrir à l'île Beechey, il est perdu!

—Si l'équipage pouvait se douter...

—Je vous engage, répondit vivement Shandon, à ne pas lui communiquer ces observations; il les fera de lui-même. En ce moment, d'ailleurs, il est bon de continuer à suivre la route du nord. Mais qui sait si ce qu'Hatteras croit être une marche vers le pôle n'est pas un retour sur ses pas? Au bout du canal Mac-Clintock est la baie Melville, et là débouche cette suite de détroits qui ramènent à la baie de Baffin. Qu'Hatteras y prenne garde! le chemin de l'est est plus facile que celui du nord. »

On voit par ces paroles quelles étaient les dispositions de Shandon, et combien le capitaine avait droit de pressentir un traître en lui.

Shandon raisonnait juste, d'ailleurs, quand il attribuait la satisfaction actuelle de l'équipage à cette perspective de dépasser bientôt le soixante-douzième parallèle. Cet appétit d'argent s'empara des moins audacieux du bord. Clifton avait fait le compte de chacun avec une grande exactitude.

En retranchant le capitaine et le docteur, qui ne pouvaient être admis à partager la prime, il restait seize hommes sur le *Forward*. La prime étant de mille livres, cela donnait une prime de soixante-deux livres et demie [1] par tête et par degré. Si jamais on parvenait au pôle, les dix-huit degrés à franchir réservaient à chacun une somme de onze cent vingt-cinq livres [2], c'est-à-dire une fortune. Cette fantaisie-là coûterait dix-huit mille livres [3] au capitaine; mais il était assez riche pour se payer une pareille promenade au pôle.

Ces calculs enflammèrent singulièrement l'avidité de l'équipage, comme on peut le croire, et plus d'un aspirait à dépasser cette latitude dorée, qui, quinze jours auparavant, se réjouissait de descendre vers le sud.

Le *Forward*, dans la journée du 16 juin, rangea le cap Aworth. Le mont Rawlinson dressait ses pics blancs vers le ciel; la neige et la brume le faisaient paraître colossal en exagérant sa distance; la température se maintenait à quelques degrés au-dessus de glace; des cascades et des cataractes improvisées se développaient sur les flancs de la montagne; les

---

[1] 1,552 fr. 50 c. — [2] 23,125 fr. — [3] 450 000 fr.

avalanches se précipitaient avec une détonation semblable aux décharges continues de la grosse artillerie. Les glaciers, étalés en longues nappes blanches, projetaient une immense réverbération dans l'espace. La nature boréale aux prises avec le dégel offrait aux yeux un splendide spectacle. Le brick rasait la côte de fort près ; on apercevait sur quelques rocs abrités de rares bruyères, dont les fleurs roses sortaient timidement entre les neiges, des lichens maigres d'une couleur rougeâtre, et les pousses d'une espèce de saule nain, qui rampaient sur le sol.

Enfin, le 19 juin, par ce fameux soixante-douzième degré de latitude, on doubla la pointe Minto, qui forme l'une des extrémités de la baie Ommaney ; le brick entra dans la baie Melville, surnommée la *mer d'Argent* par Bolton ; ce joyeux marin se livra sur ce sujet à mille facéties dont le bon Clawbonny rit de grand cœur.

La navigation du *Forward,* malgré une forte brise du nord-est, fut assez facile pour que, le 23 juin, il dépassât le soixante-quatorzième degré de latitude. Il se trouvait au milieu du bassin de Melville, l'une des mers les plus considérables de ces régions. Cette mer fut traversée pour la première fois par le capitaine Parry, dans sa grande expédition de 1819, et ce fut là que son équipage gagna la prime de cinq mille livres promises par acte du gouvernement.

Clifton se contenta de remarquer qu'il y avait deux degrés du soixante-douzième au soixante-quatorzième : cela faisait déjà cent vingt-cinq livres à son crédit. Mais on lui fit observer que la fortune dans ces parages était peu de chose, qu'on ne pouvait se dire riche qu'à la condition de boire sa richesse ; il semblait donc convenable d'attendre le moment où l'on roulerait sous la table d'une taverne de Liverpool, pour se réjouir et se frotter les mains.

CHAPITRE XIX. — UNE BALEINE EN VUE.

Le bassin de Melville, quoique aisément navigable, n'était pas dépourvu de glaces ; on apercevait d'immenses ice-fields prolongés jusqu'aux limites de l'horizon ; çà et là apparaissaient quelques ice-bergs, mais immobiles et comme ancrés au milieu des champs glacés. Le *Forward* suivait à toute vapeur de larges passes où ses évolutions devenaient faciles. Le vent changeait fréquemment, sautant avec brusquerie d'un point du compas à l'autre.

La variabilité du vent dans les mers arctiques est un fait remarquable, et souvent quelques minutes à peine séparent un calme plat d'une tempête désordonnée. C'est ce qu'Hatteras éprouva le 23 juin, au milieu même de l'immense baie.

Les vents les plus constants soufflent généralement de la banquise à la

mer libre et sont très-froids. Ce jour-là le thermomètre descendit de quelques degrés; le vent sauta dans le sud, et d'immenses rafales, passant au-dessus des champs de glace, vinrent se débarrasser de leur humidité sous la forme d'une neige épaisse. Hatteras fit immédiatement carguer les voiles dont il aidait l'hélice, mais pas si vite cependant que son petit perroquet ne fut emporté en un clin d'œil.

Hatteras commanda ses manœuvres avec le plus grand sang-froid, et ne quitta pas le pont pendant la tempête; il fut obligé de fuir devant le temps et de remonter dans l'ouest. Le vent soulevait des vagues énormes au milieu desquelles se balançaient des glaçons de toutes formes arrachés aux ice-fields environnants; le brick était secoué comme un jouet d'enfant, et les débris des packs se précipitaient sur sa coque; par moment, il s'élevait perpendiculairement au sommet d'une montagne liquide; sa proue d'acier, ramassant la lumière diffuse, étincelait comme une barre de métal en fusion; puis il descendait dans un abîme, donnant de la tête au milieu des tourbillons de sa fumée, tandis que son hélice, hors de l'eau, tournait à vide avec un bruit sinistre et frappait l'air de ses branches émergées. La pluie, mêlée à la neige, tombait à torrents.

Le docteur ne pouvait manquer une occasion pareille de se faire tremper jusqu'aux os; il demeura sur le pont, en proie à toute cette émouvante admiration qu'un savant sait extraire d'un tel spectacle. Son plus proche voisin n'aurait pu entendre sa voix; il se taisait donc et regardait; mais en regardant, il fut témoin d'un phénomène bizarre et particulier aux régions hyperboréennes.

La tempête était circonscrite dans un espace restreint et ne s'étendait pas à plus de trois ou quatre milles; en effet, le vent qui passe sur les champs de glace perd beaucoup de sa force et ne peut porter loin ses violences désastreuses; le docteur apercevait de temps à autre, par quelque embellie, un ciel serein et une mer tranquille au delà des ice-fields; il suffirait donc au *Forward* de se diriger à travers les passes pour retrouver une navigation paisible; seulement il courait risque d'être jeté sur ces bancs mobiles qui obéissaient au mouvement de la houle. Cependant, Hatteras parvint, au bout de quelques heures, à conduire son navire en mer calme, tandis que la violence de l'ouragan, faisant rage à l'horizon, venait expirer à quelques encâblures du *Forward*.

Le bassin de Melville ne présentait plus alors le même aspect; sous l'influence des vagues et des vents, un grand nombre de montagnes, détachées des côtes, dérivaient vers le nord, se croisant et se heurtant dans toutes les directions. On pouvait en compter plusieurs centaines; mais la baie est fort large et le brick les évita facilement. Le spectacle était magnifique de ces masses flottantes, qui, douées de vitesses inégales, semblaient lutter entre elles sur ce vaste champ de course.

Le docteur en était à l'enthousiasme, quand Simpson, le harponneur, s'approcha et lui fit remarquer les teintes changeantes de la mer; ces teintes variaient du bleu intense jusqu'au vert olive; de longues bandes s'allongeaient du nord au sud avec des arêtes si vivement tranchées, que l'on pouvait suivre jusqu'à perte de vue leur ligne de démarcation. Parfois aussi, des nappes transparentes prolongeaient d'autres nappes entièrement opaques.

« Eh bien, monsieur Clawbonny, que pensez-vous de cette particularité? dit Simpson.

—Je pense, mon ami, répondit le docteur, ce que pensait le baleinier Scoresby sur la nature de ces eaux diversement colorées : c'est que les eaux bleues sont dépourvues de ces milliards d'animalcules et de méduses dont sont chargées les eaux vertes ; il a fait diverses expériences à ce sujet, et je l'en crois volontiers.

—Oh! monsieur, il y a un autre enseignement à tirer de la coloration de la mer.

—Vraiment?

—Oui, monsieur Clawbonny, et, foi de harponneur, si le *Forward* était seulement un baleinier, je crois que nous aurions beau jeu.

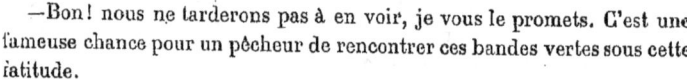

—Cependant, répondit le docteur, je n'aperçois pas la moindre baleine.

—Bon! nous ne tarderons pas à en voir, je vous le promets. C'est une fameuse chance pour un pêcheur de rencontrer ces bandes vertes sous cette latitude.

—Et pourquoi? demanda le docteur, que ces remarques faites par des gens du métier intéressaient vivement.

—Parce que c'est dans ces eaux vertes, répondit Simpson, que l'on pêche les baleines en plus grande quantité.

—Et la raison, Simpson?

—C'est qu'elles y trouvent une nourriture plus abondante.

—Vous êtes certain de ce fait?

—Oh! je l'ai expérimenté cent fois, monsieur Clawbonny, dans la mer de Baffin; je ne vois pas pourquoi il n'en serait pas de même dans la baie Melville.

—Vous devez avoir raison, Simpson.

—Et tenez, répondit celui-ci en se penchant au-dessus du bastingage, regardez, monsieur Clawbonny.

—Tiens, répondit le docteur, on dirait le sillage d'un navire !

—Eh bien, répondit Simpson, c'est une substance graisseuse que la baleine laisse après elle. Croyez-moi, l'animal qui l'a produite ne doit pas être loin ! »

En effet, l'atmosphère était imprégnée d'une forte odeur de fraîchin. Le docteur se prit donc à considérer attentivement la surface de la mer, et la prédiction du harponneur ne tarda pas à se vérifier. La voix de Foker se fit entendre au haut du mât.

« Une baleine, cria-t-il, sous le vent à nous ! »

Tous les regards se portèrent dans la direction indiquée ; une trombe peu élevée qui jaillissait de la mer fut aperçue à un mille du brick.

« La voilà ! la voilà ! s'écria Simpson, que son expérience ne pouvait tromper.

— Elle a disparu, répondit le docteur.

— On saurait bien la retrouver, si cela était nécessaire, » dit Simpson avec un accent de regret.

Mais, à son grand étonnement, et bien que personne n'eût osé le demander, Hatteras donna l'ordre d'armer la baleinière ; il n'était pas fâché de procurer cette distraction à son équipage, et même de recueillir quelques barils d'huile. Cette permission de chasse fut donc accueillie avec satisfaction.

Quatre matelots prirent place dans la baleinière ; Johnson, à l'arrière, fut chargé de la diriger ; Simpson se tint à l'avant, le harpon à la main. On ne put empêcher le docteur de se joindre à l'expédition. La mer était assez calme. La baleinière déborda rapidement, et, dix minutes après, elle se trouvait à un mille du brick.

La baleine, munie d'une nouvelle provision d'air, avait plongé de nouveau ; mais elle revint bientôt à la surface, et lança à une quinzaine de pieds ce mélange de vapeurs et de mucosités qui s'échappe de ses évents.

« Là ! là ! » fit Simpson, en indiquant un point à huit cents yards de la chaloupe.

Celle-ci se dirigea rapidement vers l'animal, et le brick, l'ayant aperçu de son côté, se rapprocha en se tenant sous petite vapeur.

L'énorme cétacé disparaissait et reparaissait au gré des vagues, montrant son dos noirâtre, semblable à un écueil échoué en pleine mer; une baleine ne nage pas vite, lorsqu'elle n'est pas poursuivie, et celle-ci se laissait bercer indolemment.

La chaloupe s'approchait silencieusement en suivant ces eaux vertes dont l'opacité empêchait l'animal de voir son ennemi. C'est un spectacle toujours émouvant que celui d'une barque fragile s'attaquant à ces monstres; celui-ci pouvait mesurer cent trente pieds environ, et il n'est pas rare de rencontrer, entre le soixante-douzième et le quatre-vingtième degré, des baleines dont la taille dépasse cent quatre-vingts pieds; d'anciens écrivains ont même parlé d'animaux longs de plus de sept cents pieds; mais il faut les ranger dans les espèces dites d'*imagination*.

Bientôt la chaloupe se trouva près de la baleine. Simpson fit un signe de la main, les rames s'arrêtèrent, et, brandissant son harpon, l'adroit marin le lança avec force; cet engin, armé de javelines barbelées, s'enfonça dans l'épaisse couche de graisse. La baleine blessée rejeta sa queue en arrière et plongea. Aussitôt les quatre avirons furent relevés perpendiculairement; la corde, attachée au harpon et disposée à l'avant, se déroula avec une rapidité extrême, et la chaloupe fut entraînée, pendant que Johnson la dirigeait adroitement.

La baleine, dans sa course, s'éloignait du brick et s'avançait vers les ice-bergs en mouvement; pendant une demi-heure, elle fila ainsi; il fallait mouiller la corde du harpon pour qu'elle ne prît pas feu par le frottement. Lorsque la vitesse de l'animal parut se ralentir, la corde fut retirée peu à peu et soigneusement roulée sur elle-même; la baleine reparut bientôt à la surface de la mer qu'elle battait de sa queue formidable; de véritables trombes d'eau soulevées par elle retombaient en pluie violente sur la chaloupe. Celle-ci se rapprocha rapidement; Simpson avait saisi une longue lance et s'apprêtait à combattre l'animal corps à corps.

Mais celui-ci prit à toute vitesse par une passe que deux montagnes de glace laissaient entre elles. La poursuivre devenait alors extrêmement dangereux.

« Diable! fit Johnson.

—En avant! en avant! Ferme, mes amis, s'écriait Simpson possédé de la furie de la chasse; la baleine est à nous!

—Mais nous ne pouvons la suivre dans les ice-bergs, répondit Johnson en maintenant la chaloupe.

—Si! si! criait Simpson.

— Non! non! firent quelques matelots.
— Oui! » s'écriaient les autres.

Pendant la discussion, la baleine s'était engagée entre deux montagnes flottantes que la houle et le vent tendaient à réunir.

La chaloupe remorquée menaçait d'être entraînée dans cette passe

dangereuse, quand Johnson, s'élançant à l'avant, une hache à la main, coupa la corde.

Il était temps; les deux montagnes se rejoignaient avec une irrésistible puissance, écrasant entre elles le malheureux animal.

« Perdu! s'écria Simpson.
— Sauvés! répondit Johnson.

—Ma foi! fit le docteur qui n'avait pas sourcillé, cela valait la peine d'être vu! »

La force d'écrasement de ces montagnes est énorme. La baleine venait d'être victime d'un accident souvent répété dans ces mers. Scoresby raconte que, dans le cours d'un seul été, trente baleines ont ainsi péri dans la baie de Baffin; il vit un trois-mâts aplati en une minute entre deux immenses murailles de glace, qui, se rapprochant avec une effroyable rapidité, le firent disparaître corps et biens. Deux autres navires, sous ses yeux, furent percés de part en part, comme à coups de lance, par des glaçons aigus de plus de cent pieds de longueur, qui se rejoignirent à travers les bordages.

Quelques instants après, la chaloupe accostait le brick et reprenait sur le pont sa place accoutumée.

« C'est une leçon, dit Shandon à haute voix, pour les imprudents qui s'aventurent dans les passes! »

CHAPITRE XX. — L ILE BEECHEY.

Le 25 juin, le *Forward* arrivait en vue du cap Dundas, à l'extrémité nord-ouest de la terre du Prince-de-Galles. Là, les difficultés s'accrurent au milieu des glaces plus nombreuses. La mer se rétrécit en cet endroit, et la ligne des îles Crozier, Young, Day, Lowther, Garret, rangées comme des forts au-devant d'une rade, obligent les ice-streams à s'accumuler dans le détroit. Ce que le brick, en toute autre circonstance, eût fait en une journée, lui prit du 25 au 30 juin; il s'arrêtait, revenait sur ses pas, attendait l'occasion favorable pour ne pas manquer l'île Beechey, dépensant beaucoup de charbon, se contentant de modérer son feu pendant ses haltes, mais sans jamais l'éteindre, afin d'être en pression à toute heure de jour et de nuit.

Hatteras connaissait aussi bien que Shandon l'état de son approvisionnement; mais, certain de trouver du combustible à l'île Beechey, il ne voulait pas perdre une minute par mesure d'économie; il était fort retardé par suite de son détour dans le sud, et, quoiqu'il eût pris la précaution de quitter l'Angleterre dès le mois d'avril, il ne se trouvait pas plus avancé maintenant que les expéditions précédentes à pareille époque.

Le 30, on releva le cap Walker, à l'extrémité nord-est de la terre du Prince-de-Galles; c'est le point extrême que Kennedy et Bellot aperçurent le 3 mai 1852, après une excursion à travers tout le North-Sommerset.

Déjà, en 1851, le capitaine Ommaney, de l'expédition Austin, avait eu le bonheur de pouvoir y ravitailler son détachement.

Ce cap, fort élevé, est remarquable par sa couleur d'un rouge brun; de là, dans les temps clairs, la vue peut s'étendre jusqu'à l'entrée du canal Wellington. Vers le soir, on vit le cap Bellot séparé du cap Walker par la baie de Mac-Leon. Le cap Bellot fut ainsi nommé en présence du jeune officier français, que l'expédition anglaise salua d'un triple hurrah. En cet endroit, la côte est faite d'une pierre calcaire jaunâtre, d'apparence très-rugueuse; elle est défendue par d'énormes glaçons que les vents du nord y entassent de la façon la plus imposante. Elle fut bientôt perdue de vue par le *Forward*, qui s'ouvrit, au travers des glaces mal cimentées, un chemin vers l'île Beechey, en traversant le détroit de Barrow.

Hatteras, résolu à marcher en ligne droite, pour ne pas être entraîné au delà de l'île, ne quitta guère son poste pendant les jours suivants; il montait fréquemment dans les barres de perroquet pour choisir les passes avantageuses. Tout ce que peuvent faire l'habileté, le sang-froid, l'audace, le génie même d'un marin, il le fit pendant cette traversée du détroit. La chance, il est vrai, ne le favorisait guère, car, à cette époque, il eût dû trouver la mer à peu près libre. Mais enfin, en ne ménageant ni sa vapeur, ni son équipage, ni lui-même, il parvint à son but.

Le 3 juillet, à onze heures du matin, l'ice-master signala une terre dans le nord; son observation faite, Hatteras reconnut l'île Beechey, ce rendez-vous général des navigateurs arctiques. Là, touchèrent presque tous les navires qui s'aventuraient dans ces mers. Là, Franklin établit son premier hivernage, avant de s'enfoncer dans le détroit de Wellington. Là, Creswell, le lieutenant de Mac Clure, après avoir franchi quatre cent soixante-dix milles sur les glaces, rejoignit le *Phénix* et revint en Angleterre. Le dernier navire qui mouilla à l'île Beechey avec le *Forward* fut le *Fox*; Mac Clintock s'y ravitailla le 11 août 1855 et y répara les habitations et les magasins; il n'y avait pas deux ans de cela; Hatteras était au courant de ces détails.

Le cœur du maître d'équipage battait fort à la vue de cette île; lorsqu'il la visita, il était alors quartier-maître à bord du *Phénix*; Hatteras l'interrogea sur la disposition de la côte, sur les facilités du mouillage, sur l'atterrissement possible; le temps se faisait magnifique; la température se maintenait à cinquante-sept degrés (+ 14° centig.).

« Eh bien, Johnson, demanda le capitaine, vous y reconnaissez-vous ?

—Oui, capitaine, c'est bien l'île Beechey! Seulement, il nous faudra laisser porter un peu au nord; la côte y est plus accostable.

—Mais les habitations, les magasins? dit Hatteras.

—Oh ! vous ne pourrez les voir qu'après avoir pris terre; ils sont abrités derrière ces monticules que vous apercevez là-bas.

—Et vous y avez transporté des provisions considérables ?

—Considérables, capitaine. Ce fut ici que l'Amirauté nous envoya en 1853, sous le commandement du capitaine Inglefield, avec le steamer le *Phénix* et un transport chargé de provisions, le *Breadalbane*; nous apportions de quoi ravitailler une expédition tout entière.

—Mais le commandant du *Fox* a largement puisé à ces provisions en 1855, dit Hatteras.

—Soyez tranquille, capitaine, répliqua Johnson, il en restera pour vous; le froid conserve merveilleusement, et nous trouverons tout cela frais et en bon état comme au premier jour.

—Les vivres ne me préoccupent pas, répondit Hatteras; j'en ai pour plusieurs années; ce qu'il me faut, c'est du charbon.

—Eh bien, capitaine, nous en avons laissé plus de mille tonneaux; ainsi vous pouvez être tranquille.

—Approchons-nous, reprit Hatteras, qui, sa lunette à la main, ne cessait d'observer la côte.

—Vous voyez cette pointe, reprit Johnson; quand nous l'aurons doublée, nous serons bien près de notre mouillage. Oui, c'est bien de cet endroit que nous sommes partis pour l'Angleterre avec le lieutenant Creswell et les douze malades de l'*Investigator*. Mais si nous avons eu le bonheur de rapatrier le lieutenant du capitaine Mac Clure, l'officier Bellot, qui nous accompagnait sur le *Phénix*, n'a jamais revu son pays !

Ah! c'est là un triste souvenir. Mais, capitaine, je pense que nous devons mouiller ici-même.

—Bien, » répondit Hatteras.

Et il donna ses ordres en conséquence.

Le *Forward* se trouvait dans une petite baie naturellement abritée contre les vents du nord, de l'est et du sud, et à une encâblure de la côte environ.

« Monsieur Wall, dit Hatteras, vous ferez préparer la chaloupe, et vous l'enverrez avec six hommes pour transporter le charbon à bord.

—Oui, capitaine, répondit Wall.

—Je vais me rendre à terre dans la pirogue, avec le docteur et le maître d'équipage. Monsieur Shandon, vous voudrez bien nous accompagner?

—A vos ordres, » répondit Shandon.

Quelques instants après, le docteur, muni de son attirail de chasseur et de savant, prenait place dans la pirogue avec ses compagnons; dix minutes plus tard, ils débarquaient sur une côte assez basse et rocailleuse.

« Guidez-nous, Johnson, dit Hatteras. Vous y retrouvez-vous?

—Parfaitement, capitaine; seulement, voici un monument que je ne m'attendais pas à rencontrer en cet endroit!

—Cela! s'écria le docteur, je sais ce que c'est; approchons-nous; cette pierre va nous dire elle-même ce qu'elle est venue faire jusqu'ici. »

Les quatre hommes s'avancèrent, et le docteur dit en se découvrant :

« Ceci, mes amis, est un monument élevé à la mémoire de Franklin et de ses compagnons. »

En effet, lady Franklin ayant remis en 1855 une table de marbre noir au docteur Kane, en confia une seconde en 1858 à Mac Clintock, pour être déposée à l'île Beechey. Mac Clintock s'acquitta religieusement de ce devoir, et il plaça cette table non loin d'une stèle funéraire érigée déjà à la mémoire de Bellot par les soins de sir John Barrow.

Cette table portait l'inscription suivante :

A LA MÉMOIRE DE

FRANKLIN, CROZIER, FITZ-JAMES,

ET DE TOUS LEURS VAILLANTS FRÈRES

Officiers et fidèles compagnons qui ont souffert et péri pour la cause de la science
et pour la gloire de leur patrie.
Cette pierre est érigée près du lieu où ils ont passé
leur premier hiver arctique et d'où ils sont partis pour triompher
des obstacles ou pour mourir.
Elle consacre le souvenir de leurs compatriotes et amis qui les admirent,
et de l'angoisse maîtrisée par la foi
de celle qui a perdu dans le chef de l'expédition le plus dévoué
et le plus affectionné des époux.

———

C'est ainsi qu'IL les conduisit au port suprême
où tous reposent.

1855

Cette pierre, sur une côte perdue de ces régions lointaines, parlait douloureusement au cœur; le docteur, en présence de ces regrets touchants, sentit les larmes venir à ses yeux. A la place même où Franklin et ses compagnons passèrent, pleins d'énergie et pleins d'espoir, il ne restait plus qu'un morceau de marbre pour souvenir ! Et malgré ce sombre avertissement de la destinée, le *Forward* allait s'élancer sur la route de l'*Erebus* et du *Terror*.

Hatteras s'arracha le premier à cette périlleuse contemplation et gravit rapidement un monticule assez élevé, presque entièrement dépourvu de neige.

« Capitaine, lui dit Johnson en le suivant, de là nous apercevrons les magasins. »

Shandon et le docteur les rejoignirent au moment où ils atteignaient le sommet de la colline.

Mais, de là, leurs regards se perdirent sur de vastes plaines qui n'offraient aucun vestige d'habitation.

« Voilà qui est singulier, dit le maître d'équipage.

— Eh bien ! et ces magasins? dit vivement Hatteras.

— Je ne sais... je ne vois... balbutia Johnson.

— Vous vous serez trompé de route, dit le docteur.

—Il me semble pourtant, reprit Johnson en réfléchissant, qu'à cet endroit même...

—Enfin, dit impatiemment Hatteras, où devons-nous aller?

—Descendons, fit le maître d'équipage, car il est possible que je me trompe; depuis sept ans, je puis avoir perdu la mémoire de ces localités.

—Surtout, répondit le docteur, quand le pays est d'une uniformité si monotone.

—Et cependant... » murmura Johnson.

Shandon n'avait pas fait une observation.

Au bout de quelques minutes de marche, Johnson s'arrêta.

« Mais non, s'écria-t-il, non, je ne me trompe pas!

—Eh bien? dit Hatteras en regardant autour de lui.

—Qui vous fait parler ainsi, Johnson? demanda le docteur.

—Voyez-vous ce renflement du sol? dit le maître d'équipage en indiquant sous ses pieds une sorte d'extumescence dans laquelle trois saillies se distinguaient parfaitement.

—Qu'en concluez-vous? demanda le docteur.

—Ce sont là, répondit Johnson, les trois tombes des marins de Franklin! J'en suis sûr, je ne me suis pas trompé, et à cent pas de nous devraient se trouver les habitations, et si elles n'y sont pas... c'est que... »

Il n'osa pas achever sa pensée; Hatteras s'était précipité en avant, et un violent mouvement de désespoir s'empara de lui. Là avaient dû s'élever en effet les magasins tant désirés, avec ces approvisionnements de toutes sortes sur lesquels il comptait; mais la ruine, le pillage, le bouleversement, la destruction avaient passé là où des mains civilisées créèrent d'immenses ressources pour les navigateurs épuisés. Qui s'était livré à ces déprédations? Les animaux de ces contrées, les loups, les renards, les ours? Non, car ils n'eussent détruit que les vivres, et il ne restait pas un lambeau de tente, pas une pièce de bois, pas un morceau de fer, pas une parcelle d'un métal quelconque, et, circonstance plus terrible pour les gens du *Forward*, pas un fragment de combustible!

Évidemment les Esquimaux, qui ont été souvent en relation avec les navires européens, ont fini par apprendre la valeur de ces objets, dont ils sont complètement dépourvus; depuis le passage du *Fox*, ils étaient venus et revenus à ce lieu d'abondance, prenant et pillant sans cesse, avec l'intention bien raisonnée de ne laisser aucune trace de ce qui avait été; et maintenant, un long rideau de neige recouvrait le sol.

Hatteras était confondu. Le docteur regardait en secouant la tête. Shandon se taisait toujours, et un observateur attentif eût surpris un méchant sourire sur ses lèvres.

En ce moment, les hommes envoyés par le lieutenant Wall arrivèrent Ils comprirent tout. Shandon s'avança vers le capitaine et lui dit :

« Monsieur Hatteras, il me semble inutile de se désespérer ; nous sommes heureusement à l'entrée du détroit de Barrow, qui nous ramènera à la mer de Baffin!

— Monsieur Shandon, répondit Hatteras, nous sommes heureusement à l'entrée du détroit de Wellington, et il nous conduira au nord!

— Et comment naviguerons-nous, capitaine?

— A la voile, monsieur! Nous avons encore pour deux mois de combustible, et c'est plus qu'il ne nous en faut pendant notre prochain hivernage.

— Vous me permettrez de vous dire, reprit Shandon...

— Je vous permettrai de me suivre à mon bord, monsieur, » répondit Hatteras.

Et, tournant le dos à son second, il revint vers le brick et s'enferma dans sa cabine.

Pendant deux jours, le vent fut contraire ; le capitaine ne reparut pas sur le pont. Le docteur mit à profit ce séjour forcé en parcourant l'île Beechey ; il recueillit les quelques plantes qu'une température relativement élevée laissait croître çà et là, sur les rocs dépourvus de neige, quelques bruyères, des lichens peu variés, une espèce de renoncule jaune, une sorte de plante semblable à l'oseille, avec des feuilles larges de quelques lignes au plus, et des saxifrages assez vigoureux.

La faune de cette contrée était supérieure à cette flore si restreinte; le docteur aperçut de longues troupes d'oies et de grues qui s'enfonçaient dans le nord; les perdrix, les eider-ducks d'un bleu noir, les chevaliers, sorte d'échassiers de la classe des scolopax, des northern-divers, plongeurs au corps très-long, de nombreux ptarmites, espèce de gelinottes fort bonnes à manger, les dovékies avec le corps noir, les ailes tachetées de blanc, les pattes et le bec rouges comme du corail, les bandes criardes de kittywakes et les gros loons au ventre blanc représentaient dignement l'ordre des oiseaux. Le docteur fut assez heureux pour tuer quelques lièvres gris qui n'avaient pas encore revêtu leur blanche fourrure d'hiver, et un renard bleu que Duk força avec un remarquable talent. Quelques ours, habitués évidemment à redouter la présence de l'homme, ne se laissèrent pas approcher, et les phoques étaient extrêmement fuyards, par la même raison sans doute que leurs ennemis les ours. La baie regorgeait d'une sorte de buccin fort agréable à déguster. La classe des animaux articulés, ordre des diptères, famille des culicides, division des némocères, fut représentée par un

simple moustique, un seul, dont le docteur eut la joie de s'emparer après avoir subi ses morsures. En qualité de conchyliologue, il fut moins favorisé, et il dut se borner à recueillir une sorte de moule et quelques coquilles bivalves.

CHAPITRE XXI. — LA MORT DE BELLOT.

La température, pendant les journées du 3 et du 4 juillet, se maintint à cinquante-sept degrés (+ 14° centig.); ce fut le plus haut point thermométrique observé pendant cette campagne. Mais le jeudi 5, le vent passa dans le sud-est et fut accompagné de violents tourbillons de neige. Le thermomètre tomba dans la nuit précédente de vingt-trois degrés. Hatteras, sans se préoccuper des mauvaises dispositions de l'équipage, donna l'ordre d'appareiller. Depuis treize jours, c'est-à-dire depuis le cap Dundas, le *Forward* n'avait pu gagner un nouveau degré dans le nord; aussi le parti représenté par Clifton n'était pas satisfait; ses désirs, il est vrai, se trouvèrent d'accord en ce moment avec la résolution du capitaine de s'élever dans le canal Wellington, et il ne fit pas de difficultés pour manœuvrer.

Le brick ne parvint pas sans peine à mettre à la voile; mais, ayant établi dans la nuit sa misaine, ses huniers et ses perroquets, Hatteras s'avança hardiment au milieu des trains de glace que le courant entraînait vers le sud. L'équipage se fatigua beaucoup dans cette navigation sinueuse, qui l'obligeait souvent à contre-brasser la voilure.

Le canal Wellington n'a pas une très-grande largeur; il est resserré entre la côte du Devon septentrional à l'est, et l'île Cornwallis à l'ouest; cette île passa longtemps pour une presqu'île. Ce fut sir John Franklin qui la contourna, en 1846, par sa côte occidentale, en revenant de sa pointe au nord du canal.

L'exploration du canal Wellington fut faite, en 1851, par le capitaine Penny, sur les baleiniers *Lady-Franklin* et *Sophie*; l'un de ses lieutenants, Stewart, parvenu au cap Beecher, par 76° 20' de latitude, décou-

vrit la mer libre. La mer libre! Voilà ce qu'espérait Hatteras.

« Ce que Stewart a trouvé, je le trouverai, dit-il au docteur, et alors je pourrai naviguer à la voile vers le pôle.

— Mais, répondit le docteur, ne craignez-vous pas que votre équipage?...

— Mon équipage! » dit durement Hatteras.

Puis, à voix basse :

« Pauvres gens! » murmura-t-il, au grand étonnement du docteur.

C'était le premier sentiment de cette nature que celui-ci surprenait dans le cœur du capitaine.

« Mais non ! reprit ce dernier avec énergie, il faut qu'ils me suivent ! Ils me suivront ! »

Cependant, si le *Forward* n'avait pas à craindre la collision des ice-streams encore espacés, il gagnait peu dans le nord, car les vents contraires l'obligèrent souvent à s'arrêter. Il dépassa péniblement les caps Spencer et Innis, et le 10, le mardi, le soixante-quinzième degré de latitude fut enfin franchi, à la grande joie de Clifton.

Le *Forward* se trouvait à l'endroit même où les vaisseaux américains le *Rescue* et l'*Advance*, commandés par le capitaine de Haven, coururent de si terribles dangers. Le docteur Kane faisait partie de cette expédition ; vers la fin de septembre 1850, ces navires, enveloppés par une banquise, furent rejetés avec une puissance irrésistible dans le détroit de Lancastre.

Ce fut Shandon qui raconta cette catastrophe à James Wall, devant quelques-uns des hommes du brick.

« L'*Advance* et le *Rescue*, leur dit-il, furent tellement secoués, enlevés, ballottés par les glaces, qu'on dut renoncer à conserver du feu à bord ; et cependant la température tomba jusqu'à dix-huit degrés au-dessous de zéro ! Pendant l'hiver tout entier, les malheureux équipages furent retenus prisonniers dans la banquise, toujours préparés à l'abandon de leur navire, et pendant trois semaines ils n'ôtèrent même pas leurs habits ! Ce fut dans cette situation épouvantable qu'après une dérive de mille milles[1], ils furent drossés jusque dans le milieu de la mer de Baffin ! »

On peut juger de l'effet produit par ces récits sur le moral d'un équipage déjà mal disposé.

Pendant cette conversation, Johnson s'entretenait avec le docteur d'un événement dont ces parages avaient été le théâtre ; le docteur, suivant sa demande, le prévint du moment précis auquel le brick se trouvait par 75° 30′ de latitude.

« C'est là ! c'est bien là ! s'écria Johnson. Voilà cette terre funeste ! »

Et, en parlant ainsi, les larmes venaient aux yeux du digne maître d'équipage.

« Vous voulez parler de la mort du lieutenant Bellot, lui dit le docteur.

— Oui, monsieur Clawbonny, de ce brave officier de tant de cœur et de tant de courage !

— Et c'est ici, dites-vous, que cette catastrophe eut lieu ?

— Ici même, sur cette partie de la côte du North-Devon ! Oh ! il y a eu

---

[1] Plus de 400 lieues.

dans tout cela une très-grande fatalité, et ce malheur ne serait pas arrivé, si le capitaine Pullen fût revenu plus tôt à son bord!

—Que voulez-vous dire, Johnson?

—Écoutez-moi, monsieur Clawbonny, et vous verrez à quoi tient souvent l'existence. Vous savez que le lieutenant Bellot fit une première campagne à la recherche de Franklin, en 1850?

—Oui, Johnson, sur le *Prince-Albert*.

—Eh bien, en 1853, de retour en France, il obtint la permission d'embarquer sur le *Phénix*, à bord duquel je me trouvais en qualité de matelot, sous le capitaine Inglefield. Nous venions avec le *Breadalbane* transporter des approvisionnements à l'île Beechey.

—Ceux-là qui nous ont si malheureusement fait défaut!

—C'est cela même, monsieur Clawbonny. Nous arrivâmes à l'île Beechey au commencement d'août; le 10 de ce mois, le capitaine Inglefield quitta le *Phénix* pour rejoindre le capitaine Pullen, séparé depuis un mois de son navire, le *North-Star*. A son retour, il comptait expédier à sir Edward Belcher, qui hivernait dans le canal de Wellington, les dépêches de l'Amirauté. Or, peu après le départ de notre capitaine, le commandant Pullen regagna son bord. Que n'y est-il revenu avant le départ du capitaine Inglefield! Le lieutenant Bellot, craignant que l'absence de notre capitaine ne se prolongeât, et sachant que les dépêches de l'Amirauté étaient pressées, offrit de les porter lui-même. Il laissa le commandement des deux navires au capitaine Pullen, et partit le 12 août avec un traîneau et un canot en caoutchouc. Il emmenait avec lui Harvey, le quartier-maître du *North-Star*, trois matelots, Madden, David Hook et moi. Nous supposions que sir Edward Belcher devait se trouver aux environs du cap Beecher, au nord du canal; nous nous dirigeâmes donc de ce côté, dans notre traîneau, en serrant de près les rivages de l'est. Le premier jour, nous campâmes à trois milles du cap Innis; le lendemain, nous nous arrêtions sur un glaçon, à trois milles à peu près du cap Bowden. Pendant la nuit, claire d'ailleurs comme le jour, la terre étant à trois milles, le lieutenant Bellot résolut d'y aller camper; il essaya de s'y rendre dans le canot de caoutchouc; deux fois une violente brise du sud-est le repoussa; à leur tour, Harvey et Madden tentèrent le passage et furent plus heureux; ils s'étaient munis d'une corde, et ils établirent une communication entre le traîneau et la côte; trois objets furent transportés au moyen de cette corde; mais à une quatrième tentative, nous sentîmes notre glaçon se mettre en mouvement; M. Bellot cria à ses compagnons de lâcher la corde, et nous fûmes entraînés, le lieutenant, David Hook et moi, à une grande distance de la côte. En ce moment, le vent soufflait avec force du sud-est, et il neigeait. Mais nous ne courions pas encore de grands dangers, et il pouvait bien en revenir, puisque nous en sommes revenus, nous autres ! »

Johnson s'interrompit un instant en considérant cette côte fatale, puis il reprit :

« Après avoir avoir perdu de vue nos compagnons, nous essayâmes d'abord de nous abriter sous la tente de notre traîneau, mais en vain ; alors, avec nos couteaux, nous commençâmes à nous tailler une maison dans la glace. M. Bellot s'assit une demi-heure et s'entretint avec nous sur le danger de notre situation ; je lui dis que je n'avais pas peur. « Avec la pro-
« tection de Dieu, nous répondit-il, pas un cheveu ne tombera de notre
« tête. » Je lui demandai alors quelle heure il était ; il répondit : « Envi-

« ron six heures et quart. » C'était six heures et quart du matin, le jeudi 18 août. Alors M. Bellot attacha ses livres et dit qu'il voulait aller voir comment la glace flottait ; il était parti depuis quatre minutes seulement, quand j'allai, pour le chercher, faire le tour du même glaçon sur lequel nous étions abrités ; mais je ne pus le voir, et, en retournant à notre retraite, j'aperçus son bâton du côté opposé d'une crevasse d'environ cinq toises de large où la glace était toute cassée. J'appelai alors, mais sans réponse. A cet instant, le vent soufflait très-fort. Je cherchai encore autour du glaçon, mais je ne pus découvrir aucune trace du pauvre lieutenant.

— Et que supposez-vous ? demanda le docteur ému de ce récit ?

— Je suppose que quand M. Bellot sortit de la cachette, le vent l'emporta dans la crevasse, et, son paletot étant boutonné, il ne put nager pour revenir à la surface ! Oh ! monsieur Clawbonny, j'éprouvai là le plus grand chagrin de ma vie ! je ne voulais pas le croire ! Ce brave officier, victime de son dévouement! car, sachez que c'est pour obéir aux instructions du capitaine Pullen qu'il a voulu rejoindre la terre avant cette débâcle! Brave jeune homme, aimé de tout le monde à bord, serviable, courageux! il a été pleuré de toute l'Angleterre, et il n'est pas jusqu'aux Esquimaux eux-mêmes qui, apprenant du capitaine Inglefield, à son retour de la baie de Pound, la mort du bon lieutenant, ne s'écrièrent en pleurant comme je le fais ici : Pauvre Bellot! pauvre Bellot!

—Mais votre compagnon, et vous, Johnson, demanda le docteur attendri par cette narration touchante, comment parvîntes-vous à regagner la terre?

—Nous, monsieur, c'était peu de chose; nous restâmes encore vingt-quatre heures sur le glaçon, sans aliments et sans feu; mais nous finîmes par rencontrer un champ de glace échoué sur un bas-fond; nous y sau-

tâmes, et, à l'aide d'un aviron qui nous restait, nous accrochâmes un glaçon capable de nous porter et d'être manœuvré comme un radeau. C'est ainsi que nous avons gagné le rivage, mais seuls, et sans notre brave officier! »

A la fin de ce récit, le *Forward* avait dépassé cette côte funeste, et Johnson perdit de vue le lieu de cette terrible catastrophe. Le lendemain, on laissait la baie Griffin sur tribord, et, deux jours après, les caps Grinnel et Helpmann; enfin, le 14 juillet, on doubla la pointe Osborn, et, le 15, le brick mouilla dans la baie Baring, à l'extrémité du canal. La navigation n'avait pas été très-difficile; Hatteras rencontra une mer presque aussi libre que celle dont Belcher profita pour aller hiverner avec le *Pionnier* et l'*Assistance* jusqu'auprès du soixante-dix-septième degré. Ce fut de 1852 à 1853, pendant son premier hivernage, car, l'année suivante, il passa l'hiver de 1853 à 1854 à cette baie Baring où le *Forward* mouillait en ce moment.

Ce fut même à la suite des épreuves et des dangers les plus effrayants qu'il dut abandonner son navire l'*Assistance* au milieu de ces glaces éternelles.

Shandon se fit aussi le narrateur de cette catastrophe devant les matelots démoralisés. Hatteras connut-il ou non cette trahison de son premier officier? il est impossible de le dire; en tous cas, il se tut à cet égard.

A la hauteur de la baie Baring se trouve un étroit chenal qui fait communiquer le canal Wellington avec le canal de la Reine. Là, les trains de glace se trouvèrent fort pressés. Hatteras fit de vains efforts pour franchir les passes du nord de l'île Hamilton; le vent s'y opposait; il fallait donc se glisser entre l'île Hamilton et l'île Cornwallis; on perdit là cinq jours précieux en efforts inutiles. La température tendait à s'abaisser, et tomba même, le 19 juillet, à vingt-six degrés (—4° centig.); elle se releva le jour suivant; mais cette menace anticipée de l'hiver arctique devait engager Hatteras à ne pas attendre davantage. Le vent avait une tendance à se tenir dans l'ouest et s'opposait à la marche de son navire. Et cependant, il avait hâte de gagner le point où Stewart se trouva en présence d'une mer libre. Le 19, il résolut de s'avancer à tout prix dans le chenal; le vent soufflait debout au brick, qui, avec son hélice, eût pu lutter contre ces violentes rafales chargées de neige, mais Hatteras devait avant tout ménager son combustible; d'un autre côté, la passe était trop large pour permettre de haler sur le brick. Hatteras, sans tenir compte des fatigues de l'équipage, recourut à un moyen que les baleiniers emploient parfois dans des circonstances identiques. Il fit amener les embarcations à fleur d'eau, tout en les maintenant suspendues à leurs palans sur les flancs du navire; ces embarcations étaient solidement amarrées de l'avant et de l'arrière, les avirons furent armés sur tribord des unes et sur bâbord des autres; les hommes, à tour de rôle, prirent place à leurs bancs de rameurs, et durent nager[1] vigoureusement, de manière à pousser le brick contre le vent.

Le *Forward* s'avança lentement dans le chenal; on comprend ce que furent les fatigues provoquées par ce genre de travaux; les murmures se firent entendre. Pendant quatre jours on navigua de la sorte, jusqu'au 23 juin, où l'on parvint à atteindre l'île Baring dans le canal de la Reine.

Le vent restait contraire. L'équipage n'en pouvait plus. La santé des hommes parut fort ébranlée au docteur, et il crut voir chez quelques-uns

---

[1] Ramer.

les premiers symptômes du scorbut; il ne négligea rien pour combattre ce mal terrible, ayant à sa disposition d'abondantes réserves de lime-juice et de pastilles de chaux.

Hatteras comprit bien qu'il ne fallait plus compter sur son équipage ; la douceur, la persuasion fussent demeurées sans effet ; il résolut donc de

lutter par la sévérité et de se montrer impitoyable à l'occasion ; il se défiait particulièrement de Richard Shandon, et même de James Wall, qui cependant n'osait pas parler trop haut. Hatteras avait pour lui le docteur, Johnson, Bell, Simpson; ces gens lui étaient dévoués corps et âme ; parmi les indécis, il notait Foker, Bolton, Wolsten l'armurier, Brunton le premier ingénieur, qui pouvaient, à un moment donné, se tourner contre lui ; quant aux autres, Pen, Gripper, Clifton, Waren, ils méditaient ouvertement leurs projets de révolte; ils voulaient entraîner leurs camarades et forcer le *Forward* à revenir en Angleterre.

Hatteras vit bien qu'il ne pourrait plus obtenir de cet équipage mal disposé, et surtout épuisé de fatigue, la continuation des manœuvres précédentes. Pendant vingt-quatre heures, il resta en vue de l'île Baring sans faire un pas en avant. Cependant la température s'abaissait, et le mois de juillet, sous ces hautes latitudes, se ressentait déjà de l'influence du prochain hiver. Le 24, le thermomètre tomba à vingt-deux degrés (—6° cent.). La *young-ice*, la glace nouvelle, se reformait pendant la nuit et acquérait six à huit lignes d'épaisseur; s'il neigeait par-dessus, elle pouvait devenir bientôt assez forte pour supporter le poids d'un homme. La mer prenait déjà cette teinte sale qui annonce la formation des premiers cristaux.

Hatteras ne se méprenait pas à ces symptômes alarmants; si les passes venaient à se boucher, il serait forcé d'hiverner en cet endroit, loin du but de son voyage, et sans même avoir entrevu cette mer libre dont il devait être si rapproché, suivant les rapports de ses devanciers. Il résolut donc, coûte que coûte, de se porter en avant et de gagner quelques degrés dans le nord; voyant qu'il ne pouvait employer ni les avirons avec un équipage à bout de force, ni les voiles avec un vent toujours contraire, il donna l'ordre d'allumer les fourneaux.

CHAPITRE XXII. — COMMENCEMENT DE RÉVOLTE.

A ce commandement inattendu, la surprise fut grande à bord du *Forward*.

« Allumer les fourneaux! dirent les uns.

—Et avec quoi? dirent les autres.

—Quand nous n'avons plus que deux mois de charbon dans le ventre! s'écria Pen.

—Et comment nous chaufferons-nous l'hiver? demanda Clifton.

—Il nous faudra donc, reprit Gripper, brûler le navire jusqu'à sa ligne de flottaison?

—Et bourrer le poêle avec les mâts, répondit Warren, depuis le perroquet jusqu'au bout-dehors de beaupré? »

Shandon regardait fixement Wall. Les ingénieurs stupéfaits hésitaient à descendre dans la chambre de la machine.

« M'avez-vous entendu? » s'écria le capitaine d'une voix irritée.

Brunton se dirigea vers l'écoutille ; mais au moment de descendre, il s'arrêta.

« N'y va pas, Brunton, dit une voix.

— Qui a parlé? s'écria Hatteras.

— Moi! fit Pen, en s'avançant vers le capitaine.

— Et vous dites?... demanda celui-ci.

— Je dis..., je dis, répondit Pen en jurant, je dis que nous en avons assez, que nous n'irons pas plus loin, que nous ne voulons pas crever de fatigue et de froid pendant l'hiver, et qu'on n'allumera pas les fourneaux !

— Monsieur Shandon, répondit froidement Hatteras, faites mettre cet homme aux fers.

— Mais, capitaine, répondit Shandon, ce que cet homme a dit...

— Ce que cet homme a dit, répliqua Hatteras, si vous le répétez, vous, je vous fais enfermer dans votre cabine et garder à vue ! — Que l'on saisisse cet homme ! M'entend-on? »

Johnson, Bell, Simpson se dirigèrent vers le matelot, que la colère mettait hors de lui.

« Le premier qui me touche !... » s'écria-t-il, en saisissant un anspect qu'il brandit au-dessus de sa tête.

Hatteras s'avança vers lui.

« Pen, dit-il d'une voix tranquille, un geste de plus et je te brûle la cervelle ! En parlant de la sorte, il arma un revolver et le dirigea sur le matelot.

Un murmure se fit entendre.

« Pas un mot, vous autres, dit Hatteras, ou cet homme tombe mort! »

20

En ce moment, Johnson et Bell désarmèrent Pen, qui ne résista plus et se laissa conduire à fond de cale.

« Allez, Brunton, » dit Hatteras.

L'ingénieur, suivi de Plower et de Warren, descendit à son poste. Hatteras revint sur la dunette.

« Ce Pen est un misérable, lui dit le docteur.

— Jamais homme n'a été plus près de la mort, » répondit simplement le capitaine.

Bientôt la vapeur eut acquis une pression suffisante; les ancres du *Forward* furent levées; celui-ci, coupant vers l'est, mit le cap sur la pointe Beecher et trancha de son étrave les jeunes glaces déjà formées.

On rencontre entre l'île Baring et la pointe Beecher un assez grand nombre d'îles, échouées pour ainsi dire au milieu des ice-fields; les streams se pressaient en grand nombre dans les petits détroits dont cette partie de la mer est sillonnée; ils tendaient à s'agglomérer sous l'influence d'une température relativement basse; des hummocks se formaient çà et là, et l'on sentait que ces glaçons, déjà plus compacts, plus denses, plus serrés, feraient bientôt, avec l'aide des premières gelées, une masse impénétrable.

Le *Forward* chenalait donc, non sans une extrême difficulté, au milieu des tourbillons de neige. Cependant, avec la mobilité qui caractérise l'atmosphère de ces régions, le soleil reparaissait de temps à autre; la température remontait de quelques degrés; les obstacles se fondaient comme par enchantement, et une belle nappe d'eau, charmante à contempler, s'étendait là où naguère les glaçons hérissaient toutes les passes. L'horizon revêtait de magnifiques teintes orangées sur lesquelles l'œil se reposait complaisamment de l'éternelle blancheur des neiges.

Le jeudi 26 juillet, le *Forward* rasa l'île Dundas, et mit ensuite le cap plus au nord; mais alors il se trouva face à face avec une banquise, haute de huit à neuf pieds et formée de petits ice-bergs arrachés à la côte; il fut obligé d'en prolonger longtemps la courbure dans l'ouest. Le craquement ininterrompu des glaces, se joignant  aux gémissements du navire, formait un bruit triste qui tenait du soupir et de la plainte. Enfin le brick trouva une passe et s'y avança péniblement; souvent un glaçon énorme paralysait sa course pendant de longues heures; le brouillard gênait la vue du pilote; tant que l'on voit à un mille en avant, on peut parer facilement les obstacles ; mais, au milieu de ces tourbillons embrumés, la vue s'arrêtait souvent à moins d'une encâblure. La houle très-forte fatiguait.

Parfois, les nuages lisses et polis prenaient un aspect particulier, comme s'ils eussent réfléchi les bancs de glace ; il y eut des jours où les rayons jaunâtres du soleil ne parvinrent pas à franchir la brume tenace.

Les oiseaux étaient encore fort nombreux, et leurs cris assourdissants ; des phoques, paresseusement couchés sur des glaçons en dérive, levaient leur tête peu effrayée et agitaient leurs longs cous au passage du navire ; celui-ci, en rasant leur demeure flottante, y laissa plus d'une fois des feuilles de son doublage roulées par le frottement.

Enfin, après six jours de cette lente navigation, le 1ᵉʳ août, la pointe Beecher fut relevée dans le nord ; Hatteras passa ces dernières heures dans les barres de perroquet ; la mer libre entrevue par Stewart, le 30 mai 1851, vers 76° 20′ de latitude, ne pouvait être éloignée, et cependant, si loin qu'Hatteras promenât ses regards, il n'aperçut aucun indice d'un bassin polaire dégagé de glaces. Il redescendit sans mot dire.

« Est-ce que vous croyez à cette mer libre ? demanda Shandon au lieutenant.

— Je commence à en douter, répondit James Wall.

— N'avais-je donc pas raison de traiter cette prétendue découverte de chimère et d'hypothèse ? Et l'on n'a pas voulu me croire, et vous-même, Wall, vous avez pris parti contre moi !

— On vous croira désormais, Shandon.

— Oui, répondit ce dernier, quand il sera trop tard. »

Et il rentra dans sa cabine, où il se tenait presque toujours renfermé depuis sa discussion avec le capitaine.

Le vent retomba dans le sud vers le soir. Hatteras fit alors établir sa voilure et éteindre ses feux ; pendant plusieurs jours, les plus pénibles manœuvres furent reprises par l'équipage ; à chaque instant, il fallait ou lofer ou laisser arriver, ou masquer brusquement les voiles pour enrayer la marche du brick ; les bras des vergues déjà roidis par le froid couraient mal dans les poulies engorgées et ajoutaient encore à la fatigue ; on mit plus d'une semaine à atteindre la pointe Barrow. Le *Forward* n'avait pas gagné trente mille en dix jours.

Là, le vent sauta de nouveau dans le nord et l'hélice fut remise en mouvement. Hatteras espérait encore trouver une mer affranchie d'obstacles au delà du soixante-dix-septième parallèle, telle que la vit Edward Belcher.

Et cependant, s'il s'en rapportait aux récits de Penny, cette partie de mer qu'il traversait en ce moment aurait dû être libre, car Penny, arrivé à la limite des glaces, reconnut en canot les bords du canal de la Reine jusqu'au soixante-dix-septième degré.

Devait-il donc regarder ces relations comme apocryphes ? ou bien un hiver précoce venait-il s'abattre sur ces régions boréales ?

Le 15 août, le mont Percy dressa dans la brume ses pics couverts de neiges éternelles ; le vent très-violent chassait devant lui une mitraille de grésil qui crépitait avec bruit. Le lendemain, le soleil se coucha pour la première fois, terminant enfin la longue série des jours de vingt-quatre heures. Les hommes avaient fini par s'habituer à cette clarté incessante ; mais les animaux en ressentaient peu l'influence ; les chiens groënlandais se couchaient à l'heure habituelle, et Duk lui-même s'endormait régulièrement chaque soir, comme si les ténèbres eussent envahi l'horizon.

Cependant, pendant les nuits qui suivirent le 15 août, l'obscurité ne fut jamais profonde ; le soleil, quoique couché, donnait encore une lumière suffisante par réfraction.

Le 19 août, après une assez bonne observation, on releva le cap Franklin sur la côte orientale, et, sur la côte occidentale, le cap Lady-Franklin ; ainsi, au point extrême atteint sans doute par ce hardi navigateur, la reconnaissance de ses compatriotes voulut que le nom de sa femme si dévouée fît face à son propre nom, emblème touchant de l'étroite sympathie qui les unit toujours !

Le docteur fut ému de ce rapprochement, de cette union morale entre deux pointes de terre au sein de ces contrées lointaines !

Le docteur, suivant les conseils de Johnson, s'accoutumait déjà à supporter les basses températures; il demeurait presque sans cesse sur le pont, bravant le froid, le vent et la neige. Sa constitution, bien qu'il eût un peu maigri, ne souffrait pas des atteintes de ce rude climat. D'ailleurs, il s'attendait à d'autres périls, et constatait avec gaieté même les symptômes précurseurs de l'hiver.

« Voyez, dit-il un jour, à Johnson, voyez ces bandes d'oiseaux qui émigrent vers le sud! Comme ils s'enfuient à tire-d'aile en poussant leurs cris d'adieu!

—Oui, monsieur Clawbonny, répondit Johnson; quelque chose leur a dit qu'il fallait partir et il se sont mis en route.

—Plus d'un des nôtres, Johnson, serait, je crois, tenté de les imiter!

—Ce sont des cœurs faibles, monsieur Clawbonny; que diable! ces ani-

maux-là n'ont pas un approvisionnement de nourriture comme nous, et il faut bien qu'ils aillent chercher leur existence ailleurs! Mais des marins, avec un bon navire sous les pieds, doivent aller au bout du monde.

—Vous espérez donc qu'Hatteras réussira dans ses projets?

—Il réussira, monsieur Clawbonny.

—Je le pense comme vous, Johnson, et dût-il, pour le suivre, ne conserver qu'un seul compagnon fidèle...

—Nous serions deux!

—Oui, Johnson, » répondit le docteur en serrant la main du brave matelot.

La terre du Prince-Albert, que le *Forward* prolongeait en ce moment, porte aussi le nom de terre Grinnel, et bien qu'Hatteras, en haine des Yankees, n'eût jamais consenti à lui donner ce nom, c'est cependant celui sous lequel elle est le plus généralement désignée. Voici d'où vient cette double appellation : en même temps que l'Anglais Penny lui donnait le nom de Prince-Albert, le commandant de la *Rescue*, le lieutenant de Haven, la nommait terre Grinnel, en l'honneur du négociant américain qui avait fait à New-York les frais de son expédition.

Le brick, en suivant ses contours, éprouva une série de difficultés inouïes, naviguant tantôt à la voile et tantôt à la vapeur. Le 18 août, on releva le mont Britannia à peine visible dans la brume, et le *Forward* jeta l'ancre le lendemain dans la baie de Northumberland. Il se trouvait cerné de toutes parts.

CHAPITRE XXIII. — L'ASSAUT DES GLAÇONS.

Hatteras, après avoir présidé au mouillage du navire, rentra dans sa cabine, prit sa carte et la pointa avec soin; il se trouvait par 76° 57' de latitude et 99° 20' de longitude, c'est-à-dire à trois minutes seulement du soixante-dix-septième parallèle. Ce fut à cet endroit même que sir Edward Belcher passa son premier hivernage sur le *Pionnier* et l'*Assistance*. C'est

de ce point qu'il organisa ses excursions en traîneau et en bateau; il découvrit l'île de la Table, les Cornouailles septentrionales, l'archipel Victoria et le canal Belcher. Parvenu au delà du soixante-dix-huitième degré, il vit la côte s'incliner vers le sud-est. Elle semblait devoir se relier au détroit de Jones, dont l'entrée donne sur la baie de Baffin. Mais dans le nord-ouest, au contraire, « une mer libre, dit son rapport, s'étendait à perte de vue. »

Hatteras considérait avec émotion cette partie des cartes marines où un large espace blanc figurait ces régions inconnues, et ses yeux revenaient toujours à ce bassin polaire dégagé de glaces.

« Après tant de témoignages, se dit-il, après les relations de Stewart, de Penny, de Belcher, il n'est pas permis de douter! Il faut que cela soit! Ces hardis marins ont vu, vu de leurs propres yeux! peut-on révoquer leurs assertions en doute? Non! — Mais, si cependant cette mer, libre alors par suite d'un hiver précoce, était... Mais non, c'est à plusieurs années d'intervalle que ces découvertes ont été faites; ce bassin existe, je le trouverai! je le verrai! »

Hatteras remonta sur la dunette. Une brume intense enveloppait le *Forward;* du pont on apercevait à peine le haut de sa mâture. Cependant Hatteras fit descendre l'ice-master de son nid de pie et prit sa place; il voulait profiter de la moindre éclaircie du ciel pour examiner l'horizon du nord-ouest.

Shandon n'avait pas manqué cette occasion de dire au lieutenant :

« Eh bien, Wall! et cette mer libre?

— Vous aviez raison, Shandon, répondit Wall, et nous n'avons plus que pour six semaines de charbon dans nos soutes.

— Le docteur trouvera quelque procédé scientifique, répondit Shandon, pour nous chauffer sans combustible. J'ai entendu dire que l'on faisait de la glace avec du feu ; peut-être nous fera-t-il du feu avec de la glace. »

Shandon rentra dans sa cabine en haussant les épaules.

Le lendemain, 20 août, le brouillard se fendit pendant quelques instants. On vit Hatteras, de son poste élevé, promener vivement ses regards vers l'horizon ; puis il redescendit sans rien dire et donna l'ordre de se porter en avant; mais il était facile de voir que son espoir avait été déçu une dernière fois.

Le *Forward* leva l'ancre et reprit sa marche incertaine vers le nord. Comme il fatiguait beaucoup, les vergues des huniers et de perroquet furent envoyées en bas avec tout leur gréement ; les mâts furent dépassés ; on ne pouvait plus compter sur le vent variable, que la sinuosité des passes rendait d'ailleurs à peu près inutile ; de larges taches blanchâtres se formaient çà et là sur la mer, semblables à des taches d'huile ; elles faisaient présager une gelée générale très-prochaine ; dès que la brise venait à tomber, la mer se prenait presque instantanément ; mais au retour du vent, cette jeune glace se brisait et se dissipait. Vers le soir, le thermomètre descendit à dix-sept degrés (— 7° centig.).

Lorsque le brick arrivait au fond d'une passe fermée, il faisait alors l'office de bélier et se précipitait à toute vapeur sur l'obstacle qu'il enfonçait. Quelquefois on le croyait définitivement arrêté; mais un mouvement inattendu des streams lui ouvrait un nouveau passage et il s'élançait hardiment; pendant ces temps d'arrêt, la vapeur, s'échappant par les soupapes, se condensait à l'air froid et retombait en neige sur le pont. Une autre cause venait aussi suspendre la marche du brick : les glaçons s'engageaient parfois dans les branches de l'hélice, et ils avaient une dureté telle que tout l'effort de la machine ne parvenait pas à les briser; il fallait alors renverser la vapeur, revenir en arrière, et envoyer des hommes débarrasser l'hélice à l'aide de leviers et d'anspects; de là des difficultés, des fatigues et des retards.

Pendant treize jours il en fut ainsi; le *Forward* se traîna péniblement le long du détroit de Penny. L'équipage murmurait, mais il obéissait; il comprenait que revenir en arrière était maintenant impossible. La marche au nord offrait moins de périls que la retraite au sud; il fallait songer à l'hivernage.

Les matelots parlaient entre eux de cette nouvelle situation, et, un jour, ils en causèrent même avec Richard Shandon, qu'ils savaient bien être pour eux. Celui-ci, au mépris de ses devoirs d'officier, ne craignit pas de laisser discuter devant lui l'autorité de son capitaine.

« Vous dites donc, monsieur Shandon, lui demandait Gripper, que nous ne pouvons plus revenir sur nos pas?

—Maintenant il est trop tard, répondit Shandon.

—Alors reprit un autre matelot, nous ne devons plus songer qu'à l'hivernage?

—C'est notre seule ressource! On n'a pas voulu me croire...

—Une autre fois, répondit Pen, qui avait repris son service accoutumé, on vous croira.

—Comme je ne serai pas le maître,... répliqua Shandon.

—Qui sait? répliqua Pen. John Hatteras est libre d'aller aussi loin que bon lui semble, mais on n'est pas obligé de le suivre.

—Il n'y a qu'à se rappeler, reprit Gripper, son premier voyage à la mer de Baffin, et ce qui s'en est suivi!

—Et le voyage du *Farewel*, dit Clifton, qui est allé se perdre dans les mers du Spitzberg sous son commandement!

—Et dont il est revenu seul, répondit Gripper.

—Seul avec son chien, répliqua Clifton.

—Nous n'avons pas envie de nous sacrifier pour le bon plaisir de cet homme, ajouta Pen.

—Ni de perdre les primes que nous avons si bien gagnées! »

On reconnaît Clifton à cette remarque intéressée.

« Lorsque nous aurons dépassé le soixante-dix-huitième degré, ajouta-t-il, et nous n'en sommes pas loin, cela fera juste trois cent soixante-quinze livres pour chacun [1], six fois huit degrés!

—Mais, répondit Gripper, ne les perdrons-nous pas, si nous revenons sans le capitaine?

—Non, répondit Clifton, lorsqu'il sera prouvé que le retour était devenu indispensable.

—Mais le capitaine... cependant...

—Sois tranquille, Gripper, répondit Pen, nous en aurons, un capitaine, et un bon, que M. Shandon connaît. Quand un commandant devient fou, on le casse et on en nomme un autre. N'est-ce pas, monsieur Shandon?

—Mes amis, répondit Shandon évasivement, vous trouverez toujours en moi un cœur dévoué. Mais attendons les événements. »

L'orage, on le voit, s'amassait sur la tête d'Hatteras. Celui-ci, ferme, inébranlable, énergique, toujours confiant, marchait avec audace. En somme, s'il n'avait pas été maître de la direction de son navire, son navire s'était vaillamment comporté; la route parcourue en cinq mois représentait la route que d'autres navigateurs mirent deux et trois ans à faire! Hatteras se trouvait maintenant dans l'obligation d'hiverner, mais cette situation ne pouvait effrayer des cœurs forts et décidés, des âmes éprouvées et aguerries, des esprits intrépides et bien trempés! Sir John Ross et Mac Clure ne passèrent-ils pas trois hivers successifs dans les régions arctiques? Ce qui s'était fait ainsi, ne pouvait-on le faire encore?

« Certes, répétait Hatteras, et plus, s'il le faut! Ah! disait-il avec regret au docteur, que n'ai-je pu forcer l'entrée de Smith, au nord de la mer de Baffin, je serais maintenant au pôle!

—Bon! répondait invariablement le docteur, qui eût inventé la confiance au besoin, nous y arriverons, capitaine, sur le quatre-vingt-dix-neuvième méridien au lieu du soixante-quinzième, il est vrai; mais qu'importe? si tout chemin mène à Rome, il est encore plus certain que tout méridien mène au pôle. »

Le 31 août, le thermomètre marqua treize degrés (—10° centig.). La fin de la saison navigable arrivait; le *Forward* laissa l'île Exmouth sur tribord, et, trois jours après, il dépassa l'île de la Table, située au milieu du canal Belcher. A une époque moins avancée, il eût été possible peut-être de regagner par ce canal la mer de Baffin, mais alors il ne fallait pas y songer; ce bras de mer, entièrement barré par les glaces, n'eût pas offert

[1] 9,375 fr.

un pouce d'eau à la quille du *Forward;* le regard s'étendait sur des ice-fields sans fin et immobiles pour huit mois encore.

Heureusement, on pouvait encore gagner quelques minutes vers le nord, mais à la condition de briser la glace nouvelle sous de gros rouleaux, ou de la déchirer au moyen des pétards. Ce qu'il fallait redouter alors, par ces basses températures, c'était le calme de l'atmosphère, car les passes se prenaient rapidement, et on accueillait avec joie même les vents contraires. Une nuit calme, et tout était glacé.

Or, le *Forward* ne pouvait hiverner dans la situation actuelle, exposé aux vents, aux ice-bergs, à la dérive du canal; un abri sûr est la première chose à trouver; Hatteras espérait gagner la côte du Nouveau-Cornouailles et rencontrer, au delà de la pointe Albert, une baie de refuge suffisamment couverte. Il poursuivit donc sa route au nord avec persévérance.

Mais, le 8 septembre, une banquise continua, impénétrable, infranchissable, s'interposa entre le nord et lui; la température s'abaissa à dix degrés (—12° centig.). Hatteras, le cœur inquiet, chercha vainement un passage, risquant cent fois son navire, et se tirant de pas dangereux par des prodiges d'habileté. On pouvait le taxer d'imprudence, d'irréflexion, de folie, d'aveuglement, mais pour bon marin, il l'était, et parmi les meilleurs!

La situation du *Forward* devint véritablement périlleuse; en effet, la mer se refermait derrière lui, et dans l'espace de quelques heures, la glace acquérait une dureté telle que les hommes couraient dessus et halaient le navire en toute sécurité.

Hatteras, ne pouvant tourner l'obstacle, résolut de l'attaquer de front; il employa ses plus forts blasting-cylinders, de huit à dix livres de poudre; on commençait par trouer la glace dans son épaisseur; on remplissait le trou de neige, après avoir eu soin de placer le cylindre dans une position horizontale, afin qu'une plus grande partie de glace fût soumise à l'explosion; alors on allumait la mèche, protégée par un tube de gutta-percha.

On travailla donc à briser la banquise, car on ne pouvait la scier, puisque les sciures se recollaient immédiatement. Toutefois, Hatteras put espérer passer le lendemain.

Mais, pendant la nuit, le vent fit rage; la mer se souleva sous sa croûte glacée, comme secouée par quelque commotion sous-marine, et la voix terrifiée du pilote laissa tomber ces mots :

« Veille à l'arrière! veille à l'arrière! »

Hatteras porta ses regards vers la direction indiquée, et ce qu'il vit à la faveur du crépuscule était effrayant.

Une haute banquise, refoulée vers le nord, accourait sur le navire avec la rapidité d'une avalanche.

« Tout le monde sur le pont! » s'écria le capitaine.

Cette montagne roulante n'était plus qu'à un demi-mille à peine ; les glaçons se soulevaient, passaient les uns par-dessus les autres, se culbu-

taient comme d'énormes grains de sable emportés par un ouragan formidable ; un bruit terrible agitait l'atmosphère.

« Voilà, monsieur Clawbonny, dit Johnson au docteur, l'un des plus grands dangers dont nous ayons été menacés.

—Oui, répondit tranquillement le docteur, c'est assez effrayant.

—Un véritable assaut qu'il nous faudra repousser, reprit le maître d'équipage.

—En effet, on dirait une troupe immense d'animaux antédiluviens, de ceux que l'on suppose avoir habité le pôle! Ils se pressent! Ils se hâtent à qui arrivera le plus vite.

—Et, ajouta Johnson, il y en a qui sont armés de lances aiguës dont je vous engage à vous défier, monsieur Clawbonny.

—C'est un véritable siége! s'écria le docteur; eh bien! courons sur les remparts. »

Et il se précipita vers l'arrière, où l'équipage, armé de perches, de barres de fer, d'anspects, se préparait à repousser cet assaut formidable.

L'avalanche arrivait et gagnait de hauteur, en s'accroissant des glaces environnantes qu'elle entraînait dans son tourbillon; d'après les ordres d'Hatteras, le canon de l'avant tirait à boulets pour rompre cette ligne menaçante. Mais elle arriva et se jeta sur le brick; un craquement se fit entendre, et, comme il fut abordé par la hanche de tribord, une partie de son bastingage se brisa.

« Que personne ne bouge! s'écria Hatteras. Attention aux glaces! »

Celles-ci grimpaient avec une force irrésistible; des glaçons pesant plusieurs quintaux escaladaient les murailles du navire; les plus petits, lancés jusqu'à la hauteur des hunes, retombaient en flèches aiguës, brisant les haubans, coupant les manœuvres. L'équipage était débordé par ces ennemis innombrables, qui, de leur masse, eussent écrasé cent navires comme le *Forward*. Chacun essayait de repousser ces rocs envahissants, et plus d'un matelot fut blessé par leurs arêtes aiguës, entre autres Bolton, qui eut l'épaule gauche entièrement déchirée. Le bruit prenait des proportions effrayantes. Duk aboyait avec rage après ces ennemis d'une nouvelle sorte. L'obscurité de la nuit accrut bientôt l'horreur de la situation, sans cacher ces blocs irrités dont la blancheur répercutait les dernières lueurs éparses dans l'atmosphère.

Les commandements d'Hatteras retentissaient toujours au milieu de cette lutte étrange, impossible, surnaturelle, des hommes avec des glaçons. Le navire, obéissant à cette pression énorme, s'inclinait sur bâbord, et l'extrémité de sa grande vergue s'arc-boutait déjà contre le champ de glace, au risque de briser son mât.

Hatteras comprit le danger; le moment était terrible; le brick menaçait de se renverser entièrement, et la mâture pouvait être emportée.

Un bloc énorme, grand comme le navire lui-même, parut alors s'élever le long de la coque; il se soulevait avec une irrésistible puissance; il montait, il dépassait déjà la dunette; s'il se précipitait sur le *Forward*, tout était fini; bientôt il se dressa debout, sa hauteur dépassant les vergues de perroquet, et il oscilla sur sa base.

Un cri d'épouvante s'échappa de toutes les poitrines. Chacun reflua sur tribord.

Mais, à ce moment, le navire fut entièrement soulagé[1]. On le sentit enlevé, et, pendant un temps inappréciable, il flotta dans l'air, puis il s'inclina, retomba sur les glaçons, et là, il fut pris d'un roulis qui fit craquer ses bordages. Que se passait-il donc?

Soulevé par cette marée montante, repoussé par les blocs qui le prenaient à l'arrière, il franchissait l'infranchissable banquise. Après une minute, qui parut un siècle, de cette étrange navigation, il retomba de l'autre côté de l'obstacle, sur un champ de glace; il l'enfonça de son poids, et se retrouva dans son élément naturel.

« La banquise est franchie! s'écria Johnson, qui s'était jeté à l'avant du brick.

—Dieu soit loué! » répondit Hatteras.

En effet, le brick se trouvait au centre d'un bassin de glace; celle-ci l'entourait de toutes parts, et, bien que sa quille plongeât dans l'eau, il ne pouvait bouger; mais s'il demeurait immobile, le champ marchait pour lui.

« Nous dérivons, capitaine! cria Johnson.

—Laissons faire, » répondit Hatteras.

Comment, d'ailleurs, eût-il été possible de s'opposer à cet entraînement?

Le jour revint, et il fut bien constaté que, sous l'influence d'un courant sous-marin, le banc de glace dérivait vers le nord avec rapidité. Cette

---

[1] Soulevé.

masse flottante emportait le *Forward*, cloué au milieu de l'ice-field, dont on ne voyait pas la limite; dans la prévision d'une catastrophe, dans le cas où le brick serait jeté sur une côte ou écrasé par la pression des glaces, Hatteras fit monter sur le pont une grande quantité de provisions, les effets de campement, les vêtements et les couvertures de l'équipage ; à l'exemple de ce que fit le capitaine Mac Clure dans une circonstance semblable, il fit entourer le bâtiment d'une ceinture de hamacs gonflés d'air de manière à le prémunir contre les grosses avaries ; bientôt la glace s'accumulant sous l'influence d'une température de sept degrés (—14° centig.), le navire fut entouré d'une muraille de laquelle sa mâture sortait seule.

Pendant sept jours, il navigua de cette façon ; la pointe Albert, qui forme l'extrémité ouest du Nouveau-Cornouailles, fut entrevue le 10 septembre et disparut bientôt; on remarqua que le champ de glace porta dans l'est à partir de ce moment. Où allait-il de la sorte? Où s'arrêterait-on? Qui pouvait le prévoir?

L'équipage attendait et se croisait les bras. Enfin, le 15 septembre, vers les trois heures du soir, l'ice-field, précipité sans doute sur un autre champ, s'arrêta brusquement ; le navire ressentit une secousse violente; Hatteras, qui avait fait son point pendant cette journée, consulta sa carte ; il se trouvait dans le nord, sans aucune terre en vue, par 95° 35' de longitude et 78° 15' de latitude, au centre de cette région, de cette mer inconnue, où les géographes ont placé le pôle du froid !

CHAPITRE XXIV. — PRÉPARATIFS D'HIVERNAGE.

L'hémisphère austral est plus froid à parité de latitude que l'hémisphère boréal; mais la température du nouveau continent est encore de quinze degrés au-dessous de celle des autres parties du monde ; et, en Amérique, ces contrées, connues sous le nom de pôle du froid, sont les plus redoutables.

La température moyenne pour toute l'année n'est que de deux degrés au-dessous de zéro (—19° centig.). Les savants ont expliqué cela de la façon suivante, et le docteur Clawbonny partageait leur opinion à cet égard.

Suivant eux, les vents qui règnent avec la force la plus constante dans les régions septentrionales de l'Amérique sont les vents de sud-ouest ; ils viennent de l'océan Pacifique avec une température égale et supportable;

mais pour arriver aux mers arctiques, ils sont forcés de traverser l'immense territoire américain, couvert de neiges; ils se refroidissent à son contact et couvrent alors les régions hyperboréennes de leur glaciale âpreté.

Hatteras se trouvait au pôle du froid, au delà des contrées entrevues par ses devanciers; il s'attendit donc à un hiver terrible, sur un navire perdu au milieu des glaces, avec un équipage à demi-révolté. Il résolut de combattre ces dangers divers avec son énergie habituelle. Il regarda sa situation en face et ne baissa pas les yeux.

Il commença par prendre, avec l'aide et l'expérience de Johnson, toutes les mesures nécessaires à son hivernage. D'après son calcul, le *Forward*

avait été entraîné à deux cent cinquante milles de la dernière terre connue, c'est-à-dire le Nouveau-Cornouailles; il était étreint dans un champ de glace comme dans un lit de granit, et nulle puissance humaine ne pouvait l'en arracher.

Il n'existait plus une goutte d'eau libre dans ces vastes mers frappées par l'hiver arctique. Les ice-fields se déroulaient à perte de vue, mais sans offrir une surface unie. Loin de là. De nombreux ice-bergs hérissaient la plaine glacée, et le *Forward* se trouvait abrité par les plus hauts d'entre eux sur trois points du compas; le vent du sud-est seul soufflait jusqu'à lui. Que l'on suppose des rochers au lieu de glaçons, de la verdure au lieu de neige, et la mer reprenant son état liquide, le brick eût été tranquillement à l'ancre dans une jolie baie et à l'abri des coups de vent les plus redoutables. Mais quelle désolation sous cette latitude! quelle nature attristante! quelle lamentable contemplation!

Le navire, quelque immobile qu'il fût, dut être néanmoins assujetti fortement au moyen de ses ancres; il fallait redouter les débâcles possibles ou les soulèvements sous-marins. Johnson, en apprenant cette situation du *Forward* au pôle du froid, observa plus sévèrement encore ses mesures d'hivernage.

« Nous en verrons de rudes! avait-il dit au docteur; voilà bien la chance du capitaine! aller se faire pincer au point le plus désagréable du globe! Bah! vous verrez que nous nous en tirerons. »

Quant au docteur, au fond de sa pensée, il était tout simplement ravi de la situation. Il ne l'eût pas changée pour une autre! Hiverner au pôle du froid, quelle bonne fortune!

Les travaux de l'extérieur occupèrent d'abord l'équipage; les voiles demeurèrent enverguées au lieu d'être serrées à fond de cale, comme le firent les premiers hiverneurs; elles furent uniquement repliées dans leur étui, et bientôt la glace leur fit une enveloppe imperméable; on ne dépassa même pas les mâts de perroquet, et le nid de pie resta en place. C'était un observatoire naturel. Les manœuvres courantes furent seules retirées.

Il devint nécessaire de couper le champ autour du navire, qui souffrait de sa pression. Les glaçons, accumulés sur ses flancs, pesaient d'un poids considérable; il ne reposait pas sur sa ligne de flottaison habituelle. Travail long et pénible. Au bout de quelques jours, la carène fut délivrée de sa prison, et l'on profita de cette circonstance pour l'examiner; elle n'avait pas souffert, grâce à la solidité de sa construction; seulement son doublage de cuivre était presque entièrement arraché. Le navire, devenu libre, se releva de près de neuf pouces; on s'occupa alors de tailler la glace en biseau suivant la forme de la coque; de cette façon, le champ se rejoignait sous la quille du brick et s'opposait lui-même à tout mouvement de pression.

Le docteur participait à ces travaux; il maniait adroitement le couteau à neige; il excitait les matelots par sa bonne humeur. Il instruisait et s'instruisait. Il approuva fort cette disposition de la glace sous le navire.

« Voilà une bonne précaution, dit-il.

—Sans cela, monsieur Clawbonny, répondit Johnson, on n'y résisterait pas. Maintenant, nous pouvons sans crainte élever une muraille de neige jusqu'à la hauteur du plat-bord; et, si nous voulons, nous lui donnerons dix pieds d'épaisseur, car les matériaux ne manquent pas.

—Excellente idée, reprit le docteur; la neige est un mauvais conducteur de la chaleur; elle réfléchit au lieu d'absorber, et la température intérieure ne pourra pas s'échapper au dehors.

—Cela est vrai, répondit Johnson; nous élevons une fortification contre le froid, mais aussi contre les animaux, s'il leur prend fantaisie de nous rendre visite; le travail terminé, cela aura bonne tournure, vous verrez; nous taillerons dans cette masse de neige deux escaliers, donnant accès l'un à l'avant, l'autre à l'arrière du navire; une fois les marches taillées au couteau, nous répandrons de l'eau dessus; cette eau se convertira en une glace dure comme du roc, et nous aurons un escalier royal.

—Parfait, répondit le docteur, et, il faut l'avouer, il est heureux que le froid engendre la neige et la glace, c'est-à-dire de quoi se protéger contre lui. Sans cela, on serait fort embarrassé. »

En effet, le navire était destiné à disparaître sous une couche épaisse de glace, à laquelle il demandait la conservation de sa température intérieure; un toit fait d'épaisses toiles goudronnées et recouvertes de neige

fut construit au-dessus du pont sur toute sa longueur; la toile descendait assez bas pour recouvrir les flancs du navire. Le pont, se trouvant à l'abri de toute impression du dehors, devint un véritable promenoir; il fut recouvert de deux pieds et demi de neige; cette neige fut foulée et battue de manière à devenir très-dure; là elle faisait encore obstacle au rayonnement de la chaleur interne; on étendit au-dessus d'elle une couche de sable, qui devint, s'incrustant, un macadamisage d'une grande dureté.

« Un peu plus, disait le docteur, et avec quelques arbres, je me croirais à Hyde-Park, et même dans les jardins suspendus de Babylone. »

On fit un trou à une distance assez rapprochée du brick; c'était un espace circulaire creusé dans le champ, un véritable puits, qui devait être maintenu toujours praticable; chaque matin, on brisait la glace formée à l'orifice; il devait servir à se procurer de l'eau en cas d'incendie, ou pour les bains fréquents ordonnés aux hommes de l'équipage par mesure d'hygiène; on avait même soin, afin d'épargner le combustible, de puiser l'eau dans des couches profondes, où elle est moins froide; on parvenait à ce résultat au moyen d'un appareil, indiqué par un savant français [1]; cet appareil, descendu à une certaine profondeur, donnait accès à l'eau environnante au moyen d'un double fond mobile dans un cylindre.

Habituellement, on enlève, pendant les mois d'hiver, tous les objets qui encombrent le navire, afin de se réserver de plus larges espaces; on dépose ces objets à terre dans des magasins. Mais ce qui peut se pratiquer près d'une côte est impossible à un navire mouillé sur un champ de glace.

Tout fut disposé à l'intérieur pour combattre ces deux grands ennemis de ces latitudes : le froid et l'humidité; le premier amenait le second, plus redoutable encore; on résiste au froid, on succombe à l'humidité; il s'agissait donc de la prévenir.

Le *Forward*, destiné à une navigation dans les mers arctiques, offrait l'aménagement le meilleur pour un hivernage : la grande chambre de l'équipage était sagement disposée; on y avait fait la guerre aux coins, où l'humidité se réfugie d'abord; en effet, par certains abaissements de température, une couche de glace se forme sur les cloisons, dans les coins particulièrement, et quand elle vient à se fondre, elle entretient une humidité constante. Circulaire, la salle de l'équipage eût encore mieux convenu; mais enfin, chauffée par un vaste poêle et convenablement ventilée, elle devait être très-habitable; les murs étaient tapissés de peaux de daims, et non d'étoffes de laine, car la laine arrête les vapeurs qui s'y condensent et imprègnent l'atmosphère d'un principe humide.

Les cloisons furent abattues dans la dunette, et les officiers eurent une salle commune plus grande, plus aérée et chauffée par un poêle. Cette salle, ainsi que celle de l'équipage, était précédée d'une sorte d'antichambre qui lui enlevait toute communication directe avec l'extérieur. De cette façon, la chaleur ne pouvait se perdre, et l'on passait graduellement d'une température à l'autre. On laissait dans les antichambres les vêtements chargés de neige; on se frottait les pieds à des scrapers [2] installés au dehors, de manière à n'introduire avec soi aucun élément malsain.

Des manches en toile servaient à l'introduction de l'air destiné au tirage des poêles; d'autres manches permettaient à la vapeur d'eau de s'échapper. Au surplus, des condensateurs étaient établis dans les deux salles et

---

[1] François Arago. — [2] Grattoirs.

recueillaient cette vapeur au lieu de la laisser se résoudre en eau ; on les vidait deux fois par semaine, et ils renfermaient quelquefois plusieurs boisseaux de glace. C'était autant de pris sur l'ennemi.

Le feu se réglait parfaitement et facilement, au moyen des manches à air ; on reconnut qu'une petite quantité de charbon suffisait à maintenir dans les salles une température de cinquante degrés (+ 10° centigr.). Cependant Hatteras, après avoir fait jauger ses soutes, vit bien que, même avec la plus grande parcimonie, il n'avait pas pour deux mois de combustible.

Un séchoir fut installé pour les vêtements qui devaient être souvent lavés ; on ne pouvait les faire sécher à l'air, car ils devenaient durs et cassants.

Les parties délicates de la machine furent aussi démontées avec soin ; la chambre qui la renfermait fut hermétiquement close.

La vie du bord devint l'objet de sérieuses méditations ; Hatteras la régla avec le plus grand soin, et le règlement fut affiché dans la salle commune. Les hommes se levaient à six heures du matin ; les hamacs étaient exposés à l'air trois fois par semaine ; le plancher des deux chambres fut frotté chaque matin avec du sable chaud ; le thé brûlant figurait à chaque repas, et la nourriture variait autant que possible suivant les jours de la semaine ; elle se composait de pain, de farine, de gras de bœuf et de raisins secs pour les puddings, de sucre, de cacao, de thé, de riz, de jus de citron, de viande conservée, de bœuf et de porc salé, de choux et de légumes au vinaigre ; la cuisine était située en dehors des salles communes ; on se privait ainsi de sa chaleur, mais la cuisson des aliments est une source constante d'évaporation et d'humidité.

La santé des hommes dépend beaucoup de leur genre de nourriture ; sous ces latitudes élevées, on doit consommer le plus possible de matières animales. Le docteur avait présidé à la rédaction du programme d'alimentation.

« Il faut prendre exemple sur les Esquimaux, disait-il ; ils ont reçu les leçons de la nature et sont nos maîtres en cela ; si les Arabes, si les Africains peuvent se contenter de quelques dattes et d'une poignée de riz, ici il est important de manger, et beaucoup. Les Esquimaux absorbent jusqu'à dix et quinze livres d'huile par jour. Si ce régime ne vous plaît pas, nous devons recourir aux matières riches en sucre et en graisse. En un mot, il nous faut du carbone, faisons du carbone ! c'est bien de mettre du charbon dans le poêle, mais n'oublions pas d'en bourrer ce précieux poêle que nous portons en nous ! »

Avec ce régime, une propreté sévère fut imposée à l'équipage ; chacun dut prendre tous les deux jours un bain de cette eau à demi-glacée, que procurait le trou à feu, excellent moyen de conserver sa chaleur naturelle. Le docteur donnait l'exemple ; il le fit d'abord comme une chose qui devait lui être fort désagréable ; mais ce prétexte lui échappa bientôt, car il finit par trouver un plaisir véritable à cette immersion très-hygiénique.

Lorsque le travail, ou la chasse, ou les reconnaissances entraînaient les gens de l'équipage au dehors par les grands froids, ils devaient prendre garde surtout à ne pas être *frost bitten*, c'est-à-dire gelés dans une partie quelconque du corps ; si le cas arrivait, on se hâtait, à l'aide de frictions de neige, de rétablir la circulation du sang. D'ailleurs, les hommes, soigneusement vêtus de laine sur tout le corps, portaient des capotes en peau de daim et des pantalons de peaux de phoque qui sont parfaitement imperméables au vent.

Les divers aménagements du navire, l'installation du bord prirent environ trois semaines, et l'on arriva au 10 octobre sans incident particulier.

CHAPITRE XXV. — UN VIEUX RENARD DE JAMES ROSS.

Ce jour-là, le thermomètre s'abaissa jusqu'à trois degrés au-dessous de zéro (—16° centigr.). Le temps fut assez calme ; le froid se supportait facilement en l'absence de la brise. Hatteras, profitant de la clarté de l'atmosphère, alla reconnaître les plaines environnantes ; il gravit l'un des plus hauts ice-bergs du nord, et n'embrassa, dans le champ de sa lunette, qu'une suite de montagnes de glaces et d'ice-fields. Pas une terre en vue, mais bien l'image du chaos sous son plus triste aspect. Il revint à bord, essayant de calculer la longueur probable de sa captivité.

Les chasseurs, et parmi eux, le docteur, James Wall, Simpson, Johnson, Bell, ne manquaient pas de pourvoir le navire de viande fraîche. Les oiseaux avaient disparu, cherchant au sud des climats moins rigoureux. Les ptarmigans seuls, perdrix de rocher particulières à cette latitude, ne fuyaient pas devant l'hiver ; on pouvait les tuer facilement, et leur grand nombre promettait une réserve abondante de gibier.

Les lièvres, les renards, les loups, les hermines, les ours ne manquaient pas ; un chasseur français, anglais ou norwégien n'eût pas eu le droit de se plaindre ; mais ces animaux très-farouches ne se laissaient guère approcher ; on les distinguait difficilement d'ailleurs sur ces plaines blanches dont ils possédaient la blancheur, car, avant les grands froids, ils changent de couleur et revêtent leur fourrure d'hiver. Le docteur constata, contrairement à l'opinion de certains naturalistes, que ce changement ne provenait pas du grand abaissement de la température, car il avait lieu avant le mois d'octobre ; il ne résultait donc pas d'une cause physique, mais bien

de la prévoyance providentielle, qui voulait mettre les animaux arctiques en mesure de braver la rigueur d'un hiver boréal.

On rencontrait souvent des veaux marins, des chiens de mer, animaux compris sous la dénomination générale de phoques ; leur chasse fut spécialement recommandée aux chasseurs, autant pour leurs peaux que pour leur graisse, éminemment propre à servir de combustible. D'ailleurs le foie de ces animaux devenait au besoin un excellent comestible ; on en comptait par centaines, et à deux ou trois milles au nord du navire, le champ était littéralement percé à jour par les trous de ces énormes amphibies ; seulement, ils éventaient le chasseur avec un instinct remarquable, et beaucoup furent blessés, qui s'échappèrent aisément en plongeant sous les glaçons.

Cependant, le 19, Simpson parvint à s'emparer de l'un d'eux à quatre cents yards du navire ; il avait eu la précaution de boucher son trou de refuge, de sorte que l'animal fut à la merci des chasseurs. Il se débattit longtemps, et, après avoir essuyé plusieurs coups de feu, il finit par être assommé. Il mesurait neuf pieds de long ; sa tête de bull-dog, les seize dents de ses mâchoires, ses grandes nageoires pectorales en forme d'ailerons, sa queue petite et munie d'une autre paire de nageoires, en faisaient un magnifique spécimen de la famille des chiens de mer. Le docteur, voulant conserver sa tête pour sa collection d'histoire naturelle, et sa peau pour les besoins à venir, fit préparer l'une et l'autre par un moyen rapide et peu coûteux. Il plongea le corps de l'animal dans le trou à feu, et des milliers de petites crevettes enlevèrent les moindres parcelles de chair ; au bout d'une demi-journée, le travail était accompli, et le plus adroit de l'honorable corporation des tanneurs de Liverpool n'eût pas mieux réussi.

Dès que le soleil a dépassé l'équinoxe d'automne, c'est-à-dire le 23 septembre, on peut dire que l'hiver commence dans les régions arctiques. Cet astre bienfaisant, après avoir peu à peu descendu au-dessous de l'horizon, disparut enfin le 23 octobre, effleurant de ses obliques rayons la crête des montagnes glacées. Le docteur lui lança le dernier adieu du savant et du voyageur. Il ne devait plus le revoir avant le mois de février.

Il ne faut pourtant pas croire que l'obscurité soit complète pendant cette longue absence du soleil; la lune vient chaque mois le remplacer de son mieux; il y a encore la scintillation très-claire des étoiles, l'éclat des planètes, de fréquentes aurores boréales, et des réfractions particulières aux horizons blancs de neige; d'ailleurs, le soleil, au moment de sa plus

grande déclinaison australe, le 21 décembre, s'approche encore de treize degrés de l'horizon polaire; il règne donc, chaque jour, un certain crépuscule de quelques heures. Seulement, le brouillard et les tourbillons de neige venaient souvent plonger ces froides régions dans la plus complète obscurité.

Cependant, jusqu'à cette époque, le temps fut assez favorable; les perdrix et les lièvres seuls purent s'en plaindre, car les chasseurs ne leur laissaient pas un moment de repos; on disposa plusieurs trappes à renard, mais ces animaux soupçonneux ne s'y laissèrent pas prendre; plusieurs fois même, il grattèrent la neige au-dessous de la trappe, et s'emparèrent de l'appât sans courir aucun risque; le docteur les donnait au diable, fort peiné toutefois de lui faire un semblable cadeau.

Le 25 octobre, le thermomètre ne marqua plus que quatre degrés au-dessous de zéro (— 20° centig.). Un ouragan d'une violence extrême se déchaîna; une neige épaisse s'empara de l'atmosphère, ne permettant plus à un rayon de lumière d'arriver au *Forward*. Pendant plusieurs heures on fut inquiet du sort de Bell et de Simpson, que la chasse avait entraînés trop loin; ils ne regagnèrent le bord que le lendemain, après être restés une journée entière couchés dans leurs peaux de daim, tandis que l'ouragan balayait l'espace au-dessus d'eux et les ensevelissait sous cinq pieds de neige. Ils faillirent être gelés, et le docteur eut beaucoup de peine à rétablir en eux la circulation du sang.

La tempête dura huit longs jours sans interruption. On ne pouvait mettre le pied dehors. Il y avait, pour une seule journée, des variations de quinze et vingt degrés dans la température.

Pendant ces loisirs forcés, chacun vivait à part, les uns dormant, les autres fumant, certains s'entretenant à voix basse et s'interrompant à l'approche de Johnson ou du docteur; il n'existait aucune liaison morale entre les hommes de cet équipage; ils ne se réunissaient qu'à la prière du soir, faite en commun, et le dimanche, pour la lecture de la Bible et de l'office divin.

Clifton s'était parfaitement rendu compte que, le soixante-dix-huitième parallèle franchi, sa part de prime s'élevait à trois cent soixante-quinze

livres [1]; il trouvait la somme ronde, et son ambition n'allait pas au delà. On partageait volontiers son opinion, et l'on songeait à jouir de cette fortune acquise au prix de tant de fatigues.

Hatteras demeurait presque invisible. Il ne prenait part ni aux chasses, ni aux promenades. Il ne s'intéressait aucunement aux phénomènes météorologiques qui faisaient l'admiration du docteur. Il vivait avec une seule idée; elle se résumait en trois mots : le pôle nord. Il ne songeait qu'au moment où le *Forward*, libre enfin, reprendrait sa course aventureuse.

En somme, le sentiment général du bord, c'était la tristesse. Rien d'écœurant, en effet, comme la vue de ce navire captif, qui ne se repose plus dans son élément naturel, dont les formes sont altérées sous ces épaisses couches de glace; il ne ressemble à rien; fait pour le mouvement, il ne peut bouger; on le métamorphose en maison de bois, en magasin, en demeure sédentaire, lui qui sait braver le vent et les orages. Cette anomalie, cette situation fausse, portait dans les cœurs un indéfinissable sentiment d'inquiétude et de regret.

[1] 9,375 francs.

Pendant ces heures inoccupées, le docteur mettait en ordre les notes de voyage, dont ce récit est la reproduction fidèle; il n'était jamais désœuvré, et son égalité d'humeur ne changeait pas. Seulement il vit venir avec satisfaction la fin de la tempête, et se disposa à reprendre ses chasses accoutumées.

Le 3 novembre, à six heures du matin, et par une température de cinq degrés au-dessous de zéro (— 21° centig.), il partit, en compagnie de Johnson et de Bell; les plaines de glace étaient unies; la neige, répandue en grande abondance pendant les jours précédents et solidifiée par la gelée, offrait un terrain assez propice à la marche; un froid sec et piquant se glissait dans l'atmosphère; la lune brillait avec une incomparable pureté et produisait un jeu de lumière étonnant sur les moindres aspérités du champ; les traces de pas s'éclairaient sur leurs bords et laissaient comme une traînée lumineuse par le chemin des chasseurs, dont les grandes ombres s'allongeaient sur la glace avec une surprenante netteté.

Le docteur avait emmené son ami Duk avec lui; il le préférait, pour chasser le gibier, aux chiens groënlandais, et cela avec raison; ces derniers sont peu utiles en semblable circonstance et ne paraissent pas avoir le feu sacré de la race des zones tempérées. Duk courait en flairant la route et tombait souvent en arrêt sur des traces d'ours encore fraîches. Cependant, en dépit de son habileté, les chasseurs n'avaient pas rencontré même un lièvre au bout de deux heures de marche.

« Est-ce que le gibier aurait senti le besoin d'émigrer vers le sud? dit le docteur en faisant halte au pied d'un hummock.

—On le croirait, monsieur Clawbonny, répondit le charpentier.

—Je ne le pense pas, pour mon compte, répondit Johnson; les lièvres, les renards et les ours sont faits à ces climats; suivant moi, la dernière tempête doit avoir causé leur disparition; mais, avec les vents du sud, ils ne tarderont pas à revenir. Ah! si vous me parliez de rennes ou de bœufs musqués, ce serait autre chose.

—Et cependant, à l'île Melville, on trouve ces animaux-là par troupes nombreuses, reprit le docteur; cette île est située plus au sud, il est vrai; aussi, pendant ses hivernages, Parry a toujours eu ce magnifique gibier à discrétion.

—Nous sommes moins bien partagés, répondit Bell; si nous pouvions seulement nous approvisionner de viande d'ours, il ne faudrait pas nous plaindre.

—Voilà précisément la difficulté, répliqua le docteur; c'est que les ours me paraissent fort rares et très-sauvages; ils ne sont pas encore assez civilisés pour venir au-devant d'un coup de fusil.

—Bell parle de la chair d'ours, reprit Johnson; mais la graisse de cet animal est plus enviable en ce moment que sa chair et sa fourrure.

—Tu as raison, Johnson, répondit Bell; tu penses toujours au combustible?

—Comment n'y pas penser? même en le ménageant avec la plus sévère économie, il ne nous en reste pas pour trois semaines!

—Oui, reprit le docteur, là est le véritable danger, car nous ne sommes qu'au commencement de novembre, et février est le mois le plus froid de l'année dans la zone glaciale; toutefois, à défaut de graisse d'ours, nous pouvons compter sur la graisse de phoques.

—Pas longtemps, monsieur Clawbonny, répondit Johnson; ces animaux-là ne tarderont pas à nous abandonner; raison de froid ou d'effroi, ils ne se montreront bientôt plus à la surface des glaçons.

—Alors, reprit le docteur, je vois qu'il faut absolument se rabattre sur les ours, et, je l'avoue, c'est bien l'animal le plus utile de ces contrées, car, à lui seul, il peut fournir la nourriture, les vêtements, la lumière et le combustible nécessaires à l'homme. Entends-tu, Duk, fit le docteur en caressant le chien, il nous faut des ours, mon ami; cherche! voyons, cherche! »

Duk, qui flairait la glace en ce moment, excité par la voix et les caresses du docteur, partit tout d'un coup avec la rapidité d'un trait. Il aboyait avec vigueur, et, malgré son éloignement, ses aboiements arrivaient avec force jusqu'aux chasseurs.

L'extrême portée du son par les basses températures est un fait étonnant; il n'est égalé que par la clarté des constellations dans le ciel boréal; les rayons lumineux et les ondes sonores se transportent à des distances considérables, surtout par les froids secs des nuits hyperboréennes.

Les chasseurs, guidés par ces aboiements lointains, se lancèrent sur les traces de Duk; il leur fallut faire un mille, et ils arrivèrent essoufflés, car les poumons sont rapidement suffoqués dans une semblable atmosphère. Duk demeurait en arrêt à cinquante pas d'une masse énorme qui s'agitait au sommet d'un monticule.

« Nous voilà servis à souhait! s'écria le docteur en armant son fusil.

—Un ours, ma foi, et un bel ours, dit Bell en imitant le docteur.

—Un ours singulier, » fit Johnson, se réservant de tirer après ses deux compagnons.

Duk aboyait avec fureur. Bell avança d'une vingtaine de pieds et fit feu ; mais l'animal ne parut pas être atteint, car il continua de balancer lourdement sa tête.

Johnson s'approcha à son tour, et, après avoir soigneusement visé, il pressa la détente de son arme.

« Bon ! s'écria le docteur ; rien encore ! Ah ! maudite réfraction ! nous sommes hors de portée ; on ne s'y habituera donc jamais ! Cet ours est à plus de mille pas de nous !

—En avant ! » répondit Bell.

Les trois compagnons s'élancèrent rapidement vers l'animal, que cette fusillade n'avait nullement troublé ; il semblait être de la plus forte taille, et, sans calculer les dangers de l'attaque, les chasseurs se livraient déjà à la joie de la conquête. Arrivés à une portée raisonnable, ils firent feu ;

l'ours, blessé mortellement sans doute, fit un bond énorme et tomba au pied du monticule.

Duk se précipita sur

« Voilà un ours, dit le docteur, qui n'aura pas été difficile à abattre.

—Trois coups de feu seulement, répondit Bell d'un air méprisant, et il est à terre !

—C'est même singulier, fit Johnson.

—A moins que nous ne soyons arrivés juste au moment où il allait mourir de vieillesse, répondit le docteur en riant.

—Ma foi, vieux ou jeune, répliqua Bell, il n'en sera pas moins de bonne prise. »

En parlant ainsi, les chasseurs arrivèrent au monticule, et, à leur grande stupéfaction, ils trouvèrent Duk acharné sur le cadavre d'un renard blanc !

« Ah ! par exemple ! s'écria Bell, voilà qui est fort !

—En vérité ! dit le docteur, nous tuons un ours, et c'est un renard qui tombe ! »

Johnson ne savait trop que répondre.

« Bon! s'écria le docteur avec un éclat de rire mêlé de dépit, encore la réfraction! toujours la réfraction!

—Que voulez-vous dire, monsieur Clawbonny? demanda le charpentier.

—Eh oui, mon ami ; elle nous a trompés sur la dimension comme sur la distance! elle nous a fait voir un ours sous la peau d'un renard! pareille méprise est arrivée plus d'une fois aux chasseurs dans des circonstances identiques! Allons! nous en sommes pour nos frais d'imagination.

—Ma foi, répondit Johnson, ours ou renard, on le mangera tout de même. Emportons-le. »

Mais, au moment où le maître d'équipage allait charger l'animal sur ses épaules :

« Voilà qui est plus fort! s'écria-t-il.

—Qu'est-ce donc? demanda le docteur.

—Regardez, monsieur Clawbonny, voyez! il y a un collier au cou de cette bête!

—Un collier? » répliqua le docteur en se penchant sur l'animal.

En effet, un collier de cuivre à demi-usé apparaissait au milieu de la blanche fourrure du renard; le docteur crut y remarquer des lettres gravées; en un tour de main il l'enleva de ce cou autour duquel il paraissait rivé depuis longtemps.

« Qu'est-ce que cela veut dire? demanda Johnson.

—Cela veut dire, répondit le docteur, que nous venons de tuer un renard âgé de plus de douze ans, mes amis, un renard qui fut pris par James Ross en 1848.

—Est-il possible! s'écria Bell.

—Cela n'est pas douteux; je regrette que nous ayons abattu ce pauvre animal! Pendant son hivernage, James Ross eut l'idée de prendre dans des piéges une grande quantité de renards blancs; on riva à leur cou des colliers de cuivre sur lesquels était gravée l'indication de ses navires, l'*Entreprise* et l'*Investigator*, ainsi que celle des dépôts de vivres. Ces animaux traversent d'immenses étendues de terrain en quête de leur nourriture, et James Ross espérait que l'un d'eux pourrait tomber entre les mains de quelques hommes de l'expédition de Franklin. Voilà toute l'explication, et cette pauvre bête, qui aurait pu sauver la vie de deux équipages, est venue inutilement tomber sous nos balles.

—Ma foi, nous ne le mangerons pas, dit Johnson; d'ailleurs, un renard de douze ans! En tous cas, nous conserverons sa peau en témoignage de cette curieuse rencontre. »

Johnson chargea la bête sur ses épaules. Les chasseurs se dirigèrent vers le navire en s'orientant sur les étoiles; leur expédition ne fut pas cependant tout à fait infructueuse; ils purent abattre plusieurs couples de ptarmigans.

Une heure avant d'arriver au *Forward*, un phénomène survint, qui excita au plus haut degré l'étonnement du docteur. Ce fut une véritable

pluie d'étoiles filantes; on pouvait les compter par milliers, comme les fusées dans le bouquet d'un feu d'artifice. La lumière de la lune pâlissait. L'œil ne pouvait se lasser d'admirer ce spectacle qui dura plusieurs heures. Pareil météore fut observé au Groënland par les Frères Moraves, en 1799. On eût dit une véritable fête que le ciel donnait à la terre sous ces latitudes désolées. Le docteur, de retour à bord, passa la nuit à contempler ce phénomène, qui cessa vers les sept heures du matin, au milieu du profond silence de l'atmosphère.

CHAPITRE XXVI. — LE DERNIER MORCEAU DE CHARBON.

Les ours paraissaient décidément imprenables; on tua quelques phoques pendant les journées des 4, 5 et 6 novembre; puis, le vent venant à changer, la température s'éleva de plusieurs degrés; mais les drifts[1] de neige recommencèrent avec une incomparable violence. Il devint impossible de

[1] Tourbillons.

quitter le navire, et l'on eut fort à faire pour combattre l'humidité. A la fin de la semaine, les condensateurs recélaient plusieurs boisseaux de glace.

Le temps changea de nouveau le 15 novembre, et le thermomètre, sous l'influence de certaines conditions atmosphériques, descendit à vingt-quatre degrés au-dessous de zéro (— 31° centig.). Ce fut la plus basse température observée jusque-là. Ce froid eût été supportable dans une atmosphère tranquille; mais le vent soufflait alors et semblait fait de lames aiguës qui traversaient l'air.

Le docteur regretta fort d'être ainsi captif, car la neige, raffermie par le vent, offrait un terrain solide pour la marche, et il eût pu tenter quelque lointaine excursion.

Cependant, il faut le dire, tout exercice violent par un tel froid amène vite l'essoufflement. Un homme ne peut alors produire le quart de son travail habituel; les outils de fer deviennent impossibles à manier; si la main les prend sans précaution, elle éprouve une douleur semblable à celle d'une brûlure, et des lambeaux de sa peau restent attachés à l'objet imprudemment saisi.

L'équipage, confiné dans le navire, fut donc réduit à se promener pendant deux heures par jour sur le pont recouvert, où il avait la permission de fumer, car cela était défendu dans la salle commune.

Là, dès que le feu baissait un peu, la glace envahissait les murailles et les jointures du plancher; il n'y avait pas une cheville, un clou de fer, une plaque de métal qui ne se recouvrît immédiatement d'une couche glacée.

L'instantanéité du phénomène émerveillait le docteur. L'haleine des hommes se condensait dans l'air, et, sautant de l'état fluide à l'état solide, elle retombait en neige autour d'eux. A quelques pieds seulement des poêles, le froid reprenait toute son énergie, et les hommes se tenaient près du feu, en groupe serré.

Cependant le docteur leur conseillait de s'aguerrir, de se familiariser avec cette température, qui n'avait certainement pas dit son dernier mot; il leur recommandait de soumettre peu à peu leur épiderme à ses cuissons intenses, et prêchait d'exemple; mais la paresse ou l'engourdissement clouait la plupart d'entre eux à leur poste; ils n'en voulaient pas bouger, et préféraient s'endormir dans cette mauvaise chaleur.

Cependant, d'après le docteur, il n'y avait aucun danger à s'exposer à un grand froid en sortant d'une salle chauffée; ces transitions brusques n'ont d'inconvénient, en effet, que pour des gens qui sont en moiteur; le docteur citait des exemples à l'appui de son opinion, mais ses leçons étaient perdues ou à peu près.

Quant à John Hatteras, il ne paraissait pas ressentir l'influence de cette température. Il se promenait silencieusement, ni plus ni moins vite. Le froid n'avait-il pas prise sur son énergique constitution? Possédait-il au suprême degré ce principe de chaleur naturelle qu'il recherchait chez ses matelots? Était-il cuirassé dans son idée fixe, de manière à se soustraire aux impressions extérieures? Ses hommes ne le voyaient pas sans un profond étonnement affronter ces vingt-quatre degrés au-dessous de zéro; il quittait le bord pendant des heures entières et revenait sans que sa figure portât les marques du froid.

« Cet homme est étrange, disait le docteur à Johnson; il m'étonne moi-même! Il porte en lui un foyer ardent! C'est une des plus puissantes natures que j'aie étudiées de ma vie!

—Le fait est, répondit Johnson, qu'il va, vient, circule en plein air, sans se vêtir plus chaudement qu'au mois de juin.

—Oh! la question de vêtement est peu de chose, répondait le docteur; à quoi bon vêtir chaudement celui qui ne peut produire la chaleur par lui-même? C'est essayer d'échauffer un morceau de glace en l'enveloppant dans une couverture de laine! Mais Hatteras n'a pas besoin de cela; il est ainsi bâti, et je ne serais pas étonné qu'il fît véritablement chaud à ses côtés, comme auprès d'un charbon incandescent. »

Johnson, chargé de dégager chaque matin le trou à feu, remarqua que la glace mesurait plus de dix pieds d'épaisseur.

Presque toutes les nuits, le docteur pouvait observer de magnifiques aurores boréales; de quatre heures à huit heures du soir, le ciel se colorait légèrement dans le nord; puis, cette coloration prenait la forme régulière d'une bordure jaune pâle, dont les extrémités semblaient s'arc-bouter sur le champ de glace. Peu à peu, la zone brillante s'élevait dans le ciel suivant le méridien magnétique, et apparaissait striée de bandes noirâtres; des jets d'une matière lumineuse s'élançaient, s'allongeaient alors, diminuant ou forçant leur éclat; le météore, arrivé à son zénith, se composait souvent de plusieurs arcs, qui se baignaient dans les ondes rouges, jaunes ou vertes de la lumière. C'était un éblouissement, un incomparable spectacle. Bientôt les diverses courbes se réunissaient en un seul point et formaient des couronnes boréales d'une opulence toute céleste. Enfin, les arcs se pressaient les uns contre les autres, la splendide aurore pâlissait, les rayons intenses se fondaient en lueurs pâles, vagues, indéterminées, indécises, et le merveilleux phénomène, affaibli, presque éteint, s'évanouissait insensiblement dans les nuages obscurcis du sud.

On ne saurait comprendre la féerie d'un tel spectacle, sous les hautes latitudes, à moins de huit degrés du pôle; les aurores boréales entrevues dans les régions tempérées n'en donnent aucune idée, même affaiblie; il semble que la Providence ait voulu réserver à ces climats ses plus étonnantes merveilles.

Des parasélènes nombreux apparaissaient également pendant la durée de la lune, dont plusieurs images se présentaient alors dans le ciel, en

accroissant son éclat; souvent aussi de simples halos lunaires entouraient l'astre des nuits, qui brillait au centre d'un cercle lumineux avec une splendide intensité.

Le 26 novembre, il y eut une grande marée, et l'eau s'échappa avec violence par le trou à feu; l'épaisse couche de glace fut comme ébranlée par le soulèvement de la mer, et des craquements sinistres annoncèrent la lutte sous-marine ; heureusement le navire tint ferme dans son lit, et ses chaînes seules travaillèrent avec bruit; d'ailleurs, en prévision de l'événement, Hatteras les avait fait assujettir.

Les jours suivants furent encore plus froids; le ciel se couvrit d'un brouillard pénétrant; le vent enlevait la neige amoncelée; il devenait difficile de voir si ces tourbillons prenaient naissance dans le ciel ou sur les ice-fields; c'était une confusion inexprimable.

L'équipage s'occupait de divers travaux à l'intérieur, dont le principal consistait à préparer la graisse et l'huile produites par les phoques; elles se convertissaient en blocs de glace qu'il fallait travailler à la hache; on concassait cette glace en morceaux, dont la dureté égalait celle du marbre; on en recueillit ainsi la valeur d'une dizaine de barils. Comme on le voit,

toute espèce de vase devenait inutile; d'ailleurs, ils se seraient brisés sous l'effort du liquide que la température transformait.

Le 28, le thermomètre descendit à trente-deux degrés au-dessous de zéro (— 36° centig.); il n'y avait plus que pour dix jours de charbon, et chacun voyait arriver avec effroi le moment où ce combustible viendrait à manquer.

Hatteras, par mesure d'économie, fit éteindre le poêle de la dunette, et, dès lors, Shandon, le docteur et lui durent partager la salle commune de l'équipage. Hatteras fut donc plus constamment en rapport avec ses hommes, qui jetaient sur lui des regards hébétés et farouches. Il entendait leurs récriminations, leurs reproches, leurs menaces même, et ne pouvait les punir. Du reste, il semblait sourd à toute observation. Il ne réclamait pas la place la plus rapprochée du feu. Il restait dans un coin, les bras croisés, sans mot dire.

En dépit des recommandations du docteur, Pen et ses amis se refusaient à prendre le moindre exercice ; ils passaient les journées entières accoudés au poêle ou sous les couvertures de leur hamac ; aussi leur santé ne tarda pas à s'altérer ; ils ne purent réagir contre l'influence funeste du climat, et le terrible scorbut fit son apparition à bord.

Le docteur avait cependant commencé depuis longtemps à distribuer chaque matin le jus de citron et les pastilles de chaux ; mais ces préservatifs, si efficaces d'habitude, n'eurent qu'une action insensible sur les malades, et la maladie, suivant son cours, offrit bientôt ses plus horribles symptômes.

Quel spectacle que celui de ces malheureux dont les nerfs et les muscles se contractaient sous la douleur ! Leurs jambes enflaient extraordinaire-

ment et se couvraient de larges taches d'un bleu noirâtre ; leurs gencives sanglantes, leurs lèvres tuméfiées ne livraient passage qu'à des sons inarticulés ; la masse du sang complétement altérée, défibrinisée, ne transmettait plus la vie aux extrémités du corps.

Clifton, le premier, fut attaqué de cette cruelle maladie ; bientôt Gripper, Brunton, Strong, durent renoncer à quitter leur hamac. Ceux que la maladie épargnait encore ne pouvaient fuir le spectacle de ces souffrances ; il n'y avait pas d'autre abri que la salle commune ; il y fallait demeurer ; aussi fut-elle promptement transformée en hôpital, car, sur les dix-huit marins du *Forward,* treize furent en peu de jours frappés par le scorbut. Pen semblait devoir échapper à la contagion ; sa vigoureuse nature l'en préservait ; Shandon ressentit les premiers symptômes du mal ; mais cela n'alla pas plus loin, et l'exercice parvint à le maintenir dans un état de santé suffisant.

Le docteur soignait ses malades avec le plus entier dévouement, et son cœur se serrait en face de maux qu'il ne pouvait soulager. Cependant il faisait surgir le plus de gaieté possible du sein de cet équipage désolé ; ses paroles, ses consolations, ses réflexions philosophiques, ses inventions heureuses rompaient la monotonie de ces longs jours de douleur ; il lisait à voix haute ; son étonnante mémoire lui fournissait des récits amusants, tandis que les hommes encore valides entouraient le poêle de leur cercle pressé ; mais les gémissements des malades, les plaintes, les cris de désespoir l'interrompaient parfois, et, son histoire suspendue, il redevenait le médecin attentif et dévoué.

D'ailleurs sa santé résistait ; il ne maigrissait pas ; sa corpulence lui tenait lieu du meilleur vêtement, et, disait-il, il se trouvait fort bien d'être habillé comme un phoque ou une baleine, qui, grâce à leurs épaisses couches de graisse, supportent facilement les atteintes d'une atmosphère arctique.

Hatteras, lui, n'éprouvait rien, ni au physique, ni au moral. Les souffrances de son équipage ne paraissaient même pas le toucher. Peut-être ne permettait-il pas à une émotion de se traduire sur sa figure ; et cependant un observateur attentif eût surpris parfois un cœur d'homme à battre sous cette enveloppe de fer.

Le docteur l'analysait, l'étudiait, et ne parvenait pas à classer cette organisation étrange, ce tempérament surnaturel.

Le thermomètre baissa encore ; le promenoir du pont restait désert ; les chiens esquimaux l'arpentaient seuls en poussant de lamentables aboiements.

Il y avait toujours un homme de garde auprès du poêle, et qui veillait à son alimentation ; il était important de ne pas le laisser s'éteindre ; dès que le feu venait à baisser, le froid se glissait dans la salle, la glace s'incrustait sur les murailles et l'humidité, subitement condensée, retombait en neige sur les infortunés habitants du brick.

Ce fut au milieu de ces tortures indicibles que l'on atteignit le 8 décembre ; ce matin-là, le docteur alla consulter, suivant son habitude, le thermomètre placé à l'extérieur. Il trouva le mercure entièrement gelé dans la cuvette.

« Quarante-quatre degrés au-dessous de zéro ! » se dit-il avec effroi.

Et ce jour-là, on jeta dans le poêle le dernier morceau de charbon du bord.

CHAPITRE XXVII. — LES GRANDS FROIDS DE NOEL.

Il y eut alors un moment de désespoir. La pensée de la mort, et de la mort par le froid, apparut dans toute son horreur ; ce dernier morceau de charbon brûlait avec un crépitement sinistre ; le feu menaçait déjà de manquer, et la température de la salle s'abaissait sensiblement. Mais Johnson alla chercher quelques morceaux de ce nouveau combustible que lui avaient fourni les animaux marins, et il en chargea le poêle ; il y ajouta de l'étoupe imprégnée d'huile gelée et obtint bientôt une chaleur suffisante. L'odeur de cette graisse était fort insupportable ; mais comment s'en débarrasser ? Il fallait s'y faire. Johnson convint lui-même que son expédient laissait à désirer et n'aurait aucun succès dans les maisons bourgeoises de Liverpool.

« Et pourtant, ajouta-t-il, cette odeur fort déplaisante amènera peut-être de bons résultats.

— Et lesquels donc ? demanda le charpentier.

— Elle attirera sans doute les ours de notre côté, car ils sont friands de ces émanations.

— Bon, répliqua Bell, et la nécessité d'avoir des ours ?

— Ami Bell, répondit Johnson, il ne nous faut plus compter sur les phoques ; ils ont disparu et pour longtemps ; si les ours ne viennent pas à leur tour fournir leur part de combustible, je ne sais pas ce que nous deviendrons.

— Tu dis vrai, Johnson ; notre sort est loin d'être assuré ; cette situation est effrayante. Et si ce genre de chauffage vient à nous manquer... je ne vois pas trop le moyen...

— Il y en aurait encore un !...

— Encore un ? répondit Bell.

— Oui, Bell ! en désespoir de cause... mais jamais le capitaine... Et cependant, il faudra peut-être en venir là. »

Le vieux Johnson secoua tristement la tête et tomba dans des réflexions silencieuses dont Bell ne voulut pas le tirer. Il savait que ces morceaux de graisse si péniblement acquis ne dureraient pas huit jours, malgré la plus sévère économie.

Le maître d'équipage ne se trompait pas. Plusieurs ours, attirés par ces exhalaisons fétides, furent signalés sous le vent du *Forward ;* les hommes valides leur donnèrent la chasse; mais ces animaux sont doués d'une vitesse remarquable et d'une finesse qui déjoue tous les stratagèmes; il fut impossible de les approcher, et les balles les plus adroites ne purent les atteindre.

L'équipage du brick fut sérieusement menacé de mourir de froid; il était incapable de résister quarante-huit heures à une température pareille, qui envahirait la salle commune. Chacun voyait venir avec terreur la fin du dernier morceau de combustible.

Or, cela arriva le 20 décembre, à trois heures du soir; le feu s'éteignit; les matelots, rangés en cercle autour du poêle, se regardaient avec des yeux hagards. Hatteras demeurait immobile dans son coin; le docteur, suivant son habitude, se promenait avec agitation; il ne savait plus à quoi s'ingénier.

La température tomba subitement dans la salle à sept degrés au-dessous de zéro ($-22°$ centig.).

Mais si le docteur était à bout d'imagination, s'il ne savait plus que faire, d'autres le savaient pour lui. Aussi, Shandon, froid et résolu, Pen, la colère aux yeux, et deux ou trois de leurs camarades, de ceux qui pouvaient encore se traîner, s'avancèrent vers Hatteras.

« Capitaine! » dit Shandon.

Hatteras, absorbé dans ses pensées, ne l'entendit pas.

« Capitaine! » répéta Sandhon en le touchant de la main.

Hatteras se redressa.

« Monsieur, dit-il.

—Capitaine, nous n'avons plus de feu.

—Eh bien? répondit Hatteras.

—Si votre intention est que nous mourions de froid, reprit Sandhon avec une terrible ironie, nous vous prions de nous en informer!

—Mon intention, répondit Hatteras d'une voix grave, est que chacun ici fasse son devoir jusqu'au bout.

—Il y a quelque chose au-dessus du devoir, capitaine, répondit le second, c'est le droit à sa propre conservation. Je vous répète que nous sommes sans feu, et, si cela continue, dans deux jours, pas un de nous ne sera vivant!

—Je n'ai pas de bois, répondit sourdement Hatteras.

—Eh bien! s'écria violemment Pen, quand on n'a plus de bois, on va en couper où il en pousse! »

Hatteras pâlit de colère.

« Où cela? dit-il.

—A bord, répondit insolemment le matelot.

— A bord! reprit le capitaine, les poings crispés, l'œil étincelant.

— Sans doute, répondit Pen; quand le navire n'est plus bon à porter son équipage, on brûle le navire! »

Au commencement de cette phrase, Hatteras avait saisi une hache; à la fin, cette hache était levée sur la tête de Pen.

« Misérable! » s'écria-t-il.

Le docteur se jeta au-devant de Pen, qu'il repoussa; la hache, retombant à terre, entailla profondément le plancher. Johnson, Bell, Simpson, groupés autour d'Hatteras, paraissaient décidés à le soutenir. Mais des voix lamentables, plaintives, douloureuses sortirent de ces cadres transformés en lits de mort.

« Du feu! du feu! » criaient les infortunés malades, envahis par le froid sous leurs couvertures.

Hatteras fit un effort sur lui-même, et, après quelques instants de silence, il prononça ces mots d'un ton calme :

« Si nous détruisons notre navire, comment regagnerons-nous l'Angleterre?

— Monsieur, répondit Johnson, on pourrait peut-être brûler sans inconvénient les parties les moins utiles, le plat-bord, les bastingages...

— Il resterait toujours les chaloupes, reprit Shandon; et, d'ailleurs, qui nous empêcherait de reconstruire un navire plus petit avec les débris de l'ancien?...

— Jamais! répondit Hatteras.

— Mais... reprirent plusieurs matelots en élevant la voix.

— Nous avons de l'esprit-de-vin en grande quantité, répondit Hatteras; brûlez-le jusqu'à la dernière goutte.

— Eh bien, va pour de l'esprit-de-vin ! » répondit Johnson, avec une confiance affectée qui était loin de son cœur.

Et, à l'aide de larges mèches, trempées dans cette liqueur dont la flamme pâle léchait les parois du poêle, il put élever de quelques degrés la température de la salle.

Pendant les jours qui suivirent cette scène désolante, le vent revint dans le sud, le thermomètre remonta ; la neige tourbillonna dans une atmosphère moins rigide. Quelques-uns des hommes purent quitter le navire aux heures les moins humides du jour ; mais les ophthalmies et le scorbut retinrent la plupart d'entre eux à bord ; d'ailleurs, ni la chasse, ni la pêche ne furent praticables.

Au reste, ce n'était qu'un répit dans les atroces violences du froid, et, le 25, après une saute de vent inattendue, le mercure gelé disparut de

nouveau dans la cuvette de l'instrument ; on dut alors s'en rapporter au thermomètre à esprit-de-vin, que les plus grands froids ne parviennent pas à congeler.

Le docteur, épouvanté, le trouva à soixante-six degrés au-dessous de zéro (— 52° centig.). C'est à peine s'il avait jamais été donné à l'homme de supporter une telle température.

La glace s'étendait en longs miroirs ternis sur le plancher ; un épais brouillard envahissait la salle ; l'humidité retombait en neige épaisse ; on ne se voyait plus ; la chaleur humaine se retirait des extrémités du corps ; les pieds et les mains devenaient bleus ; la tête se cerclait de fer, et la pensée confuse, amoindrie, gelée, portait au délire. Symptôme effrayant : la langue ne pouvait plus articuler une parole.

Depuis ce jour où on le menaça de brûler son navire, Hatteras rôdait pendant de longues heures sur le pont. Il surveillait, il veillait. Ce bois s'était sa chair à lui ! On lui coupait un membre en en coupant un morceau ! Il était armé et faisait bonne garde, insensible au froid, à la neige, à cette glace qui roidissait ses vêtements et l'enveloppait comme d'une cuirasse de granit. Duk, le comprenant, aboyait sur ses pas et l'accompagnait de ses hurlements.

Cependant, le 25 décembre, il descendit à la salle commune. Le docteur, profitant d'un reste d'énergie, alla droit à lui.

« Hatteras, lui dit-il, nous allons mourir faute de feu!
— Jamais! fit Hatteras, sachant bien à quelle demande il répondait ainsi.
— Il le faut, reprit doucement le docteur.
— Jamais, reprit Hatteras avec plus de force, jamais je n'y consentirai Que l'on me désobéisse, si l'on veut! »

C'était la liberté d'agir donnée ainsi. Johnson et Bell s'élancèrent sur le pont. Hatteras entendit le bois de son brick craquer sous la hache. Il pleura.

Ce jour-là, c'était le jour de Noël, la fête de la famille, en Angleterre, la soirée des réunions enfantines! Quel souvenir amer que celui de ces enfants joyeux autour de leur arbre enrubanné! Qui ne se rappelait ces longues pièces de viande rôtie que fournissait le bœuf engraissé pour cette circonstance? Et ces tourtes, ces minced-pies, où les ingrédients de toutes sortes se trouvent amalgamés pour ce jour si cher aux cœurs anglais? Mais ici, la douleur, le désespoir, la misère à son dernier degré, et, pour bûche de Noël, ces morceaux du bois d'un navire perdu au plus profond de la zone glaciale!

Cependant, sous l'influence du feu, le sentiment et la force revinrent au cœur des matelots; les boissons brûlantes de thé ou de café produisirent un bien-être instantané, et l'espoir est chose si tenace à l'esprit, que l'on se reprit à espérer. Ce fut dans ces alternatives que se termina cette funeste année 1860, dont le précoce hiver avait déjoué les hardis projets d'Hatteras.

Or, il arriva que précisément ce 1er janvier 1861 fut marqué par une découverte inattendue. Il faisait un peu moins froid; le docteur avait repris ses études accoutumées; il lisait les relations de sir Edward Belcher sur son expédition dans les mers polaires. Tout d'un coup, un passage inaperçu jusqu'alors le frappa d'étonnement; il relut, et ne put s'y méprendre.

Sir Edward Belcher racontait qu'après être parvenu à l'extrémité du canal de la Reine, il avait découvert des traces importantes du passage et du séjour des hommes.

« Ce sont, disait-il, des restes d'habitations bien supérieures à tout ce
« que l'on peut attribuer aux habitudes grossières des tribus errantes
« d'Esquimaux. Leurs murs sont bien assis dans le sol profondément creusé;
« l'aire de l'intérieur, recouverte d'une couche épaisse de beau gravier, a
« été pavée. Des ossements de rennes, de morses, de phoques s'y voient
« en grande quantité. *Nous y rencontrâmes du charbon.* »

Aux derniers mots, une idée surgit dans l'esprit du docteur; il emporta son livre et vint le communiquer à Hatteras.

« Du charbon! s'écria ce dernier.

— Oui, Hatteras, du charbon; c'est-à-dire le salut pour nous!

— Du charbon! sur cette côte déserte! reprit Hatteras. Non, cela n'est pas possible!

— Pourquoi en douter, Hatteras? Belcher n'eût pas avancé un tel fait sans en être certain, sans l'avoir vu de ses propres yeux.

—Eh bien, après, docteur?

—Nous ne sommes pas à cent milles de la côte où Belcher vit ce charbon! Qu'est-ce qu'une excursion de cent milles? Rien. On a souvent fait des recherches plus longues à travers les glaces et par des froids aussi grands. Partons donc, capitaine!

—Partons! » s'écria Hatteras, qui avait rapidement pris son parti, et, avec la mobilité de son imagination, entrevoyait des chances de salut.

Johnson fut aussitôt prévenu de cette résolution; il approuva fort le projet; il le communiqua à ses camarades; les uns y applaudirent, les autres l'accueillirent avec indifférence.

« Du charbon sur ces côtes! dit Wall, enfoui dans son lit de douleur.

—Laissons-les faire, » lui répondit mystérieusement Shandon.

Mais, avant même que les préparatifs de voyage fussent commencés, Hatteras voulut reprendre avec la plus parfaite exactitude la position du *Forward*. On comprend aisément l'importance de ce calcul, et pourquoi cette situation devait être mathématiquement connue. Une fois loin du navire, on ne saurait le retrouver sans chiffres certains.

Hatteras monta donc sur le pont; il recueillit à divers moments plusieurs distances lunaires et les hauteurs méridiennes des principales étoiles.

Ces observations présentaient de sérieuses difficultés; car, par cette basse température, le verre et les miroirs des instruments se couvraient d'une couche de glace au souffle d'Hatteras; plus d'une fois ses paupières furent entièrement brûlées en s'appuyant sur le cuivre des lunettes.

Cependant il put obtenir des bases très-exactes pour ses calculs, et il revint les chiffrer dans la salle. Quand ce travail fut terminé, il releva la tête avec stupéfaction, prit sa carte, la pointa et regarda le docteur.

« Eh bien? demanda celui-ci.

—Par quelle latitude nous trouvions-nous au commencement de l'hivernage?

—Mais par soixante-dix-huit degrés quinze minutes de latitude, et quatre-vingt-quinze degrés trente-cinq minutes de longitude, précisément au pôle du froid.

—Eh bien, ajouta Hatteras à voix basse, notre champ de glace dérive! nous sommes de deux degrés plus au nord et plus à l'ouest, à trois cents milles au moins de votre dépôt de charbon!

—Et ces infortunés qui ignorent! s'écria le docteur.

—Silence! » fit Hatteras en portant son doigt à ses lèvres.

CHAPITRE XXVIII. — PRÉPARATIFS DE DÉPART.

Hatteras ne voulut pas mettre son équipage au courant de cette situation nouvelle. Il avait raison. Ces malheureux, se sachant entraînés vers le nord avec une force irrésistible, se fussent livrés peut-être aux folies du désespoir. Le docteur le comprit et approuva le silence du capitaine.

Celui-ci avait renfermé dans son cœur les impressions que lui causait cette découverte. Ce fut son premier instant de bonheur depuis ces longs mois passés dans sa lutte incessante contre les éléments. Il se trouvait reporté à cent cinquante milles plus au nord, à peine à huit degrés du pôle! Mais cette joie, il la cacha si profondément, que le docteur ne put pas même la soupçonner. Celui-ci se demanda bien pourquoi l'œil d'Hatteras brillait d'un éclat inaccoutumé; mais ce fut tout, et la réponse si naturelle à cette question ne lui vint même pas à l'esprit.

Le *Forward*, en se rapprochant du pôle, s'était éloigné de ce gisement de charbon observé par sir Edward Belcher; au lieu de cent milles, il fallait, pour le chercher, revenir de deux cent cinquante milles vers le sud. Cependant, après une courte discussion à cet égard entre Hatteras et Clawbonny, le voyage fut maintenu.

Si Belcher avait dit vrai, et l'on ne pouvait mettre sa véracité en doute, les choses devaient se trouver dans l'état où il les avait laissées. Depuis 1853, pas une expédition nouvelle ne fut dirigée vers ces continents extrêmes. On ne rencontrait que peu ou point d'Esquimaux sous cette latitude. La déconvenue arrivée à l'île Beechey ne pouvait se reproduire sur les côtes du Nouveau-Cornouailles. La basse température de climat conservait indéfiniment les objets abandonnés à son influence. Toutes les chances se réunissaient donc en faveur de cette excursion à travers les glaces.

On calcula que ce voyage pourrait durer quarante jours au plus, et les préparatifs furent faits par Johnson en conséquence.

Ses soins se portèrent d'abord sur le traîneau; il était de forme groënlandaise, large de trente-cinq pouces, et long de vingt-quatre pieds. Les Esquimaux en construisent qui dépassent souvent cinquante pieds en longueur. Celui-ci se composait de longues planches recourbées à l'avant et à l'arrière, et tendues comme un arc par deux fortes cordes. Cette disposition lui donnait un certain ressort de nature à rendre les chocs moins dangereux. Ce traîneau courait aisément sur la glace; mais par les temps de neige, lorsque les couches blanches n'étaient pas encore durcies, on lui adaptait deux châssis verticaux juxtaposés, et, élevé de la sorte, il pouvait avancer sans accroître son tirage. D'ailleurs, en le frottant d'un mélange de soufre et de neige, suivant la méthode esquimau, il glissait avec une remarquable facilité.

Son attelage se composait de six chiens; ces animaux, robustes malgré leur maigreur, ne paraissaient pas trop souffrir de ce rude hiver; leurs harnais de peau de daim étaient en bon état; on devait compter sur cet équipage, que les Groënlandais d'Uppernawik avaient vendu en conscience. A eux six, ces animaux pouvaient traîner un poids de deux mille livres, sans se fatiguer outre mesure.

Les effets de campement furent une tente, pour le cas où la construction d'une snow-house [1] serait impossible, une large toile de mackintosh, destinée à s'étendre sur la neige, qu'elle empêchait de fondre au contact du corps, et enfin plusieurs couvertures de laine et de peau de buffle. De plus, on emporta l'halkett-boat.

Les provisions consistèrent en cinq caisses de pemmican pesant environ quatre cent cinquante livres; on comptait une livre de pemmican par homme et par chien; ceux-ci étaient au nombre de sept, en comprenant Duk; les hommes ne devaient pas être plus de quatre. On emportait aussi douze gallons d'esprit-de-vin, c'est-à-dire cent cinquante livres à peu près, du thé, du biscuit en quantité suffisante, une petite cuisine portative, avec une notable quantité de mèches et d'étoupes, de la poudre, des munitions et quatre fusils à deux coups. Les hommes de l'expédi-

[1] Maison de neige.

tion, d'après l'invention du capitaine Parry, devaient se ceindre de ceintures en caoutchouc, dans lesquelles la chaleur du corps et le mouvement de la marche maintenaient du café, du thé et de l'eau à l'état liquide.

Johnson soigna tout particulièrement la confection des snow-shoes[1], fixées sur des montures en bois garnies de lanières de cuir; elles servaient de patins; sur les terrains entièrement glacés et durcis, les mocassins de peau de daim les remplaçaient avec avantage; chaque voyageur dut être muni de deux paires des unes et des autres.

Ces préparatifs si importants, puisqu'un détail omis peut amener la perte d'une expédition, demandèrent quatre jours pleins. Chaque midi, Hatteras eut soin de relever la position de son navire; il ne dérivait plus, et il fallait cette certitude absolue pour opérer le retour.

Hatteras s'occupa de choisir les hommes qui devaient le suivre. C'était une grave décision à prendre; quelques-uns n'étaient pas bons à emmener, mais on devait aussi regarder à les laisser à bord. Cependant, le salut commun dépendant de la réussite du voyage, il parut opportun au capitaine de choisir avant tout des compagnons sûrs et éprouvés.

Shandon se trouva donc exclu; il ne manifesta, d'ailleurs, aucun regret à cet égard. James Wall, complétement alité, ne pouvait prendre part à l'expédition.

L'état des malades, au surplus, n'empirait pas; leur traitement consistait en frictions répétées et en fortes doses de jus de citron; il n'était pas difficile à suivre et ne nécessitait aucunement la présence du docteur. Celui-ci se mit donc en tête des voyageurs, et son départ n'amena pas la moindre réclamation.

Johnson eût vivement désiré accompagner le capitaine dans sa périlleuse entreprise; mais celui-ci le prit à part, et d'une voix affectueuse, presque émue :

« Johnson, lui dit-il, je n'ai de confiance qu'en vous. Vous êtes le seul officier auquel je puisse laisser mon navire. Il faut que je vous sache là pour surveiller Shandon et les autres. Ils sont enchaînés ici par l'hiver; mais qui sait les funestes résolutions dont leur méchanceté est capable. Vous serez muni de mes instructions formelles, qui remettront au besoin le commandement entre vos mains. Vous serez un autre moi-même. Notre absence durera quatre à cinq semaines au plus, et je serai tranquille, vous ayant là où je ne puis être. Il vous faut du bois, Johnson. Je le sais!

---

[1] Chaussures à neige.

mais, autant qu'il sera possible, épargnez mon pauvre navire. Vous m'entendez, Johnson?

—Je vous entends, capitaine, répondit le vieux marin, et je resterai, puisque cela vous convient ainsi.

—Merci ! » dit Hatteras en serrant la main de son maître d'équipage, et il ajouta :

« Si vous ne nous voyez pas revenir, Johnson, attendez jusqu'à la débâcle prochaine, et tâchez de pousser une reconnaissance vers le pôle. Si les autres s'y opposent, ne pensez plus à nous et ramenez le *Forward* en Angleterre.

—C'est votre volonté, capitaine ?

—Ma volonté absolue, répondit Hatteras.

—Vos ordres seront exécutés, » dit simplement Johnson.

Cette décision prise, le docteur regretta son digne ami, mais il dut reconnaître qu'Hatteras faisait bien en agissant ainsi.

Les deux autres compagnons de voyage furent Bell le charpentier, et Simpson. Le premier, bien portant, brave et dévoué, devait rendre de grands services pour les campements sur la neige; le second, quoique moins résolu, accepta cependant de prendre part à une expédition dans laquelle il pouvait être fort utile en sa double qualité de chasseur et de pêcheur.

Ainsi ce détachement se composa d'Hatteras, de Clawbonny, de Bell, de Simpson et du fidèle Duk : c'étaient donc quatre hommes et sept chiens à nourrir. Les approvisionnements avaient été calculés en conséquence.

Pendant les premiers jours de janvier, la température se maintint, en moyenne, à trente-trois degrés au-dessous de zéro (—37° centig.). Hatteras guettait avec impatience un changement de temps; plusieurs fois il consulta le baromètre, mais il ne fallait pas s'y fier; cet instrument semble perdre sous les hautes latitudes sa justesse habituelle; la nature, dans ces climats, apporte de notables exceptions à ses lois générales : ainsi la pureté du ciel n'était pas toujours accompagnée de froid, et la neige ne ramenait pas une hausse dans la température; le baromètre restait incertain, ainsi que l'avaient déjà remarqué beaucoup de navigateurs des mers polaires; il descendait volontiers avec des vents du nord et de l'est; bas, il amenait du beau temps; haut, de la neige ou de la pluie. On ne pouvait donc compter sur ses indications.

Enfin, le 5 janvier, une brise de l'est ramena une reprise de quinze degrés; la colonne thermométrique remonta à dix-huit degrés au-dessous de zéro (—28° centig.) Hatteras résolut de partir le lendemain; il n'y tenait plus, à voir sous ses yeux dépecer son navire; la dunette avait passé tout entière dans le poêle.

Donc, le 6 janvier, au milieu de rafales de neige, l'ordre du départ fut donné. Le docteur fit ses dernières recommandations aux malades; Bell et Simpson échangèrent de silencieux serrements de main avec leurs compagnons. Hatteras voulut adresser ses adieux à haute voix, mais il se vit entouré de mauvais regards. Il crut surprendre un ironique sourire sur les lèvres de Shandon. Il se tut. Peut-être même hésita-t-il un instant à partir, en jetant les yeux sur le *Forward*.

Mais il n'y avait pas à revenir sur sa décision; le traîneau chargé et attelé attendait sur le champ de glace; Bell prit les devants; les autres suivirent. Johnson accompagna les voyageurs pendant un quart de mille; puis Hatteras le pria de retourner à bord, ce que le vieux marin fit après un long geste d'adieu.

En ce moment, Hatteras, se retournant une dernière fois vers le brick, vit l'extrémité de ses mâts disparaître dans les sombres neiges du ciel.

CHAPITRE XXIX. — A TRAVERS LES CHAMPS DE GLACE.

La petite troupe descendit vers le sud-est. Simpson dirigeait l'équipage du traîneau. Duk l'aidait avec zèle, ne s'étonnant pas trop du métier de ses semblables. Hatteras et le docteur marchaient derrière, tandis que Bell, chargé d'éclairer la route, s'avançait en tête, sondant les glaces du bout de son bâton ferré.

La hausse du thermomètre annonçait une neige prochaine; celle-ci ne se fit pas attendre et tomba bientôt en épais flocons. Ces tourbillons opaques ajoutaient aux difficultés du voyage; on s'écartait de la ligne droite; on n'allait pas vite; cependant, on put compter sur une moyenne de trois milles à l'heure.

Le champ de glace, tourmenté par les pressions de la gelée, présentait une surface inégale et raboteuse; les heurts du traîneau devenaient fréquents, et, suivant les pentes de la route, il s'inclinait parfois sous des angles inquiétants; mais enfin on se tira d'affaire.

Hatteras et ses compagnons se renfermaient avec soin dans leurs vêtements de peau, taillés à la mode groënlandaise; ceux-ci ne brillaient pas par la coupe, mais ils s'appropriaient aux nécessités du climat; la figure des voyageurs se trouvait encadrée dans un étroit capuchon impénétrable au vent et à la neige; la bouche, le nez, les yeux subissaient seuls le contact de l'air, et il n'eût pas fallu les en garantir; rien d'incommode comme les hautes cravates et les cache-nez, bientôt roidis par la glace ; le soir, on n'eût pu les enlever qu'à coups de hache, ce qui, même dans les mers arctiques, est une vilaine manière de se déshabiller. Il fallait, au contraire, laisser un libre passage à la respiration, qui, devant un obstacle, se fût immédiatement congelée.

L'interminable plaine se poursuivait avec une fatigante monotonie; partout des glaçons amoncelés sous des aspects uniformes, des hummocks dont l'irrégularité finissait par sembler régulière, des blocs fondus dans un même moule, et des ice-bergs entre lesquels serpentaient de tortueuses vallées ; on marchait la boussole à la main ; les voyageurs parlaient peu. Dans cette froide atmosphère, ouvrir la bouche constituait une véritable souffrance; des cristaux de glace aigus se formaient soudain entre les lèvres, et la chaleur de l'haleine ne parvenait pas à les dissoudre. La marche restait silencieuse, et chacun tâtait de son bâton ce sol inconnu. Les pas de Bell s'imprégnaient dans les couches molles; on les suivait attentivement, et, là où il passait, le reste de la troupe pouvait se hasarder à son tour.

Des traces nombreuses d'ours et de renards se croisaient en tous sens; mais il fut impossible, pendant cette première journée, d'apercevoir un seul de ces animaux; les chasser eût été d'ailleurs dangereux et inutile; on ne pouvait encombrer le traîneau déjà lourdement chargé.

Ordinairement, dans les excursions de ce genre, les voyageurs ont soin de laisser des dépôts de vivres sur leur route; ils les placent dans des cachettes de neige à l'abri des animaux, se déchargeant d'autant pour leur voyage, et, au retour, ils reprennent peu à peu ces approvisionnements, qu'ils n'ont pas eu la peine de transporter.

Hatteras ne pouvait recourir à ce moyen sur un champ de glace peut-être mobile; en terre ferme, ces dépôts eussent été praticables, mais non à travers les ice-fields, et les incertitudes de la route rendaient fort problématique un retour aux endroits déjà parcourus.

A midi, Hatteras fit arrêter sa petite troupe à l'abri d'une muraille de glace; le déjeuner se composa de pemmican et de thé bouillant; les qualités revivifiantes de cette boisson produisirent un véritable bien-être, et les voyageurs ne s'en firent pas faute.

La route fut reprise après une heure de repos; vingt milles environ

avaient été franchis pendant cette première journée de marche; au soir, hommes et chiens étaient épuisés.

Cependant, malgré la fatigue, il fallut construire une maison de neige pour y passer la nuit; la tente eût été insuffisante. Ce fut l'affaire d'une heure et demie. Bell se montra fort adroit; les blocs de glace taillés au couteau se superposèrent avec rapidité, s'arrondirent en forme de dôme, et un dernier quartier vint assurer la solidité de l'édifice, en formant clef de voûte; la neige molle servait de mortier ; elle remplissait les interstices; et, bientôt durcie, elle fit un bloc unique de la construction tout entière.

Une ouverture étroite, et par laquelle on se glissait en rampant, donnait accès dans cette grotte improvisée ; le docteur s'y enfourna non sans peine, et les autres le suivirent. On prépara rapidement le souper sur la cuisine à esprit-de-vin. La température intérieure de cette snow-house était fort supportable : le vent, qui faisait rage au dehors, ne pouvait y pénétrer.

« A table ! » s'écria bientôt le docteur de sa voix la plus aimable.

Et ce repas, toujours le même, peu varié, mais réconfortant, se prit en commun. Quand il fut terminé, on ne songea plus qu'au sommeil; les toiles de mackintosh, étendues sur la couche de neige, préservaient de toute humidité. On fit sécher à la flamme de la cuisine portative les bas et les chaussures; puis, trois des voyageurs, enveloppés dans leur couverture de laine, s'endormirent tour à tour sous la garde du quatrième; celui-là devait veiller à la sûreté de tous et empêcher l'ouverture de la maison de se boucher, car, faute de ce soin, on risquait d'être enterré vivant.

Duk partageait la chambre commune; l'équipage de chiens demeurait au dehors, et, après avoir pris sa part du souper, il se blottit sous une neige qui lui fit bientôt une imperméable couverture.

La fatigue de cette journée amena un prompt sommeil. Le docteur prit son quart de veille à trois heures du matin ; l'ouragan se déchaînait dans la nuit. Situation étrange que celle de ces gens isolés, perdus dans les neiges, enfouis dans ce tombeau dont les murailles s'épaississaient sous les rafales !

Le lendemain matin, à six heures, la marche monotone fut reprise; toujours mêmes vallées, mêmes ice-bergs, une uniformité qui rendait difficile le choix des points de repère. Cependant la température, s'abaissant de quelques degrés, rendit plus rapide la course des voyageurs, en glaçant les couches de neige. Souvent on rencontrait certains monticules qui ressemblaient à des cairns ou à des cachettes d'Esquimaux ; le docteur en fit démolir un pour l'acquit de sa conscience et n'y trouva qu'un simple bloc de glace.

« Qu'espérez-vous, Clawbonny? lui disait Hatteras; ne sommes-nous pas les premiers hommes à fouler cette partie du globe?

— Cela est probable, répondit le docteur, mais enfin, qui sait?

— Ne perdons pas de temps en vaines recherches, reprenait le capitaine; j'ai hâte d'avoir rejoint mon navire, quand même ce combustible si désiré viendrait à nous manquer.

—A cet égard, dit le docteur, j'ai bon espoir.
—Docteur, disait souvent Hatteras, j'ai eu tort de quitter le *Forward* c'est une faute! la place d'un capitaine est à son bord, et non ailleurs.
—Johnson est là.
—Sans doute! Enfin... hâtons-nous! hâtons-nous! »

L'équipage marchait rapidement; on entendait les cris de Simpson qui excitait les chiens; ceux-ci, par suite d'un curieux phénomène de phosphorence, couraient sur un sol enflammé, et les châssis du traîneau semblaient soulever une poussière d'étincelles. Le docteur s'était porté en avant pour examiner la nature de cette neige, quand tout d'un coup, en voulant sauter un hummock, il disparut. Bell, qui se trouvait rapproché de lui, accourut aussitôt.

« Eh bien, monsieur Clawbonny, cria-t-il avec inquiétude, pendant qu'Hatteras et Simpson le rejoignaient, où êtes-vous?
—Docteur! fit le capitaine.
—Par ici! dans un trou, répondit une voix rassurante; un bout de corde, et je remonte à la surface du globe. »

On tendit une corde au docteur, qui se trouvait blotti au fond d'un entonnoir creux d'une dizaine de pieds; il s'attacha par le milieu du corps, et ses trois compagnons le halèrent, non sans peine.

« Êtes-vous blessé? demanda Hatteras.
—Jamais! il n'y a pas de danger avec moi, répondit le docteur en secouant sa bonne figure toute neigeuse.
—Mais comment cela vous est-il arrivé?
—Eh! c'est la faute de la réfraction! répondit-il en riant, toujours la réfraction! j'ai cru franchir un intervalle large d'un pied, et je suis tombé dans un trou profond de dix! Ah! les illusions d'optique! ce sont les seules illusions qui me restent, mes amis, mais j'aurai de la peine à les perdre! Que cela vous apprenne à ne jamais faire un pas sans avoir sondé le terrain, car il ne faut pas compter sur ses sens! Ici les oreilles entendent de travers et les yeux voient faux! C'est vraiment un pays de prédilection.
—Pouvons-nous continuer notre route? demanda le capitaine.
—Continuons, Hatteras, continuons! cette petite chute m'a fait plus de bien que de mal. »

La route au sud-est fut reprise, et, le soir venu, les voyageurs s'arrêtaient, après avoir franchi une distance de vingt-cinq milles; ils étaient harassés, ce qui n'empêcha pas le docteur de gravir une montagne de glace, pendant la construction de la maison de neige.

La lune, presque pleine encore, brillait d'un éclat extraordinaire dans le ciel pur; les étoiles jetaient des rayons d'une intensité surprenante; du sommet de l'ice-berg, la vue s'étendait sur l'immense plaine, hérissée de monticules aux formes étranges; à les voir épars, resplendissant sous les faisceaux lunaires, découpant leurs profils nets sur les ombres avoisinantes, semblables à des colonnes debout, à des fûts renversés, à des pierres tumulaires, on eût dit un vaste cimetière sans arbres, triste, silencieux, infini,

dans lequel vingt générations du monde entier se fussent couchées à l'aise pour le sommeil éternel.

Malgré le froid et la fatigue, le docteur demeura dans une longue contemplation dont ses compagnons eurent beaucoup de peine à l'arracher; mais il fallait songer au repos; la hutte de neige était préparée : les quatre voyageurs s'y blottirent comme des taupes et ne tardèrent pas à s'endormir.

Le lendemain et les jours suivants se passèrent sans amener aucun incident particulier; le voyage se faisait facilement ou difficilement, avec rapidité ou lenteur, suivant les caprices de la température, tantôt âpre et glaciale, tantôt humide et pénétrante; il fallait, selon la nature du sol, employer soit les mocassins, soit les chaussures à neige.

On atteignit ainsi le 15 janvier; la lune, dans son dernier quartier, restait peu de temps visible; le soleil, quoique toujours caché sous l'horizon, donnait déjà six heures d'une sorte de crépuscule, insuffisant encore pour éclairer la route; il fallait la jalonner d'après la direction donnée par le compas. Bell prenait la tête; Hatteras marchait en ligne droite derrière lui. Puis Simpson et le docteur, les relevant l'un par l'autre, de manière à n'apercevoir qu'Hatteras, cherchaient ainsi à se maintenir dans la ligne droite. Et cependant, malgré leurs soins, ils s'en écartaient parfois de

trente et quarante degrés; il fallait alors recommencer le travail des jalons.

Le 15 février, le dimanche, Hatteras estimait avoir fait à peu près cent milles dans le sud; cette matinée fut consacrée à la réparation de divers objets de toilette et de campement; la lecture du service divin ne fut pas oubliée.

A midi, l'on se remit en marche; la température était froide; le thermomètre marquait seulement trente-deux degrés au-dessous de zéro (— 36° centig.), dans une atmosphère très-pure.

Tout à coup, et sans que rien pût faire présager ce changement soudain, il s'éleva de terre une vapeur dans un état complet de congélation; elle atteignit une hauteur de quatre-vingt-dix pieds environ, et resta immobile; on ne se voyait plus à un pas de distance; cette vapeur s'attachait aux vêtements, qu'elle hérissait de longs prismes aigus.

Les voyageurs, surpris par ce phénomène du frost-rime [1], n'eurent

---

[1] Fumée gelée.

qu'une pensée d'abord, celle de se réunir; aussitôt ces divers appels se firent entendre :

« Oh ! Simpson !
—Bell ! par ici !
—Monsieur Clawbonny !
—Docteur !
—Capitaine ! où êtes-vous ? »

Les quatre compagnons de route se cherchaient, les bras étendus dans ce brouillard intense, qui ne laissait aucune perception au regard. Mais ce qui devait les inquiéter, c'est qu'aucune réponse ne leur parvenait; on eût dit cette vapeur impropre à transmettre les sons.

Chacun eut donc l'idée de décharger ses armes, afin de se donner un signal de ralliement. Mais, si le son de la voix paraissait trop faible, les détonations des armes à feu étaient trop fortes, car les échos s'en emparèrent, et, répercutées dans toutes les directions, elles produisirent un roulement confus, sans direction appréciable.

Chacun agit alors suivant ses instincts. Hatteras s'arrêta, et, se croisant les bras, attendit. Simpson se contenta, non sans peine, de retenir son traîneau. Bell revint sur ses pas, dont il rechercha soigneusement les marques avec la main. Le docteur, se heurtant aux blocs de glace, tombant et se relevant, alla de droite et de gauche, coupant ses traces et s'égarant de plus en plus.

Au bout de cinq minutes, il se dit :

« Cela ne peut pas durer ! Singulier climat ! Un peu trop d'imprévu, par exemple ! On ne sait sur quoi compter, sans parler de ces prismes aigus qui vous déchirent la figure. Aho ! aho ! capitaine ! » cria-t-il de nouveau.

Mais il n'obtint pas de réponse; à tout hasard, il rechargea son fusil, et, malgré ses gants épais, le froid du canon lui brûlait les mains. Pendant cette opération, il lui sembla entrevoir une masse confuse qui se mouvait à quelques pas de lui.

« Enfin ! dit-il, Hatteras ! Bell ! Simpson ! Est-ce vous ? Voyons, répondez ! »

Un sourd grognement se fit entendre.

« Haï ! pensa le bon docteur, qu'est-ce cela ! »

La masse se rapprochait; en perdant leur dimension première, ses contours s'accusaient davantage. Une pensée terrible se fit jour à l'esprit du docteur.

« Un ours ! » se dit-il.

En effet, ce devait être un ours de grande dimension; égaré dans le brouillard, il allait, venait, retournait sur ses pas, au risque de heurter ces voyageurs dont certainement il ne soupçonnait pas la présence.

« Cela se complique ! » pensa le docteur en restant immobile.

Tantôt il sentait le souffle de l'animal, qui, peu après, se perdait dans ce frost-rime ; tantôt il entrevoyait les pattes énormes du monstre battant l'air, et elles passaient si près de lui que ses vêtements furent plus d'une fois déchirés par des griffes aiguës ; il sautait en arrière, et alors la masse en mouvement s'évanouissait à la façon des spectres fantasmagoriques.

Mais, en reculant ainsi, le docteur sentit le sol s'élever sous ses pas ; s'aidant des mains, se cramponnant aux arêtes des glaçons, il gravit un bloc, puis deux ; il tâta du bout de son bâton.

« Un ice-berg ! se dit-il ; si j'arrive au sommet, je suis sauvé ! »

Et, ce disant, il grimpa avec une agilité surprenante à quatre-vingts pieds d'élévation environ ; il dépassait de la tête le brouillard gelé, dont la partie supérieure se tranchait nettement.

« Bon ! » se dit-il, et, portant ses regards autour de lui, il aperçut ses trois compagnons émergeant de ce fluide dense.

« Hatteras !
— Monsieur Clawbonny !
— Bell !
— Simpson ! »

Ces quatre cris partirent presque en même temps ; le ciel, allumé par un magnifique halo, jetait des rayons pâles qui coloraient le frost-rime à la façon des nuages, et le sommet des ice-bergs semblait sortir d'une masse d'argent liquide. Les voyageurs se trouvaient circonscrits dans un cercle de moins de cent pieds de diamètre. Grâce à la pureté des couches d'air supérieures, par une température très-froide, leurs paroles s'entendaient avec une extrême facilité, et ils purent converser du haut de leur glaçon. Après les premiers coups de fusil, chacun d'eux, n'entendant pas de réponse, n'avait eu rien de mieux à faire que de s'élever au-dessus du brouillard.

« Le traîneau ! cria le capitaine.

— A quatre-vingts pieds au-dessous de nous, répondit Simpson.

— En bon état ?

— En bon état.

— Et l'ours ? demanda le docteur.

— Quel ours ? répondit Bel.

— L'ours que j'ai rencontré, qui a failli me briser le crane.

— Un ours ! fit Hatteras ; descendons alors.

— Mais non ! répliqua le docteur, nous nous perdrions encore, et ce serait à recommencer.

— Et si cet animal se jette sur nos chiens !... » dit Hatteras.

En ce moment, les aboiements de Duk retentirent ; ils sortaient du brouillard, et ils arrivaient facilement aux oreilles des voyageurs.

« C'est Duk ! s'écria Hatteras. Il y a certainement quelque chose. Je descends. »

Des hurlements de toute espèce sortaient alors de la masse, comme un concert effrayant ; Duk et les chiens donnaient avec rage. Tout ce bruit ressemblait à un bourdonnement formidable, mais sans éclat, ainsi qu'il arrive à des sons produits dans une salle capitonnée. On sentait qu'il se passait là, au fond de cette brume épaisse, quelque combat invisible, et la vapeur s'agitait parfois comme la mer pendant la lutte des monstres marins.

« Duk ! Duk ! s'écria le capitaine en se disposant à rentrer dans le frost-rime.

— Attendez ! Hatteras, attendez ! répondit le docteur ; il me semble que le brouillard se dissipe. »

Il ne se dissipait pas, mais il baissait comme l'eau d'un étang qui se vide peu à peu ; il paraissait rentrer dans le sol où il avait pris naissance ; les sommets resplendissants des ice-bergs grandissaient au-dessus de lui ; d'autres, immergés jusqu'alors, sortaient comme des îles nouvelles ; par une illusion d'optique facile à concevoir, les voyageurs, accrochés à leurs cônes de glace, croyaient s'élever dans l'atmosphère, tandis que le niveau supérieur du brouillard s'abaissait au-dessous d'eux.

Bientôt le haut du traîneau apparut, puis les chiens d'attelage, puis d'autres animaux au nombre d'une trentaine, puis de grosses masses s'agitant, et Duk sautant, dont la tête sortait de la couche gelée et s'y replongeait tour à tour.

« Des renards! s'écria Bell.

—Des ours! répondit le docteur; un, trois, cinq! »

—Nos chiens! nos provisions! » fit Simpson.

Une bande de renards et d'ours, ayant rejoint le traîneau, faisait une large brèche aux provisions. L'instinct du pillage les réunissait dans un parfait accord; les chiens aboyaient avec fureur, mais la troupe n'y prenait pas garde, et la scène de destruction se poursuivait avec acharnement.

« Feu! » s'écria le capitaine en déchargeant son fusil.

Ses compagnons l'imitèrent. Mais, à cette quadruple détonation, les ours, relevant la tête et poussant un grognement comique, donnèrent le signal du départ; ils prirent un petit trot que le galop d'un cheval n'eût pas égalé, et, suivis de la bande de renards, ils disparurent bientôt au milieu des glaçons du nord.

CHAPITRE XXX. — LE CAIRN

La durée de ce phénomène particulier aux climats polaires avait été de trois quarts d'heure ; les ours et les renards eurent le temps d'en prendre à leur aise ; ces provisions arrivaient à point pour remettre ces animaux, affamés pendant ce rude hiver; la bâche du traîneau déchirée par des griffes puissantes, les caisses de pemmican ouvertes et défoncées, les sacs de biscuit pillés, les provisions de thé répandues sur la neige, un tonnelet d'esprit-de-vin aux douves disjointes et vide de son précieux liquide, les effets de campement dispersés, saccagés, tout témoignait de l'acharnement de ces bêtes sauvages, de leur avidité famélique, de leur insatiable voracité.

« Voilà un malheur, dit Bell en contemplant cette scène de désolation.

—Et probablement irréparable, répondit Simpson.

—Évaluons d'abord le dégât, reprit le docteur, et nous en parlerons après. »

Hatteras, sans mot dire, recueillait déjà les caisses et les sacs épars. On ramassa le pemmican et les biscuits encore mangeables. La perte d'une partie de l'esprit-de-vin était une chose fâcheuse; sans lui, plus de boisson chaude, plus de thé, plus de café. En faisant l'inventaire des provisions épargnées, le docteur constata la disparition de deux cents livres de pemmican et de cent cinquante livres de biscuit ; si le voyage continuait, il devenait nécessaire aux voyageurs de se mettre à demi-ration.

On discuta donc le parti à prendre dans ces circonstances. Devait-on retourner au navire et recommencer cette expédition ? Mais comment se décider à perdre ces cent cinquante milles déjà franchis ? Revenir sans ce combustible si nécessaire serait d'un effet désastreux sur l'esprit de l'équipage ! Trouverait-on encore des gens déterminés à reprendre cette course à travers les glaces?

Évidemment, le mieux était de se porter en avant, même au prix des privations les plus dures.

Le docteur, Hatteras et Bell étaient pour ce dernier parti. Simpson poussait au retour; les fatigues du voyage avaient altéré sa santé; il s'affaiblissait visiblement; mais enfin, se voyant seul de son avis, il reprit sa place en tête du traîneau, et la petite caravane continua sa route au sud.

Pendant les trois jours suivants, du 15 au 17 janvier, les incidents monotones du voyage se reproduisirent. On avançait plus lentement; les voyageurs se fatiguaient; la lassitude les prenait aux jambes; les chiens de l'attelage tiraient péniblement. Cette nourriture insuffisante n'était pas faite pour réconforter bêtes et gens. Le temps variait avec sa mobilité accoutumée, sautant d'un froid intense à des brouillards humides et pénétrants.

Le 18 janvier, l'aspect des champs de glace changea soudain. Un grand nombre de pics, semblables à des pyramides, terminés par une pointe

aiguë et d'une grande élévation, se dressèrent à l'horizon. Le sol, à certaines places, perçait la couche de neige; il semblait formé de gneiss, de schiste et de quartz, avec quelque apparence de roches calcaires. Les voyageurs foulaient enfin la terre ferme, et cette terre devait être, d'après l'estimation, ce continent appelé le Nouveau-Cornouailles.

Le docteur ne put s'empêcher de frapper d'un pied satisfait ce terrain solide; les voyageurs n'avaient plus que cent milles à franchir pour atteindre le cap Belcher; mais leurs fatigues allaient singulièrement s'accroître sur ce sol tourmenté, semé de roches aiguës, de ressauts dangereux, de crevasses et de précipices; il fallait s'enfoncer dans l'intérieur des terres et gravir les hautes falaises de la côte, à travers des gorges étroites dans lesquelles les neiges s'amoncelaient sur une hauteur de trente à quarante pieds.

Les voyageurs vinrent à regretter promptement le chemin à peu près uni, presque facile, des ice-fields si propices au glissage du traîneau. Maintenant, il fallait tirer avec force. Les chiens, éreintés, n'y suffisaient plus ; les hommes, forcés de s'atteler près d'eux, s'épuisaient à les soulager. Plusieurs fois, il devint nécessaire de décharger entièrement les provisions pour franchir des monticules extrêmement roides, dont les surfaces glacées ne donnaient aucune prise. Tel passage de dix pieds demanda des heures entières ; aussi, pendant cette première journée, on gagna cinq milles à peine sur cette terre de Cornouailles, bien nommée, assurément, car elle présentait les aspérités, les pointes aiguës, les arêtes vives, les roches convulsionnées de l'extrémité sud-ouest de l'Angleterre.

Le lendemain, le traîneau atteignit la partie supérieure des falaises ; les voyageurs, à bout de forces, ne pouvant construire leur maison de neige, durent passer la nuit sous la tente, enveloppés dans les peaux de buffle et réchauffant leurs bas mouillés sur leur poitrine. On comprend les conséquences inévitables d'une pareille hygiène ; le thermomètre, pendant cette nuit, descendit plus bas que quarante-quatre degrés (—42° centig.), et le mercure gela.

La santé de Simpson s'altérait d'une façon inquiétante ; un rhume opiniâtre, des rhumatismes violents, des douleurs intolérables, l'obligeaient à se coucher sur le traîneau, qu'il ne pouvait plus guider. Bel le remplaça ; il souffrait, mais ses souffrances n'étaient pas de nature à l'aliter. Le docteur ressentait aussi l'influence de cette excursion par un hiver terrible ; cependant, il ne laissait pas une plainte s'échapper de sa poitrine ; il marchait en avant, appuyé sur son bâton ; il éclairait la route, il aidait à tout. Hatteras, impassible, impénétrable, insensible, valide comme au premier jour avec son tempérament de fer, suivait silencieusement le traîneau.

Le 20 janvier, la température fut si rude que le moindre effort amenait immédiatement une prostration complète. Cependant les difficultés du sol devinrent telles que le docteur, Hatteras et Bell s'attelèrent près des chiens ; des chocs inattendus avaient brisé le devant du traîneau ; on dut le raccommoder. Ces causes de retard se reproduisaient plusieurs fois par jour.

Les voyageurs suivaient une profonde ravine, engagés dans la neige jusqu'à mi-corps, et suant au milieu d'un froid violent. Ils ne disaient mot. Tout à coup Bell, placé près du docteur, le regarde avec effroi ; puis, sans prononcer une parole, il ramasse une poignée de neige et en frotte vigoureusement la figure de son compagnon.

« Eh bien, Bell ! » faisait le docteur en se débattant.

Mais Bell continuait et frottait de son mieux.

« Voyons, Bell, reprit le docteur, la bouche, le nez, les yeux pleins de neige, êtes-vous fou? Qu'y a-t-il donc?

—Il y a, répondit Bell, que si vous possédez encore un nez, c'est à moi que vous le devez.

—Un nez! répliqua le docteur, en portant la main à son visage.

—Oui, monsieur Clawbonny, vous étiez complétement frost-bitten; votre nez était tout blanc, quand je vous ai regardé, et sans mon traitement énergique vous seriez privé de cet ornement, incommode en voyage, mais nécessaire dans l'existence. »

En effet, un peu plus, le docteur avait le nez gelé; la circulation du sang s'étant heureusement refaite à propos, grâce aux vigoureuses frictions de Bell, tout danger disparut.

« Merci! Bell, dit le docteur, et à charge de revanche

—J'y compte, monsieur Clawbonny, répondit le charpentier; et plût au ciel que nous n'eussions jamais de plus grands malheurs à redouter!

—Hélas! Bell, reprit le docteur, vous faites allusion à Simpson! Le pauvre garçon est en proie à de terribles souffrances!

—Craignez-vous pour lui? demanda vivement Hatteras.

—Oui, capitaine, reprit le docteur.

—Et que craignez-vous?

—Une violente attaque de scorbut. Ses jambes enflent déjà et ses gencives se prennent; le malheureux est là, couché sous les couvertures du traîneau, à demi gelé, et les chocs ravivent à chaque instant ses douleurs. Je le plains, Hatteras, et je ne puis rien pour le soulager!

—Pauvre Simpson! murmura Bell.

—Peut-être faudrait-il nous arrêter un jour ou deux, reprit le docteur.

—S'arrêter! s'écria Hatteras. quand la vie de dix-huit hommes tient à notre retour!

—...Cependant... fit le docteur.

—Clawbonny, Bell, écoutez-moi, reprit Hatteras, il ne nous reste pas pour vingt jours de vivres! Voyez si nous pouvons perdre un instant! »

Ni le docteur ni Bell ne répondirent un seul mot, et le traîneau reprit sa marche, un moment interrompue.

Le soir, on s'arrêta au pied d'un monticule de glace, dans lequel Bell tailla promptement une caverne; les voyageurs s'y réfugièrent; le docteur passa la nuit à soigner Simpson; le scorbut exerçait déjà sur le malheureux ses affreux ravages, et les souffrances amenaient une plainte continue sur ses lèvres tuméfiées.

« Ah! monsieur Clawbonny!

—Du courage, mon garçon! disait le docteur.

—Je n'en reviendrai pas! je le sens! je n'en puis plus! j'aime mieux mourir! »

A ces paroles désespérées, le docteur répondait par des soins incessants; quoique brisé lui-même des fatigues du jour, il employait la nuit à composer quelque potion calmante pour le malade; mais déjà le lime-juice restait sans action, et des frictions n'empêchaient pas le scorbut de s'étendre peu à peu.

Le lendemain, il fallait replacer cet infortuné sur le traîneau, quoiqu'il demandât à rester seul, abandonné, et qu'on le laissât mourir en paix; puis on reprenait cette marche effroyable au milieu de difficultés sans cesse accumulées.

Les brumes glacées pénétraient ces trois hommes jusqu'aux os; la neige, le grésil, leur fouettaient le visage; ils faisaient le métier de bêtes de somme, et n'avaient pas même une nourriture suffisante.

Duk, semblable à son maître, allait et venait, bravant les fatigues, toujours alerte, découvrant par instinct la meilleure route à suivre; on s'en remettait à sa merveilleuse sagacité.

Pendant la matinée du 23 janvier, au milieu d'une obscurité presque complète, car la lune était nouvelle, Duk avait pris les devants; durant plusieurs heures, on le perdit de vue; l'inquiétude prit Hatteras, d'autant plus que de nombreuses traces d'ours sillonnaient le sol; il ne savait trop quel parti prendre, quand des aboiements se firent entendre avec force.

Hatteras hâta la marche du traîneau, et bientôt il rejoignit le fidèle animal au fond d'une ravine.

Duk, en arrêt, immobile comme s'il eût été pétrifié, aboyait devant une sorte de cairn, fait de quelques pierres à chaux recouvertes d'un ciment de glace.

« Cette fois, dit le docteur en détachant ses courroies, c'est un cairn, il n'y a pas à s'y tromper.

—Que nous importe? répondit Hatteras.

—Hatteras, si c'est un cairn, il peut contenir un document précieux pour nous; il renferme peut-être un dépôt de provisions, et cela vaut la peine d'y regarder.

—Et quel Européen aurait poussé jusqu'ici? fit Hatteras en haussant les épaules.

—Mais à défaut d'Européens, répliqua le docteur, les Esquimaux n'ont-ils pu faire une cache en cet endroit, et y déposer les produits de leur pêche ou de leur chasse? C'est assez leur habitude, ce me semble.

—Eh bien! voyez, Clawbonny, répondit Hatteras; mais je crains bien que vous n'en soyez pour vos peines. »

Clawbonny et Bell, armés de pioches, se dirigèrent vers le cairn. Duk continuait d'aboyer avec fureur. Les pierres à chaux étaient fortement cimentées par la glace; mais quelques coups ne tardèrent pas à les éparpiller sur le sol.

« Il y a évidemment quelque chose, dit le docteur.

—Je le crois, » répondit Bell.

Ils démolirent le cairn avec rapidité. Bientôt une cachette fut découverte; dans cette cachette se trouvait un papier tout humide. Le docteur s'en empara, le cœur palpitant. Hatteras accourut, prit le document et lut :

« Altam..., *Porpoise*, 13 déc... 1860, 12..° long... 8..° 35' lat... »

« Le *Porpoise!* dit le docteur.

—Le *Porpoise!* répéta Hatteras. Je ne connais pas de navire de ce nom à fréquenter ces mers.

—Il est évident, reprit le docteur, que des navigateurs, des naufragés peut-être, ont passé là depuis moins de deux mois.

—Cela est certain, répondit Bell.

—Qu'allons-nous faire? demanda le docteur.

—Continuer notre route, répondit froidement Hatteras. Je ne sais ce qu'est ce navire le *Porpoise*, mais je sais que le brick le *Forward* attend notre retour. »

CHAPITRE XXXI. — LA MORT DE SIMPSON.

Le voyage fût repris; l'esprit de chacun s'emplissait d'idées nouvelles et inattendues, car une rencontre dans ces terres boréales est l'événement le plus grave qui puisse se produire. Hatteras fronçait le sourcil avec inquiétude.

« Le *Porpoise!* se demandait-il; qu'est-ce que ce navire? Et que vient-il faire si près du pôle? »

A cette pensée, un frisson le prenait en dépit de la température. Le docteur et Bell, eux, ne songeaient qu'aux deux résultats que pouvait amener la découverte de ce document : sauver leurs semblables ou être sauvés par eux.

Mais les difficultés, les obstacles, les fatigues revinrent bientôt, et ils ne durent songer qu'à leur propre situation, si dangereuse alors.

L'état de Simpson empirait; les symptômes d'une mort prochaine ne purent être méconnus par le docteur. Celui-ci n'y pouvait rien; il souffrait cruellement lui-même d'une ophthalmie douloureuse qui pouvait aller jusqu'à la cécité, s'il n'y prenait garde. Le crépuscule donnait alors une quantité suffisante de lumière, et cette lumière, réfléchie par les neiges, brûlait les yeux; il était difficile de se protéger contre cette réflexion, car les verres des lunettes, se revêtant d'une croûte glacée, devenaient opaques et interceptaient la vue. Or, il fallait veiller avec soin aux moindres accidents de la route et les relever du plus loin possible ; force était donc de braver les dangers de l'ophthalmie; cependant le docteur et Bell, se couvrant les yeux, laissaient tour à tour à chacun d'eux le soin de diriger le traîneau.

Celui-ci glissait mal sur ses châssis usés; le tirage devenait de plus en plus pénible; les difficultés du terrain ne diminuaient pas; on avait affaire à un continent de nature volcanique, hérissé et sillonné de crêtes vives; les voyageurs avaient dû, peu à peu, s'élever à une hauteur de quinze cents pieds pour franchir le sommet des montagnes. La température était là plus âpre; les rafales et les tourbillons s'y déchaînaient avec une violence sans égale, et c'était un triste spectacle que celui de ces infortunés se traînant sur ces cimes désolées.

Ils étaient pris aussi du mal de la blancheur; cet éclat uniforme écœurait; il enivrait, il donnait le vertige; le sol semblait manquer et n'offrir aucun point fixe sur cette immense nappe; le sentiment éprouvé était celui du roulis, pendant lequel le pont du navire fuit sous le pied du marin; les voyageurs ne pouvaient s'habituer à cet effet, et la continuité de cette sensation leur portait à la tête. La torpeur s'emparait de leurs membres, la somnolence de leur esprit, et souvent ils marchaient comme des hommes à peu près endormis; alors un cahot, un heurt inattendu, une chute même, les tirait de cette inertie, qui les reprenait quelques instants plus tard.

Le 25 janvier, ils commencèrent à descendre des pentes abruptes; leurs fatigues s'accrurent encore sur ces déclivités glacées; un faux pas, bien difficile à éviter, pouvait les précipiter dans des ravins profonds, et, là, ils eussent été perdus sans ressource.

Vers le soir, une tempête d'une violence extrême balaya les sommets neigeux; on ne pouvait résister à la violence de l'ouragan; il fallait se coucher à terre; mais la température étant fort basse, on risquait de se faire geler instantanément.

Bell, aidé d'Hatteras, construisit avec beaucoup de peine une snow-house, dans laquelle les malheureux cherchèrent un abri; là, on prit quelques pincées de pemmican et un peu de thé chaud; il ne restait pas quatre gallons d'esprit-de-vin ; or il était nécessaire d'en user pour satisfaire la soif, car il ne faut pas croire que la neige puisse être absorbée sous sa forme naturelle; on est forcé de la faire fondre. Dans les pays tempérés, où le froid descend à peine au-dessous du point de congélation, elle ne peut être malfaisante ; mais au delà du cercle polaire, il en est tout autrement; elle atteint une température si basse, qu'il n'est pas plus possible de la saisir avec la main qu'un morceau de fer rougi à blanc, et cela, quoiqu'elle conduise très-mal la chaleur ; il y a donc entre elle et l'estomac une différence de température telle, que son absorption produit une suffocation véritable. Les Esquimaux préfèrent endurer les plus longs tourments à se désaltérer de cette neige, qui ne peut aucunement remplacer l'eau et augmente la soif au lieu de l'apaiser. Les voyageurs ne pouvaient donc étancher la leur qu'à la condition de fondre la neige en brûlant de l'esprit-de-vin.

A trois heures du matin, au plus fort de la tempête, le docteur prit le quart de veille ; il était accoudé dans un coin de la maison, quand une plainte lamentable de Simpson appela son attention ; il se leva pour lui donner ses soins, mais en se levant il se heurta fortement la tête à la voûte de glace ; sans se préoccuper autrement de cet incident, il se courba sur Simpson et se mit à lui frictionner les jambes enflées et bleuâtres ; après

un quart d'heure de ce traitement, il voulut se relever, et se heurta la tête une seconde fois, bien qu'il fût agenouillé alors.

« Voilà qui est bizarre, » se dit-il.

Il porta la main au-dessus de sa tête : la voûte baissait sensiblement.

« Grand Dieu ! s'écria-t-il. Alerte, mes amis ! »

A ses cris, Hatteras et Bell se relevèrent vivement, et se heurtèrent à leur tour ; ils étaient dans une obscurité profonde.

« Nous allons être écrasés ! dit le docteur ; au dehors ! au dehors ! »

Et tous les trois, traînant Simpson à travers l'ouverture, ils quittèrent cette dangereuse retraite ; il était temps, car les blocs de glace, mal assujettis, s'effondrèrent avec fracas.

Les infortunés se trouvaient alors sans abri au milieu de la tempête, saisis par un froid d'une rigueur extrême. Hatteras se hâta de dresser la tente ; on ne put la maintenir contre la violence de l'ouragan, et il fallut s'abriter sous les plis de la toile, qui fut bientôt chargée d'une couche épaisse de neige ; mais au moins cette neige, empêchant la chaleur de rayonner au dehors, préserva les voyageurs du danger d'être gelés vivants.

Les rafales ne cessèrent pas avant le lendemain ; en attelant les chiens insuffisamment nourris, Bell s'aperçut que trois d'entre eux avaient commencé à ronger leurs courroies de cuir ; deux paraissaient fort malades et ne pouvaient aller loin.

Cependant la caravane reprit sa marche tant bien que mal ; il restait encore soixante milles à franchir avant d'atteindre le point indiqué.

Le 26, Bell, qui allait en avant, appela tout à coup ses compagnons. Ceux-ci accoururent, et il leur montra d'un air stupéfait un fusil appuyé sur un glaçon.

« Un fusil ! » s'écria le docteur.

Hatteras le prit ; il était en bon état et chargé.

« Les hommes du *Porpoise* ne peuvent être loin, » dit le docteur.

Hatteras, en examinant l'arme, remarqua qu'elle était d'origine américaine ; ses mains se crispèrent sur le canon glacé.

« En route ! en route ! » dit-il d'une voix sourde.

On continua de descendre la pente des montagnes. Simpson paraissait privé de tout sentiment ; il ne se plaignait plus ; la force lui manquait.

La tempête ne discontinuait pas ; la marche du traîneau devenait de plus en plus lente ; on gagnait à peine quelques milles par vingt-quatre heures, et, malgré l'économie la plus stricte, les vivres diminuaient sensiblement ; mais, tant qu'il en restait au delà de la quantité nécessaire au retour, Hatteras marchait en avant.

Le 27, on trouva presque enfoui sous la neige un sextant, puis une gourde ; celle-ci contenait de l'eau-de-vie, ou plutôt un morceau de glace, au centre duquel tout l'esprit de cette liqueur s'était réfugié sous la forme d'une boule de neige ; elle ne pouvait plus servir.

Évidemment, Hatteras suivait sans le vouloir les traces d'une grande catastrophe ; il s'avançait par le seul chemin praticable, ramassant les épaves de quelque naufrage horrible. Le docteur examinait avec soin si de nouveaux cairns ne s'offriraient pas à sa vue, mais en vain.

De tristes pensées lui venaient à l'esprit ; en effet, s'il découvrait ces infortunés, quels secours pourrait-il leur apporter? Ses compagnons et lui commençaient à manquer de tout ; leurs vêtements se déchiraient, leurs vivres devenaient rares. Que ces naufragés fussent nombreux, et ils périssaient tous de faim. Hatteras semblait porté à les fuir ! N'avait-il pas raison, lui sur qui reposait le salut de son équipage? Devait-il, en ramenant des étrangers à bord, compromettre la sûreté de tous?

Mais ces étrangers, c'étaient des hommes, leurs semblables, peut-être des compatriotes ! Si faible que fût leur chance de salut, devait-on la leur enlever? Le docteur voulut connaître la pensée de Bell à cet égard. Bell ne répondit pas. Ses propres souffrances lui endurcissaient le cœur. Clawbonny n'osa pas interroger Hatteras ; il s'en rapporta donc à la Providence.

Le 17 janvier, vers le soir, Simpson parut être à toute extrémité ; ses membres, déjà roidis et glacés, sa respiration haletante qui formait un brouillard autour de sa tête, des soubresauts convulsifs, annonçaient sa dernière heure. L'expression de son visage était terrible, désespérée, avec des regards de colère impuissante adressés au capitaine. Il y avait là toute une accusation, toute une suite de reproches muets, mais significatifs, mérités peut-être !

Hatteras ne s'approchait pas du mourant. Il l'évitait, il le fuyait, plus taciturne, plus concentré, plus rejeté en lui-même que jamais !

La nuit suivante fut épouvantable ; la tempête redoublait de violence ; trois fois la tente fut arrachée, et le drift de neige s'abattit sur ces infortunés, les aveuglant, les glaçant, les perçant de dards aigus arrachés aux glaçons environnants. Les chiens hurlaient lamentablement. Simpson restait exposé à cette cruelle température. Bell parvint à rétablir le misérable abri de toile, qui, s'il ne défendait pas du froid, protégeait au moins contre la neige. Mais une rafale, plus rapide, l'enleva une quatrième fois, et l'entraîna dans son tourbillon au milieu d'épouvantables sifflements.

« Ah ! c'est trop souffrir ! s'écria Bell.

—Du courage ! du courage ! » répondit le docteur en s'accrochant à lui pour ne pas être roulé dans les ravins.

Simpson râlait. Tout à coup, par un dernier effort, il se releva à demi, tendit son poing fermé vers Hatteras, qui le regardait de ses yeux fixes, poussa un cri déchirant et retomba mort au milieu de sa menace inachevée.

« Mort ! s'écria le docteur.

— Mort ! » répéta Bell.

Hatteras, qui s'avançait vers le cadavre, recula sous la violence du vent.

C'était donc le premier de cet équipage qui tombait frappé par ce climat meurtrier, le premier à ne jamais revenir au port, le premier à payer de sa vie, après d'incalculables souffrances, l'entêtement intraitable du capi-

taine. Ce mort l'avait traité d'assassin, mais Hatteras ne courba pas la tête sous l'accusation. Cependant, une larme glissant de sa paupière vint se congeler sur sa joue pâle.

Le docteur et Bell le regardaient avec une sorte de terreur. Arc-bouté sur son long bâton, il apparaissait comme le génie de ces régions hyperboréennes, droit au milieu des rafales surexcitées, et sinistre dans son effrayante immobilité.

Il demeura debout, sans bouger, jusqu'aux premières lueurs du crépuscule, hardi, tenace, indomptable, et semblant défier la tempête qui mugissait autour de lui.

CHAPITRE XXXII — LE RETOUR AU FORWARD.

Le vent se calma vers six heures du matin, et, passant subitement dans le nord, il chassa les nuages du ciel ; le thermomètre marquait trente-trois degrés au-dessous de zéro (— 37° centigr.). Les premières lueurs du crépuscule argentaient cet horizon qu'elles devaient dorer quelques jours plus tard.

Hatteras vint auprès de ses deux compagnons abattus, et d'une voix douce et triste, il leur dit :

« Mes amis, plus de soixante milles nous séparent encore du point signalé par sir Edward Belcher. Nous n'avons que le strict nécessaire de vivres pour rejoindre le navire. Aller plus loin, ce serait nous exposer à une mort certaine, sans profit pour personne. Nous allons retourner sur nos pas.

—C'est là une bonne résolution, Hatteras, répondit le docteur ; je vous aurais suivi jusqu'où il vous eût plu de me mener, mais notre santé s'affaiblit de jour en jour ; à peine pouvons-nous mettre un pied devant l'autre ; j'approuve complétement ce projet de retour.

—Est-ce également votre avis, Bell? demanda Hatteras.

—Oui, capitaine, répondit le charpentier.

—Eh bien, reprit Hatteras, nous allons prendre deux jours de repos. Ce n'est pas trop. Le traîneau a besoin de réparations importantes. Je pense donc que nous devons construire une maison de neige, dans laquelle puissent se refaire nos forces. »

Ce point décidé, les trois hommes se mirent à l'ouvrage avec ardeur; Bell prit les précautions nécessaires pour assurer la solidité de sa construction, et bientôt une retraite suffisante s'éleva au fond de la ravine où la dernière halte avait eu lieu.

Hatteras s'était fait sans doute une violence extrême pour interrompre son voyage. Tant de peines, de fatigues perdues! Une excursion inutile,

payée de la mort d'un homme! Revenir à bord sans un morceau de charbon! qu'allait devenir l'équipage? Qu'allait-il faire sous l'inspiration de Richard Shandon? Mais Hatteras ne pouvait lutter davantage.

Tous ses soins se reportèrent alors sur les préparatifs du retour; le traîneau fut réparé; sa charge avait bien diminué, d'ailleurs, et ne pesait pas deux cents livres. On raccommoda les vêtements usés, déchirés, imprégnés de neige et durcis par la gelée; des mocassins et des snow-shoes nouveaux remplacèrent les anciens mis hors d'usage. Ces travaux prirent la journée du 29 et la matinée du 30; d'ailleurs, les trois voyageurs se reposaient de leur mieux et se réconfortaient pour l'avenir.

Pendant ces trente-six heures passées dans la maison de neige et sur les glaçons de la ravine, le docteur avait observé Duk, dont les singulières allures ne lui semblaient pas naturelles; l'animal tournait sans cesse en faisant mille circuits imprévus qui paraissaient avoir entre eux un centre commun; c'était une sorte d'élévation, de renflement du sol produit par différentes couches de glaces superposées; Duk, en contournant ce point, aboyait à petit bruit, remuant sa queue avec impatience, regardant son maître et semblant l'interroger.

Le docteur, après avoir réfléchi, attribua cet état d'inquiétude à la présence du cadavre de Simpson, que ses compagnons n'avaient pas encore eu le temps d'enterrer.

Il résolut donc de procéder à cette triste cérémonie le jour même. On devait repartir le lendemain matin dès le crépuscule.

Bell et le docteur se munirent de pioches et se dirigèrent vers le fond de la ravine; l'éminence signalée par Duk offrait un emplacement favorable pour y déposer le cadavre; il fallait l'inhumer profondément pour le soustraire à la griffe des ours.

Le docteur et Bell commencèrent par enlever la couche superficielle de neige molle, puis ils attaquèrent la glace durcie; au troisième coup de pioche, le docteur rencontra un corps dur qui se brisa; il en retira les morceaux et reconnut les restes d'une bouteille de verre.

De son côté, Bell découvrait un sac racorni dans lequel se trouvaient des miettes de biscuit parfaitement conservé.

« Hein ? fit le docteur.

—Qu'est-ce que cela veut dire ? » demanda Bell en suspendant son travail.

Le docteur appela Hatteras, qui vint aussitôt.

Duk aboyait avec force, et, de ses pattes, il essayait de creuser l'épaisse couche de glace.

« Est-ce que nous aurions mis la main sur un dépôt de provisions ? dit le docteur.

—C'est possible, répondit Bell.

—Continuez, » fit Hatteras.

Quelques débris d'aliments furent encore retirés, et une caisse au quart pleine de pemmican.

« Si c'est une cache, dit Hatteras, les ours l'ont certainement visitée avant nous. Voyez, ces provisions ne sont pas intactes.

—Cela est à craindre, répondit le docteur, car... »

Il n'acheva pas sa phrase; un cri de Bell venait de l'interrompre : ce dernier, écartant un bloc assez fort, montrait une jambe roide et glacée qui sortait par l'interstice des glaçons.

« Un cadavre ! s'écria le docteur.

—Ce n'est pas une cache, répondit Hatteras, c'est une tombe. »

Le cadavre, mis à l'air, était celui d'un matelot d'une trentaine d'années, dans un état parfait de conservation; il portait le vêtement des navigateurs arctiques; le docteur ne put dire à quelle époque remontait sa mort.

Mais après ce cadavre, Bell en découvrit un second, celui d'un homme de cinquante ans, portant encore sur sa figure la trace des souffrances qui l'avaient tué.

« Ce ne sont pas des corps enterrés! s'écria le docteur. Ces malheureux ont été surpris par la mort tels que nous les trouvons!

—Vous avez raison, monsieur Clawbonny, répondit Bell.

—Continuez! continuez! » disait Hatteras.

Bell osait à peine. Qui pouvait dire ce que ce monticule de glace renfermait de cadavres humains?

« Ces gens ont été victimes de l'accident qui a failli nous arriver à nous-mêmes, dit le docteur; leur maison de neige s'est affaissée. Voyons si quelqu'un d'eux ne respire pas encore! »

La place fut déblayée avec rapidité, et Bell ramena un troisième corps, celui d'un homme de quarante ans; il n'avait pas l'apparence cadavérique des autres; le docteur se baissa sur lui et crut surprendre encore quelques symptômes d'existence.

« Il vit! il vit! » s'écria-t-il.

Bell et lui transportèrent ce corps dans la maison de neige, tandis que Hatteras, immobile, considérait la demeure écroulée.

Le docteur dépouilla entièrement le malheureux exhumé; il ne trouva sur lui aucune trace de blessure; aidé de Bell, il le frictionna vigoureusement avec des étoupes imbibées d'esprit-de-vin, et il sentit peu à peu la vie renaître en lui; mais l'infortuné était dans un état de prostration absolue, et complétement privé de la parole; sa langue adhérait à son palais, comme gelée.

Le docteur chercha dans les poches de ses vêtements. Elles étaient vides. Donc pas de document. Il laissa Bell continuer ses frictions et revint vers Hatteras.

Celui-ci, descendu dans les cavités de la maison de neige, avait fouillé le sol avec soin, et remontait en tenant à la main un fragment à demi-brûlé d'une enveloppe de lettre. On pouvait encore y lire ces mots :

> . . . tamont,
> . . . orpoise
> w-York.

« Altamont! s'écria le docteur, du navire le *Porpoise!* de New-York!
—Un Américain ! fit Hatteras en tressaillant.
— Je le sauverai ! dit le docteur, j'en réponds, et nous saurons le mot de cette épouvantable énigme. »

Il retourna près du corps d'Altamont, tandis que Hatteras demeurait pensif. Grâce à ses soins, le docteur parvint à rappeler l'infortuné à la vie, mais non au sentiment; il ne voyait, ni n'entendait, ni ne parlait, mais enfin il vivait !

Le lendemain matin, Hatteras dit au docteur :
« Il faut cependant que nous partions.
—Partons, Hatteras ! le traîneau n'est pas chargé, nous y transporterons ce malheureux, et nous le ramènerons au navire.
—Faites, dit Hatteras. Mais auparavant ensevelissons ces cadavres.

Les deux matelots inconnus furent replacés sous les débris de la maison de neige; le cadavre de Simpson vint remplacer le corps d'Altamont.

Les trois voyageurs donnèrent, sous forme de prière, un dernier souvenir à leur compagnon, et, à sept heures du matin, ils reprirent leur marche vers le navire.

Deux des chiens d'attelage étant morts, Duk vint lui-même s'offrir pour tirer le traîneau, et il le fit avec la conscience et la résolution d'un groënlandais.

Pendant vingt jours, du 31 janvier au 19 février, le retour présenta à peu près les mêmes péripéties que l'aller. Seulement, dans ce mois de février, le plus froid de l'hiver, la glace offrit partout une surface résistante; les voyageurs souffrirent terriblement de la température, mais non des tourbillons et du vent.

Le soleil avait reparu pour la première fois depuis le 31 janvier; chaque jour il se maintenait davantage au-dessus de l'horizon. Bell et le docteur étaient au bout de leurs forces, presque aveugles et à demi éclopés; le charpentier ne pouvait marcher sans béquilles.

Altamont vivait toujours, mais dans un état d'insensibilité complète; parfois on désespérait de lui, mais des soins intelligents le ramenaient à l'existence. Et cependant le brave docteur aurait eu grand besoin de se soigner lui-même, car sa santé s'en allait avec les fatigues.

Hatteras songeait au *Forward*, à son brick. Dans quel état allait-il le retrouver? Que se serait-il passé à bord? Johnson aurait-il pu résister à Shandon et aux siens? Le froid avait été terrible. Avait-on brûlé le malheureux navire? Ses mâts, sa carène étaient-ils respectés?

En pensant à tout cela, Hatteras marchait en avant, comme s'il eût voulu voir son *Forward* de plus loin.

Le 24 février, au matin, il s'arrêta subitement. A trois cents pas devant lui, une lueur rougeâtre apparaissait, au-dessus de laquelle se balançait une immense colonne de fumée noirâtre qui se perdait dans les brumes grises du ciel!

« Cette fumée! » s'écria-t-il.

Son cœur battit à se briser.

« Voyez! là-bas! cette fumée! dit-il à ses deux compagnons qui l'avaient rejoint. Mon navire brûle!

—Mais nous sommes encore à plus de trois milles de lui, repartit Bell Ce ne peut être le *Forward*.

—Si, répondit le docteur, c'est lui; il se produit un phénomène de mirage qui le fait paraître plus rapproché de nous.

—Courons! » s'écria Hatteras en devançant ses compagnons.

Ceux-ci, abandonnant le traîneau à la garde de Duk, s'élancèrent rapidement sur les traces du capitaine.

Une heure après, ils arrivaient en vue du navire. Spectacle horrible ! Le brick brûlait au milieu des glaces qui se fondaient autour de lui ; les flammes enveloppaient sa coque, et la brise du sud rapportait à l'oreille d'Hatteras des craquements inaccoutumés.

A cinq cents pas, un homme levait les bras avec désespoir ; il restait là, impuissant, en face de cet incendie qui tordait le *Forward* dans ses flammes.

Cet homme était seul, et cet homme, c'était le vieux Johnson.

Hatteras courut à lui.

« Mon navire ! mon navire ! demanda-t-il d'une voix altérée.

— Vous ! capitaine ! répondit Johnson, vous ! arrêtez ! pas un pas de plus !

— Eh bien ? demanda Hatteras avec un terrible accent de menace.

— Les misérables ! répondit Johnson ; partis depuis quarante-huit heures, après avoir incendié le navire !

— Malédiction ! » s'écria Hatteras.

Alors une explosion formidable se produisit ; la terre trembla ; les icebergs se couchèrent sur le champ de glace ; une colonne de fumée alla s'enrouler dans les nuages, et le *Forward*, éclatant sous l'effort de sa poudrière enflammée, se perdit dans un abîme de feu.

Le docteur et Bell arrivaient en ce moment auprès d'Hatteras. Celui-ci, abîmé dans son désespoir, se releva tout d'un coup.

« Mes amis, dit-il d'une voix énergique, les lâches ont pris la fuite ! Les forts réussiront ! Johnson, Bell, vous avez le courage ; docteur, vous avez la science ; moi, j'ai la foi ! le pôle nord est là-bas ! à l'œuvre donc, à l'œuvre ! »

Les compagnons d'Hatteras se sentirent renaître à ces mâles paroles.

Et cependant, la situation était terrible pour ces quatre hommes et ce mourant, abandonnés sans ressources, perdus, seuls, sous le quatre-vingtième degré de latitude, au plus profond des régions polaires !

FIN

DE LA PREMIÈRE PARTIE.

SECONDE PARTIE

LE DÉSERT DE GLACE

CHAPITRE PREMIER. — L'INVENTAIRE DU DOCTEUR.

C'était un hardi dessein qu'avait eu le capitaine Hatteras de s'élever jusqu'au nord, et de réserver à l'Angleterre, sa patrie, la gloire de découvrir le pôle boréal du monde. Cet audacieux marin venait de faire tout ce qui était dans la limite des forces humaines. Après avoir lutté pendant neuf mois contre les courants, contre les tempêtes, après avoir brisé les montagnes de glace et rompu les banquises, après avoir lutté contre les froids d'un hiver sans précédent dans les régions hyperboréennes, après avoir résumé dans son expédition les travaux de ses devanciers, contrôlé et refait pour ainsi dire l'histoire des découvertes polaires, après avoir poussé son brick le *Forward* au delà des mers connues, enfin, après avoir accompli la moitié de sa tâche, il voyait ses grands projets subitement anéantis ! La trahison ou plutôt le découragement de son équipage usé par les épreuves, la folie criminelle de quelques meneurs, le laissaient dans une épouvantable situation : des dix-huit hommes embarqués à bord du brick, il en restait quatre, abandonnés sans ressources, sans navire, à plus de deux mille cinq cents milles de leur pays !

L'explosion du *Forward*, qui venait de sauter devant eux, leur enlevait les derniers moyens d'existence.

Cependant, le courage d'Hatteras ne faiblit pas en présence de cette terrible catastrophe. Les compagnons qui lui restaient, c'étaient les meilleurs de son équipage ; des gens héroïques. Il avait fait appel à l'énergie, à la science du docteur Clawbonny, au dévouement de Johnson et de Bell, à sa propre foi dans son entreprise; il osa parler d'espoir dans cette situation désespérée; il fut entendu de ses vaillants camarades, et le passé d'hommes aussi résolus répondait de leur courage à venir.

Le docteur, après les énergiques paroles du capitaine, voulut se rendre un compte exact de la situation, et, quittant ses compagnons arrêtés à

cinq cents pas du bâtiment, il se dirigea vers le théâtre de la catastrophe.

Du *Forward*, de ce navire construit avec tant de soin, de ce brick si cher, il ne restait plus rien; des glaces convulsionnées, des débris informes, noircis, calcinés, des barres de fer tordues, des morceaux de câbles brûlant encore comme des boute-feu d'artillerie, et, au loin, quelques spirales de fumée rampant çà et là sur l'ice-field, témoignaient de la violence de l'explosion. Le canon du gaillard d'avant, rejeté à plusieurs toises, s'allongeait sur un glaçon semblable à un affût. Le sol était jonché de fragments de toute nature dans un rayon de cent toises; la quille du brick gisait sous un amas de glaces; les ice-bergs, en partie fondus à la chaleur de l'incendie, avaient déjà recouvré leur dureté de granit.

Le docteur se prit à songer alors à sa cabine dévastée, à ses collections perdues, à ses instruments précieux mis en pièce, à ses livres lacérés, réduits en cendre. Tant de richesses anéanties! Il contemplait d'un œil humide cet immense désastre, pensant, non pas à l'avenir, mais à cet irréparable malheur qui le frappait si directement.

Il fut bientôt rejoint par Johnson; la figure du vieux marin portait la trace de ses dernières souffrances; il avait dû lutter contre ses compagnons révoltés, en défendant le navire confié à sa garde.

Le docteur lui tendit une main que le maître d'équipage serra tristement.

« Qu'allons-nous devenir, mon ami? dit le docteur.

—Qui peut le prévoir, répondit Johnson.

—Avant tout, reprit le docteur, ne nous abandonnons pas au désespoir, et soyons hommes!

—Oui, monsieur Clawbonny, répondit le vieux marin, vous avez raison; c'est au moment des grands désastres qu'il faut prendre les grandes résolutions; nous sommes dans une vilaine passe; songeons à nous en tirer.

—Pauvre navire! dit en soupirant le docteur; je m'étais attaché à lui; je l'aimais comme on aime son foyer domestique, comme la maison où l'on a passé sa vie entière, et il n'en reste pas un morceau reconnaissable!

—Qui croirait, monsieur Clawbonny, que cet assemblage de poutres et de planches pût ainsi nous tenir au cœur!

—Et la chaloupe? reprit le docteur en cherchant du regard autour de lui, elle n'a même pas échappé à la destruction!

—Si, monsieur Clawbonny. Shandon et les siens, qui nous ont abandonnés, l'ont emmenée avec eux!

—Et la pirogue?

—Brisée en mille pièces! tenez, ces quelques plaques de fer-blanc encore chaudes, voilà tout ce qu'il en reste.

—Nous n'avons plus alors que l'Halkett-boat [1]?

[1] Canot de caoutchouc, fait en forme de vêtement, et qui se gonfle à volonté.

—Oui, grâce à l'idée que vous avez eue de l'emporter dans votre excursion.

—C'est peu, dit le docteur.

—Les misérables traîtres qui ont fui! s'écria Johnson. Puisse le ciel les punir comme ils le méritent!

—Johnson, répondit doucement le docteur, il ne faut pas oublier que la souffrance les a durement éprouvés! Les meilleurs seuls savent rester bons dans le malheur, là où les faibles succombent! Plaignons nos compagnons d'infortune, et ne les maudissons pas! »

Après ces paroles, le docteur demeura pendant quelques instants silencieux, et promena des regards inquiets sur le pays.

« Qu'est devenu le traîneau? demanda Johnson.

—Il est resté à un mille en arrière.

—Sous la garde de Simpson?

—Non! mon ami. Simpson, le pauvre Simpson a succombé à la fatigue.

—Mort! s'écria le maître d'équipage.

—Mort! répondit le docteur.

—L'infortuné! dit Johnson, et qui sait, pourtant, si nous ne devrions pas envier son sort!

—Mais pour un mort que nous avons laissé, reprit le docteur, nous rapportons un mourant.

—Un mourant?

—Oui! le capitaine Altamont. »

Le docteur fit en quelques mots au maître d'équipage le récit de leur rencontre.

« Un Américain! dit Johnson en réfléchissant.

—Oui, tout nous porte à croire que cet homme est citoyen de l'Union. Mais qu'est-ce que ce navire le *Porpoise* évidemment naufragé, et que venait-il faire dans ces régions?

—Il venait y périr, répondit Johnson; il entraînait son équipage à la mort, comme tous ceux que leur audace conduit sous de pareils cieux! Mais, au moins, monsieur Clawbonny, le but de votre excursion a-t-il été atteint?

—Ce gisement de charbon! répondit le docteur.

—Oui, » fit Johnson.

Le docteur secoua tristement la tête.

« Rien? dit le vieux marin.

—Rien! les vivres nous ont manqué, la fatigue nous a brisés en route! Nous n'avons pas même gagné la côte signalée par Edward Belcher!

—Ainsi, reprit le vieux marin, pas de combustible?

—Non !

—Pas de vivres ?

—Non !

—Et plus de navire pour regagner l'Angleterre ! »

Le docteur et Johnson se turent. Il fallait un fier courage pour envisager en face cette terrible situation.

« Enfin, reprit le maître d'équipage, notre position est franche, au moins ! nous savons à quoi nous en tenir ! Mais allons au plus pressé ; la température est glaciale ; il faut construire une maison de neige.

—Oui, répondit le docteur, avec l'aide de Bell, ce sera facile ; puis nous irons chercher le traîneau, nous ramènerons l'Américain, et nous tiendrons conseil avec Hatteras.

—Pauvre capitaine! fit Johnson, qui trouvait moyen de s'oublier lui-même, il doit bien souffrir ! »

Le docteur et le maître d'équipage revinrent vers leurs compagnons.

Hatteras était debout, immobile, les bras croisés suivant son habitude, muet et regardant l'avenir dans l'espace. Sa figure avait repris sa fermeté habituelle. A quoi pensait cet homme extraordinaire? Se préoccupait-il de sa situation désespérée ou de ses projets anéantis? Songeait-il enfin à revenir en arrière, puisque les hommes, les éléments, tout conspirait contre sa tentative ?

Personne n'eût pu connaître sa pensée. Elle ne se trahissait pas au dehors. Son fidèle Duk demeurait près de lui, bravant à ses côtés une température tombée à trente-deux degrés au-dessous de zéro (— 36° centig.).

Bell, étendu sur la glace, ne faisait aucun mouvement; il semblait inanimé; son insensibilité pouvait lui coûter la vie ; il risquait de se faire geler tout d'un bloc.

John le secoua vigoureusement, le frotta de neige, et parvint non sans peine à le tirer de sa torpeur.

« Allons, Bell, du courage ! lui dit-il ; ne te laisse pas abattre ; relève-toi ; nous avons à causer ensemble de la situation, et il nous faut un abri ! As-tu donc oublié comment se fait une maison de neige? Viens m'aider, Bell! Voilà un ice-berg qui ne demande qu'à se laisser creuser ! Travaillons ! Cela nous redonnera ce qui ne doit pas manquer ici, du courage et du cœur ! »

Bell, un peu remis à ces paroles, se laissa diriger par le vieux marin.

« Pendant ce temps, reprit celui-ci, monsieur Clawbonny prendra la peine d'aller jusqu'au traîneau, et le ramènera avec les chiens.

—Je suis prêt à partir, répondit le docteur ; dans une heure, je serai de retour.

—L'accompagnez-vous, capitaine ? » ajouta Johnson en se dirigeant vers Hatteras.

Celui-ci, quoique plongé dans ses réflexions, avait entendu la proposition du maître d'équipage, car il lui répondit d'une voix douce :

« Non, mon ami, si le docteur veut bien se charger de ce soin... Il faut qu'avant la fin de la journée une résolution soit prise, et j'ai besoin d'être seul pour réfléchir. Allez. Faites ce que vous jugerez convenable pour le présent. Je songe à l'avenir. »

Johnson revint vers le docteur.

« C'est singulier, lui dit-il, le capitaine semble avoir oublié toute colère ; jamais sa voix ne m'a paru si affable.

—Bien ! répondit le docteur ; il a repris son sang-froid. Croyez-moi, Johnson, cet homme-là est capable de nous sauver ! »

Ces paroles dites, le docteur s'encapuchonna de son mieux, et, le bâton

ferré à la main, il reprit le chemin du traîneau, au milieu de cette brume que la lune rendait presque lumineuse.

Johnson et Bell se mirent immédiatement à l'ouvrage ; le vieux marin excitait par ses paroles le charpentier qui travaillait en silence ; il n'y avait pas à bâtir, mais à creuser seulement un grand bloc ; la glace, très-dure, rendait pénible l'emploi du couteau ; mais, en revanche, cette dureté assurait la solidité de la demeure ; bientôt Johnson et Bell purent travailler à couvert dans leur cavité, rejetant au dehors ce qu'ils enlevaient à la masse compacte.

Hatteras marchait de temps en temps, et s'arrêtait court ; évidemment, il ne voulait pas aller jusqu'à l'emplacement de son malheureux brick.

Ainsi qu'il l'avait promis, le docteur fut bientôt de retour ; il ramenait Altamont étendu sur le traîneau et enveloppé des plis de la tente ; les chiens groënlandais, maigris, épuisés, affamés, tiraient à peine, et rongeaient leurs courroies ; il était temps que toute cette troupe, bêtes et gens, prît nourriture et repos.

Pendant que la maison se creusait plus profondément, le docteur, en furetant de côté et d'autre, eut le bonheur de trouver un petit poêle que l'explosion avait à peu près respecté, et dont le tuyau déformé put être redressé facilement; le docteur l'apporta d'un air triomphant. Au bout de trois heures, la maison de glace était logeable; on y installa le poêle; on le bourra avec les éclats de bois; il ronfla bientôt, et répandit une bienfaisante chaleur.

L'Américain fut introduit dans la demeure et couché au fond sur les couvertures; les quatre Anglais prirent place au feu. Les dernières provisions du traîneau, un peu de biscuit et du thé brûlant, vinrent les reconforter tant bien que mal. Hatteras ne parlait pas; chacun respecta son silence.

Quand ce repas fut terminé, le docteur fit signe à Johnson de le suivre au dehors.

« Maintenant, lui dit-il, nous allons faire l'inventaire de ce qui nous reste. Il faut que nous connaissions exactement l'état de nos richesses; elles sont répandues çà et là; il s'agit de les rassembler; la neige peut tomber d'un moment à l'autre, et il nous serait impossible de retrouver ensuite la moindre épave du navire.

—Ne perdons pas de temps alors, répondit Johnson; vivres et bois, voilà ce qui a pour nous une importance immédiate.

—Eh bien, cherchons chacun de notre côté, répondit le docteur, de manière à parcourir tout le rayon de l'explosion; commençons par le centre, puis nous gagnerons la circonférence. »

Les deux compagnons se rendirent immédiatement au lit de glace qu'avait occupé le *Forward*; chacun examina avec soin, à la lumière douteuse de la lune, les débris du navire. Ce fut une véritable chasse. Le docteur y apporta la passion, pour ne pas dire le plaisir d'un chasseur, et le cœur lui battait fort, quand il découvrait quelque caisse à peu près intacte; mais la plupart étaient vides, et leurs débris jonchaient le champ de glace.

La violence de l'explosion avait été considérable. Un grand nombre d'objets n'étaient plus que cendre et poussière. Les grosses pièces de la machine gisaient çà et là, tordues ou brisées; les branches rompues de l'hélice, lancées à vingt toises du navire, pénétraient profondément dans la neige durcie; les cylindres faussés avaient été arrachés de leurs tourillons; la cheminée, fendue sur toute sa longueur et à laquelle pendaient encore des bouts de chaînes, apparaissait à demi écrasée sous un énorme glaçon; les clous, les crochets, les capes de mouton, les ferrures du gouvernail, les feuilles du doublage, tout le métal du brick s'était éparpillé au loin comme une véritable mitraille.

Mais ce fer, qui eût fait la fortune d'une tribu d'Esquimaux, n'avait aucune utilité dans la circonstance actuelle ; ce qu'il fallait rechercher, avant tout, c'étaient les vivres, et le docteur faisait peu de trouvailles en ce genre.

« Cela va mal, se disait-il ; il est évident que la cambuse, située près de la soute aux poudres, a dû être entièrement anéantie par l'explosion ; ce qui n'a pas brûlé doit être réduit en miettes. C'est grave, et si Johnson ne fait pas meilleure chasse que moi, je ne vois pas trop ce que nous deviendrons. »

Cependant, en élargissant le cercle de ses recherches, le docteur parvint à recueillir quelques restes de pemmican[1], une quinzaine de livres environ, et quatre bouteilles de grès qui, lancées au loin sur une neige encore molle, avaient échappé à la destruction et renfermaient cinq ou six pintes d'eau-de-vie.

Plus loin, il ramassa deux paquets de graines de chochlearia; cela venait à propos pour compenser la perte du lime-juice[1], si propre à combattre le scorbut.

Au bout de deux heures, le docteur et Johnson se rejoignirent. Ils se firent part de leurs découvertes ; elles étaient malheureusement peu importantes sous le rapport des vivres : à peine quelques pièces de viande salée, une cinquantaine de livres de pemmican, trois sacs de biscuit, une petite réserve de chocolat, de l'eau-de-vie et environ deux livres de café récolté grain à grain sur la glace.

Ni couvertures, ni hamacs, ni vêtements, ne purent être retrouvés; évidemment l'incendie les avait dévorés.

En somme, le docteur et le maître d'équipage recueillirent des vivres pour trois semaines au plus du strict nécessaire ; c'était peu pour refaire des gens épuisés. Ainsi, par suite de circonstances désastreuses, après avoir manqué de charbon, Hatteras se voyait à la veille de manquer d'aliments.

Quant au combustible fourni par les épaves du navire, les morceaux de ses mâts et de sa carène, il pouvait durer trois semaines environ ; mais encore le docteur, avant de l'employer au chauffage de la maison de glace, voulut savoir de Johnson si, de ces débris informes, on ne saurait pas reconstruire un petit navire, ou tout au moins une chaloupe.

« Non, monsieur Clawbonny, lui répondit le maître d'équipage, il n'y faut pas songer ; il n'y a pas une pièce de bois intacte dont on puisse tirer parti ; tout cela n'est bon qu'à nous chauffer pendant quelques jours, et après....

---

[1] Préparation de viande condensée.

—Après ? dit le docteur.

—A la grâce de Dieu ! » répondit le brave marin.

Cet inventaire terminé, le docteur et Johnson revinrent chercher le traîneau ; ils y attelèrent, bon gré malgré, les pauvres chiens fatigués, retournèrent sur le théâtre de l'explosion, chargèrent ces restes de la cargaison si rares, mais si précieux, et les rapportèrent auprès de la maison de glace ; puis, à demi gelés, ils prirent place auprès de leurs compagnons d'infortune.

CHAPITRE II. — LES PREMIÈRES PAROLES D'ALTAMONT.

Vers les huit heures du soir, le ciel se dégagea pendant quelques instants de ses brumes neigeuses ; les constellations brillèrent d'un vif éclat dans une atmosphère plus refroidie.

Hatteras profita de ce changement pour aller prendre la hauteur de quelques étoiles. Il sortit sans mot dire, en emportant ses instruments. Il voulait relever la position et savoir si l'ice-field n'avait pas encore dérivé.

Au bout d'une demi-heure, il rentra, se coucha dans un angle de la maison, et resta plongé dans une immobilité profonde qui ne devait pas être celle du sommeil.

Le lendemain, la neige se reprit à tomber avec une grande abondance ; le docteur dut se féliciter d'avoir entrepris ses recherches dès la veille, car un vaste rideau blanc recouvrit bientôt le champ de glace, et toute trace de l'explosion disparut sous un linceul de trois pieds d'épaisseur.

Pendant cette journée, il ne fut pas possible de mettre le pied dehors ; heureusement, l'habitation était confortable, ou tout au moins paraissait telle à ces voyageurs harassés. Le petit poêle allait bien, si ce n'est par de violentes rafales qui repoussaient parfois la fumée à l'intérieur ; sa chaleur procurait en outre des boissons brûlantes de thé ou de café, dont l'influence est si merveilleuse par ces basses températures.

Les naufragés, car on peut véritablement leur donner ce nom, éprouvaient un bien-être auquel ils n'étaient plus accoutumés depuis longtemps ; aussi ne songeaient-ils qu'à ce présent, à cette bienfaisante chaleur, à ce repos momentané, oubliant et défiant presque l'avenir, qui les menaçait d'une mort si prochaine.

L'Américain souffrait moins et revenait peu à peu à la vie; il ouvrait les yeux, mais il ne parlait pas encore; ses lèvres portaient les traces du scorbut et ne pouvaient formuler un son; cependant, il entendait, et fut mis au courant de la situation. Il remua la tête en signe de remercîment; il se voyait sauvé de son ensevelissement sous la neige, et le docteur eut

la sagesse de ne pas lui apprendre de quel court espace de temps sa mort était retardée; car enfin, dans quinze jours, dans trois semaines au plus, les vivres manqueraient absolument.

Vers midi, Hatteras sortit de son immobilité; il se rapprocha du docteur, de Johnson et de Bell.

« Mes amis, leur dit-il, nous allons prendre ensemble une résolution définitive sur ce qui nous reste à faire. Auparavant, je prierai Johnson de me dire dans quelles circonstances cet acte de trahison qui nous perd a été accompli.

—A quoi bon le savoir? répondit le docteur; le fait est certain, il n'y faut plus penser.

—J'y pense, au contraire, répondit Hatteras. Mais, après le récit de Johnson, je n'y penserai plus.

—Voici donc ce qui est arrivé, répondit le maître d'équipage. J'ai tout fait pour empêcher ce crime...

—J'en suis sûr, Johnson, et j'ajouterai que les meneurs avaient depuis longtemps l'idée d'en arriver là.

—C'est mon opinion, dit le docteur.

—C'est aussi la mienne, reprit Johnson; car presque aussitôt après votre départ, capitaine, dès le lendemain, Shandon, aigri contre vous, Shandon, devenu mauvais, et, d'ailleurs, soutenu par les autres, prit le commandement du navire; je voulus résister, mais en vain. Depuis lors, chacun fit à peu près à sa guise; Shandon laissait agir; il voulait montrer à l'équipage que le temps des fatigues et des privations était passé. Aussi, plus d'économie d'aucune sorte; on fit grand feu dans le poêle; on brûlait à même le brick. Les provisions furent mises à la discrétion des hommes, les liqueurs aussi, et, pour des gens privés depuis longtemps de boissons spiritueuses, je vous laisse à penser quel abus ils en firent ! Ce fut ainsi depuis le 7 jusqu'au 15 janvier.

—Ainsi, dit Hatteras d'une voix grave, ce fut Shandon qui poussa l'équipage à la révolte ?

—Oui, capitaine.

—Qu'il ne soit plus jamais question de lui. Continuez, Johnson.

—Ce fut vers le 24 ou le 25 janvier que l'on forma le projet d'abandonner le navire. On résolut de gagner la côte occidentale de la mer de Baffin; de là, avec la chaloupe, on devait courir à la recherche des baleiniers, ou même atteindre les établissements groënlandais de la côte orientale. Les provisions étaient abondantes; les malades, excités par l'espérance du retour, allaient mieux. On commença donc les préparatifs du départ; un traîneau fut construit, propre à transporter les vivres, le combustible et la chaloupe; les hommes devaient s'y atteler. Cela prit jusqu'au 15 février. J'espérais toujours vous voir arriver, capitaine, et cependant je craignais votre présence; vous n'auriez rien obtenu de l'équipage, qui vous eût plutôt massacré que de rester à bord. C'était comme une folie de liberté. Je pris tous mes compagnons les uns après les autres; je leur parlai, je les exhortai, je leur fis comprendre les dangers d'une pareille expédition, en même temps que cette lâcheté de vous abandonner ! Je ne pus rien obtenir, même des meilleurs ! Le départ fut fixé au 22 février. Shandon était impatient. On entassa sur le traîneau et dans la chaloupe tout ce qu'ils purent contenir de provisions et de liqueurs; on fit un chargement considérable de bois; déjà la muraille de tribord était démolie jusqu'à sa ligne de flottaison. Enfin, le dernier jour fut un jour d'orgie; on pilla, on saccagea, et ce fut au milieu de leur ivresse que Pen et deux ou trois autres mirent le feu au navire. Je me battis contre eux, je luttai; on me renversa, on me frappa; puis ces misérables, Shandon en tête, prirent par l'est et disparurent à mes regards ! Je restai seul; que pouvais-je faire contre cet incendie qui gagnait le navire tout entier ? Le trou à feu était obstrué par la glace; je n'avais pas une goutte d'eau. Le *Forward*, pendant deux jours, se tordit dans les flammes, et vous savez le reste. »

Ce récit terminé, un assez long silence régna dans la maison de glace; ce sombre tableau de l'incendie du navire, la perte de ce brick si précieux, se présentèrent plus vivement à l'esprit des naufragés; ils se sentirent en présence de l'impossible, et l'impossible, c'était le retour en Angleterre. Ils n'osaient se regarder, de crainte de surprendre sur la figure de l'un d'eux les traces d'un désespoir absolu. On entendait seulement la respiration pressée de l'Américain.

Enfin, Hatteras prit la parole.

« Johnson, dit-il, je vous remercie; vous avez tout fait pour sauver mon navire, mais, seul, vous ne pouviez résister. Encore une fois, je vous remercie, et ne parlons plus de cette catastrophe. Réunissons nos efforts pour le salut commun. Nous sommes ici quatre compagnons, quatre amis, et la vie de l'un vaut la vie de l'autre. Que chacun donne donc son opinion sur ce qu'il convient de faire.

—Interrogez-nous, Hatteras, répondit le docteur; nous vous sommes tout dévoués, nos paroles viendront du cœur. Et d'abord, avez-vous une idée?

—Moi seul, je ne saurais en avoir, dit Hatteras avec tristesse. Mon opinion pourrait paraître intéressée. Je veux donc connaître avant tout votre avis.

—Capitaine, dit Johnson, avant de nous prononcer dans des circonstances si graves, j'aurai une importante question à vous faire.

—Parlez, Johnson.

—Vous êtes allé hier relever notre position; eh bien, le champ de glace a-t-il encore dérivé, ou se trouve-t-il à la même place?

—Il n'a pas bougé, répondit Hatteras. J'ai trouvé, comme avant notre départ, quatre-vingts degrés quinze minutes pour la latitude, et quatre-vingt-dix-sept degrés trente-cinq minutes pour la longitude.

—Et, dit Johnson, à quelle distance sommes-nous de la mer la plus rapprochée dans l'ouest?

—A six cents milles environ [1], répondit Hatteras.

—Et cette mer, c'est...?

—Le détroit de Smith.

—Celui-là même que nous n'avons pu franchir au mois d'avril dernier?

—Celui-là même.

---

[1] Deux cent quarante-sept lieues environ.

—Bien, capitaine, notre situation est connue maintenant, et nous pouvons prendre une résolution en connaissance de cause.

—Parlez donc, » dit Hatteras, qui laissa sa tête retomber sur ses deux mains.

Il pouvait écouter ainsi ses compagnons sans les regarder.

« Voyons, Bell, dit le docteur, quel est, suivant vous, le meilleur parti à suivre?

—Il n'est pas nécessaire de réfléchir longtemps, répondit le charpentier : il faut revenir, sans perdre ni un jour, ni une heure, soit au sud, soit à l'ouest, et gagner la côte la plus prochaine... quand nous devrions employer deux mois au voyage!

—Nous n'avons que pour trois semaines de vivres, répondit Hatteras sans relever la tête.

—Eh bien, reprit Johnson, c'est en trois semaines qu'il faut faire ce trajet, puisque là est notre seule chance de salut; dussions-nous, en approchant de la côte, ramper sur nos genoux, il faut partir et arriver en vingt-cinq jours.

—Cette partie du continent boréal n'est pas connue, répondit Hatteras. Nous pouvons rencontrer des obstacles, des montagnes, des glaciers qui barreront complétement notre route.

—Je ne vois pas là, répondit le docteur, une raison suffisante pour ne pas tenter le voyage; nous souffrirons, et beaucoup, c'est évident; nous devrons restreindre notre nourriture au strict nécessaire, à moins que les hasards de la chasse...

—Il ne reste plus qu'une demi-livre de poudre, répondit Hatteras.

—Voyons, Hatteras, reprit le docteur, je connais toute la valeur de vos objections et je ne me berce pas d'un vain espoir. Mais je crois lire dans votre pensée; avez-vous un projet praticable?

—Non, répondit le capitaine, après quelques instants d'hésitation.

—Vous ne doutez pas de notre courage, reprit le docteur ; nous sommes gens à vous suivre jusqu'au bout, vous le savez ; mais ne faut-il pas en ce moment abandonner toute espérance de nous élever au pôle? La trahison a brisé vos plans ; vous avez pu lutter contre les obstacles de la nature et les renverser, non contre la perfidie et la faiblesse des hommes ; vous avez fait tout ce qu'il était humainement possible de faire, et vous auriez réussi, j'en suis certain; mais, dans la situation actuelle, n'êtes-vous pas forcé de remettre vos projets, et même, pour les reprendre un jour, ne chercherez-vous pas à regagner l'Angleterre?

—Eh bien, capitaine! » demanda Johnson à Hatteras, qui resta longtemps sans répondre.

Enfin, le capitaine releva la tête, et dit d'une voix contrainte :

« Vous croyez-vous donc assurés d'atteindre la côte du détroit, fatigués comme vous l'êtes, et presque sans nourriture?

—Non, répondit le docteur, mais à coup sûr la côte ne viendra pas à nous; il faut l'aller chercher. Peut-être trouverons-nous plus au sud des tribus d'Esquimaux avec lesquelles nous pourrons entrer facilement en relation.

—D'ailleurs, reprit Johnson, ne peut-on rencontrer dans le détroit quelque bâtiment forcé d'hiverner?

—Et au besoin, répondit le docteur, puisque le détroit est pris, ne pouvons-nous en le traversant atteindre la côte occidentale du Groënland, et de là, soit de la terre Prudhoë, soit du cap York, gagner quelque établissement danois? Enfin, Hatteras, rien de tout cela ne se trouve sur ce champ de glace! La route de l'Angleterre est là-bas, au sud, et non ici, au nord!

—Oui, dit Bell, monsieur Clawbonny a raison, il faut partir, et partir sans retard. Jusqu'ici, nous avons trop oublié notre pays et ceux qui nous sont chers!

—C'est votre avis, Johnson? demanda encore une fois Hatteras.

—Oui, capitaine.

—Et le vôtre, docteur?

—Oui, Hatteras. »

Hatteras restait encore silencieux; sa figure, malgré lui, reproduisait toutes ses agitations intérieures. Avec la décision qu'il allait prendre se jouait le sort de sa vie entière; s'il revenait sur ses pas, c'en était fait à jamais de ses hardis desseins; il ne fallait plus espérer renouveler une quatrième tentative de ce genre.

Le docteur, voyant que le capitaine se taisait, reprit la parole :

« J'ajouterai, Hatteras, dit-il, que nous ne devons pas perdre un instant; il faut charger le traîneau de toutes nos provisions, et emporter le plus de bois possible. Une route de six cents milles dans ces conditions est longue, j'en conviens, mais non infranchissable; nous pouvons, ou plutôt, nous devrons faire vingt milles[1] par jour, ce qui en un mois nous permettra d'atteindre la côte, c'est-à-dire vers le 26 mars...

—Mais, dit Hatteras, ne peut-on attendre quelques jours?

—Qu'espérez-vous? répondit Johnson.

—Que sais-je? Qui peut prévoir l'avenir? Quelques jours encore! C'est d'ailleurs à peine de quoi réparer vos forces épuisées! Vous n'aurez pas

---

[1] Environ huit lieues.

fourni deux étapes, que vous tomberez de fatigue, sans une maison de neige pour vous abriter !

—Mais une mort horrible nous attend ici ! s'écria Bell.

—Mes amis, reprit Hatteras d'une voix presque suppliante, vous vous désespérez avant l'heure ! Je vous proposerais de chercher au nord la route du salut, que vous refuseriez de me suivre ! Et pourtant, n'existe-t-il pas près du pôle des tribus d'Esquimaux comme au détroit de Smith ? Cette mer libre, dont l'existence est pourtant certaine, doit baigner des continents. La nature est logique en tout ce qu'elle fait. Eh bien, on doit croire que la végétation reprend son empire là où cessent les grands froids. N'est-ce pas une terre promise qui nous attend au nord, et que vous voulez fuir sans retour ? »

Hatteras s'animait en parlant ; son esprit surexcité évoquait les tableaux enchanteurs de ces contrées d'une existence si problématique.

« Encore un jour, répétait-il, encore une heure ! »

Le docteur Clawbonny, avec son caractère aventureux et son ardente imagination, se sentait émouvoir peu à peu ; il allait céder ; mais Johnson, plus sage et plus froid, le rappela à la raison et au devoir.

« Allons, Bell, dit-il, au traîneau !

—Allons ! » répondit Bell.

Les deux marins se dirigèrent vers l'ouverture de la maison de neige.

« Oh ! Johnson ! vous ! vous ! s'écria Hatteras. Eh bien ! partez, je resterai ! je resterai !

—Capitaine ! fit Johnson, s'arrêtant malgré lui.

—Je resterai, vous dis-je ! Partez ! abandonnez-moi comme les autres ! Partez... Viens, Duk, nous resterons tous les deux ! »

Le brave chien se rangea près de son maître en aboyant. Johnson regarda le docteur. Celui-ci ne savait que faire ; le meilleur parti était de calmer Hatteras et de sacrifier un jour à ses idées. Le docteur allait s'y résoudre, quand il se sentit toucher le bras.

Il se retourna. L'Américain venait de quitter ses couvertures ; il rampait sur le sol ; il se redressa enfin sur ses genoux, et de ses lèvres malades il fit entendre des sons inarticulés.

Le docteur étonné, presque effrayé, le regardait en silence. Hatteras, lui, s'approcha de l'Américain et l'examina attentivement. Il essayait de surprendre des paroles que le malheureux ne pouvait prononcer. Enfin, après cinq minutes d'efforts, celui-ci fit entendre ce mot : « *Porpoise*. »

—Le *Porpoise !* » s'écria le capitaine.

L'Américain fit un signe affirmatif.

« Dans ces mers ? » demanda Hatteras, le cœur palpitant.

Même signe du malade.

« Au nord?

— Oui ! fit l'infortuné.

— Et vous savez sa position?

— Oui !

— Exacte ?

— Oui ! » dit encore Altamont.

Il se fit un moment de silence. Les spectateurs de cette scène imprévue étaient palpitants.

« Écoutez bien, dit enfin Hatteras au malade, il nous faut connaître la situation de ce navire ! Je vais compter les degrés à voix haute, vous m'arrêterez par un signe.

L'Américain remua la tête en signe d'acquiescement.

« Voyons, dit Hatteras, il s'agit des degrés de longitude. — Cent cinq? Non. — Cent six? Cent sept? Cent huit? — C'est bien à l'ouest?

— Oui, fit l'Américain.

— Continuons. — Cent neuf? Cent dix? Cent douze? Cent quatorze? Cent seize? Cent dix-huit? Cent dix-neuf? Cent vingt...?

— Oui, répondit Altamont.

— Cent vingt degrés de longitude? fit Hatteras. — Et combien de minutes? Je compte... »

Hatteras commença au numéro un. Au nombre quinze, Altamont lui fit signe de s'arrêter.

« Bon! dit Hatteras. — Passons à la latitude. Vous m'entendez? — Quatre-vingts? Quatre-vingt-un? Quatre-vingt-deux? Quatre-vingt-trois?»

L'Américain l'arrêta du geste.

« Bien! — Et les minutes? Cinq? Dix? Quinze? Vingt? Vingt-cinq? Trente? Trente-cinq? »

Nouveau signe d'Altamont, qui sourit faiblement.

« Ainsi, reprit Hatteras d'une voix grave, le *Porpoise* se trouve par cent vingt degrés et quinze minutes de longitude, et quatre-vingt-trois degrés et trente-cinq minutes de latitude?

— Oui ! » fit une dernière fois l'Américain en retombant sans mouvement dans les bras du docteur.

Cet effort l'avait brisé.

« Mes amis, s'écria Hatteras, vous voyez bien que le salut est au nord, toujours au nord! Nous serons sauvés ! »

Mais, après ces premières paroles de joie, Hatteras parut subitement frappé d'une idée terrible. Sa figure s'altéra, et il se sentit mordre au cœur par le serpent de la jalousie.

Un autre, un Américain, l'avait dépassé de trois degrés sur la route du pôle! Pourquoi? Dans quel but?

CHAPITRE III. — DIX-SEPT JOURS DE MARCHE.

Cet incident nouveau, ces premières paroles prononcées par Altamont, avaient complétement changé la situation des naufragés ; auparavant, ils se trouvaient hors de tout secours possible, sans espoir sérieux de gagner la mer de Baffin, menacés de manquer de vivres pendant une route trop longue pour leurs corps fatigués, et maintenant, à moins de quatre cents milles [1] de leur maison de neige, un navire existait qui leur offrait de vastes ressources, et peut-être les moyens de continuer leur audacieuse marche vers le pôle. Hatteras, le docteur, Johnson, Bell, se reprirent à espérer, après avoir été si près du désespoir; ce fut de la joie, presque du délire.

Mais les renseignements d'Altamont étaient encore incomplets, et après quelques minutes de repos, le docteur reprit avec lui cette précieuse conversation; il lui présenta ses questions sous une forme qui ne demandait pour toute réponse qu'un simple signe de tête, ou un mouvement des yeux.

Bientôt il sut que le *Porpoise* était un trois-mâts américain, de New-York, naufragé au milieu des glaces, avec des vivres et des combustibles en grande quantité ; quoique couché sur le flanc, il devait avoir résisté, et il serait possible de sauver sa cargaison.

Altamont et son équipage l'avaient abandonné depuis deux mois, emmenant la chaloupe sur un traîneau ; ils voulaient gagner le détroit de Smith, atteindre quelque baleinier, et se faire rapatrier en Amérique; mais peu à peu les fatigues, les maladies, frappèrent ces infortunés, et ils tombèrent un à un sur la route. Enfin le capitaine et deux matelots restèrent seuls d'un équipage de trente hommes, et si lui, Altamont, survivait, c'était véritablement par un miracle de la Providence.

Hatteras voulut savoir de l'Américain pourquoi le *Porpoise* se trouvait engagé sous une latitude aussi élevée.

Altamont fit comprendre qu'il avait été entraîné par les glaces sans pouvoir leur résister.

[1] Cent soixante lieues.

Hatteras, anxieux, l'interrogea sur le but de son voyage.

Altamont prétendit avoir tenté de franchir le passage du nord-ouest.

Hatteras n'insista pas davantage, et ne posa plus aucune question de ce genre.

Le docteur prit alors la parole :

« Maintenant, dit-il, tous nos efforts doivent tendre à retrouver le *Porpoise*; au lieu de nous aventurer vers la mer de Baffin, nous pouvons gagner par une route moins longue d'un tiers un navire qui nous offrira toutes les ressources nécessaires à un hivernage.

—Il n'y a pas d'autre parti à prendre, répondit Bell.

—J'ajouterai, dit le maître d'équipage, que nous ne devons pas perdre un instant ; il faut calculer la durée de notre voyage sur la durée de nos provisions, contrairement à ce qui se fait généralement, et nous mettre en route au plus tôt.

— Vous avez raison, Johnson, répondit le docteur; en partant demain, mardi, 26 février, nous devons arriver le 15 mars au *Porpoise*, sous peine de mourir de faim. Qu'en pensez-vous, Hatteras?

— Faisons nos préparatifs immédiatement, dit le capitaine, et partons. Peut-être la route sera-t-elle plus longue que nous ne le supposons.

— Pourquoi cela? répliqua le docteur. Cet homme paraît être certain de la situation de son navire.

— Mais, répondit Hatteras, si le *Porpoise* a dérivé sur son champ de glace, comme a fait le *Forward*?

— En effet, dit le docteur, cela a pu arriver! »

Johnson et Bell ne répliquèrent rien à la possibilité d'une dérive, dont eux-mêmes ils avaient été victimes.

Mais Altamont, attentif à cette conversation, fit comprendre au docteur qu'il voulait parler. Celui-ci se rendit au désir de l'Américain, et après un grand quart d'heure de circonlocutions et d'hésitations, il acquit cette certitude que le *Porpoise*, échoué près d'une côte, ne pouvait pas avoir quitté son lit de rochers.

Cette nouvelle rendit la tranquillité aux quatre Anglais; cependant elle leur enlevait tout espoir de revenir en Europe, à moins que Bell ne parvînt à construire un petit navire avec les morceaux du *Porpoise*. Quoi qu'il en soit, le plus pressé était de se rendre sur le lieu même du naufrage.

Le docteur fit encore une dernière question à l'Américain : celui-ci avait-il rencontré la mer libre sous cette latitude de quatre-vingt-trois degrés?

« Non, » répondit Altamont.

La conversation en resta là. Aussitôt les préparatifs du départ furent commencés; Bell et Johnson s'occupèrent d'abord du traîneau; il avait besoin d'une réparation complète; le bois ne manquant pas, ses montants furent établis d'une façon plus solide; on profitait de l'expérience acquise pendant l'excursion au sud; on savait le côté faible de ce mode de transport, et comme il fallait compter sur des neiges abondantes et épaisses, les châssis de glissage furent rehaussés.

A l'intérieur, Bell disposa une sorte de couchette recouverte par la toile de la tente et destinée à l'Américain; les provisions, malheureusement peu considérables, ne devaient pas accroître beaucoup le poids du traîneau, mais, en revanche, on compléta la charge avec tout le bois que l'on put emporter.

Le docteur, en arrangeant les provisions, les inventoria avec la plus scrupuleuse exactitude; de ses calculs il résulta que chaque voyageur devait se réduire à trois quarts de ration pour un voyage de trois semaines. On réserva ration entière aux quatre chiens d'attelage. Si Duk tirait avec eux, il aurait droit à sa ration complète.

Ces préparatifs furent interrompus par le besoin de sommeil et de repos qui se fit impérieusement sentir dès sept heures du soir; mais avant de se coucher, les naufragés se réunirent autour du poêle, dans lequel on n'épargna pas le combustible; les pauvres gens se donnaient un luxe de chaleur auquel ils n'étaient plus habitués depuis longtemps; du pemmican, quelques biscuits et plusieurs tasses de café ne tardèrent pas à les mettre en belle humeur, de compte à demi avec l'espérance qui leur revenait si vite et de si loin.

A sept heures du matin, les travaux furent repris, et se trouvèrent entièrement terminés vers les trois heures du soir.

L'obscurité se faisait déjà; le soleil avait reparu au-dessus de l'horizon depuis le 31 janvier, mais il ne donnait encore qu'une lumière faible et courte; heureusement, la lune devait se lever à six heures et demie, et, par ce ciel pur, ses rayons suffiraient à éclairer la route. La température, qui s'abaissait sensiblement depuis quelques jours, atteignit enfin trente-trois degrés au-dessous de zéro (—37° centigr.).

Le moment du départ arriva. Altamont accueillit avec joie l'idée de se mettre en route, bien que les cahots dussent accroître ses souffrances; il avait fait comprendre au docteur que celui-ci trouverait à bord du *Porpoise* les antiscorbutiques si nécessaires à sa guérison.

On le transporta donc sur le traîneau; il y fut installé aussi commodément que possible; les chiens, y compris Duk, furent attelés; les voyageurs jetèrent alors un dernier regard sur ce lit de glace, où fut le *Forward*. Les traits d'Hatteras parurent empreints un instant d'une violente pensée de colère, mais il redevint maître de lui-même, et la petite troupe, par un temps très-sec, s'enfonça dans la brume du nord-nord-ouest.

Chacun reprit sa place accoutumée, Bell en tête, indiquant la route, le docteur et le maître d'équipage, aux côtés du traîneau, veillant et poussant au besoin, Hatteras à l'arrière, rectifiant la route, et maintenant l'équipage dans la ligne de Bell.

La marche fut assez rapide; par cette température très-basse, la glace offrait une dureté et un poli favorables au glissage; les cinq chiens enlevaient facilement cette charge qui ne dépassait pas neuf cents livres. Cependant hommes et bêtes s'essoufflaient rapidement et durent s'arrêter souvent pour reprendre haleine.

Vers les sept heures du soir, la lune dégagea son disque rougeâtre des

brumes de l'horizon. Ses calmes rayons se firent jour à travers l'atmosphère, et jetèrent quelque éclat que les glaces réfléchirent avec pureté; l'ice-field présentait vers le nord-ouest une immense plaine blanche d'une horizontalité parfaite. Pas un palck, pas un hummok. Cette partie de la mer semblait s'être glacée tranquillement comme un lac paisible.

C'était un immense désert, plat et monotone.

Telle fut l'impression que ce spectacle fit naître dans l'esprit du docteur, et il la communiqua à son compagnon.

« Vous avez raison, monsieur Clawbonny, répondit Johnson; c'est un désert, mais nous n'avons pas la crainte d'y mourir de soif !

—Avantage évident, reprit le docteur; cependant cette immensité me prouve une chose : c'est que nous devons être fort éloignés de toute terre ; en général, l'approche des côtes est signalée par une multitude de montagnes de glaces, et pas un ice-berg n'est visible autour de nous.

—L'horizon est fort restreint par la brume, répondit Johnson.

— Sans doute, mais depuis notre départ nous avons foulé un champ plat qui menace de ne pas finir.

—Savez-vous, monsieur Clawbonny, que c'est une dangereuse promenade que la nôtre? On s'y habitue, on n'y pense pas, mais enfin, cette surface glacée sur laquelle nous marchons ainsi recouvre des gouffres sans fond!

—Vous avez raison, mon ami, mais nous n'avons pas à craindre d'être engloutis; la résistance de cette blanche écorce par ces froids de trente-trois degrés est considérable! Remarquez qu'elle tend de plus en plus à s'accroître, car sous ces latitudes, la neige tombe neuf jours sur dix, même en avril, même en mai, même en juin, et j'estime que sa plus forte épaisseur ne doit pas être éloignée de mesurer trente ou quarante pieds.

—Cela est rassurant, répondit Johnson.

—En effet, nous ne sommes pas comme ces patineurs de la Serpentine-river[1] qui craignent à chaque instant de sentir le sol fragile manquer sous leurs pas; nous n'avons pas un pareil danger à redouter.

—Connaît-on la force de résistance de la glace? demanda le vieux marin, toujours avide de s'instruire dans la compagnie du docteur.

—Parfaitement, répondit ce dernier; qu'ignore-t-on maintenant de ce qui peut se mesurer dans le monde, sauf l'ambition humaine! N'est-ce pas elle, en effet, qui nous précipite vers ce pôle boréal que l'homme veut enfin connaître? Mais, pour en revenir à votre question, voici ce que je puis vous répondre. A l'épaisseur de deux pouces, la glace supporte un homme; à l'épaisseur de trois pouces et demi, un cheval et son cavalier; à cinq pouces, une pièce de huit; à huit pouces, de l'artillerie de campagne tout attelée, et enfin, à dix pouces, une armée, une foule innombrable! Où nous marchons en ce moment, on bâtirait la douane de Liverpool ou le palais du parlement de Londres.

—On a de la peine à concevoir une pareille résistance, dit Johnson; mais tout à l'heure, monsieur Clawbonny, vous parliez de la neige qui tombe neuf jours sur dix en moyenne dans ces contrées; c'est un fait évident; aussi je ne le conteste pas; mais d'où vient toute cette neige, car, les mers étant prises, je ne vois pas trop comment elles peuvent donner naissance à cette immense quantité de vapeur qui forme les nuages.

—Votre observation est juste, Johnson : aussi, suivant moi, la plus grande partie de la neige ou de la pluie que nous recevons dans ces régions

[1] Rivière de Hyde-Park, à Londres.

polaires est faite de l'eau des mers des zones tempérées; il y a tel flocon qui, simple goutte d'eau d'un fleuve de l'Europe, s'est élevé dans l'air sous forme de vapeur, s'est formé en nuage, et est enfin venu se condenser jusqu'ici : il n'est donc pas impossible qu'en la buvant, cette neige, nous nous désaltérions aux fleuves mêmes de notre pays.

— C'est toujours cela, » répondit le maître d'équipage.

En ce moment, la voix d'Hatteras, rectifiant les erreurs de la route, se fit entendre et interrompit la conversation. La brume s'épaississait et rendait la ligne droite difficile à garder.

Enfin la petite troupe s'arrêta vers les huit heures du soir, après avoir franchi quinze milles; le temps se maintenait au sec; la tente fut dressée; on alluma le poêle; on soupa, et la nuit se passa paisiblement.

Hatteras et ses compagnons étaient réellement favorisés par le temps. Leur voyage se fit sans difficultés pendant les jours suivants, quoique le froid devînt extrêmement violent et que le mercure demeurât gelé dans le thermomètre. Si le vent s'en fût mêlé, pas un des voyageurs n'eût pu supporter une semblable température. Le docteur constata dans cette occasion la justesse des observations de Parry, pendant son excursion à l'île Melville. Ce célèbre marin rapporte qu'un homme convenablement vêtu peut se promener impunément à l'air libre par les grands froids, pourvu que l'atmosphère soit tranquille; mais, dès que le plus léger vent vient à souffler, on éprouve à la figure une douleur cuisante et un mal de tête d'une violence extrême qui bientôt est suivi de mort. Le docteur ne laissait donc pas d'être inquiet, car un simple coup de vent les eût tous glacés jusqu'à la moelle des os.

Le 5 mars, il fut témoin d'un phénomène particulier à cette latitude : le ciel étant parfaitement serein et brillant d'étoiles, une neige épaisse vint à tomber sans qu'il y eût apparence de nuage; les constellations resplendissaient à travers les flocons qui s'abattaient sur le champ de glace avec une élégante régularité. Cette neige dura deux heures environ, et s'arrêta sans que le docteur eût trouvé une explication suffisante de sa chute.

Le dernier quartier de la lune s'était alors évanoui; l'obscurité restait profonde pendant dix-sept heures sur vingt-quatre; les voyageurs durent se lier entre eux au moyen d'une longue corde, afin de ne pas se séparer les uns des autres; la rectitude de la route devenait presque impossible à garder.

Cependant, ces hommes courageux, quoique soutenus par une volonté de fer, commençaient à se fatiguer; les haltes devenaient plus fréquentes, et pourtant il ne fallait pas perdre une heure, car les provisions diminuaient sensiblement.

Hatteras relevait souvent la position à l'aide d'observations lunaires et stellaires. En voyant les jours se succéder et le but du voyage fuir indéfiniment, il se demandait parfois si le *Porpoise* existait réellement, si cet Américain n'avait pas le cerveau dérangé par les souffrances, ou même si, par haine des Anglais, et se voyant perdu sans ressources, il ne voulait pas les entraîner avec lui à une mort certaine.

Il communiqua ses suppositions au docteur; celui-ci les rejeta absolument, mais il comprit qu'une fâcheuse rivalité existait déjà entre le capitaine anglais et le capitaine américain.

« Ce seront deux hommes difficiles à maintenir en bonne relation, » se dit-il.

Le 14 mars, après seize jours de marche, les voyageurs ne se trouvaient encore qu'au quatre-vingt-deuxième degré de latitude; leurs forces étaient épuisées, et ils étaient encore à cent milles du navire; pour surcroît de souffrances, il fallut réduire les hommes au quart de ration, pour conserver aux chiens leur ration entière.

On ne pouvait malheureusement pas compter sur les ressources de la chasse, car il ne restait plus alors que sept charges de poudre et six balles; en vain avait-on tiré sur quelques lièvres blancs et des renards, très-rares d'ailleurs, aucun d'eux ne fut atteint.

Cependant, le vendredi 15, le docteur fut assez heureux pour surprendre un phoque étendu sur la glace; il le blessa de plusieurs balles; l'animal, ne pouvant s'échapper par son trou déjà fermé, fut bientôt pris et assommé; il était de forte taille; Johnson le dépeça adroitement, mais l'extrême maigreur de cet amphibie offrit peu de profit à des gens qui ne pouvaient se résoudre à boire son huile, à la manière des Esquimaux.

Cependant, le docteur essaya courageusement d'absorber cette visqueuse liqueur; malgré sa bonne volonté, il ne put y parvenir. Il conserva la peau de l'animal, sans trop savoir pourquoi, par instinct de chasseur, et la chargea sur le traîneau.

Le lendemain, 16, on aperçut quelques ice-bergs et des monticules de glace à l'horizon. Était-ce l'indice d'une côte prochaine, ou seulement un bouleversement de l'ice-field? Il était difficile de savoir à quoi s'en tenir.

Arrivés à l'un de ces hummocks, les voyageurs en profitèrent pour s'y creuser une retraite plus confortable que la tente, à l'aide du couteau à neige [1], et, après trois heures d'un travail opiniâtre, ils purent s'étendre enfin autour du poêle allumé.

---

[1] Large coutelas disposé pour tailler les blocs de glace.

CHAPITRE IV — LA DERNIÈRE CHARGE DE POUDRE.

Johnson avait dû donner asile dans la maison de glace aux chiens harassés de fatigue; lorsque la neige tombe abondamment, elle peut servir de couverture aux animaux, dont elle conserve la chaleur naturelle. Mais, à

l'air, par ces froids secs de quarante degrés, les pauvres bêtes eussent été gelées en peu de temps.

Johnson, qui faisait un excellent dog-driver [1], essaya de nourrir ses chiens avec cette viande noirâtre du phoque que les voyageurs ne pou-

[1] Dresseur de chiens.

vaient absorber, et, à son grand étonnement, l'attelage s'en fit un véritable régal; le vieux marin, tout joyeux, apprit cette particularité au docteur.

Celui-ci n'en fut aucunement surpris; il savait que dans le nord de l'Amérique les chevaux font du poisson leur principale nourriture, et de ce qui suffisait à un cheval herbivore, un chien omnivore pouvait se contenter à plus forte raison.

Avant de s'endormir, bien que le sommeil devînt une impérieuse nécessité pour des gens qui s'étaient traînés pendant quinze milles sur les glaces, le docteur voulut entretenir ses compagnons de la situation actuelle, sans en atténuer la gravité.

« Nous ne sommes encore qu'au quatre-vingt-deuxième parallèle, dit-il, et les vivres menacent déjà de nous manquer !

—C'est une raison pour ne pas perdre un instant, répondit Hatteras ! Il faut marcher ! les plus forts traîneront les plus faibles.

—Trouverons-nous seulement un navire à l'endroit indiqué ? répondit Bell, que les fatigues de la route abattaient malgré lui.

—Pourquoi en douter ? répondit Johnson; le salut de l'Américain répond du nôtre. »

Le docteur, pour plus de sûreté, voulut encore interroger de nouveau Altamont. Celui-ci parlait assez facilement, quoique d'une voix faible ; il confirma tous les détails précédemment donnés; il répéta que le navire, échoué sur des roches de granit, n'avait pu bouger, et qu'il se trouvait par 120° 15' de longitude et 83° 35' de latitude.

« Nous ne pouvons douter de cette affirmation, reprit alors le docteur ; la difficulté n'est pas de trouver le *Porpoise*, mais d'y arriver.

—Que reste-t-il de nourriture ? demanda Hatteras.

—De quoi vivre pendant trois jours au plus, répondit le docteur.

—Eh bien, il faut arriver en trois jours ! dit énergiquement le capitaine.

—Il le faut, en effet, reprit le docteur, et si nous réussissons, nous ne devrons pas nous plaindre, car nous aurons été favorisés par un temps exceptionnel. La neige nous a laissé quinze jours de répit, et le traîneau a pu glisser facilement sur la glace durcie. Ah ! que ne porte-t-il deux cents livres d'aliments ! nos braves chiens auraient eu facilement raison de cette charge ! Enfin, puisqu'il en est autrement, nous n'y pouvons rien.

—Avec un peu de chance et d'adresse, répondit Johnson, ne pourrait-on pas utiliser les quelques charges de poudre qui restent ? Si un ours tombait en notre pouvoir, nous serions approvisionnés de nourriture pour le reste du voyage.

—Sans doute, répliqua le docteur, mais ces animaux sont rares et fuyards; et puis, il suffit de songer à l'importance du coup de fusil pour que l'œil se trouble et que la main tremble.

—Vous êtes pourtant un habile tireur, dit Bell.

—Oui, quand le dîner de quatre personnes ne dépend pas de mon adresse; cependant vienne l'occasion, je ferai de mon mieux. En attendant, mes amis, contentons-nous de ce maigre souper de miettes de pemmican, tâchons de dormir, et dès le matin nous reprendrons notre route. »

Quelques instants plus tard, l'excès de la fatigue l'emportant sur toute autre considération, chacun dormait d'un sommeil assez profond.

Le samedi, de bonne heure, Johnson réveilla ses compagnons; les chiens furent attelés au traîneau, et celui-ci reprit sa marche vers le nord.

Le ciel était magnifique, l'atmosphère d'une extrême pureté, la température très-basse; quand le soleil parut au-dessus de l'horizon, il avait la forme d'une ellipse allongée; son diamètre horizontal, par suite de la réfraction, semblait être double de son diamètre vertical; il lança son faisceau de rayons clairs, mais froids, sur l'immense plaine glacée. Ce retour à la lumière, sinon à la chaleur, faisait plaisir.

Le docteur, son fusil à la main, s'écarta d'un mille ou deux, bravant le froid et la solitude; avant de s'éloigner, il avait mesuré exactement ses munitions; il lui restait quatre charges de poudre seulement et trois balles, pas davantage. C'était peu, quand on considère qu'un animal fort et vivace comme l'ours polaire ne tombe souvent qu'au dixième ou au douzième coup de fusil.

Aussi l'ambition du brave docteur n'allait-elle pas jusqu'à rechercher un si terrible gibier; quelques lièvres, deux ou trois renards eussent fait son affaire et produit un surcroît de provisions très-suffisant.

Mais pendant cette journée, s'il aperçut un de ces animaux, ou il ne put pas l'approcher, ou trompé par la réfraction, il perdit son coup de fusil. Cette journée lui coûta inutilement une charge de poudre et une balle.

Ses compagnons, qui avaient tressailli d'espoir à la détonation de son arme, le virent revenir la tête basse. Ils ne dirent rien. Le soir, on se coucha comme d'habitude, après avoir mis de côté les deux quarts de ration réservés pour les deux jours suivants.

Le lendemain, la route parut être de plus en plus pénible. On ne marchait pas, on se traînait; les chiens avaient dévoré jusqu'aux entrailles du phoque, et ils commençaient à ronger leurs courroies.

Quelques renards passèrent au large du traîneau, et le docteur ayant encore perdu un coup de fusil en les poursuivant, n'osa plus risquer sa dernière balle et son avant-dernière charge de poudre.

Le soir, on fit halte de meilleure heure; les voyageurs ne pouvaient plus mettre un pied devant l'autre, et quoique la route fût éclairée par une magnifique aurore boréale, ils durent s'arrêter.

Ce dernier repas, pris le dimanche soir, sous la tente glacée, fut bien triste. Si le ciel ne venait pas au secours de ces infortunés, ils étaient perdus.

Hatterras ne parlait pas, Bell ne pensait plus, Johnson réfléchissait sans mot dire, mais le docteur ne se désespérait pas encore.

Johnson eut l'idée de creuser quelques trappes pendant la nuit; n'ayant pas d'appât à y mettre, il comptait peu sur le succès de son invention, et il avait raison, car le matin, en allant reconnaître ses trappes, il vit bien des traces de renards, mais pas un de ces animaux ne s'était laissé prendre au piége.

Il revenait donc fort désappointé, quand il aperçut un ours de taille colossale qui flairait les émanations du traîneau à moins de cinquante toises. Le vieux marin eut l'idée que la Providence lui adressait cet animal inattendu pour le tuer; sans réveiller ses compagnons, il s'élança sur le fusil du docteur et gagna du côté de l'ours.

Arrivé à bonne distance, il le mit en joue; mais, au moment de presser la détente, il sentit son bras trembler; ses gros gants de peau le gênaient. Il les ôta rapidement et saisit son fusil d'une main plus assurée.

Soudain, un cri de douleur lui échappa. La peau de ses doigts, brûlés par le froid du canon, y restait adhérente, tandis que l'arme tombait à terre, et partait au choc, en lançant sa dernière balle dans l'espace.

Au bruit de la détonation, le docteur accourut; il comprit tout. Il vit l'animal s'enfuir tranquillement; Johnson se désespérait et ne pensait plus à ses souffrances.

« Je suis une véritable femmelette ! s'écriait-il, un enfant qui ne sait pas supporter une douleur ! Moi ! moi ! à mon âge !

—Voyons, rentrez, Johnson, lui dit le docteur, vous allez vous faire geler ; tenez, vos mains sont déjà blanches ; venez ! venez !

—Je suis indigne de vos soins, monsieur Clawbonny ! répondait le maître d'équipage. Laissez-moi !

—Mais venez donc, entêté ! venez donc ! il sera bientôt trop tard ! »

Et le docteur, entraînant le vieux marin sous la tente, lui fit mettre les deux mains dans une jatte d'eau que la chaleur du poêle avait maintenue liquide, quoique froide ; mais à peine les mains de Johnson y furent-elles plongées que l'eau se congela immédiatement à leur contact.

« Vous le voyez, dit le docteur, il était temps de rentrer, sans quoi j'aurais été obligé d'en venir à l'amputation. »

Grâce à ses soins, tout danger disparut au bout d'une heure, mais non sans peine, et il fallut des frictions réitérées pour rappeler la circulation du sang dans les doigts du vieux marin. Le docteur lui recommanda surtout d'éloigner ses mains du poêle, dont la chaleur eût amené de graves accidents.

Ce matin-là, on dut se priver de déjeuner ; du pemmican, de la viande salée, il ne restait rien. Pas une miette de biscuit ; à peine une demi-livre de café ; il fallut se contenter de cette boisson brûlante, et on se remit en marche.

« Plus de ressources ! dit Bell à Johnson, avec un indicible accent de désespoir.

—Ayons confiance en Dieu, dit le vieux marin ; il est tout-puissant pour nous sauver !

—Ah ! ce capitaine Hatteras ! reprit Bell, il a pu revenir de ses prémières expéditions, l'insensé! mais de celle-ci il ne reviendra jamais, et nous ne reverrons plus notre pays!

— Courage, Bell! j'avoue que le capitaine est un homme audacieux, mais auprès de lui il se rencontre un autre homme habile en expédients.

— Le docteur Clawbonny? dit Bell.

— Lui-même! répondit Johnson.

— Que peut-il dans une situation pareille? répliqua Bell en haussant les épaules. Changera-t-il ces glaçons en morceaux de viande? Est-ce un dieu, pour faire des miracles?

— Qui sait! répondit le maître d'équipage aux doutes de son compagnon. J'ai confiance en lui. »

Bell hocha la tête et retomba dans ce mutisme complet pendant lequel il ne pensait même plus.

Cette journée fut de trois milles à peine; le soir, on ne mangea pas; les chiens menaçaient de se dévorer entre eux; les hommes ressentaient avec violence les douleurs de la faim.

On ne vit pas un seul animal. D'ailleurs, à quoi bon? On ne pouvait chasser au couteau. Seulement Johnson crut reconnaître, à un mille sous le vent, l'ours gigantesque qui suivait la malheureuse troupe.

« Il nous guette! pensa-t-il; il voit en nous une proie assurée! »

Mais Johnson ne dit rien à ses compagnons; le soir, on fit la halte habituelle, et le souper ne se composa que de café. Les infortunés sentaient leurs yeux devenir hagards, leur cerveau se prendre, et, torturés par la faim, ils ne pouvaient trouver une heure de sommeil; des rêves étranges et des plus douloureux s'emparaient de leur esprit.

Sous une latitude où le corps demande impérieusement à se réconforter, les malheureux n'avaient pas mangé depuis trente-six heures, quand le matin du mardi arriva. Cependant, animés par un courage et une volonté surhumaine, ils reprirent leur route, poussant le traîneau que les chiens ne pouvaient tirer.

Au bout de deux heures, ils tombèrent épuisés. Hatteras voulait aller plus loin encore. Lui, toujours énergique, il employa les supplications, les prières, pour décider ses compagnons à se relever : c'était demander l'impossible!

Alors, aidé de Johnson, il tailla une maison de glace dans un ice-berg. Ces deux hommes, travaillant ainsi, avaient l'air de creuser leur tombe.

« Je veux bien mourir de faim, disait Hatteras, mais non de froid. »

Après de cruelles fatigues, la maison fut prête et toute la troupe s'y blottit.

Ainsi se passa la journée. Le soir, pendant que ses compagnons demeuraient sans mouvement, Johnson eut une sorte d'hallucination; il rêva d'ours gigantesques.

Ce mot, souvent répété par lui, attira l'attention du docteur, qui, tiré de son engourdissement, demanda au vieux marin pourquoi il parlait d'ours, et de quel ours il s'agissait.

« L'ours qui nous suit, répondit Johnson.
— L'ours qui nous suit? répéta le docteur.
— Oui, depuis deux jours!
— Depuis deux jours! Vous l'avez vu?
— Oui, il se tient à un mille sous le vent.
— Et vous ne m'avez pas prévenu, Johnson?
— A quoi bon?

—C'est juste, fit le docteur; nous n'avons pas une seule balle à lui envoyer.

—Ni même un lingot, un morceau de fer, un clou quelconque ! » répondit le vieux marin.

Le docteur se tut et se prit à réfléchir. Bientôt il dit au maître d'équipage :

« Vous êtes certain que cet animal nous suit?

—Oui, monsieur Clawbonny, il compte sur un repas de chair humaine ! il sait que nous ne pouvons pas lui échapper !

—Johnson ! fit le docteur, ému de l'accent désespéré de son compagnon.

—Sa nourriture est assurée, à lui ! répliqua le malheureux que le délire prenait ; il doit être affamé, et je ne sais pas pourquoi nous le faisons attendre !

—Johnson, calmez-vous !

—Non, monsieur Clawbonny ; puisque nous devons y passer, pourquoi prolonger les souffrances de cet animal ? Il a faim comme nous ; il n'a pas de phoque à dévorer ! Le ciel lui envoie des hommes ! eh bien, tant mieux pour lui ! »

Le vieux Johnson devenait fou ; il voulait quitter la maison de glace. Le docteur eut beaucoup de peine à le contenir, et, s'il y parvint, ce fut moins par la force que parce qu'il prononça les paroles suivantes avec un accent de profonde conviction :

« Demain, dit-il, je tuerai cet ours !

—Demain ! fit Johnson, qui semblait sortir d'un mauvais rêve.

—Demain !

—Vous n'avez pas de balle !

—J'en ferai.

—Vous n'avez pas de plomb !

—Non, mais j'ai du mercure ! »

Et, cela dit, le docteur prit le thermomètre; il marquait à l'intérieur cinquante degrés au-dessus de zéro (+ 10° centig.). Le docteur sortit, plaça l'instrument sur un glaçon et rentra bientôt. La température extérieure était de cinquante degrés au-dessous de zéro (— 47° centig.).

« À demain, dit-il au vieux marin; dormez et attendons le lever du soleil. »

La nuit se passa dans les souffrances de la faim; seuls, le maître d'équipage et le docteur purent les tempérer par un peu d'espoir.

Le lendemain, aux premiers rayons du jour, le docteur suivi de Johnson se précipita dehors et courut au thermomètre; tout le mercure s'était réfugié dans la cuvette, sous la forme d'un cylindre compact. Le docteur brisa l'instrument et en retira de ses doigts, prudemment gantés, un véritable morceau de métal très-peu malléable et d'une grande dureté. C'était un vrai lingot.

« Ah! monsieur Clawbonny, s'écria le maître d'équipage, voilà qui est merveilleux ! Vous êtes un fier homme !

—Non, mon ami, répondit le docteur, je suis seulement un homme doué d'une bonne mémoire et qui a beaucoup lu.

—Que voulez-vous dire ?

—Je me suis souvenu à propos d'un fait relaté par le capitaine Ross dans la relation de son voyage : il dit avoir percé une planche d'un pouce d'épaisseur avec un fusil chargé d'une balle de mercure gelé; si j'avais eu de l'huile à ma disposition, c'eût été presque la même chose, car il raconte également qu'une balle d'huile d'amande douce, tirée contre un poteau, le fendit et rebondit à terre sans avoir été cassée.

—Cela n'est pas croyable !

—Mais cela est, Johnson; voici donc un morceau de métal qui peut nous sauver la vie; laissons-le à l'air avant de nous en servir, et voyons si l'ours ne nous a pas abandonnés. »

En ce moment, Hatteras sortit de la hutte; le docteur lui montra le lingot et lui fit part de son projet; le capitaine lui serra la main, et les trois chasseurs se mirent à observer l'horizon.

Le temps était très-clair. Hatteras, s'étant porté en avant de ses compagnons, découvrit l'ours à moins de six cents toises.

L'animal, assis sur son derrière, balançait tranquillement la tête, en aspirant les émanations de ces hôtes inaccoutumés.

« Le voilà ! s'écria le capitaine.

—Silence ! » fit le docteur.

Mais l'énorme quadrupède, lorsqu'il aperçut les chasseurs, ne bougea pas. Il les regardait sans frayeur ni colère. Cependant il devait être fort difficile de l'approcher.

« Mes amis, dit Hatteras, il ne s'agit pas ici d'un vain plaisir, mais de notre existence à sauver. Agissons en hommes prudents.

—Oui, répondit le docteur, nous n'avons qu'un seul coup de fusil à notre disposition. Il ne faut pas manquer l'animal; s'il s'enfuyait, il serait perdu pour nous, car il dépasse un lévrier à la course.

—Eh bien, il faut aller droit à lui, répondit Johnson; on risque sa vie! qu'importe? je demande à risquer la mienne.

—Ce sera moi! s'écria le docteur.

—Moi! répondit simplement Hatteras.

—Mais, s'écria Johnson, n'êtes-vous pas plus utile au salut de tous qu'un vieux bonhomme de mon âge?

—Non, Johnson, reprit le capitaine, laissez-moi faire; je ne risquerai

pas ma vie plus qu'il ne faudra; il sera possible, au surplus, que je vous appelle à mon aide.

—Hatteras, demanda le docteur, allez-vous donc marcher vers cet ours?

—Si j'étais certain de l'abattre, dût-il m'ouvrir le crâne, je le ferais, docteur, mais à mon approche il pourrait s'enfuir. C'est un être plein de ruse; tâchons d'être plus rusés que lui.

—Que comptez-vous faire?

—M'avancer jusqu'à dix pas sans qu'il soupçonne ma présence.

—Et comment cela?

—Mon moyen est hasardeux, mais simple. Vous avez conservé la peau du phoque que vous avez tué?

—Elle est sur le traîneau.

—Bien! regagnons notre maison de glace, pendant que Johnson restera en observation. »

Le maître d'équipage se glissa derrière un hummock qui le dérobait entièrement à la vue de l'ours.

Celui-ci, toujours à la même place, continuait ses singuliers balancements en reniflant l'air.

CHAPITRE V. — LE PHOQUE ET L'OURS.

Hatteras et le docteur rentrèrent dans la maison.

« Vous savez, dit le premier, que les ours du pôle chassent les phoques, dont ils font principalement leur nourriture. Ils les guettent au bord des crevasses pendant des journées entières et les étouffent dans leurs pattes dès qu'ils apparaissent à la surface des glaces. Un ours ne peut donc s'effrayer de la présence d'un phoque. Au contraire.

—Je crois comprendre votre projet, dit le docteur; il est dangereux.

—Mais il offre des chances de succès, répondit le capitaine : il faut donc l'employer. Je vais revêtir cette peau de phoque et me glisser sur le champ de glace. Ne perdons pas de temps. Chargez votre fusil et donnez-le moi. »

Le docteur n'avait rien à répondre : il eût fait lui-même ce que son compagnon allait tenter; il quitta la maison, en emportant deux haches, l'une pour Johnson, l'autre pour lui; puis, accompagné d'Hatteras, il se dirigea vers le traîneau.

Là, Hatteras fit sa toilette de phoque, et se glissa dans cette peau qui le couvrait presque tout entier.

Pendant ce temps, le docteur chargea son fusil avec sa dernière charge de poudre, puis il glissa dans le canon le lingot de mercure qui avait la dureté du fer et la pesanteur du plomb. Cela fait, il remit l'arme à Hatteras, qui la fit disparaître avec lui sous la peau du phoque.

« Allez, dit-il au docteur, rejoignez Johnson; je vais attendre quelques instants pour dérouter mon adversaire.

—Courage, Hatteras! dit le docteur.

—Soyez tranquille, et surtout ne vous montrez pas avant mon coup de feu. »

Le docteur gagna rapidement l'hummock derrière lequel se tenait Johnson.

« Eh bien? dit celui-ci.

—Eh bien, attendons! Hatteras se dévoue pour nous sauver. »

Le docteur était ému ; il regarda l'ours, qui donnait des signes d'une agitation plus violente, comme s'il se fût senti menacé d'un danger prochain.

Au bout d'un quart d'heure, le phoque rampait sur la glace ; il avait fait un détour à l'abri des gros blocs pour mieux tromper l'ours ; il se trouvait alors à cinquante toises de lui. Celui-ci l'aperçut et se ramassa sur lui-même, cherchant pour ainsi dire à se dérober.

Hatteras imitait avec une profonde habileté les mouvements du phoque, et, s'il n'eût été prévenu, le docteur s'y fût certainement laissé prendre.

« C'est cela ! c'est bien cela ! » disait Johnson à voix basse.

L'amphibie, tout en gagnant du côté de l'animal, ne semblait pas l'apercevoir ; il paraissait chercher une crevasse pour se replonger dans son élément.

L'ours, de son côté, tournant les glaçons, se dirigeait vers lui avec une prudence extrême ; ses yeux enflammés respiraient la plus ardente convoitise ; depuis un mois, deux mois peut-être, il jeûnait, et le hasard lui envoyait une proie assurée.

Le phoque ne fut bientôt plus qu'à dix pas de son ennemi ; celui-ci se développa tout d'un coup, fit un bond gigantesque, et, stupéfait, épouvanté, s'arrêta à trois pas d'Hatteras, qui, rejetant en arrière sa peau de phoque, un genou en terre, le visait au cœur.

Le coup partit, et l'ours roula sur la glace.

« En avant ! en avant ! » s'écria le docteur.

Et, suivi de Johnson, il se précipita vers le théâtre du combat.

L'énorme bête s'était redressée, frappant l'air d'une patte, tandis que de l'autre elle arrachait une poignée de neige dont elle bouchait sa blessure.

Hatteras n'avait pas bronché ; il attendait, son couteau à la main. Mais il avait bien visé, et frappé d'une balle sûre, avec une main qui ne tremblait pas ; avant l'arrivée de ses compagnons, son couteau était plongé tout entier dans la gorge de l'animal, qui tombait pour ne plus se relever.

« Victoire ! s'écria Johnson.

— Hurrah ! Hatteras ! hurrah ! » fit le docteur.

Hatteras, nullement ému, regardait le corps gigantesque en se croisant les bras.

« A mon tour d'agir, dit Johnson ; c'est bien d'avoir abattu ce gibier, mais il ne faut pas attendre que le froid l'ait durci comme une pierre ; nos dents et nos couteaux n'y pourraient rien ensuite. »

Johnson alors commença par écorcher cette bête monstrueuse dont les dimensions atteignaient presque celles d'un bœuf ; elle mesurait neuf pieds de longueur, sur six pieds de circonférence; deux énormes crocs longs de trois pouces sortaient de ses gencives.

Johnson l'ouvrit, et ne trouva que de l'eau dans son estomac; l'ours n'avait évidemment pas mangé depuis longtemps; cependant il était fort gras, et pesait plus de quinze cents livres; il fut divisé en quatre quar-

tiers, dont chacun donna deux cents livres de viande, et les chasseurs traînèrent toute cette chair jusqu'à la maison de neige, sans oublier le cœur de l'animal, qui, trois heures après, battait encore avec force.

Les compagnons du docteur se seraient volontiers jetés sur cette viande crue, mais celui-ci les retint, et demanda le temps de la faire griller.

Clawbonny, en rentrant dans la maison, avait été frappé du froid qui y régnait; il s'approcha du poêle et le trouva complétement éteint; les occupations de la matinée, les émotions mêmes, avaient fait oublier à Johnson ce soin dont il était habituellement chargé.

Le docteur se mit en devoir de rallumer le feu, mais il ne rencontra pas une seule étincelle parmi les cendres déjà refroidies.

« Allons, un peu de patience ! » se dit-il.

Il revint au traîneau chercher de l'amadou, et demanda son briquet à Johnson.

« Le poêle est éteint, lui dit-il.

— C'est de ma faute, » répondit Johnson.

Et il chercha son briquet dans la poche où il avait l'habitude de le serrer ; il fut surpris de ne pas l'y trouver.

Il tâta ses autres poches, sans plus de succès ; il rentra dans la maison de neige, retourna en tous sens la couverture sur laquelle il avait passé la nuit, et ne fut pas plus heureux.

« Eh bien ? » lui criait le docteur.

Johnson revint, et regarda ses compagnons.

« Le briquet, ne l'avez-vous pas ? monsieur Clawbonny, dit-il.

— Non, Johnson.

— Ni vous, capitaine ?

— Non, répondit Hatteras.

— Il a toujours été en votre possession, reprit le docteur.

— Hé bien ! je ne l'ai plus... murmura le vieux marin en pâlissant.

— Plus ! » s'écria le docteur, qui ne put s'empêcher de tressaillir.

Il n'existait pas d'autre briquet, et cette perte pouvait amener des conséquences terribles.

« Cherchez bien, Johnson, » dit le docteur.

Celui-ci courut vers le glaçon derrière lequel il avait guetté l'ours, puis au lieu même du combat où il l'avait dépecé ; mais il ne trouva rien. Il revint désespéré. Hatteras le regarda sans lui faire un seul reproche.

« Cela est grave, dit-il au docteur.

— Oui, répondit ce dernier.

— Nous n'avons pas même un instrument, une lunette dont nous puissions enlever la lentille pour nous procurer du feu.

— Je le sais, répondit le docteur, et cela est malheureux, car les rayons du soleil auraient eu assez de force pour allumer de l'amadou.

— Eh bien, répondit Hatteras, il faut apaiser notre faim avec cette viande crue ; puis nous reprendrons notre marche, et nous tâcherons d'arriver au navire.

— Oui ! disait le docteur, plongé dans ses réflexions, oui, cela serait possible à la rigueur. Pourquoi pas ? On pourrait essayer...

—A quoi songez-vous? demanda Hatteras.

—Une idée qui me vient...

—Une idée! s'écria Johnson. Une idée de vous! Nous sommes sauvés alors!

—Réussira-t-elle, répondit le docteur, c'est une question!

—Quel est votre projet? dit Hatteras.

—Nous n'avons pas de lentille, eh bien, nous en ferons une.

—Comment? demanda Johnson.

—Avec un morceau de glace que nous taillerons.

—Quoi? vous croyez?...

—Pourquoi pas? il s'agit de faire converger les rayons du soleil vers un foyer commun, et la glace peut nous servir à cela comme le meilleur cristal.

—Est-il possible? fit Johnson.

—Oui, seulement, je préférerais de la glace d'eau douce à la glace d'eau salée; elle est plus transparente et plus dure.

—Mais, si je ne me trompe, dit Johnson en indiquant un hummock à cent pas à peine, ce bloc d'aspect presque noirâtre et cette couleur verte indiquent...

—Vous avez raison; venez, mes amis; prenez votre hache, Johnson. ».

Les trois hommes se dirigèrent vers le bloc signalé, qui se trouvait effectivement formé de glace d'eau douce.

Le docteur en fit détacher un morceau d'un pied de diamètre, et il commença à le tailler grossièrement avec la hache; puis il en rendit la surface plus égale au moyen de son couteau; enfin il le polit peu à peu avec sa main, et il obtint bientôt une lentille transparente comme si elle eût été faite du plus magnifique cristal.

Alors il revint à l'entrée de la maison de neige; là, il prit un morceau d'amadou, et commença son expérience.

Le soleil brillait alors d'un assez vif éclat; le docteur exposa sa lentille de glace aux rayons qu'il concentra sur l'amadou.

Celui-ci prit feu en quelques secondes.

« Hurrah! hurrah! s'écria Johnson, qui ne pouvait en croire ses yeux. Ah! monsieur Clawbonny! monsieur Clawbonny! »

Le vieux marin ne pouvait contenir sa joie; il allait et venait comme un fou.

Le docteur était rentré dans la maison; quelques minutes plus tard, le poêle ronflait, et bientôt une savoureuse odeur de grillade tirait Bell de sa torpeur.

On devine combien ce repas fut fêté; cependant le docteur conseilla à ses compagnons de se modérer; il leur prêcha d'exemple, et, tout en mangeant, il reprit la parole.

« Nous sommes aujourd'hui dans un jour de bonheur, dit-il; nous avons des provisions assurées pour le reste de notre voyage. Pourtant il ne faut pas nous endormir dans les délices de Capoue, et nous ferons bien de nous remettre en chemin.

—Nous ne devons pas être éloignés de plus de quarante-huit heures du *Porpoise*, dit Altamont, dont la parole redevenait presque libre.

—J'espère, dit en riant le docteur, que nous y trouverons de quoi faire du feu.

—Oui, répondit l'Américain.

—Car, si ma lentille de glace est bonne, reprit le docteur, elle laisserait

à désirer les jours où il n'y a pas de soleil, et ces jours-là sont nombreux à moins de quatre degrés du pôle!

—En effet, répondit Altamont avec un soupir; à moins de quatre degrés! mon navire est allé là, où jamais bâtiment ne s'était aventuré avant lui!

—En route! commanda Hatteras d'une voix brève.

—En route! » répéta le docteur en jetant un regard inquiet sur les deux capitaines.

Les forces des voyageurs s'étaient promptement refaites; les chiens avaient eu large part des débris de l'ours, et l'on reprit rapidement le chemin du nord.

Pendant la route, le docteur voulut tirer d'Altamont quelques éclaircissements sur les raisons qui l'avaient amené si loin, mais l'Américain répondit évasivement.

« Deux hommes à surveiller, dit le docteur à l'oreille du vieux maître d'équipage.

—Oui! répondit Johnson.

—Hatteras n'adresse jamais la parole à l'Américain, et celui-ci paraît peu disposé à se montrer reconnaissant! Heureusement, je suis là.

—Monsieur Clawbonny, répondit Johnson, depuis que ce Yankee revient à la vie, sa physionomie ne me va pas beaucoup.

—Ou je me trompe fort, répondit le docteur, ou il doit soupçonner les projets d'Hatteras!

—Croyez-vous donc que cet étranger ait eu les mêmes desseins que lui?

—Qui sait? Johnson! Les Américains sont hardis et audacieux; ce qu'un Anglais a voulu faire, un Américain a pu le tenter aussi!

—Vous pensez qu'Altamont?...

—Je ne pense rien, répondit le docteur, mais la situation de son bâtiment sur la route du pôle donne à réfléchir.

—Cependant, Altamont dit avoir été entraîné malgré lui!

—Il le dit! oui, mais j'ai cru surprendre un singulier sourire sur ses lèvres.

—Diable! monsieur Clawbonny, ce serait une fâcheuse circonstance qu'une rivalité entre deux hommes de cette trempe.

—Fasse le ciel que je me trompe, Johnson, car cette situation pourrait amener des complications graves, sinon une catastrophe!

—J'espère qu'Altamont n'oubliera pas que nous lui avons sauvé la vie!

—Ne va-t-il pas sauver la nôtre à son tour? J'avoue que sans nous il n'existerait plus; mais sans lui, sans son navire, sans ces ressources qu'il contient, que deviendrions-nous?

—Enfin, monsieur Clawbonny, vous êtes là, et j'espère qu'avec votre aide tout ira bien.

—Je l'espère aussi, Johnson. »

Le voyage se poursuivit sans incident; la viande d'ours ne manquait pas, et on en fit des repas copieux; il régnait même une certaine bonne humeur dans la petite troupe, grâce aux saillies du docteur et à son aimable philosophie; ce digne homme trouvait toujours dans son bissac de savant quelque enseignement à tirer des faits et des choses. Sa santé continuait d'être bonne; il n'avait pas trop maigri malgré les fatigues et les privations; ses amis de Liverpool l'eussent reconnu sans peine, surtout à sa belle et inaltérable humeur.

Pendant la matinée du samedi, la nature de l'immense plaine de glace vint à se modifier sensiblement; les glaçons convulsionnés, les packs plus fréquents, les hummocks entassés, démontraient que l'ice-field subissait une grande pression ; évidemment, quelque continent inconnu, quelque île nouvelle, en rétrécissant les passes, avait dû produire ce bouleversement. Des blocs de glace d'eau douce, plus fréquents et plus considérables, indiquaient une côte prochaine.

Il existait donc à peu de distance une terre nouvelle, et le docteur brûlait du désir d'en enrichir les cartes de l'hémisphère boréal. On ne peut se figurer ce plaisir de relever des côtes inconnues et d'en former le tracé de la pointe du crayon ; c'était le but du docteur, si celui d'Hatteras était de fouler de son pied le pôle même, et il se réjouissait d'avance en songeant aux noms dont il baptiserait les mers, les détroits, les baies, les moindres sinuosités de ces nouveaux continents. Certes, dans cette glorieuse nomenclature, il n'omettait ni ses compagnons, ni ses amis, ni « sa

Gracieuse Majesté, » ni la famille royale, mais il ne s'oubliait pas lui-même, et il entrevoyait un certain « cap Clawbonny » avec une légitime satisfaction.

Ces pensées l'occupèrent toute la journée. On disposa le campement du soir, suivant l'habitude, et chacun veilla à tour de rôle pendant cette nuit passée près de terres inconnues.

Le lendemain, le dimanche, après un fort déjeuner fourni par les pattes de l'ours, et qui fut excellent, les voyageurs se dirigèrent au nord, en inclinant un peu vers l'ouest ; le chemin devenait plus difficile ; on marchait vite cependant.

Altamont, du haut du traîneau, observait l'horizon avec une attention fébrile ; ses compagnons étaient en proie à une inquiétude involontaire. Les dernières observations solaires avaient donné pour latitude exacte

83° 35' et pour longitude 120° 15'; c'était la situation assignée au navire américain ; la question de vie ou de mort allait donc recevoir sa solution pendant cette journée.

Enfin, vers les deux heures de l'après-midi, Altamont, se dressant tout debout, arrêta la petite troupe par un cri retentissant, et, montrant du doigt une masse blanche que tout autre regard eût confondue avec les ice-bergs environnants, il s'écria d'une voix forte :

« *Le Porpoise !* »

CHAPITRE VI. — LE PORPOISE.

Le 24 mars était ce jour de grande fête, ce dimanche des Rameaux, pendant lequel les rues des villages et des villes de l'Europe sont jonchées de fleurs et de feuillage ; alors les cloches retentissent dans les airs et l'atmosphère se remplit de parfums pénétrants.

Mais ici, dans ce pays désolé, quelle tristesse ! quel silence ! Un vent âpre et cuisant, pas une feuille desséchée, pas un brin d'herbe !

Et cependant, ce dimanche était aussi un jour de réjouissance pour les voyageurs, car ils allaient trouver enfin ces ressources dont la privation les eût condamnés à une mort prochaine.

Ils pressèrent le pas ; les chiens tirèrent avec plus d'énergie, Duk aboya de satisfaction, et la troupe arriva bientôt au navire américain.

Le *Porpoise* était entièrement enseveli sous la neige ; il n'avait plus ni mât, ni vergue, ni cordage ; tout son gréement fut brisé à l'époque du naufrage. Le navire se trouvait encastré dans un lit de rochers complétement invisibles alors. Le *Porpoise*, couché sur le flanc par la violence du choc, sa carène entr'ouverte, paraissait être inhabitable.

C'est ce que le capitaine, le docteur et Johnson reconnurent, après avoir pénétré non sans peine à l'intérieur du navire. Il fallut déblayer plus de quinze pieds de glace pour arriver au grand panneau ; mais, à la joie générale, on vit que les animaux, dont le champ offrait des traces nombreuses, avaient respecté le précieux dépôt de provisions.

« Si nous avons ici, dit Johnson, combustible et nourriture assurés, cette coque ne me paraît pas logeable.

—Eh bien, il faut construire une maison de neige, répondit Hatteras, et nous installer de notre mieux sur le continent.

—Sans doute, reprit le docteur ; mais ne nous pressons pas et faisons bien les choses. A la rigueur, on peut se caser provisoirement dans le navire ; pendant ce temps, nous bâtirons une solide maison, capable de nous protéger contre le froid et les animaux. Je me charge d'en être l'architecte, et vous me verrez à l'œuvre !

—Je ne doute pas de vos talents, monsieur Clawbonny, répondit Johnson, installons-nous ici de notre mieux, et nous ferons l'inventaire de ce que renferme ce navire ; malheureusement, je ne vois ni chaloupe, ni canot, et ces débris sont en trop mauvais état pour nous permettre de construire une embarcation.

—Qui sait! répondit le docteur ; avec le temps et la réflexion on fait bien des choses ; maintenant il n'est pas question de naviguer, mais de se créer une demeure sédentaire : je propose donc de ne pas former d'autres projets et de faire chaque chose à son heure.

—Cela est sage, répondit Hatteras ; commençons par le plus pressé. »

Les trois compagnons quittèrent le navire, revinrent au traîneau, et firent part de leurs idées à Bell et à l'Américain. Bell se déclara prêt à travailler ; l'Américain secoua la tête en apprenant qu'il n'y avait rien à faire de son navire ; mais, comme cette discussion eût été oiseuse en ce moment, on s'en tint au projet de se réfugier d'abord dans le *Porpoise*, et de construire une vaste habitation sur la côte.

A quatre heures du soir, les cinq voyageurs étaient installés tant bien que mal dans le faux pont ; au moyen d'esparres et de débris de mâts, Bell avait installé un plancher à peu près horizontal ; on y plaça les couchettes durcies par la gelée, que la chaleur d'un poêle ramena bientôt à leur état naturel. Altamont, appuyé sur le docteur, put se rendre sans trop de peine au coin qui lui avait été réservé. En mettant le pied sur son navire, il laissa échapper un soupir de satisfaction qui ne parut pas de trop bon augure au maître d'équipage.

« Il se sent chez lui, pensa le vieux marin, et on dirait qu'il nous invite ! »

Le reste de la journée fut consacré au repos. Le temps menaçait de changer, sous l'influence des coups de vent de l'ouest ; le thermomètre placé à l'extérieur marqua vingt-six degrés (—32° centigr.).

En somme, le *Porpoise* se trouvait placé au delà du pôle du froid et sous une latitude relativement moins glaciale, quoique plus rapprochée du nord.

On acheva, ce jour-là, de manger les restes de l'ours, avec des biscuits trouvés dans la soute du navire et quelques tasses de thé ; puis la fatigue l'emporta, et chacun s'endormit d'un profond sommeil.

Le matin, Hatteras et ses compagnons se réveillèrent un peu tard. Leurs esprits suivaient la pente d'idées nouvelles ; l'incertitude du lendemain ne les préoccupait plus; ils ne songeaient qu'à s'installer d'une confortable façon. Ces naufragés se considéraient comme des colons arrivés à leur destination, et, oubliant les souffrances du voyage, ils ne pensaient plus qu'à se créer un avenir supportable.

« Ouf! s'écria le docteur en se détirant les bras, c'est quelque chose de n'avoir point à se demander où l'on couchera le soir et ce que l'on mangera le lendemain.

—Commençons par faire l'inventaire du navire, » répondit Johnson.

Le *Porpoise* avait été parfaitement équipé et approvisionné pour une campagne lointaine.

L'inventaire donna les quantités de provisions suivantes : six mille cent cinquante livres de farine, de graisse, de raisins secs pour les poudings; deux mille livres de bœuf et de cochon salé; quinze cents livres de pemmican; sept cents livres de sucre, autant de chocolat; une caisse et demie de thé, pesant quatre-vingt-seize livres; cinq cents livres de riz; plusieurs barils de fruits et de légumes conservés; du lime-juice en abondance, des graines de cochlearia, d'oseille, de cresson; trois cents gallons de rhum et d'eau-de-vie. La soute offrait une grande quantité de poudre, de balles et de plomb; le charbon et le bois se trouvaient en abondance. Le docteur recueillit avec soin les instruments de physique et de navigation, et même une forte pile de Bunzen, qui avait été emportée dans le but de faire des expériences d'électricité.

En somme, les approvisionnements de toutes sortes pouvaient suffire à cinq hommes pendant plus de deux ans, à ration entière. Toute crainte de mourir de faim ou de froid s'évanouissait.

« Voilà notre existence assurée, dit le docteur au capitaine, et rien ne nous empêchera de remonter jusqu'au pôle.

— Jusqu'au pôle ! répondit Hatteras en tressaillant.

— Sans doute, reprit le docteur; pendant les mois d'été, qui nous empêchera de pousser une reconnaissance à travers les terres?

— A travers les terres, oui ! mais à travers les mers ?

— Ne peut-on construire une chaloupe avec les planches du *Porpoise?*

— Une chaloupe américaine, n'est-ce pas? répondit dédaigneusement Hatteras, et commandée par cet Américain ! »

Le docteur comprit la répugnance du capitaine, et ne jugea pas nécessaire de pousser plus avant cette question. Il changea donc le sujet de la conversation.

« Maintenant que nous savons à quoi nous en tenir sur nos approvisionnements, reprit-il, il faut construire des magasins pour eux et une maison pour nous. Les matériaux ne manquent pas et nous pouvons nous installer très-commodément. J'espère, Bell, ajouta le docteur en s'adressant au charpentier, que vous allez vous distinguer, mon ami; d'ailleurs, je pourrai vous donner quelques bons conseils.

— Je suis prêt, monsieur Clawbonny, répondit Bell; au besoin, je ne serais pas embarrassé de construire au moyen de ces blocs de glace une ville tout entière avec ses maisons et ses rues...

— Eh ! il ne nous en faut pas tant; prenons exemple sur les agents de la compagnie de la baie d'Hudson : ils construisent des forts qui les mettent à l'abri des animaux et des Indiens; c'est tout ce qu'il nous faut; retranchons-nous de notre mieux; d'un côté l'habitation, de l'autre les magasins, avec une espèce de courtine et deux bastions pour nous couvrir. Je tâcherai de me rappeler pour cette circonstance mes connaissances en castramétation.

—Ma foi! monsieur Clawbonny, dit Johnson, je ne doute pas que nous ne fassions quelque chose de beau sous votre direction.

—Eh bien! mes amis, il faut d'abord choisir notre emplacement; un bon ingénieur doit avant tout reconnaître son terrain. Venez-vous, Hatteras?

—Je m'en rapporte à vous, docteur, répondit le capitaine. Faites, tandis que je vais remonter la côte. »

Altamont, trop faible encore pour prendre part aux travaux, fut laissé à bord de son navire, et les Anglais prirent pied sur le continent.

Le temps était orageux et épais; le thermomètre à midi marquait onze degrés au-dessous de zéro (—23° centig.); mais, en l'absence du vent, la température restait supportable.

A en juger par la disposition du rivage, une mer considérable, entièrement prise alors, s'étendait à perte de vue dans l'ouest; elle était bornée à l'est par une côte arrondie, coupée d'estuaires profonds, et relevée brusquement à deux cents yards de la plage; elle formait ainsi une vaste baie hérissée de ces rochers dangereux sur lesquels le *Porpoise* fit naufrage; au loin, dans les terres, se dressait une montagne, dont le docteur estima l'altitude à cinq cents toises environ. Vers le nord, un promontoire venait mourir à la mer, après avoir couvert une partie de la baie. Une île d'une étendue moyenne, ou mieux un îlot, émergeait du champ de glace à trois milles de la côte, de sorte que, n'eût été la difficulté d'entrer dans cette rade, elle offrait un mouillage sûr et abrité. Il y avait même dans une échancrure du rivage un petit havre très-accessible aux navires, si toutefois le dégel dégageait jamais cette partie de l'océan Arctique Cependant, suivant les récits de Belcher et de Penny, toute cette mer devait être libre pendant les mois d'été.

A mi-côte, le docteur remarqua une sorte de plateau circulaire d'un diamètre de deux cents pieds environ; il dominait la baie sur trois de ses côtés, et le quatrième était fermé par une muraille à pic haute de vingt toises; on ne pouvait y parvenir qu'au moyen de marches évidées dans la glace. Cet endroit parut propre à asseoir une construction solide, et il pouvait se fortifier aisément; la nature avait fait les premiers frais; il suffisait de profiter de la disposition des lieux.

Le docteur, Bell et Johnson atteignirent ce plateau en taillant à la hache les blocs de glace; il se trouvait parfaitement uni. Le docteur, après avoir reconnu l'excellence de l'emplacement, résolut de le déblayer des dix pieds de neige durcie qui le recouvraient; il fallait en effet établir l'habitation et les magasins sur une base solide.

Pendant la journée du lundi, du mardi et du mercredi, on travailla sans relâche; enfin le sol apparut; il était formé d'un granit très-dur à grain serré, dont les arêtes vives avaient l'acuité du verre; il renfermait en outre des grenats et de grands cristaux de feldspath, que la pioche fit jaillir.

Le docteur donna alors les dimensions et le plan de la snow-house [1]; elle devait avoir quarante pieds de long sur vingt de large et dix pieds de haut; elle était divisée en trois chambres, un salon, une chambre à

coucher et une cuisine; il n'en fallait pas davantage. A gauche, se trouvait la cuisine; à droite, la chambre à coucher; au milieu, le salon.

Pendant cinq jours, le travail fut assidu. Les matériaux ne manquaient pas; les murailles de glace devaient être assez épaisses pour résister aux dégels, car il ne fallait pas risquer de se trouver sans abri, même en été.

A mesure que la maison s'élevait, elle prenait bonne tournure; elle présentait quatre fenêtres de façade, deux pour le salon, une pour la cuisine, une autre pour la chambre à coucher; les vitres en étaient faites de magnifiques tables de glace, suivant la mode esquimaue, et laissaient passer une lumière douce comme celle du verre dépoli.

[1] Maison de neige.

Au-devant du salon, entre ses deux fenêtres, s'allongeait un long couloir semblable à un chemin couvert, et qui donnait accès dans la maison ; une porte solide enlevée à la cabine du *Porpoise* le fermait hermétiquement. La maison terminée, le docteur fut enchanté de son ouvrage ; dire à quel style d'architecture cette construction appartenait eût été difficile, bien que l'architecte eût avoué ses préférences pour le gothique saxon si répandu en Angleterre ; mais il était question de solidité avant tout ; le docteur se borna donc à revêtir la façade de robustes contre-forts, trapus comme des piliers romans ; au-dessus, un toit à pente roide s'appuyait à la muraille de granit. Celle-ci servait également de soutien aux tuyaux des poêles qui conduisaient la fumée au dehors.

Quand le gros œuvre fut terminé, on s'occupa de l'installation intérieure. On transporta dans la chambre les couchettes du *Porpoise*; elles furent disposées circulairement autour d'un vaste poêle. Banquettes

chaises, fauteuils, tables, armoires furent installés dans le salon qui servait aussi de salle à manger ; enfin la cuisine reçut les fourneaux du navire avec leurs divers ustensiles. Des voiles tendues sur le sol formaient tapis, et faisaient aussi fonction de portières aux portes intérieures qui n'avaient pas d'autre fermeture.

Les murailles de la maison mesuraient communément cinq pieds d'épaisseur, et les baies des fenêtres ressemblaient à des embrasures de canon.

Tout cela était d'une extrême solidité ; que pouvait-on exiger de plus ? Ah ! si l'on eût écouté le docteur, que n'eût-il pas fait au moyen de cette glace et de cette neige qui se prêtent si facilement à toutes les combinaisons ! Il ruminait tout le long du jour mille projets superbes qu'il ne songeait guère à réaliser, mais il amusait ainsi le travail commun par les ressources de son esprit.

D'ailleurs, en bibliophile qu'il était, il avait lu un livre assez rare de M. Kraft, ayant pour titre : « Description détaillée de la maison de glace construite à Saint-Pétersbourg, en janvier 1740, et de tous les objets qu'elle renfermait. » Et ce souvenir surexcitait son esprit inventif. Il raconta même un soir à ses compagnons les merveilles de ce palais de glace.

« Ce que l'on a fait à Saint-Pétersbourg, leur dit-il, ne pouvons-nous le faire ici? Que nous manque-t-il? Rien, pas même l'imagination!

— C'était donc bien beau? demanda Johnson.

— C'était féerique, mon ami! La maison construite par ordre de l'impératrice Anne, et dans laquelle elle fit faire les noces de l'un de ses bouffons, en 1740, avait à peu près la grandeur de la nôtre; mais au-devant de sa façade, six canons de glace s'allongeaient sur leurs affûts; on tira plusieurs fois à boulet et à poudre, et ces canons n'éclatèrent pas ; il y avait également des mortiers taillés pour des bombes de soixante livres; ainsi nous pourrions établir au besoin une artillerie formidable ; le bronze

n'est pas loin et il nous tombe du ciel. Mais où le goût et l'art triomphèrent, ce fut au fronton du palais, orné de statues de glace d'une grande beauté ; le perron offrait aux regards des vases de fleurs et d'orangers faits de la même matière ; à droite, se dressait un éléphant énorme qui lançait de l'eau pendant le jour et du naphte enflammé pendant la nuit. Hein! quelle ménagerie complète nous ferions, si nous le voulions bien!

— En fait d'animaux, répliqua Johnson, nous n'en manquerons pas, j'imagine, et pour n'être pas de glace, ils n'en seront pas moins intéressants!

— Bon, répondit le belliqueux docteur, nous saurons nous défendre contre leurs attaques; mais pour en revenir à ma maison de Saint-Pétersbourg, j'ajouterai qu'à l'intérieur, il y avait des tables, des toilettes, des miroirs, des candélabres, des bougies, des lits, des matelas, des oreillers, des rideaux, des pendules, des chaises, des cartes à jouer, des armoires avec service complet, le tout en glace ciselée, guillochée, sculptée, enfin un mobilier auquel rien ne manquait.

—C'était donc un véritable palais? dit Bell.

—Un palais splendide et digne d'une souveraine! Ah! la glace! Que la Providence a bien fait de l'inventer, puisqu'elle se prête à tant de merveilles et qu'elle peut fournir le bien-être aux naufragés! »

L'aménagement de la maison de neige prit jusqu'au 31 mars; c'était la fête de Pâques, et ce jour fut consacré au repos; on le passa tout entier dans le salon où la lecture de l'office divin fut faite, et chacun put apprécier la bonne disposition de la snow-house.

Le lendemain, on s'occupa de construire les magasins et la poudrière; ce fut encore l'affaire d'une huitaine de jours, en y comprenant le temps employé au déchargement complet du *Porpoise*, qui ne se fit pas sans difficulté, car la température très-basse ne permettait pas de travailler longtemps. Enfin, le 8 avril, les provisions, le combustible et les munitions se trouvaient en terre ferme et parfaitement à l'abri; les magasins étaient situés au nord, et la poudrière au sud du plateau, à soixante pieds environ de chaque extrémité de la maison; une sorte de chenil fut construit près des magasins; il était destiné à loger l'attelage groënlandais, et le docteur l'honora du nom de « Dog-Palace. » Duk, lui, partageait la demeure commune.

Alors, le docteur passa aux moyens de défense de la place. Sous sa direction, le plateau fut entouré d'une véritable fortification de glace qui le mit à l'abri de toute invasion; sa hauteur faisait une escarpe naturelle, et comme il n'avait ni rentrant ni saillant, il était également fort sur toutes les faces. Le docteur, en organisant ce système de défense, rappelait invinciblement à l'esprit le digne oncle Tobie de Sterne, dont il avait la douce bonté et l'égalité d'humeur. Il fallait le voir calculant la pente de son talus intérieur, l'inclinaison du terre-plein et la largeur de la banquette; mais ce travail se faisait si facilement avec cette neige complaisante, que c'était un véritable plaisir, et l'aimable ingénieur put donner jusqu'à sept pieds d'épaisseur à sa muraille de glace; d'ailleurs, le plateau dominant la baie, il n'eut à construire ni contrescarpe, ni talus extérieur, ni glacis; le parapet de neige, après avoir suivi les contours du plateau, prenait le mur de rocher en retour, et venait se souder aux deux côtés de maison. Ces ouvrages de castramétation furent terminés vers le 15 avril. Le fort était au complet, et le docteur paraissait très-fier de son œuvre.

En vérité, cette enceinte fortifiée eût pu tenir longtemps contre une tribu d'Esquimaux, si de pareils ennemis se fussent jamais rencontrés sous une telle latitude; mais il n'y avait aucune trace d'êtres humains sur cette côte; Hatteras, en relevant la configuration de la baie, ne vit jamais un seul reste de ces huttes qui se trouvent communément dans les parages fréquentés des tribus groënlandaises; les naufragés du *Forward* et du *Porpoise* paraissaient être les premiers à fouler ce sol inconnu.

Mais si les hommes n'étaient pas à craindre, les animaux pouvaient être redoutables, et le fort, ainsi défendu, devait abriter sa petite garnison contre leurs attaques.

CHAPITRE VII. — UNE DISCUSSION CARTOLOGIQUE.

Pendant ces préparatifs d'hivernage, Altamont avait repris entièrement ses forces et sa santé; il put même s'employer au déchargement du navire. Sa vigoureuse constitution l'avait enfin emporté, et sa pâleur ne put résister longtemps à la vigueur de son sang.

On vit renaître en lui l'individu robuste et sanguin des États-Unis, l'homme énergique et intelligent, doué d'un caractère résolu, l'Américain

entreprenant, audacieux, prompt à tout; il était originaire de New-York, et naviguait depuis son enfance, ainsi qu'il l'apprit à ses nouveaux compagnons; son navire le *Porpoise* avait été équipé et mis en mer par une société de riches négociants de l'Union, à la tête de laquelle se trouvait le fameux M. Grinnel.

Certains rapports existaient entre Hatteras et lui, des similitudes de caractère, mais non des sympathies. Cette ressemblance n'était pas de nature à faire des amis de ces deux hommes; au contraire. D'ailleurs, un observateur eût fini par démêler entre eux de graves désaccords; ainsi, tout en paraissant déployer plus de franchise, Altamont devait être moins franc qu'Hatteras; avec plus de laisser-aller, il avait moins de loyauté;

son caractère ouvert n'inspirait pas autant de confiance que le tempérament sombre du capitaine. Celui-ci affirmait son idée une bonne fois, puis il se renfermait en elle. L'autre, en parlant beaucoup, ne disait souvent rien.

Voilà ce que le docteur reconnut peu à peu du caractère de l'Américain, et il avait raison de pressentir une inimitié future, sinon une haine, entre les capitaines du *Porpoise* et du *Forward*.

Et pourtant, de ces deux commandants, il ne fallait qu'un seul à commander. Certes, Hatteras avait tous les droits à l'obéissance de l'Américain, les droits de l'antériorité et ceux de la force. Mais si l'un était à la tête des siens, l'autre se trouvait à bord de son navire. Cela se sentait.

Par politique ou par instinct, Altamont fut tout d'abord entraîné par le docteur; il lui devait la vie, mais la sympathie le poussait vers ce digne homme plus encore que la reconnaissance. Tel était l'inévitable effet du caractère du digne Clawbonny; les amis poussaient autour de lui comme les blés au soleil. On a cité des gens qui se levaient à cinq heures du matin pour se faire des ennemis; le docteur se fût levé à quatre sans y réussir.

Cependant il résolut de tirer parti de l'amitié d'Altamont pour connaître la véritable raison de sa présence dans les mers polaires. Mais l'Américain, avec tout son verbiage, répondit sans répondre, et il reprit son thème accoutumé du passage du nord-ouest.

Le docteur soupçonnait à cette expédition un autre motif, celui-là même que craignait Hatteras. Aussi résolut-il de ne jamais mettre les deux adversaires aux prises sur ce sujet; mais il n'y parvint pas toujours. Les plus simples conversations menaçaient de dévier malgré lui, et chaque mot pouvait faire étincelle au choc des intérêts rivaux.

Cela arriva bientôt, en effet. Lorsque la maison fut terminée, le docteur résolut de l'inaugurer par un repas splendide; une bonne idée de Clawbonny, qui voulait ramener sur ce continent les habitudes et les plaisirs de la vie européenne. Bell avait précisément tué quelques ptarmigans et un lièvre blanc, le premier messager du printemps nouveau.

Ce festin eut lieu le 14 avril, le second dimanche de la Quasimodo, par un beau temps très-sec; mais le froid ne se hasardait pas à pénétrer dans la maison de glace; les poêles qui ronflaient en auraient eu facilement raison.

On dîna bien; la chair fraîche fit une agréable diversion au pemmican et aux viandes salées; un merveilleux pouding confectionné de la main du docteur eut les honneurs du bis; on en redemanda; le savant maître-coq, un tablier aux reins et le couteau à la ceinture, n'eût pas déshonoré les cuisines du grand chancelier d'Angleterre.

Au dessert, les liqueurs firent leur apparition; l'Américain n'était pas soumis au régime des Anglais *teetotalers*[1]; il n'y avait donc aucune raison pour qu'il se privât d'un verre de gin ou de brandy; les autres convives, gens sobres d'ordinaire, pouvaient sans inconvénient se permettre cette infraction à leur règle; donc, par ordonnance du médecin, chacun put trinquer à la fin de ce joyeux repas. Pendant les toasts portés à l'Union, Hatteras s'était tu simplement.

Ce fut alors que le docteur mit une question intéressante sur le tapis.

« Mes amis, dit-il, ce n'est pas tout d'avoir franchi les détroits, les banquises, les champs de glace, et d'être venus jusqu'ici; il nous reste

quelque chose à faire. Je viens vous proposer de donner des noms à cette terre hospitalière, où nous avons trouvé le salut et le repos; c'est la coutume suivie par tous les navigateurs du monde, et il n'est pas un d'eux qui y ait manqué en pareille circonstance; il faut donc à notre retour rapporter, avec la configuration hydrographique des côtes, les noms des caps, des baies, des pointes et des promontoires qui les distinguent. Cela est de toute nécessité.

— Voilà qui est bien parlé, s'écria Johnson; d'ailleurs, quand on peut appeler toutes ces terres d'un nom spécial, cela leur donne un air sérieux, et l'on n'a plus le droit de se considérer comme abandonné sur un continent inconnu.

[1] Régime qui exclut toute boisson spiritueuse.

— Sans compter, répliqua Bell, que cela simplifie les instructions en voyage et facilite l'exécution des ordres ; nous pouvons être forcés de nous séparer pendant quelque expédition, ou dans une chasse, et rien de tel pour retrouver son chemin que de savoir comment il se nomme.

— Eh bien, dit le docteur, puisque nous sommes tous d'accord à ce sujet, tâchons de nous entendre maintenant sur les noms à donner, et n'oublions ni notre pays, ni nos amis dans la nomenclature. Pour moi, quand je jette les yeux sur une carte, rien ne me fait plus de plaisir que de relever le nom d'un compatriote au bout d'un cap, à côté d'une île ou au milieu d'une mer. C'est l'intervention charmante de l'amitié dans la géographie.

— Vous avez raison, docteur, répondit l'Américain, et, de plus, vous dites ces choses-là d'une façon qui en rehausse le prix.

— Voyons, répondit le docteur, procédons avec ordre. »

Hatteras n'avait pas encore pris part à la conversation ; il réfléchissait. Cependant les yeux de ses compagnons s'étant fixés sur lui, il se leva et dit :

« Sauf meilleur avis, et personne ici ne me contredira, je pense, — en ce moment, Hatteras regardait Altamont, — il me paraît convenable de donner à notre habitation le nom de son habile architecte, du meilleur d'entre nous, et de l'appeler Doctor's-House.

— C'est cela, répondit Bell.

— Bien ! s'écria Johnson, la Maison du Docteur !

— On ne peut mieux faire, répondit Altamont. Hurrah pour le docteur Clawbonny ! »

Un triple hurrah fut poussé d'un commun accord, auquel Duk mêla des aboiements d'approbation.

« Ainsi donc, reprit Hatteras, que cette maison soit ainsi appelée en attendant qu'une terre nouvelle nous permette de lui décerner le nom de notre ami.

— Ah ! fit le vieux Johnson, si le paradis terrestre était encore à nommer, le nom de Clawbonny lui irait à merveille ! »

Le docteur, très-ému, voulut se défendre par modestie ; il n'y eut pas moyen ; il fallut en passer par là. Il fut donc bien et dûment arrêté que ce joyeux repas venait d'être pris dans le grand salon de Doctor's-House, après avoir été confectionné dans la cuisine de Doctor's-House, et qu'on irait gaiement se coucher dans la chambre de Doctor's-House.

« Maintenant, dit le docteur, passons à des points plus importants de nos découvertes.

— Il y a, répondit Hatteras, cette mer immense qui nous environne, et dont pas un navire n'a encore sillonné les flots.

—Pas un navire! Il me semble cependant, dit Altamont, que le *Porpoise* ne doit pas être oublié, à moins qu'il ne soit venu par terre, ajouta-t-il railleusement.

—On pourrait le croire, répliqua Hatteras, à voir les rochers sur lesquels il flotte en ce moment.

—Vraiment, Hatteras, dit Altamont d'un air piqué; mais, à tout prendre, cela ne vaut-il pas mieux que de s'éparpiller dans les airs, comme a fait le *Forward* ? »

Hatteras allait répliquer avec vivacité, quand le docteur intervint.

« Mes amis, dit-il, il n'est point question ici de navires, mais d'une mer nouvelle...

—Elle n'est pas nouvelle, répondit Altamont. Elle est déjà nommée sur toutes les cartes du pôle. Elle s'appelle l'Océan boréal, et je ne crois pas qu'il soit opportun de lui changer son nom; plus tard, si nous découvrons qu'elle ne forme qu'un détroit ou un golfe, nous verrons ce qu'il conviendra de faire.

—Soit, fit Hatteras.

—Voilà qui est entendu, répondit le docteur, regrettant presque d'avoir soulevé une discussion grosse de rivalités nationales.

—Arrivons donc à la terre que nous foulons en ce moment, reprit Hatteras. Je ne sache pas qu'elle ait un nom quelconque sur les cartes les plus récentes ! »

En parlant ainsi, il fixait du regard Altamont, qui ne baissa pas les yeux, et répondit :

« Vous pourriez encore vous tromper, Hatteras.

—Me tromper! Quoi! cette terre inconnue, ce sol nouveau...

—A déjà un nom, » répondit tranquillement l'Américain.

Hatteras se tut. Ses lèvres frémissaient.

« Et quel est ce nom? demanda le docteur, un peu étonné de l'affirmation de l'Américain.

—Mon cher Clawbonny, répondit Altamont, c'est l'habitude, pour ne pas dire le droit, de tout navigateur, de nommer le continent auquel il aborde le premier. Il me semble donc qu'en cette occasion j'ai pu, j'ai dû user de ce droit incontestable...

—Cependant... dit Johnson, auquel déplaisait le sang-froid cassant d'Altamont.

—Il me paraît difficile de prétendre, reprit ce dernier, que le *Porpoise* n'ait pas atterri sur cette côte, et même en admettant qu'il y soit venu par terre, ajouta-t-il en regardant Hatteras, cela ne peut faire question.

—C'est une prétention que je ne saurais admettre, répondit gravement

Hatteras en se contenant. Pour nommer, il faut au moins découvrir, et ce n'est pas ce que vous avez fait, je suppose. Sans nous, d'ailleurs, où seriez-vous, monsieur, vous qui venez nous imposer des conditions ? A vingt pieds sous la neige !

— Et sans moi, monsieur, répliqua vivement l'Américain, sans mon

navire, que seriez-vous en ce moment? Morts de faim et de froid !

— Mes amis, fit le docteur, en intervenant de son mieux, voyons, un peu de calme, tout peut s'arranger. Écoutez-moi.

— Monsieur, continua Altamont en désignant le capitaine, pourra nommer toutes les autres terres qu'il découvrira, s'il en découvre; mais ce continent m'appartient ! je ne pourrais même admettre la prétention qu'il portât deux noms, comme la terre Grinnel, nommée également terre du Prince-Albert, parce qu'un Anglais et un Américain la reconnurent presque en même temps. Ici, c'est autre chose; mes droits d'antériorité sont incontestables. Aucun navire, avant le mien, n'a rasé cette côte de son plat-bord. Pas un être humain, avant moi, n'a mis le pied sur ce continent; or, je lui ai donné un nom, et il le gardera.

—Et quel est ce nom? demanda le docteur.

—La Nouvelle-Amérique, » répondit Altamont.

Les poings d'Hatteras se crispèrent sur la table. Mais, faisant un violent effort sur lui-même, il se contint.

« Pouvez-vous me prouver, reprit Altamont, qu'un Anglais ait jamais foulé ce sol avant un Américain? »

Johnson et Bell se taisaient, bien qu'ils fussent non moins irrités que le capitaine de l'impérieux aplomb de leur contradicteur. Mais il n'y avait rien à répondre.

Le docteur reprit la parole, après quelques instants d'un silence pénible:

« Mes amis, dit-il, la première loi humaine est la loi de justice; elle renferme toutes les autres. Soyons donc justes, et ne nous laissons pas aller à de mauvais sentiments. La priorité d'Altamont me paraît incontestable. Il n'y a pas à la discuter; nous prendrons notre revanche plus tard, et l'Angleterre aura bonne part dans nos découvertes futures. Laissons donc à cette terre le nom de la Nouvelle-Amérique. Mais Altamont, en la nommant ainsi, n'a pas, j'imagine, disposé des baies, des caps, des pointes, des promontoires qu'elle contient, et je ne vois aucun empêchement à ce que nous nommions cette baie la baie Victoria?

—Aucun, répondit Altamont, si le cap qui s'étend là-bas dans la mer porte le nom de cap Washington.

—Vous auriez pu, monsieur, s'écria Hatteras hors de lui, choisir un nom moins désagréable à une oreille anglaise.

—Mais non plus cher à une oreille américaine, répondit Altamont avec beaucoup de fierté.

—Voyons! voyons! répondit le docteur, qui avait fort à faire pour maintenir la paix dans ce petit monde, pas de discussion à cet égard! qu'il soit permis à un Américain d'être fier de ses grands hommes! honorons le génie partout où il se rencontre, et puisque Altamont a fait son choix, parlons maintenant pour nous et les nôtres. Que notre capitaine....

—Docteur, répondit ce dernier, cette terre étant une terre américaine, je désire que mon nom n'y figure pas.

—C'est une décision irrévocable? dit le docteur.

—Absolue, » répondit Hatteras.

Le docteur n'insista pas.

« Eh bien, à nous, dit-il en s'adressant au vieux marin et au charpentier ; laissons ici quelque trace de notre passage. Je vous propose d'appeler l'île que nous voyons à trois milles au large île Johnson, en l'honneur de notre maître d'équipage.

—Oh! fit ce dernier, un peu confus, monsieur Clawbonny !

—Quant à cette montagne que nous avons reconnue dans l'ouest, nous lui donnerons le nom de Bell-Mount, si notre charpentier y consent !

—C'est trop d'honneur pour moi, répondit Bell.

—C'est justice, répondit le docteur.

—Rien de mieux, fit Altamont.

—Il ne nous reste donc plus que notre fort à baptiser, reprit le docteur; là-dessus nous n'aurons aucune discussion ; ce n'est ni à Sa Gracieuse Majesté la reine Victoria, ni à Washington, que nous devons d'y être abrités en ce moment, mais à Dieu qui, en nous réunissant, nous a sauvés tous. Que ce fort soit donc nommé le Fort-Providence !

—C'est justement trouvé, repartit Altamont.

—Le Fort-Providence, reprit Johnson, cela sonne bien! Ainsi donc, en revenant de nos excursions du nord, nous prendrons par le cap Washington, pour gagner la baie Victoria, de là le Fort-Providence, où nous trouverons repos et nourriture dans Doctor's-House !

—Voilà qui est entendu, répondit le docteur; plus tard, au fur et à mesure de nos découvertes, nous aurons d'autres noms à donner, qui n'amèneront aucune discussion, je l'espère ; car, mes amis, il faut ici se soutenir et s'aimer ; nous représentons l'humanité tout entière sur ce bout de côte ; ne nous abandonnons donc pas à ces détestables passions qui harcèlent les sociétés ; réunissons-nous de façon à rester forts et inébranlables contre l'adversité. Qui sait ce que le ciel nous réserve de dangers à courir, de souffrances à supporter avant de revoir notre pays! Soyons donc cinq en un seul, et laissons de côté des rivalités qui n'ont jamais raison d'être, ici moins qu'ailleurs. Vous m'entendez, Altamont? Et vous, Hatteras? »

Les deux hommes ne répondirent pas, mais le docteur fit comme s'ils eussent répondu.

Puis on parla d'autre chose. Il fut question des chasses à organiser pour renouveler et varier les provisions de viandes ; avec le printemps, les lièvres, les perdrix, les renards même, les ours aussi, allaient revenir ; on résolut donc de ne pas laisser passer un jour favorable sans pousser une reconnaissance sur la terre de la Nouvelle-Amérique.

CHAPITRE VIII. — EXCURSION AU NORD DE LA BAIE VICTORIA.

Le lendemain, aux premiers rayons du soleil, Clawbonny gravit les rampes assez roides de cette muraille de rochers contre laquelle s'appuyait Doctor's-House ; elle se terminait brusquement par une sorte de cône

tronqué. Le docteur parvint, non sans peine, à son sommet, et de là son regard s'étendit sur une vaste étendue de terrain convulsionné, qui semblait être le résultat de quelque commotion volcanique ; un immense rideau blanc recouvrait le continent et la mer, sans qu'il fût possible de les distinguer l'un de l'autre.

En reconnaissant que ce point culminant dominait toutes les plaines environnantes, le docteur eut une idée, et qui le connaît ne s'en étonnera guère.

Son idée, il la mûrit, il la combina, il la creusa, il en fut tout à fait maître en rentrant dans la maison de neige, et il la communiqua à ses compagnons.

« Il m'est venu à l'esprit, leur dit-il, d'établir un phare au sommet de ce cône qui se dresse au-dessus de nos têtes.

—Un phare ? s'écria-t-on.

—Oui, un phare ! Il aura un double avantage, celui de nous guider la nuit, lorsque nous reviendrons de nos excursions lointaines, et celui d'éclairer le plateau pendant nos huit mois d'hiver.

—A coup sûr, répondit Altamont, un semblable appareil serait une chose utile ; mais comment l'établirez-vous?

—Avec l'un des fanaux du *Porpoise*.

—D'accord ; mais avec quoi alimenterez-vous la lampe de votre phare ? Est-ce avec de l'huile de phoque ?

—Non pas ! la lumière produite par cette huile ne jouit pas d'un pouvoir assez éclairant ; elle pourrait à peine percer le brouillard.

—Prétendez-vous donc tirer de notre houille l'hydrogène qu'elle contient, et nous faire du gaz d'éclairage ?

—Bon ! cette lumière serait encore insuffisante, et elle aurait le tort grave de consommer une partie de notre combustible.

—Alors, fit Altamont, je ne vois pas...

—Pour mon compte, répondit Johnson, depuis la balle de mercure, depuis la lentille de glace, depuis la construction du Fort-Providence, je crois M. Clawbonny capable de tout.

—Eh bien, reprit Altamont, nous direz-vous quel genre de phare vous prétendez établir ?

—C'est bien simple, répondit le docteur, un phare électrique.

—Un phare électrique !

—Sans doute ; n'aviez-vous pas à bord du *Porpoise* une pile de Bunsen en parfait état ?

—Oui, répondit l'Américain.

—Évidemment, en les emportant, vous aviez en vue quelque expérience, car rien ne manque, ni les fils conducteurs parfaitement isolés, ni l'acide nécessaire pour mettre les éléments en activité. Il est donc facile de nous procurer de la lumière électrique. On y verra mieux, et cela ne coûtera rien.

—Voilà qui est parfait, répondit le maître d'équipage, et moins nous perdrons de temps...

— Eh bien, les matériaux sont là, répondit le docteur, et en une heure nous aurons élevé une colonne de glace de dix pieds de hauteur, ce qui sera très-suffisant. »

Le docteur sortit; ses compagnons le suivirent jusqu'au sommet du cône; la colonne s'éleva promptement, et fut bientôt couronnée par l'un des fanaux du *Porpoise*.

Alors le docteur y adapta les fils conducteurs qui se rattachaient à la pile; celle-ci, placée dans le salon de la maison de glace, était préservée de la gelée par la chaleur des poêles. De là, les fils montaient jusqu'à la lanterne du phare.

Tout cela fut installé rapidement, et on attendit le coucher du soleil pour jouir de l'effet. A la nuit, les deux pointes de charbon, maintenues

dans la lanterne à une distance convenable, furent rapprochées, et des faisceaux d'une lumière intense, que le vent ne pouvait ni modérer ni éteindre, jaillirent du fanal. C'était un merveilleux spectacle que celui de ces rayons frissonnants dont l'éclat, rivalisant avec la blancheur des plaines, dessinait vivement l'ombre de toutes les saillies environnantes. Johnson ne put s'empêcher de battre des mains.

« Voilà M. Clawbonny, dit-il, qui fait du soleil, à présent!

— Il faut bien faire un peu de tout, » répondit modestement le docteur.

Le froid mit fin à l'admiration générale, et chacun alla se blottir sous ses couvertures.

La vie fut alors régulièrement organisée. Pendant les jours suivants, du 15 au 20 avril, le temps fut très-incertain; la température sautait subitement d'une vingtaine de degrés, et l'atmosphère subissait des changements imprévus, tantôt imprégnée de neige et agitée par les tourbillons, tantôt froide et sèche au point que l'on ne pouvait mettre le pied au dehors sans précaution.

Cependant, le samedi, le vent vint à tomber ; cette circonstance rendait possible une excursion ; on résolut donc de consacrer une journée à la chasse pour renouveler les provisions.

Dès le matin, Altamont, le docteur, Bell, armés chacun d'un fusil à deux coups, de munitions suffisantes, d'une hachette, et d'un couteau à neige pour le cas où il deviendrait nécessaire de se créer un abri, partirent par un temps couvert.

Pendant leur absence, Hatteras devait reconnaître la côte et faire quelques relevés. Le docteur eut soin de mettre le phare en activité ; ses rayons luttèrent avantageusement avec les rayons de l'astre radieux ; en effet, la lumière électrique, équivalente à celle de trois mille bougies ou de trois cents becs de gaz, est la seule qui puisse soutenir la comparaison avec l'éclat solaire.

Le froid était vif, sec et tranquille. Les chasseurs se dirigèrent vers le cap Washington ; la neige durcie favorisait leur marche. En une demi-heure ils franchirent les trois milles qui séparaient le cap du Fort-Providence. Duk gambadait autour d'eux.

La côte s'infléchissait vers l'est, et les hauts sommets de la baie Victoria tendaient à s'abaisser du côté du nord. Cela donnait à supposer que la Nouvelle-Amérique pourrait bien n'être qu'une île ; mais il n'était pas alors question de déterminer sa configuration.

Les chasseurs prirent par le bord de la mer et s'avancèrent rapidement. Nulle trace d'habitation, nul reste de hutte ; ils foulaient un sol vierge de tout pas humain.

Ils firent ainsi une quinzaine de milles pendant les trois premières heures, mangeant sans s'arrêter ; mais leur chasse menaçait d'être infructueuse. En effet, c'est à peine s'ils virent des traces de lièvre, de renard, ou de loup. Cependant, quelques snow-birds[1], voltigeant çà et là, annonçaient le retour du printemps et des animaux arctiques.

Les trois compagnons avaient dû s'enfoncer dans les terres pour tourner des ravins profonds et des rochers à pic qui se reliaient au Bell-Mount ; mais après quelques retards, ils parvinrent à regagner le rivage ; les glaces n'étaient pas encore séparées. Loin de là. La mer restait toujours prise ; cependant des traces de phoques annonçaient les premières visites de ces amphibies, qui venaient déjà respirer à la surface de l'ice-field. Il était

---

[1] Oiseaux de neige.

même évident, à de larges empreintes, à de fraîches cassures de glaçons, que plusieurs d'entre eux avaient pris terre tout récemment.

Ces animaux sont très-avides des rayons du soleil, et ils s'étendent volontiers sur les rivages pour se laisser pénétrer par sa bienfaisante chaleur.

Le docteur fit observer ces particularités à ses compagnons.

« Remarquons cette place avec soin, leur dit-il ; il est fort possible que, l'été venu, nous rencontrions ici des phoques par centaines ; ils se laissent facilement approcher dans les parages peu fréquentés des hommes, et on s'en empare aisément. Mais il faut bien se garder de les effrayer, car alors ils disparaissent comme par enchantement et ne reviennent plus ; c'est ainsi que des pêcheurs maladroits, au lieu de les tuer isolément, les ont souvent attaqués en masse, avec bruit et vociférations, et ont perdu ou compromis leur chargement.

—Les chasse-t-on seulement pour avoir leur peau ou leur huile? demanda Bell.

—Les Européens, oui, mais, ma foi, les Esquimaux les mangent; ils en vivent, et ces morceaux de phoque, qu'ils mélangent dans le sang et la graisse, n'ont rien d'appétissant. Après tout, il y a manière de s'y prendre, et je me chargerais d'en tirer de fines côtelettes qui ne seraient point à dédaigner pour qui se ferait à leur couleur noirâtre.

—Nous vous verrons à l'œuvre, répondit Bell; je m'engage, de confiance, à manger de la chair de phoque tant que cela vous fera plaisir. Vous m'entendez, monsieur Clawbonny.

—Mon brave Bell, vous voulez dire tant que cela vous fera plaisir. Mais vous aurez beau faire, vous n'égalerez jamais la voracité du Groënlandais, qui consomme jusqu'à dix et quinze livres de cette viande par jour.

—Quinze livres! fit Bell. Quels estomacs!

—Des estomacs polaires, répondit le docteur, des estomacs prodigieux qui se dilatent à volonté, et, j'ajouterai, qui se contractent de même, aptes à supporter la disette comme l'abondance. Au commencement de son dîner, l'Esquimau est maigre; à la fin, il est gras, et on ne le reconnaît plus! Il est vrai que son dîner dure souvent une journée entière.

—Évidemment, dit Altamont, cette voracité est particulière aux habitants des pays froids?

—Je le crois, répondit le docteur; dans les régions arctiques, il faut manger beaucoup; c'est une des conditions non-seulement de la force, mais de l'existence. Aussi, la compagnie de la baie d'Hudson attribue-t-elle à chaque homme ou huit livres de viande, ou douze livres de poisson, ou deux livres de pemmican par jour.

—Voilà un régime réconfortant, dit le charpentier.

—Mais pas tant que vous le supposez, mon ami, et un Indien, gavé de la sorte, ne fournit pas une quantité de travail supérieure à celle d'un Anglais nourri de sa livre de bœuf et de sa pinte de bière.

—Alors, monsieur Clawbonny, tout est pour le mieux.

—Sans doute, mais cependant un repas d'Esquimaux peut à bon droit nous étonner. Aussi, à la terre Boothia, pendant son hivernage, sir John Ross était toujours surpris de la voracité de ses guides; il raconte quelque part que deux hommes, deux, entendez-vous, dévorèrent pendant une matinée tout un quartier de bœuf musqué; ils taillaient la viande en longues aiguillettes, qu'ils introduisaient dans leur gosier; puis, chacun coupant au ras du nez ce que sa bouche ne pouvait contenir, le passait à son compagnon; ou bien, ces gloutons, laissant pendre des rubans de chair jusqu'à terre, les avalaient peu à peu, à la façon du boa digérant un bœuf, et comme lui étendus tout de leur long sur le sol !

—Pouah ! fit Bell; les dégoûtantes brutes !

—Chacun a sa manière de dîner, répondit philosophiquement l'Américain.

—Heureusement ! répliqua le docteur.

—Eh bien, reprit Altamont, puisque le besoin de se nourrir est si impérieux sous ces latitudes, je ne m'étonne plus que dans les récits des voyageurs arctiques, il soit toujours question de repas.

—Vous avez raison, répondit le docteur, et c'est une remarque que j'ai faite également; cela vient de ce que non-seulement il faut une nourriture abondante, mais aussi de ce qu'il est souvent fort difficile de se la procurer. Alors, on y pense sans cesse, et, par suite, on en parle toujours.

—Cependant, dit Altamont, si mes souvenirs sont exacts, en Norvége, dans les contrées les plus froides, les paysans n'ont pas besoin d'une alimentation aussi substantielle : un peu de laitage, des œufs, du pain d'écorce de bouleau, quelquefois du saumon, jamais de viande ; et cela n'en fait pas moins des gaillards solidement constitués.

—Affaire d'organisation, répondit le docteur, et que je ne me charge pas d'expliquer. Cependant, je crois qu'une seconde ou une troisième génération de Norvégiens, transplantés au Groënland, finirait par se nourrir à la façon groënlandaise. Et nous-mêmes, mes amis, si nous restions dans ce bienheureux pays, nous arriverions à vivre en Esquimaux, pour ne pas dire en gloutons fieffés.

—Monsieur Clawbonny, dit Bell, me donne faim à parler de la sorte.

—Ma foi non, répondit Altamont, cela me dégoûterait plutôt et me ferait prendre la chair de phoque en horreur. Eh! mais, je crois que nous allons pouvoir nous mettre à l'épreuve. Je me trompe fort, ou j'aperçois là-bas, étendue sur les glaçons, une masse qui me paraît animée.

—C'est un morse! s'écria le docteur; silence, et en avant!»

En effet, un amphibie de la plus forte taille s'ébattait à deux cents yards des chasseurs; il s'étendait et se roulait voluptueusement aux pâles rayons du soleil.

Les trois chasseurs se divisèrent de manière à cerner l'animal pour lui

couper la retraite; ils arrivèrent ainsi à quelques toises de lui en se dérobant derrière les hummocks, et ils firent feu.

Le morse se renversa sur lui-même, encore plein de vigueur; il écrasait les glaçons, il voulait fuir; mais Altamont l'attaqua à coups de hache, et parvint à lui trancher ses nageoires dorsales. Le morse essaya une défense désespérée; de nouveaux coups de feu l'achevèrent, et il demeura étendu sans vie sur l'ice-field rougi de son sang.

C'était un animal de belle taille; il mesurait près de quinze pieds de long depuis son museau jusqu'à l'extrémité de sa queue, et il eût certainement fourni plusieurs barriques d'huile.

Le docteur tailla dans la chair les parties les plus savoureuses, et il laissa le cadavre à la merci de quelques corbeaux qui, à cette époque de l'année, planaient déjà dans les airs.

La nuit commençait à venir. On songea à regagner le Fort-Providence;

le ciel s'était entièrement purifié, et, en attendant les rayons prochain de la lune, il s'éclairait de magnifiques lueurs stellaires.

« Allons, en route, dit le docteur, il se fait tard ; en somme, notre chasse n'a pas été très-heureuse ; mais du moment où il rapporte de quoi souper, un chasseur n'a pas le droit de se plaindre. Seulement, prenons par le plus court, et tâchons de ne pas nous égarer ; les étoiles sont là pour nous indiquer la route. »

Cependant, dans ces contrées où la polaire brille droit au-dessus de la tête du voyageur, il est malaisé de la prendre pour guide ; en effet, quand le nord est exactement au sommet de la voûte céleste, les autres points cardinaux sont difficiles à déterminer ; la lune et les grandes constellations vinrent heureusement aider le docteur à fixer sa route.

Il résolut, pour abréger son chemin, d'éviter les sinuosités du rivage et de couper au travers des terres ; c'était plus direct, mais moins sûr ; aussi, après quelques heures de marche, la petite troupe fut complétement égarée.

On agita la question de passer la nuit dans une hutte de glace, de s'y reposer, et d'attendre le jour pour s'orienter, dût-on revenir au rivage, afin de suivre l'ice-field ; mais le docteur, craignant d'inquiéter Hatteras et Johnson, insista pour que la route fût continuée.

« Duk nous conduit, dit-il, et Duk ne peut se tromper ; il est doué d'un instinct qui se passe de boussole et d'étoile. Suivons-le donc. »

Duk marchait en avant, et on s'en fia à son intelligence. On eut raison ; bientôt une lueur apparut au loin dans l'horizon ; on ne pouvait la confondre avec une étoile qui ne fût pas sortie de brumes aussi basses.

« Voilà notre phare ! s'écria le docteur.
— Vous croyez, monsieur Clawbonny ? dit le charpentier.
— J'en suis certain. Marchons. »

A mesure que les voyageurs approchaient, la lueur devenait plus intense, et bientôt ils furent enveloppés par une traînée de poussière lumineuse ; ils marchaient dans un immense rayon, et derrière eux leurs ombres gigantesques, nettement découpées, s'allongeaient démesurément sur le tapis de neige.

Ils doublèrent le pas, et, une demi-heure après, ils gravissaient le talus du Fort-Providence.

CHAPITRE IX. — LE FROID ET LE CHAUD.

Hatteras et Johnson attendaient les trois chasseurs avec une certaine inquiétude. Ceux-ci furent enchantés de retrouver un abri chaud et commode. La température avec le soir s'était singulièrement abaissée, et le thermomètre placé à l'extérieur marquait soixante-treize degrés au-dessous de zéro (— 34° centig.).

Les arrivants, exténués de fatigue et presque gelés, n'en pouvaient plus; les poêles heureusement marchaient bien; le fourneau n'attendait plus

que les produits de la chasse; le docteur se transforma en cuisinier et fit griller quelques côtelettes de morse. A neuf heures du soir, les cinq convives s'attablaient devant un souper réconfortant.

« Ma foi, dit Bell, au risque de passer pour un Esquimau, j'avouerai que le repas est la grande chose d'un hivernage ; quand on est parvenu à l'attraper, il ne faut pas bouder devant ! »

Chacun des convives, ayant la bouche pleine, ne put répondre immédiatement au charpentier; mais le docteur lui fit signe qu'il avait bien raison.

Les côtelettes de morse furent déclarées exellentes, ou, si on ne le déclara pas, on les dévora jusqu'à la dernière, ce qui valait toutes les déclarations du monde.

Au dessert, le docteur prépara le café, suivant son habitude; il ne laissait à personne le soin de distiller cet excellent breuvage; il le faisait sur la table, dans une cafetière à esprit-de-vin et le servait bouillant. Pour son compte, il fallait qu'il lui brûlât la langue, ou il le trouvait indigne de passer par son gosier. Ce soir-là il l'absorba à une température si élevée, que ses compagnons ne purent l'imiter.

« Mais vous allez vous incendier, docteur, lui dit Altamont.

—Jamais, répondit-il.

—Vous avez donc le palais doublé en cuivre? répliqua Johnson.

—Point, mes amis; je vous engage à prendre exemple sur moi. Il y a des personnes, et je suis du nombre, qui boivent le café à la température de cent trente et un degrés (+ 55° cent.).

—Cent trente et un degrés! s'écria Altamont; mais la main ne supporterait pas une pareille chaleur!

—Évidemment, Altamont, puisque la main ne peut pas endurer plus de cent vingt-deux degrés (+ 50° cent.) dans l'eau; mais le palais et la langue sont moins sensibles que la main, et ils résistent là où celles-ci ne pourraient y tenir.

—Vous m'étonnez, dit Altamont.

—Eh bien, je vais vous convaincre. »

Et le docteur, ayant pris le thermomètre du salon, en plongea la boule dans sa tasse de café bouillant; il attendit que l'instrument ne marquât plus que cent trente et un degrés, et il avala sa liqueur bienfaisante avec une évidente satisfaction.

Bell voulut l'imiter bravement et se brûla à jeter les hauts cris.

« Manque d'habitude, dit le docteur.

—Clawbonny, reprit Altamont, pourriez-vous nous dire quelles sont les plus hautes températures que le corps humain soit capable de supporter?

—Facilement, répondit le docteur; on l'a expérimenté, et il y a des faits curieux à cet égard. Il m'en revient un ou deux à la mémoire, et ils vous prouveront qu'on s'accoutume à tout, même à ne pas cuire où cuirait un beefteak. Ainsi, on raconte que des filles de service au four banal de la ville de La Rochefoucauld, en France, pouvaient rester dix minutes

dans ce four, pendant que la température s'y trouvait à trois cents degrés (+ 132° centig.), c'est-à-dire supérieure de quatre-vingt-neuf degrés à l'eau bouillante, et tandis qu'autour d'elles des pommes et de la viande grillaient parfaitement.

—Quelles filles! s'écria Altamont.

—Tenez, voici un autre exemple qu'on ne peut mettre en doute. Neuf de nos compatriotes, en 1774, Fordyce, Banks, Solander, Blagdin, Home, Nooth, lord Seaforth et le capitaine Philips, supportèrent une température de deux cent quatre-vingt quinze degrés (+ 128° centig.), pendant que des œufs et un rosbeef cuisaient auprès d'eux.

—Et c'étaient des Anglais! dit Bell avec un certain sentiment de fierté.

—Oui, Bell, répondit le docteur.
—Oh! des Américains auraient mieux fait, fit Altamont.
—Ils eussent rôti, dit le docteur en riant.
—Et pourquoi pas, répondit l'Américain.
—En tout cas, ils ne l'ont pas essayé; donc, je m'en tiens à mes compatriotes. J'ajouterai un dernier fait, incroyable, si l'on pouvait douter de la véracité des témoins. Le duc de Raguse et le docteur Jung, un Français et un Autrichien, virent un Turc se plonger dans un bain qui marquait cent soixante-dix degrés, (+ 78° centig).

—Mais il me semble, dit Johnson, que cela ne vaut ni les filles du four banal, ni nos compatriotes!
—Pardon, répondit le docteur; il y a une grande différence entre se plonger dans l'air chaud ou dans l'eau chaude; l'air chaud amène une transpiration qui garantit les chairs, tandis que dans l'eau bouillante, on ne transpire pas, et l'on se brûle. Aussi, la limite extrême de température assignée aux bains n'est-elle en général que de cent sept degrés (+ 42° centig.). Il fallait donc que ce Turc fût un homme peu ordinaire pour supporter une chaleur pareille!

—Monsieur Clawbonny, demanda Johnson, quelle est donc la température habituelle des êtres animés?

—Elle varie suivant leur nature, répondit le docteur; ainsi les oiseaux sont les animaux dont la température est la plus élevée, et, parmi eux, le canard et la poule sont les plus remarquables; la chaleur de leur corps dépasse cent dix degrés (+ 43° centigr.), tandis que le chat-huant, par exemple, n'en compte que cent quatre (+ 40° centig.); puis viennent en second lieu les mammifères, les hommes; la température des Anglais est en général de cent un degrés (+ 37° centig.).

—Je suis sûr que M. Altamont va réclamer pour les Américains, dit Johnson en riant.

—Ma foi, dit Altamont, il y en a de très-chauds; mais comme je ne leur ai jamais plongé un thermomètre dans le thorax ou sous la langue, il m'est impossible d'être fixé à cet égard.

—Bon! répondit le docteur, la différence n'est pas sensible entre hommes de races différentes, quand ils sont placés dans des circonstances identiques et quel que soit leur genre de nourriture; je dirai même que la température humaine est à peu près semblable à l'équateur comme au pôle.

—Ainsi, dit Altamont, notre chaleur propre est la même ici qu'en Angleterre ?

—Très-sensiblement, répondit le docteur; quant aux autres mammifères, leur température est, en général, un peu supérieure à celle de l'homme. Le cheval se rapproche beaucoup de lui, ainsi que le lièvre, l'éléphant, le marsouin, le tigre; mais le chat, l'écureuil, le rat, la panthère, le mouton, le bœuf, le chien, le singe, le bouc, la chèvre atteignent cent trois degrés, et enfin, le plus favorisé de tous, le cochon, dépasse cent quatre degrés (+ 40° centig.).

—C'est humiliant pour nous, fit Altamont.

—Viennent alors les amphibies et les poissons, dont la température varie beaucoup suivant celle de l'eau. Le serpent n'a guère que quatre-vingt-six degrés (+ 30° centigr.), la grenouille, soixante-dix (+ 25° centigrades), et le requin autant dans un milieu inférieur d'un degré et demi; enfin les insectes paraissent avoir la température de l'eau et de l'air.

—Tout cela est bien, dit Hatteras, qui n'avait pas encore pris la parole, et je remercie le docteur de mettre sa science à notre disposition; mais nous parlons là comme si nous devions avoir des chaleurs torrides à braver. Ne serait-il pas plus opportun de causer du froid, de savoir à quoi nous sommes exposés, et quelles ont été les plus basses températures observées jusqu'ici ?

—C'est juste, répondit Johnson.

—Rien n'est plus facile, reprit le docteur, et je peux vous édifier à cet égard.

—Je le crois bien, fit Johnson, vous savez tout.

—Mes amis, je ne sais que ce que m'ont appris les autres, et, quand j'aurai parlé, vous serez aussi instruits que moi. Voilà donc ce que je puis vous dire touchant le froid, et sur les basses températures que l'Europe a subies. On compte un grand nombre d'hivers mémorables, et il semble que les plus rigoureux soient soumis à un retour périodique tous les quarante et un ans à peu près, retour qui coïncide avec la plus grande apparition des taches du soleil. Je vous citerai l'hiver de 1364, où le Rhône gela jusqu'à Arles; celui de 1408, où le Danube fut glacé dans tout son cours, et où les loups traversèrent le Cattégat à pied sec; celui de 1509, pendant lequel l'Adriatique et la Méditerranée furent solidifiées à Venise, à Cette, à Marseille, et la Baltique prise encore au 10 avril; celui de 1608, qui vit périr en Angleterre tout le bétail; celui de 1789, pendant lequel la Tamise fut glacée jusqu'à Gravesend, à six lieues au-dessous de Londres; celui de 1813, dont les Français ont conservé de si terribles souvenirs; enfin, celui de 1829, le plus précoce et le plus long des hivers du dix-neuvième siècle. Voilà pour l'Europe.

—Mais ici, au delà du cercle polaire, quel degré la température peut-elle atteindre? demanda Altamont.

—Ma foi, répondit le docteur, je crois que nous avons éprouvé les plus grands froids qui aient jamais été observés, puisque le thermomètre à alcool a marqué un jour soixante-douze degrés au-dessous de zéro (—58° centigr.), et, si mes souvenirs sont exacts, les plus basses températures reconnues jusqu'ici par les voyageurs arctiques ont été seulement de soixante et un degrés à l'île Melville, de soixante-cinq degrés au port Félix, et de soixante-dix degrés au Fort-Reliance (—56°,7 centig.).

—Oui, fit Hatteras, nous avons été arrêtés par un rude hiver, et cela mal à propos!

—Vous avez été arrêtés? dit Altamont en regardant fixement le capitaine.

—Dans notre voyage à l'ouest, se hâta de dire le docteur.

—Ainsi, dit Altamont, en reprenant la conversation, les maxima et les minima de températures supportées par l'homme ont un écart de deux cents degrés environ?

—Oui, répondit le docteur; un thermomètre exposé à l'air libre et abrité contre toute réverbération ne s'élève jamais à plus de cent trente-cinq degrés au-dessus de zéro (+57° centig.), de même que par les grands froids il ne descend jamais au-dessous de soixante-douze degrés (—58° centigr.). Ainsi, mes amis, vous voyez que nous pouvons prendre nos aises.

—Mais cependant, dit Johnson, si le soleil venait à s'éteindre subitement, est-ce que la terre ne serait pas plongée dans un froid plus considérable?

—Le soleil ne s'éteindra pas, répondit le docteur; mais, vînt-il à s'éteindre, la température ne s'abaisserait pas vraisemblablement au-dessous du froid que je vous ai indiqué.

—Voilà qui est curieux.

—Oh! je sais qu'autrefois on admettait des milliers de degrés pour les espaces situés en dehors de l'atmosphère; mais, après les expériences d'un savant français, Fourrier, il a fallu en rabattre; il a prouvé que si la terre se trouvait placée dans un milieu dénué de toute chaleur, l'intensité du froid que nous observons au pôle serait bien autrement considérable, et qu'entre la nuit et le jour il existerait de formidables différences de température; donc, mes amis, il ne fait pas plus froid à quelques millions de lieues qu'ici même.

— Dites-moi, docteur, demanda Altamont, la température de l'Amérique n'est-elle pas plus basse que celle des autres pays du monde ?

— Sans doute, mais n'allez pas en tirer vanité, répondit le docteur en riant.

— Et comment explique-t-on ce phénomène ?

— On a cherché à l'expliquer, mais d'une façon peu satisfaisante ; ainsi, il vint à l'esprit d'Halley qu'une comète ayant jadis choqué obliquement la terre, changea la position de son axe de rotation, c'est-à-dire de ses pôles ; d'après lui, le pôle nord, situé autrefois à la baie d'Hudson, se trouva reporté plus à l'est, et les contrées de l'ancien pôle, si longtemps gelées, conservèrent un froid plus considérable, que de longs siècles de soleil n'ont encore pu réchauffer.

— Et vous n'admettez pas cette théorie ?

— Pas un instant, car ce qui est vrai pour la côte orientale de l'Amérique ne l'est pas pour la côte occidentale, dont la température est plus élevée. Non ! il faut constater qu'il y a des lignes isothermes différentes des parallèles terrestres, et voilà tout.

— Savez-vous, monsieur Clawbonny, dit Johnson, qu'il est beau de causer du froid dans les circonstances où nous sommes.

— Juste, mon vieux Johnson ; nous sommes à même d'appeler la pratique au secours de la théorie. Ces contrées sont un vaste laboratoire où l'on peut faire de curieuses expériences sur les basses températures ; seulement, soyez toujours attentifs et prudents ; si quelque partie de votre corps se gèle, frottez-la immédiatement de neige pour rétablir la circulation du sang, et si vous revenez près du feu, prenez garde, car vous pourriez vous brûler les mains ou les pieds sans vous en apercevoir ; cela nécessiterait des amputations, et il faut tâcher de ne rien laisser de nous dans les contrées boréales. Sur ce, mes amis, je crois que nous ferons bien de demander au sommeil quelques heures de repos.

— Volontiers, répondirent les compagnons du docteur.

— Qui est de garde près du poêle ?

— Moi, répondit Bell.

— Eh bien, mon ami, veillez à ce que le feu ne tombe pas, car il fait ce soir un froid de tous les diables.

— Soyez tranquille, monsieur Clawbonny, cela pique ferme, et cependant, voyez donc ! le ciel est tout en feu.

— Oui, répondit le docteur en s'approchant de la fenêtre, une aurore boréale de toute beauté ! Quel magnifique spectacle ! je ne me lasse vraiment pas de le contempler. »

En effet, le docteur admirait toujours ces phénomènes cosmiques, auxquels ses compagnons ne prêtaient plus grande attention ; il avait remarqué, d'ailleurs, que leur apparition était toujours précédée de perturba-

tions de l'aiguille aimantée, et il préparait sur ce sujet des observations destinées au « Weather Book[1]. »

Bientôt, pendant que Bell veillait près du poêle, chacun, étendu sur sa couchette, s'endormit d'un tranquille sommeil.

CHAPITRE X. — LES PLAISIRS DE L'HIVERNAGE.

La vie au pôle est d'une triste uniformité. L'homme se trouve entièrement soumis aux caprices de l'atmosphère, qui ramène ses tempêtes et ses froids intenses avec une désespérante monotonie. La plupart du temps il y a impossibilité de mettre le pied dehors, et il faut rester enfermé dans les huttes de glace. De longs mois se passent ainsi, faisant aux hiverneurs une véritable existence de taupe.

Le lendemain, le thermomètre s'abaissa de quelques degrés et l'air s'emplit de tourbillons de neige, qui absorbèrent toute la clarté du jour. Le docteur se vit donc cloué dans la maison et se croisa les bras ; il n'y avait rien à faire, si ce n'est à déboucher toutes les heures le couloir d'entrée, qui pouvait se trouver obstrué, et à repolir les murailles de glace, que la chaleur de l'intérieur rendait humides ; mais la snow-house était

[1] Livre du temps de l'amiral Fitz.Roy, où sont rapportés tous les faits météorologiques.

construite avec une grande solidité, et les tourbillons ajoutaient encore à sa résistance, en accroissant l'épaisseur de ses murs.

Les magasins se tenaient bien également. Tous les objets retirés du navire avaient été rangés avec le plus grand ordre dans ces « Docks des marchandises, » comme les appelait le docteur. Or, bien que ces magasins fussent situés à soixante pas à peine de la maison, cependant, par

certains jours de drift, il était presque impossible de s'y rendre; aussi, une certaine quantité de provisions devait toujours être conservée dans la cuisine pour les besoins journaliers.

La précaution de décharger le *Porpoise* avait été opportune. Le navire subissait une pression lente, insensible, mais irrésistible, qui l'écrasait peu à peu; il était évident qu'on ne pourrait rien faire de ses débris. Ce-

pendant le docteur espérait toujours en tirer une chaloupe quelconque pour revenir en Angleterre; mais le moment n'était pas encore venu de procéder à sa construction.

Ainsi donc, la plupart du temps, les cinq hiverneurs demeuraient dans une profonde oisiveté. Hatteras restait pensif, étendu sur son lit; Altamont buvait ou dormait, et le docteur se gardait bien de les tirer de leur somnolence, car il craignait toujours quelque querelle fâcheuse. Ces deux hommes s'adressaient rarement la parole.

Aussi, pendant les repas, le prudent Clawbonny prenait toujours soin de guider la conversation et de la diriger de manière à ne pas mettre les amours-propres en jeu ; mais il avait fort à faire pour détourner les susceptibilités surexcitées. Il cherchait, autant que possible, à instruire, à distraire, à intéresser ses compagnons ; quand il ne mettait pas en ordre ses notes de voyage, il traitait à haute voix les sujets d'histoire, de géographie ou de météorologie qui sortaient de la situation même ; il présentait les choses d'une façon plaisante et philosophique, tirant un enseignement salutaire des moindres incidents ; son inépuisable mémoire ne le laissait jamais à court ; il faisait application de ses doctrines aux personnes présentes ; il leur rappelait tel fait qui s'était produit dans telle circonstance, et il complétait ses théories par la force des arguments personnels.

On peut dire que ce digne homme était l'âme de ce petit monde, une âme de laquelle rayonnaient les sentiments de franchise et de justice. Ses compagnons avaient en lui une confiance absolue ; il imposait même au capitaine Hatteras, qui l'aimait d'ailleurs ; il faisait si bien de ses paroles, de ses manières, de ses habitudes, que cette existence de cinq hommes abandonnés à six degrés du pôle semblait toute naturelle ; quand le docteur parlait, on croyait l'écouter dans son cabinet de Liverpool.

Et cependant, combien cette situation différait de celle des naufragés jetés sur les îles de l'océan Pacifique, ces Robinsons dont l'attachante histoire fit presque toujours envie aux lecteurs. Là, en effet, un sol prodigue, une nature opulente, offrait mille ressources variées ; il suffisait, dans ces beaux pays, d'un peu d'imagination et de travail pour se procurer le bonheur matériel ; la nature allait au-devant de l'homme ; la chasse et la pêche suffisaient à tous ses besoins ; les arbres poussaient pour lui, les cavernes s'ouvraient pour l'abriter, les ruisseaux coulaient pour le désaltérer ; de magnifiques ombrages le défendaient contre la chaleur du soleil, et jamais le terrible froid ne venait le menacer dans ses hivers adoucis ; une graine négligemment jetée sur cette terre féconde rendait une moisson quelques mois plus tard. C'était le bonheur complet en dehors de la société. Et puis, ces îles enchantées, ces terres charitables se trouvaient sur la route des navires ; le naufragé pouvait toujours espérer d'être recueilli, et il attendait patiemment qu'on vînt l'arracher à son heureuse existence.

Mais ici, sur cette côte de la Nouvelle-Amérique, quelle différence ! Cette comparaison, le docteur la faisait quelquefois, mais il la gardait pour lui, et surtout il pestait contre son oisiveté forcée.

Il désirait avec ardeur le retour du dégel pour reprendre ses excursions, et cependant il ne voyait pas arriver ce moment sans crainte, car il prévoyait des scènes graves entre Hatteras et Altamont. Si jamais on poussait jusqu'au pôle, qu'arriverait-il de la rivalité de ces deux hommes?

Il fallait donc parer à tout événement, amener peu à peu ces rivaux à une entente sincère, à une franche communion d'idées; mais réconcilier un Américain et un Anglais, deux hommes que leur origine commune rendait plus ennemis encore, l'un pénétré de toute la morgue insulaire, l'autre doué de l'esprit spéculatif, audacieux et brutal de sa nation, quelle tâche remplie de difficultés!

Quand le docteur réfléchissait à cette implacable concurrence des hommes, à cette rivalité des nationalités, il ne pouvait se retenir, non de hausser les épaules, ce qui ne lui arrivait jamais, mais de s'attrister sur les faiblesses humaines.

Il causait souvent de ce sujet avec Johnson; le vieux marin et lui s'entendaient tous les deux à cet égard; ils se demandaient quel parti prendre, par quelles atténuations arriver à leur but, et ils entrevoyaient bien des complications dans l'avenir.

Cependant, le mauvais temps continuait; on ne pouvait songer à quitter, même une heure, le Fort-Providence. Il fallait demeurer jour et nuit dans la maison de neige. On s'ennuyait, sauf le docteur, qui trouvait toujours moyen de s'occuper.

« Il n'y a donc aucune possibilité de se distraire? dit un soir Altamont. Ce n'est vraiment pas vivre, que vivre de la sorte, comme des reptiles enfouis pour tout un hiver.

— En effet, répondit le docteur; malheureusement, nous ne sommes pas assez nombreux pour organiser un système quelconque de distractions!

— Ainsi, reprit l'Américain, vous croyez que nous aurions moins à faire pour combattre l'oisiveté, si nous étions en plus grand nombre?

— Sans doute, et lorsque des équipages complets ont passé l'hiver dans les régions boréales, ils trouvaient bien le moyen de ne pas s'ennuyer.

— Vraiment, dit Altamont, je serais curieux de savoir comment ils s'y prenaient; il fallait des esprits véritablement ingénieux pour extraire quelque gaieté d'une situation pareille. Ils ne se proposaient pas des charades à deviner, je suppose!

— Non, mais il ne s'en fallait guère, répondit le docteur; et ils avaient introduit dans ces pays hyperboréens deux grandes causes de distraction : la presse et le théâtre.

— Quoi! ils avaient un journal? repartit l'Américain.

— Ils jouaient la comédie? s'écria Bell.

— Sans doute, et ils y trouvaient un véritable plaisir. Aussi pendant son hivernage à l'île Melville, le commandant Parry proposa-t-il ces deux genres de plaisir à ses équipages, et la proposition eut un succès immense.

— Eh bien, franchement, répondit Johnson, j'aurais voulu être là ; ce devait être curieux.

— Curieux et amusant, mon brave Johnson ; le lieutenant Beechey devint directeur du théâtre, et le capitaine Sabine rédacteur en chef de la *Chronique d'hiver*, ou *Gazette de la Géorgie du Nord*.

— Bons titres, fit Altamont.

— Ce journal parut chaque lundi, depuis le 1er novembre 1819 jusqu'au 20 mars 1820. Il rapportait tous les incidents de l'hivernage, les chasses, les faits divers, les accidents, la météorologie, la température; il renfermait des chroniques plus ou moins plaisantes; certes, il ne fallait pas chercher là l'esprit de Sterne ou les articles charmants du *Daily-Telegraph;* mais enfin, on s'en tirait, on se distrayait; les lecteurs n'étaient ni difficiles ni blasés, et jamais, je crois, métier de journaliste ne fut plus agréable à exercer.

—Ma foi, dit Altamont, je serais curieux de connaître des extraits de cette gazette, mon cher docteur; ses articles devaient être gelés depuis le premier mot jusqu'au dernier.

—Mais non, mais non, répondit le docteur; en tout cas, ce qui eût paru un peu naïf à la Société philosophique de Liverpool, ou à l'Institu-

tion littéraire de Londres, suffisait à des équipages enfouis sous les neiges. Voulez-vous en juger?

—Comment! votre mémoire vous fournirait au besoin?...

—Non, mais vous aviez à bord du *Porpoise* les voyages de Parry, et je n'ai qu'à vous lire son propre récit.

—Volontiers! s'écrièrent les compagnons du docteur.

—Rien n'est plus facile. »

Le docteur alla chercher dans l'armoire du salon l'ouvrage demandé, et il n'eut aucune peine à y trouver le passage en question.

« Tenez, dit-il, voici quelques extraits de la *Gazette de la Géorgie du Nord.* C'est une lettre adressée au rédacteur en chef:

« C'est avec une vraie satisfaction que l'on a accueilli parmi nous vos
« propositions pour l'établissement d'un journal. J'ai la conviction que
« sous votre direction il nous procurera beaucoup d'amusements et allégera
« de beaucoup le poids de nos cent jours de ténèbres.

« L'intérêt que j'y prends, pour ma part, m'a fait examiner l'effet de
« votre annonce sur l'ensemble de notre société, et je puis vous assurer,
« pour me servir des expressions consacrées dans la presse de Londres
« que la chose a produit une sensation profonde dans le public.

« Le lendemain de l'apparition de votre prospectus, il y a eu à bord une
« demande d'encre tout à fait inusitée et sans précédent. Le tapis vert de
« nos tables s'est vu subitement couvert d'un déluge de rognures de
« plumes, au grand détriment d'un de nos servants, qui, en voulant les
« secouer, s'en est enfoncé une sous l'ongle.

« Enfin, je sais de bonne part que le sergent Martin n'a pas eu moins
« de neuf canifs à aiguiser.

« On peut voir toutes nos tables gémissant sous le poids inaccoutumé
« de pupitres à écrire, qui depuis deux mois n'avaient pas vu le jour, et
« l'on dit même que les profondeurs de la cale ont été ouvertes à plusieurs
« reprises, pour donner issue à maintes rames de papier qui ne s'atten-
« daient pas à sortir sitôt de leur repos.

« Je n'oublierai pas de vous dire que j'ai quelques soupçons qu'on ten-
« tera de glisser dans votre boîte quelques articles qui, manquant du
« caractère de l'originalité complète, n'étant pas tout à fait inédits, ne
« sauraient convenir à votre plan. Je puis affirmer que pas plus tard
« qu'hier soir on a vu un auteur, penché sur son pupitre, tenant d'une
« main un volume ouvert du *Spectateur*, tandis que de l'autre il faisait
« dégeler son encre à la flamme d'une lampe! Inutile de vous recom-
« mander de vous tenir en garde contre de pareilles ruses ; il ne faut pas
« que nous voyions reparaître dans la *Chronique d'hiver* ce que nos aïeux
« lisaient en déjeunant, il y a plus d'un siècle. »

—Bien, bien, dit Altamont, quand le docteur eut achevé sa lecture, il y a vraiment de la bonne humeur là-dedans, et l'auteur de la lettre devait être un garçon dégourdi.

—Dégourdi est le mot, répondit le docteur. Tenez, voici maintenant un avis qui ne manque pas de gaieté :

« On désire trouver une femme d'âge moyen et de bonne renommée,
« pour assister dans leur toilette les dames de la troupe du « Théâtre-Royal
« de la Géorgie septentrionale. » On lui donnera un salaire convenable,
« et elle aura du thé et de la bière à discrétion. S'adresser au comité du
« théâtre. — *N. B*. Une veuve aura la préférence. »

—Ma foi, ils n'étaient pas dégoûtés, nos compatriotes, dit Johnson.

—Et la veuve s'est-elle rencontrée? demanda Bell.

—On serait tenté de le croire, répondit le docteur, car voici une réponse adressée au Comité du théâtre :

« Messieurs, je suis veuve; j'ai vingt-six ans, et je puis produire des
« témoignages irrécusables en faveur de mes mœurs et de mes talents.
« Mais avant de me charger de la toilette des actrices de votre théâtre, je
« désire savoir si elles ont l'intention de garder leurs culottes, et si l'on
« me fournira l'assistance de quelques vigoureux matelots pour lacer et
« serrer convenablement leurs corsets. Cela étant, messieurs, vous pouvez
« compter sur votre servante.

« A. B. »

« *P. S.* Ne pourriez-vous substituer l'eau-de-vie à la petite bière? »

—Ah, bravo! s'écria Altamont. Je vois d'ici ces femmes de chambre qui vous lacent au cabestan. Eh bien, ils étaient gais, les compagnons du capitaine Parry.

—Comme tous ceux qui ont atteint leur but, » répondit Hatteras.

Hatteras avait jeté cette remarque au milieu de la conversation, puis il était retombé dans son silence habituel. Le docteur, ne voulant pas s'appesantir sur ce sujet, se hâta de reprendre sa lecture.

« Voici maintenant, dit-il, un tableau des tribulations arctiques; on pourrait le varier à l'infini; mais quelques-unes de ces observations sont assez justes; jugez-en :

« Sortir le matin pour prendre l'air, et, en mettant le pied hors du
« vaisseau, prendre un bain froid dans le trou du cuisinier.

« Partir pour une partie de chasse, approcher d'un renne superbe, le
« mettre en joue, essayer de faire feu et éprouver l'affreux mécompte d'un
« raté, pour cause d'humidité dans l'amorce.

« Se mettre en marche avec un morceau de pain tendre dans la poche,
« et, quand l'appétit se fait sentir, le trouver tellement durci par la gelée
« qu'il peut bien briser les dents, mais non être brisé par elles.

« Quitter précipitamment la table en apprenant qu'un loup passe en vue du navire, et trouver au retour le dîner mangé par le chat.

« Revenir de la promenade en se livrant à de profondes et utiles médi-
« tations, et en être subitement tiré par les embrassements d'un ours. »

—Vous le voyez, mes amis, ajouta le docteur, nous ne serions pas embarrassés d'imaginer quelques autres désagréments polaires; mais, du moment qu'il fallait subir ces misères, cela devenait un plaisir de les constater.

—Ma foi, répondit Altamont, c'est un amusant journal que cette *Chronique d'hiver*, et il est fâcheux que nous ne puissions nous y abonner!

—Si nous essayions d'en fonder un, dit Johnson.

—A nous cinq ! dit Clawbonny; nous ferions tout au plus des rédacteurs, et il ne resterait pas de lecteurs en nombre suffisant.

—Pas plus que de spectateurs, si nous nous mettions en tête de jouer la comédie, répondit Altamont.

—Au fait, monsieur Clawbonny, dit Johnson, parlez-nous donc un peu du théâtre du capitaine Parry; y jouait-on des pièces nouvelles ?

— Sans doute; dans le principe, deux volumes embarqués à bord de l'*Hécla* furent mis à contribution, et les représentations avaient lieu tous les quinze jours; mais bientôt le répertoire fut usé jusqu'à la corde; alors des auteurs improvisés se mirent à l'œuvre, et Parry composa lui-même pour les fêtes de Noël une comédie tout à fait en situation; elle eut un immense succès, et était intitulée *le Passage du Nord-Ouest* ou *la Fin du voyage*.

—Un fameux titre, répondit Altamont; mais j'avoue que si j'avais à traiter un pareil sujet, je serais fort embarrassé du dénoûment.

—Vous avez raison, dit Bell, qui sait comment cela finira ?

—Bon ! s'écria le docteur; pourquoi songer au dernier acte, puisque les premiers marchent bien ? Laissons faire la Providence, mes amis; jouons de notre mieux notre rôle, et, puisque le dénoûment appartient à l'auteur de toutes choses, ayons confiance dans son talent; il saura bien nous tirer d'affaire.

—Allons donc rêver à tout cela, répondit Johnson; il est tard, et puisque l'heure de dormir est venue, dormons.

—Vous êtes bien pressé, mon vieil ami, dit le docteur.

— Que voulez-vous, monsieur Clawbonny, je me trouve si bien dans ma couchette ! et puis, j'ai l'habitude de faire de bons rêves; je rêve de pays chauds ! de sorte qu'à vrai dire la moitié de ma vie se passe sous l'équateur, et la seconde moitié au pôle.

—Diable, fit Altamont, vous possédez là une heureuse organisation.

—Comme vous dites, répondit le maître d'équipage.

—Eh bien, reprit le docteur, ce serait une cruauté de faire languir plus longtemps le brave Johnson. Son soleil des Tropiques l'attend. Allons nous coucher. »

CHAPITRE XI — TRACES INQUIÉTANTES.

Pendant la nuit du 26 au 27 avril, le temps vint à changer; le thermomètre baissa sensiblement, et les habitants de Doctor's-House s'en aperçurent au froid qui se glissait sous leurs couvertures ; Altamont, de garde auprès du poêle, eut soin de ne pas laisser tomber le feu, et il dut l'alimenter abondamment pour maintenir la température intérieure à cinquante degrés au-dessus de zéro (+ 10 centig.).

Ce refroidissement annonçait la fin de la tempête, et le docteur s'en réjouissait ; les occupations habituelles allaient être reprises, la chasse, les excursions, la reconnaissance des terres ; cela mettrait un terme à cette solitude désœuvrée, pendant laquelle les meilleurs caractères finissent par s'aigrir.

Le lendemain matin, le docteur quitta son lit de bonne heure, et se

fraya un chemin à travers les glaces amoncelées jusqu'au cône du phare.

Le vent avait sauté dans le nord ; l'atmosphère était pure ; de longues nappes blanches offraient au pied leur tapis ferme et résistant.

Bientôt les cinq compagnons d'hivernage eurent quitté Doctor's-House; leur premier soin fut de dégager la maison des masses glacées qui l'encombraient ; on ne s'y reconnaissait plus sur le plateau ; il eût été impossible d'y découvrir les vestiges d'une habitation ; la tempête, comblant les inégalités du terrain, avait tout nivelé ; le sol s'était exhaussé de quinze pieds, au moins.

Il fallut procéder d'abord au déblayement des neiges, puis redonner à l'édifice une forme plus architecturale, raviver ses lignes engorgées et retablir son aplomb. Rien ne fut plus facile d'ailleurs, et, après l'enlèvement des glaces, quelques coups du couteau à neige ramenèrent les murailles à leur épaisseur normale.

Au bout de deux heures d'un travail soutenu, le fond de granit apparut; l'accès des magasins de vivres et de la poudrière redevint praticable.

Mais comme, par ces climats incertains, un tel état de choses pouvait se reproduire d'un jour à l'autre, on refit une nouvelle provision de comestibles qui fut transportée dans la cuisine. Le besoin de viande fraîche se faisait sentir à ces estomacs surexcités par les salaisons ; les chasseurs furent donc chargés de modifier le système échauffant d'alimentation, et ils se préparèrent à partir.

Cependant, la fin d'avril n'amenait pas le printemps polaire ; l'heure

du renouvellement n'avait pas sonné ; il s'en fallait de six semaines au moins ; les rayons du soleil, trop faibles encore, ne pouvaient fouiller ces plaines de neige et faire jaillir du sol les maigres produits de la flore boréale. On devait craindre que les animaux ne fussent rares, oiseaux ou quadrupèdes. Cependant un lièvre, quelques couples de ptarmigans, un jeune renard même, eussent figuré avec honneur sur la table de Doctor's-House, et les chasseurs résolurent de chasser avec acharnement tout ce qui passerait à portée de leur fusil.

Le docteur, Altamont et Bell, se chargèrent d'explorer le pays. Altamont, à en juger par ses habitudes, devait être un chasseur adroit et déterminé, un merveilleux tireur, bien qu'un peu vantard. Il fut donc de la partie, tout comme Duk, qui le valait dans son genre, en ayant l'avantage d'être moins hâbleur.

Les trois compagnons d'aventure remontèrent par le cône de l'est et s'enfoncèrent au travers des immenses plaines blanches ; mais ils n'eurent pas besoin d'aller loin, car des traces nombreuses se montrèrent à moins de deux milles du fort ; de là, elles descendaient jusqu'au rivage de la baie Victoria, et paraissaient enlacer le Fort-Providence de leurs cercles concentriques.

Après avoir suivi ces piétinements avec curiosité, les chasseurs se regardèrent.

« Eh bien ! dit le docteur, cela me semble clair.

—Trop clair, répondit Bell ; ce sont des traces d'ours.

—Un excellent gibier, répondit Altamont, mais qui me paraît pécher aujourd'hui par une qualité.

—Laquelle ? demanda le docteur.

—L'abondance, répondit l'Américain.

—Que voulez-vous dire ? reprit Bell.

—Je veux dire qu'il y a là les traces de cinq ours parfaitement distinctes, et cinq ours, c'est beaucoup pour cinq hommes !

—Êtes-vous certain de ce que vous avancez ? dit le docteur.

—Voyez et jugez par vous-même : voici une empreinte qui ne ressemble pas à cette autre ; les griffes de celles-ci sont plus écartées que les griffes de celles-là. Voici les pas d'un ours plus petit. Comparez bien, et vous trouverez dans un cercle restreint les traces de cinq animaux.

—C'est évident, dit Bell, après avoir examiné attentivement.

—Alors, fit le docteur, il ne faut pas faire de la bravoure inutile, mais au contraire se tenir sur ses gardes ; ces animaux sont très-affamés à la fin d'un hiver rigoureux ; ils peuvent être extrêmement dangereux ; et puisqu'il n'est plus possible de douter de leur nombre...

—Ni même de leurs intentions, répliqua l'Américain.

—Vous croyez, dit-il, qu'ils ont découvert notre présence sur cette côte ?

—Sans doute, à moins que nous ne soyons tombés dans une passée d'ours ; mais alors pourquoi ces empreintes s'étendent-elles circulairement, au lieu de s'éloigner à perte de vue ? Tenez ! ces animaux-là sont venus du sud-est, ils se sont arrêtés à cette place, et ils ont commencé ici la reconnaissance du terrain.

—Vous avez raison, dit le docteur ; il est même certain qu'ils sont venus cette nuit.

—Et sans doute les autres nuits, répondit Altamont ; seulement, la neige a recouvert leurs traces.

—Non, répondit le docteur, il est plus probable que ces ours ont attendu la fin de la tempête ; poussés par le besoin, ils ont gagné du côté de la baie, dans l'intention de surprendre quelques phoques, et alors ils nous auront éventés.

—C'est cela même, répondit Altamont; d'ailleurs, il est facile de savoir s'ils reviendront la nuit prochaine.

—Comment cela ? demanda Bell.

—En effaçant ces traces sur une partie de leur parcours ; et si demain nous retrouvons des empreintes nouvelles, il sera bien évident que le Fort-Providence est le but auquel tendent ces animaux.

—Bien, répondit le docteur, nous saurons au moins à quoi nous en tenir. »

Les trois chasseurs se mirent à l'œuvre, et en grattant la neige, ils eu-

rent bientôt fait disparaître les piétinements sur un espace de cent toises à peu près.

« Il est pourtant singulier, dit Bell, que ces bêtes-là aient pu nous sentir à une pareille distance ; nous n'avons brûlé aucune substance graisseuse de nature à les attirer.

—Oh ! répondit le docteur, les ours sont doués d'une vue perçante et d'un odorat très-subtil; ils sont, en outre, très-intelligents, pour ne pas dire les plus intelligents de tous les animaux, et ils ont flairé pari ci quelque chose d'inaccoutumé.

—D'ailleurs, reprit Bell, qui nous dit que, pendant la tempête, ils ne se sont pas avancés jusqu'au plateau?

—Alors, répondit l'Américain, pourquoi se seraient-ils arrêtés cette nuit à cette limite?

—Oui, il n'y a pas de réponse à cela, répliqua le docteur, et nous devons croire que peu à peu ils rétréciront le cercle de leurs recherches autour du Fort-Providence.

—Nous verrons bien, répondit Altamont.

—Maintenant, continuons notre marche, dit le docteur, mais ayons l'œil au guet. »

Les chasseurs veillèrent avec attention; ils pouvaient craindre que quelque ours ne fût embusqué derrière les monticules de glace; souvent même ils prirent les blocs gigantesques pour des animaux, dont ces blocs avaient la taille et la blancheur. Mais, en fin de compte, et à leur grande satisfaction, ils en furent pour leurs illusions.

Ils revinrent enfin à mi-côte du cône, et de là leur regard se promena inutilement depuis le cap Washington jusqu'à l'île Johnson.

Ils ne virent rien; tout était immobile et blanc; pas un bruit, pas un craquement.

Ils rentrèrent dans la maison de neige.

Hatteras et Johnson furent mis au courant de la situation, et l'on résolut de veiller avec la plus scrupuleuse attention. La nuit vint; rien ne troubla son calme splendide, rien ne se fit entendre qui pût signaler l'approche d'un danger.

Le lendemain, dès l'aube, Hatteras et ses compagnons, bien armés, allèrent reconnaître l'état de la neige; ils retrouvèrent des traces identiques à celles de la veille, mais plus rapprochées. Évidemment, les ennemis prenaient leurs dispositions pour le siège du Fort-Providence.

« Ils ont ouvert leur seconde parallèle, dit le docteur.

—Ils ont même fait une pointe en avant, répondit Altamont; voyez ces pas qui s'avancent vers le plateau; ils appartiennent à un puissant animal.

—Oui, ces ours nous gagnent peu à peu, dit Johnson; il est évident qu'ils ont l'intention de nous attaquer.

—Cela n'est pas douteux, répondit le docteur; évitons de nous montrer. Nous ne sommes pas de force à combattre avec succès.

—Mais où peuvent être ces damnés ours? s'écria Bell.

—Derrière quelques glaçons de l'est, d'où ils nous guettent; n'allons pas nous aventurer imprudemment.

—Et la chasse? fit Altamont.

—Remettons-là à quelques jours, répondit le docteur; effaçons de nouveau les traces les plus rapprochées, et nous verrons demain matin si elles se sont renouvelées. De cette façon, nous serons au courant des manœuvres de nos ennemis. »

Le conseil du docteur fut suivi, et l'on revint se caserner dans le fort;

la présence de ces terribles bêtes empêchait toute excursion. On surveilla attentivement les environs de la baie Victoria. Le phare fut abattu; il n'avait aucune utilité actuelle et pouvait attirer l'attention des animaux; le fanal et les fils électriques furent serrés dans la maison; puis, à tour de rôle, chacun se mit en observation sur le plateau supérieur.

C'étaient de nouveaux ennuis de solitude à subir; mais le moyen d'agir autrement? On ne pouvait pas se compromettre dans une lutte si inégale, et la vie de chacun était trop précieuse pour la risquer imprudemment. Les ours, ne voyant plus rien, seraient peut-être dépistés, et s'ils se présentaient isolément pendant les excursions, on pourrait les attaquer avec chance de succès.

Cependant cette inaction était relevée par un intérêt nouveau: il y avait à surveiller, et chacun ne regrettait pas d'être un peu sur le qui-vive.

La journée du 28 avril se passa sans que les ennemis eussent donné signe d'existence. Le lendemain, on alla reconnaître les traces avec un vif sentiment de curiosité, qui fut suivi d'exclamations d'étonnement.

Il n'y avait plus un seul vestige, et la neige déroulait au loin son tapis intact.

« Bon! s'écria Altamont, les ours sont dépistés! ils n'ont pas eu de persévérance! ils se sont fatigués d'attendre! ils sont partis! Bon voyage! et maintenant, en chasse!

—Eh! eh! répliqua le docteur, qui sait? Pour plus de sûreté, mes amis, je vous demande encore un jour de surveillance. Il est certain que l'ennemi n'est pas revenu cette nuit, du moins de ce côté…

—Faisons le tour du plateau, dit Altamont, et nous saurons à quoi nous en tenir.

—Volontiers, » dit le docteur.

Mais on eut beau relever avec soin tout l'espace dans un rayon de deux milles, il fut impossible de retrouver la moindre trace.

« Eh bien, chassons-nous? demanda l'impatient Américain.

—Attendons à demain, répondit le docteur.

—A demain donc, » répondit Altamont, qui avait de la peine à se résigner.

On rentra dans le fort. Cependant, comme la veille, chacun dut, pendant une heure, aller reprendre son poste d'observation.

Quand le tour d'Altamont arriva, il alla relever Bell au sommet du cône.

Dès qu'il fut parti, Hatteras appela ses compagnons autour de lui. Le docteur quitta son cahier de notes, et Johnson ses fourneaux.

On pouvait croire qu'Hatteras allait causer des dangers de la situation; il n'y pensait même pas.

« Mes amis, dit-il, profitons de l'absence de cet Américain pour parler de nos affaires; il y a des choses qui ne peuvent le regarder, et dont je ne veux pas qu'il se mêle. »

Les interlocuteurs du capitaine se regardèrent, ne sachant pas où il voulait en venir.

« Je désire, dit-il, m'entendre avec vous sur nos projets futurs.

—Bien, bien, répondit le docteur; causons, puisque nous sommes seuls.

—Dans un mois, reprit Hatteras, dans six semaines au plus tard, le moment des grandes excursions va revenir. Avez-vous pensé à ce qu'il conviendrait d'entreprendre pendant l'été?

—Et vous, capitaine? demanda Johnson.

—Moi, je puis dire que pas une heure de ma vie ne s'écoule, qui ne me trouve en présence de mon idée. J'estime que pas un de vous n'a l'intention de revenir sur ses pas?... »

Cette insinuation fut laissée sans réponse immédiate.

« Pour mon compte, reprit Hatteras, dussé-je aller seul, j'irai jusqu'au pôle nord; nous en sommes à trois cent soixante milles au plus. Jamais hommes ne s'approchèrent autant de ce but désiré, et je ne perdrai pas une pareille occasion sans avoir tout tenté, même l'impossible. Quels sont vos projets à cet égard?

—Les vôtres, répondit vivement le docteur.

—Et les vôtres, Johnson?

—Ceux du docteur, répondit le maître d'équipage.

—A vous de parler, Bell, dit Hatteras.

—Capitaine, répondit le charpentier, nous n'avons pas de famille qui nous attende en Angleterre, c'est vrai, mais enfin le pays, c'est le pays! ne pensez-vous donc pas au retour?

—Le retour, reprit le capitaine, se fera aussi bien après la découverte du pôle. Mieux même. Les difficultés ne seront pas accrues, car, en remontant, nous nous éloignons des points les plus froids du globe. Nous avons pour longtemps encore du combustible et des provisions. Rien ne peut donc nous arrêter, et nous serions coupables de ne pas être allés jusqu'au bout.

—Eh bien, répondit Bell, nous sommes tous de votre opinion, capitaine.

—Bien, répondit Hatteras. Je n'ai jamais douté de vous. Nous réussirons, mes amis, et l'Angleterre aura toute la gloire de notre succès.

—Mais il y a un Américain parmi nous, » dit Johnson.

Hatteras ne put retenir un geste de colère à cette observation.

« Je le sais, dit-il d'une voix grave.

—Nous ne pouvons l'abandonner ici, reprit le docteur.

—Non! nous ne le pouvons pas! répondit machinalement Hatteras.

—Et il viendra certainement!

—Oui! il viendra! mais qui commandera?

—Vous, capitaine.

—Et si vous m'obéissez, vous autres, ce Yankee refusera-t-il d'obéir?

—Je ne le pense pas, répondit Johnson; mais enfin s'il ne voulait pas se soumettre à vos ordres?...

—Ce serait alors une affaire entre lui et moi. »

Les trois Anglais se turent en regardant Hatteras. Le docteur reprit la la parole.

« Comment voyagerons-nous? dit-il.

—En suivant la côte autant que possible, répondit Hatteras.

—Mais si nous trouvons la mer libre, comme cela est probable?

—Eh bien, nous la franchirons.

—De quelle manière? nous n'avons pas d'embarcation. »

Hatteras ne répondit pas; il était visiblement embarrassé.

« On pourrait peut-être, dit Bell, construire une chaloupe avec les débris du *Porpoise*.

—Jamais! s'écria violemment Hatteras.

—Jamais! » fit Johnson.

Le docteur secouait la tête; il comprenait la répugnance du capitaine.

« Jamais, reprit ce dernier. Une chaloupe faite avec le bois d'un navire américain serait américaine !...

—Mais, capitaine... » reprit Johnson.

Le docteur fit signe au vieux maître de ne pas insister en ce moment. Il fallait réserver cette question pour un moment plus opportun ; le docteur, tout en comprenant les répugnances d'Hatteras, ne les partageait pas, et il se promit bien de faire revenir son ami sur une décision aussi absolue.

Il parla donc d'autre chose, de la possibilité de remonter la côte directement jusqu'au nord, et de ce point inconnu du globe qu'on appelle le pôle boréal.

Bref, il détourna les côtés dangereux de la conversation, jusqu'au moment où elle se termina brusquement, c'est-à-dire à l'entrée d'Altamont.

Celui-ci n'avait rien à signaler.

La journée finit ainsi, et la nuit se passa tranquillement. Les ours avaient évidemment disparu.

CHAPITRE XII. — LA PRISON DE GLACE.

Le lendemain, il fut question d'organiser une chasse, à laquelle devaient prendre part Hatteras, Altamont et le charpentier; les traces inquiétantes ne s'étaient pas renouvelées, et les ours avaient décidément renoncé à leur projet d'attaque, soit par frayeur de ces ennemis inconnus, soit que rien de nouveau ne leur eût révélé la présence d'êtres animés sous ce masif de neige.

Pendant l'absence des trois chasseurs, le docteur devait pousser jusqu'à l'île Johnson, pour reconnaître l'état des glaces, et faire quelques relevés hydrographiques. Le froid se montrait très-vif, mais les hiverneurs le supportaient bien ; leur épiderme était fait à ces températures exagérées.

Le maître d'équipage devait rester à Doctor's-House, en un mot garder la maison.

Les trois chasseurs firent leurs préparatifs de départ ; ils s'armèrent chacun d'un fusil à deux coups, à canon rayé et à balles coniques; ils prirent une petite provision de pemmican, pour le cas où la nuit les surprendrait avant la fin de leur excursion ; ils portaient en outre l'inséparable couteau à neige, le plus indispensable outil de ces régions, et une hachette s'enfonçait dans la ceinture de leur jaquette en peau de daim.

Ainsi équipés, vêtus, armés, ils pouvaient aller loin, et, adroits et audacieux, ils devaient compter sur le bon résulat de leur chasse.

Ils furent prêts à huit heures du matin, et partirent. Duk les précédait en gambadant; ils remontèrent la colline de l'est, tournèrent le cône du phare, et s'enfoncèrent dans les plaines du sud bornées par le Bell-Mount.

De son côté, le docteur, après être convenu avec Johnson d'un signal d'alarme en cas de danger, descendit vers le rivage, de manière à gagner les glaces multiformes qui hérissaient la baie Victoria.

Le maître d'équipage demeura seul au Fort-Providence, mais non oisif. Il commença par donner la liberté aux chiens groënlandais qui s'agitaient dans le Dog-Palace; ceux-ci, enchantés, allèrent se rouler sur la neige. Johnson ensuite s'occupa des détails compliqués du ménage. Il avait à

renouveler le combustible et les provisions, à mettre les magasins en ordre, à raccommoder maint ustensile brisé, à repriser les couvertures en mauvais état, à refaire des chaussures pour les longues excursions de l'été. L'ouvrage ne manquait pas, et le maître d'équipage travaillait avec cette habileté du marin auquel rien n'est étranger des métiers de toutes sortes.

En s'occupant, il réfléchissait à la conversation de la veille; il pensait au capitaine, et surtout à son entêtement, très-héroïque et très-honorable après tout, de ne pas vouloir qu'un Américain, même une chaloupe américaine atteignît avant lui ou avec lui le pôle du monde.

« Il me semble difficile pourtant, se disait-il, de passer l'océan sans bateau, et si nous avons la pleine mer devant nous, il faudra bien se rendre à la nécessité de naviguer. On ne peut pas faire trois cents milles à la nage, fût-on le meilleur Anglais de la terre. Le patriotisme a des limites. Enfin, on verra. Nous avons encore du temps devant nous; monsieur Clawbonny n'a pas dit son dernier mot dans la question; il est adroit ; et c'est un homme à faire revenir le capitaine sur son idée. Je gage même qu'en allant du côté de l'île, il jettera un coup d'œil sur les débris du *Porpoise*, et saura au juste ce qu'on en peut faire. »

Johnson en était là de ses réflexions, et les chasseurs avaient quitté le fort depuis une heure, quand une détonation forte et claire retentit à deux ou trois milles sous le vent.

« Bon! se dit le vieux marin, ils ont trouvé quelque chose, et sans aller trop loin, puisqu'on les entend distinctement. Après cela, l'atmosphère est si pure! »

Une seconde détonation, puis une troisième se répétèrent coup sur coup.

« Allons, reprit Johnson, ils sont arrivés au bon endroit. »

Trois autres coups de feu plus rapprochés éclatèrent encore.

« Six coups! fit Johnson, leurs armes sont déchargées maintenant. L'affaire a été chaude! Est-ce que par hasard?... »

A l'idée qui lui vint, Johnson pâlit ; il quitta rapidement la maison de neige, et gravit en quelques instants le coteau jusqu'au sommet du cône.

Ce qu'il vit le fit frémir.

« Les ours! » s'écria-t-il.

Le trois chasseurs, suivis de Duk, revenaient à toutes jambes, poursuivis par cinq animaux gigantesques ; leurs six balles n'avaient pu les abattre ; les ours gagnaient sur eux ; Hatteras, resté en arrière, ne parvenait à maintenir sa distance entre les animaux et lui qu'en lançant peu à peu son bonnet, sa hachette, son fusil même. Les ours s'arrêtaient, suivant leur habitude, pour flairer l'objet jeté à leur curiosité, et perdaient un peu de ce terrain sur lequel il eussent dépassé le cheval le plus rapide.

Ce fut ainsi qu'Hatteras, Altamont, Bell, époumonés par leur course, arrivèrent près de Johnson, et, du haut du talus, ils se laissèrent glisser avec lui jusqu'à la maison de neige.

Les cinq ours les touchaient presque, et de son couteau le capitaine avait dû parer un coup de patte qui lui fut violemment porté.

En un clin d'œil, Hatteras et ses compagnons furent renfermés dans la maison. Les animaux s'étaient arrêtés sur le plateau supérieur formé par la troncature du cône.

« Enfin, s'écria Hatteras, nous pourrons nous défendre plus avantageusement, cinq contre cinq !

— Quatre contre cinq ! s'écria Johnson d'une voix terrifiée.

— Comment? fit Hatteras.

— Le docteur ! répondit Johnson, en montrant le salon vide.

—Eh bien !
—Il est du côté de l'île ;
—Le malheureux ! s'écria Bell.
—Nous ne pouvons l'abandonner ainsi, dit Altamont.
—Courons ! » fit Hatteras.

Il ouvrit rapidement la porte, mais il eut à peine le temps de la refermer ; un ours avait failli lui briser le crâne d'un coup de griffe.
—« Ils sont là ! s'écria-t-il.
—Tous ? demanda Bell.
—Tous ! » répondit Hatteras.
Altamont se précipita vers les fenêtres, dont il combla les baies avec des morceaux de glace enlevés aux murailles de la maison. Ses compa-

gnons l'imitèrent sans parler; le silence ne fut plus interrompu que par les jappements sourds de Duk.

Mais, il faut le dire, ces hommes n'avaient qu'une seule pensée; ils oubliaient leur propre danger, et ne songeaient qu'au docteur. A lui, non à eux. Pauvre Clawbonny! si bon, si dévoué, l'âme de cette petite colonie! pour la première fois, il n'était pas là; des périls extrêmes, une mort épouvantable peut-être l'attendaient, car, son excursion terminée, il reviendrait tranquillement au Fort-Providence, et se trouverait en présence de ces féroces animaux.

Et nul moyen de le prévenir!

« Cependant, dit Johnson, ou je me trompe fort, ou il doit être sur ses gardes; vos coups de feu répétés ont dû l'avertir, et il ne peut manquer de croire à quelque événement extraordinaire.

—Mais s'il était loin alors, répondit Altamont, et s'il n'a pas compris?

Enfin, sur dix chances, il y en a huit pour qu'il revienne sans se douter du danger! Les ours sont abrités par l'escarpe du fort, et il ne peut les apercevoir!

—Il faut donc se débarrasser de ces dangereuses bêtes avant son retour, répondit Hatteras.

—Mais comment? » fit Bell.

La réponse à cette question était difficile. Tenter une sortie paraissait impraticable. On avait eu soin de barricader le couloir, mais les ours pouvaient avoir facilement raison de ces obstacles, si l'idée leur en prenait; ils savaient à quoi s'en tenir sur le nombre et la force de leurs adversaires, et il leur serait aisé d'arriver jusqu'à eux.

Les prisonniers s'étaient postés dans chacune des chambres de Doctor's-House afin de surveiller toute tentative d'invasion; en prêtant l'oreille, ils entendaient les ours aller, venir, grogner sourdement, et gratter de leurs énormes pattes les murailles de neige.

Cependant il fallait agir; le temps pressait. Altamont résolut de pratiquer une meurtrière, afin de tirer sur les assaillants; en quelques minutes, il eut creusé une sorte de trou dans le mur de glace; il y introduisit son fusil; mais à peine l'arme passa-t-elle au dehors, qu'elle lui fut arrachée des mains avec une puissance irrésistible, sans qu'il pût faire feu.

« Diable! s'écria-t-il, nous ne sommes pas de force. »

Et il se hâta de reboucher la meurtrière.

Cette situation durait déjà depuis une heure, et rien n'en faisait prévoir le terme. Les chances d'une sortie furent encore discutées; elles étaient faibles, puisque les ours ne pouvaient être combattus séparément. Néanmoins, Hatteras et ses compagnons, pressés d'en finir, et, il faut le dire,

très-confus d'être ainsi tenus en prison par des bêtes, allaient tenter une attaque directe, quand le capitaine imagina un nouveau moyen de défense.

Il prit le poker[1] qui servait à Johnson à dégager ses fourneaux, et le plongea dans le brasier du poêle; puis il pratiqua une ouverture dans la muraille de neige, mais sans la prolonger jusqu'au dehors, et de manière à conserver extérieurement une légère couche de glace.

Ses compagnons le regardaient faire. Quand le poker fut rouge à blanc, Hatteras prit la parole et dit :

« Cette barre incandescente va me servir à repousser les ours qui ne pourront la saisir, et à travers la meurtrière il sera facile de faire un feu nourri contre eux, sans qu'ils puissent nous arracher nos armes.

---

[1] Longue tige de fer destinée à attiser le feu des fourneaux.

— Bien imaginé ! » s'écria Bell, en se postant près d'Altamont.

Alors Hatteras, retirant le poker du brasier, l'enfonça rapidement dans la muraille. La neige, se vaporisant à son contact, siffla avec un bruit assourdissant. Deux ours accoururent, saisirent la barre rougie, et poussèrent un hurlement terrible, au moment où quatre détonations retentissaient coup sur coup.

« Touchés ! s'écria l'Américain.

— Touchés ! riposta Bell.

— Recommençons, » dit Hatteras, en rebouchant momentanément l'ouverture.

Le poker fut plongé dans le fourneau ; au bout de quelques minutes, il était rouge.

Altamont et Bell revinrent prendre leur place, après avoir rechargé les armes ; Hatteras rétablit la meurtrière, et y introduisit de nouveau le poker incandescent.

Mais cette fois une surface impénétrable l'arrêta.

« Malédiction ! s'écria l'Américain.

— Qu'y a-t-il ? demanda Johnson.

— Ce qu'il y a ! il y a que ces maudits animaux entassent blocs sur blocs, qu'ils nous murent dans notre maison, qu'ils nous enterrent vivants !

— C'est impossible !

— Voyez, le poker ne peut traverser ! cela finit par être ridicule, à la fin ! »

Plus que ridicule, cela devenait inquiétant. La situation empirait. Les ours, en bêtes très-intelligentes, employaient ce moyen pour étouffer leur proie. Ils entassaient les glaçons de manière à rendre toute fuite impossible.

« C'est dur ! dit le vieux Johnson d'un air très-mortifié. Que des hommes vous traitent ainsi, passe encore, mais des ours ! »

Après cette réflexion, deux heures s'écoulèrent sans amener de change-

ment dans la situation des prisonniers; le projet de sortie était devenu impraticable; les murailles épaisses arrêtaient tout bruit extérieur. Altamont se promenait avec l'agitation d'un homme audacieux qui s'exaspère de trouver un danger supérieur à son courage. Hatteras songeait avec effroi au docteur, et au péril très-sérieux que le menaçait à son retour.

« Ah ! s'écria Johnson, si monsieur Clawbonny était ici !

— Eh bien ! que ferait-il ? répondit Altamont.

— Oh! il saurait bien nous tirer d'affaire!
— Et comment? demanda l'Américain avec humeur.
— Si je le savais, répondit Johnson, je n'aurais pas besoin de lui. Cependant, je devine bien quel conseil il nous donnerait en ce moment!
— Lequel?
— Celui de prendre quelque nourriture! cela ne peut pas nous faire de mal. Au contraire. Qu'en pensez-vous, monsieur Altamont?
— Mangeons, si cela vous fait plaisir, répondit ce dernier, quoique la situation soit bien sotte, pour ne pas dire humiliante.
— Je gage, dit Johnson, qu'après dîner, nous trouverons un moyen quelconque de sortir de là. »

On ne répondit pas au maître d'équipage, mais on se mit à table.

Johnson, élevé à l'école du docteur, essaya d'être philosophe dans le danger, mais il n'y réussit guère; ses plaisanteries lui restaient dans la gorge. D'ailleurs, les prisonniers commençaient à se sentir mal à leur aise; l'air s'épaississait dans cette demeure hermétiquement fermée; l'atmosphère ne pouvait se refaire à travers le tuyau des fourneaux qui tiraient mal, et il était facile de prévoir que, dans un temps fort limité, le feu viendrait à s'éteindre; l'oxygène, absorbé par les poumons et le foyer, ferait bientôt place à l'acide carbonique, dont on connaît la mortelle influence.

Hatteras s'aperçut le premier de ce nouveau danger; il ne voulut point le cacher à ses compagnons.

« Alors, il faut sortir à tout prix! répondit Altamont.
— Oui! reprit Hatteras; mais attendons la nuit; nous ferons un trou à la voûte, cela renouvellera notre provision d'air; puis, l'un de nous prendra place à ce poste, et de là il fera feu sur les ours.

—C'est le seul parti à prendre, » répliqua l'Américain.
Ceci convenu, on attendit le moment de tenter l'aventure, et pendant

les heures qui suivirent, Altamont n'épargna pas ses imprécations contre un état de choses dans lequel, disait-il, « des ours et des hommes étant donnés, ces derniers ne jouaient pas le plus beau rôle. »

CHAPITRE XIII. — LA MINE.

La nuit arriva, et la lampe du salon commençait déjà à pâlir dans cette atmosphère pauvre d'oxygène.

A huit heures, on fit les derniers préparatifs. Les fusils furent chargés avec soin, et l'on pratiqua une ouverture dans la voûte de la snow-house.

Le travail durait déjà depuis quelques minutes, et Bell s'en tirait adroitement, quand Johnson, quittant la chambre à coucher, dans laquelle il se tenait en observation, revint rapidement vers ses compagnons.

Il semblait inquiet.

« Qu'avez-vous? lui demanda le capitaine.

— Ce que j'ai? rien! répondit le vieux marin en hésitant, et pourtant.

— Mais qu'y a-t-il? dit Altamont.

— Silence! n'entendez-vous pas un bruit singulier?

— De quel côté?

— Là! il se passe quelque chose dans la muraille de la chambre! »

Bell suspendit son travail; chacun écouta.

Un bruit éloigné se laissait percevoir, qui semblait produit dans le mur latéral; on faisait évidemment une trouée dans la glace.

« On gratte ! fit Johnson.

—Ce n'est pas douteux, répondit Altamont.

—Les ours ? dit Bell.

—Oui ! les ours, dit Altamont.

—Ils ont changé de tactique, reprit le vieux marin ; ils ont renoncé à nous étouffer !

—Ou ils nous croient étouffés ! reprit l'Américain, que la colère gagnait très-sérieusement.

—Nous allons être attaqués, fit Bell.

—Eh bien ! répondit Hatteras, nous lutterons corps à corps.

—Mille diables ! s'écria Altamont, j'aime mieux cela ! j'en ai assez pour mon compte, de ces ennemis invisibles ! on se verra et on se battra !

—Oui, répondit Johnson, mais pas à coups de fusil ; c'est impossible dans un espace aussi étroit.

—Soit ! à la hache ! au couteau ! »

Le bruit augmentait ; on entendait distinctement l'éraillure des griffes ; les ours avaient attaqué la muraille à l'angle même où elle rejoignait le talus de neige adossé au rocher.

—L'animal qui creuse, dit Johnson, n'est pas maintenant à six pieds de nous.

—Vous avez raison, Johnson, répondit l'Américain ; mais nous avons le temps de nous préparer à le recevoir ! »

L'Américain prit sa hache d'une main, son couteau de l'autre ; arc-bouté sur son pied droit, le corps rejeté en arrière, il se tint en posture d'attaque. Hatteras et Bell l'imitèrent. Johnson prépara son fusil pour le cas où l'usage d'une arme à feu serait nécessaire.

Le bruit devenait de plus en plus fort ; la glace arrachée craquait sous la violente incision de griffes d'acier.

Enfin une croûte mince sépara seulement l'assaillant de ses adversaires ; soudain, cette croûte se fendit comme le cerceau tendu de papier sous l'effort du clown, et un corps noir, énorme, apparut dans la demi-obscurité de la chambre.

Altamont ramena rapidement sa main armée pour frapper.

« Arrêtez ! par le ciel ! dit une voix bien connue.

—Le docteur ! le docteur ! s'écria Johnson. »

C'était le docteur, en effet, qui, emporté par sa masse, vint rouler au milieu de la chambre.

« Bonjour, mes braves amis, » dit-il en se relevant lestement.

Ses compagnons demeurèrent stupéfaits ; mais à la stupéfaction succéda la joie ; chacun voulut serrer le digne homme dans ses bras ; Hatteras, très-ému, le retint longtemps sur sa poitrine. Le docteur lui répondit par une chaleureuse poignée de main.

« Comment, vous, monsieur Clawbonny ! dit le maître d'équipage.

—Moi, mon vieux Johnson, et j'étais plus inquiet de votre sort que vous n'avez pu l'être du mien.

—Mais comment avez-vous su que nous étions assaillis par une bande d'ours ? demanda Altamont ; notre plus vive crainte était de vous voir revenir tranquillement au Fort-Providence, sans vous douter du danger.

—Oh ! j'avais tout vu, répondit le docteur ; vos coups de fusil m'ont donné l'éveil ; je me trouvais en ce moment près des débris du *Porpoise* ; j'ai gravi un hummock ; j'ai aperçu les cinq ours qui vous poursuivaient de près ; ah ! quelle peur j'ai ressentie pour vous ! Mais enfin votre dégringolade du haut de la colline et l'hésitation des animaux m'ont rassuré momentanément ; j'ai compris que vous aviez eu le temps de vous barricader dans la maison. Alors, peu à peu, je me suis approché, tantôt rampant, tantôt me glissant entre les glaçons ; je suis arrivé près du fort, et j'ai vu ces énormes bêtes au travail, comme de gros castors ; ils battaient la neige, ils amoncelaient les blocs, en un mot, ils vous muraient tout vivants. Il est heureux que l'idée ne leur soit pas venue de précipiter des blocs de glace du sommet du cône, car vous auriez été écrasés sans merci.

— Mais, dit Bell, vous n'étiez pas en sûreté, monsieur Clawbonny ; ne pouvaient-ils abandonner la place et revenir vers vous ?

— Ils n'y pensaient guère ; les chiens groënlandais, lâchés par Johnson, sont venus plusieurs fois rôder à petite distance, et ils n'ont pas songé à leur donner la chasse ; non, ils se croyaient sûrs d'un gibier plus savoureux.

— Grand merci du compliment, dit Altamont en riant.

— Oh ! il n'y a pas de quoi être fier. Quand j'ai compris la tactique des ours, j'ai résolu de vous rejoindre. Il fallait attendre la nuit, par prudence ; aussi, dès les premières ombres du crépuscule, je me suis glissé sans bruit vers le talus, du côté de la poudrière. J'avais mon idée en choisissant ce point ; je voulais percer une galerie. Je me suis donc mis au travail ; j'ai attaqué la glace avec mon couteau à neige, un fameux outil, ma foi ! Pendant trois heures j'ai pioché, j'ai creusé, j'ai travaillé, et me voilà affamé, éreinté, mais arrivé...

— Pour partager notre sort? dit Altamont.

— Pour nous sauver tous ; mais donnez-moi un morceau de biscuit et de viande ; je tombe d'inanition. »

Bientôt le docteur mordait de ses dents blanches un respectable morceau de bœuf salé. Tout en mangeant, il se montra disposé à répondre aux questions dont on le pressait.

« Nous sauver ! avait repris Bell.

— Sans doute, répondit le docteur, en faisant place à sa réponse par un vigoureux effort des muscles staphylins.

— Au fait, dit Bell, puisque M. Clawbonny est venu, nous pouvons nous en aller par le même chemin.

— Oui-dà, répondit le docteur, et laisser le champ libre à cette engeance malfaisante, qui finira par découvrir nos magasins et les piller !

— Il faut demeurer ici, dit Hatteras.

— Sans doute, répondit le docteur, et nous débarrasser néanmoins de ces animaux.

—Il y a donc un moyen? demanda Bell.
—Un moyen sûr, répondit le docteur.
—Je le disais, bien, s'écria Johnson en se frottant les mains; avec monsieur Clawbonny, jamais rien n'est désespéré; il a toujours quelque invention dans son sac de savant.
—Oh! oh! mon pauvre sac est bien maigre, mais en fouillant bien...
—Docteur, dit Altamont, les ours ne peuvent-ils pénétrer par cette galerie que vous avez creusée?
—Non, j'ai eu soin de reboucher solidement l'ouverture; et maintenant nous pouvons aller d'ici à la poudrière sans qu'ils s'en doutent.
—Bon! nous direz-vous maintenant quel moyen vous comptez employer pour nous débarrasser de ces ridicules visiteurs?

—Un moyen bien simple, et pour lequel une partie du travail est déjà fait.
—Comment cela?
—Vous le verrez. Mais j'oublie que je ne suis pas venu seul ici.
—Que voulez-vous dire? demanda Johnson.
—J'ai là un compagnon à vous présenter. »
Et, en parlant de la sorte, le docteur tira de la galerie le corps d'un renard fraîchement tué.
« Un renard! s'écria Bell.
—Ma chasse de ce matin, répondit modestement le docteur, et vous verrez que jamais renard n'aura été tué plus à propos.
—Mais enfin, quel est votre dessein? demanda Altamont.
—J'ai la prétention, répondit le docteur, de faire sauter les ours tous ensemble avec cent livres de poudre. »
On regarda le docteur avec surprise.

—Mais la poudre? lui demanda-t-on.

—Elle est au magasin.

—Et le magasin?

—Ce boyau y conduit. Ce n'est pas sans motif que j'ai creusé une galerie de dix toises de longueur; j'aurais pu attaquer le parapet plus près de la maison, mais j'avais mon idée.

—Enfin, cette mine, où prétendez-vous l'établir? demanda l'Américain.

—A la face même de notre talus, c'est-à-dire au point le plus éloigné de la maison, de la poudrière et des magasins.

—Mais comment y attirer les ours tous à la fois?

—Je m'en charge, répondit le docteur; assez parlé, agissons. Nous avons

cent pieds de galerie à creuser pendant la nuit; c'est un travail fatigant, mais à cinq, nous nous en tirerons en nous relayant. Bell va commencer, et pendant ce temps nous prendrons quelque repos.

—Parbleu! s'écria Johnson, plus j'y pense, plus je trouve le moyen de monsieur Clawbonny excellent.

—Il est sûr, répondit le docteur.

—Oh! du moment que vous le dites, ce sont des ours morts, et je me sens déjà leur fourrure sur les épaules.

—A l'ouvrage donc!»

Le docteur s'enfonça dans la galerie sombre et Bell le suivit; où passait le docteur, ses compagnons étaient assurés de se trouver à l'aise. Les deux mineurs arrivèrent à la poudrière, et débouchèrent au milieu des barils rangés en bon ordre. Le docteur donna à Bell les indications nécessaires; le charpentier attaqua le mur opposé, sur lequel s'épaulait le talus, et son compagnon revint dans la maison.

Bell travailla pendant une heure, et creusa un boyau long de dix pieds à peu près, dans lequel on pouvait s'avancer en rampant. Au bout de ce temps, Altamont vint le remplacer, et dans le même temps il fit à peu près le même travail; la neige, retirée de la galerie, était transportée dans la cuisine, où le docteur la faisait fondre au feu, afin qu'elle tînt moins de place.

A l'Américain succéda le capitaine; puis Johnson. En dix heures, c'est-à-dire vers les huit heures du matin, la galerie était entièrement ouverte.

Aux premières lueurs de l'aurore, le docteur vint considérer les ours par une meurtrière qu'il pratiqua dans le mur du magasin à poudre.

Ces patients animaux n'avaient pas quitté la place. Ils étaient là, allant, venant, grognant, mais, en somme, faisant leur faction avec une persévérance exemplaire; ils rôdaient autour de la maison, qui disparaissait sous les blocs amoncelés. Mais un moment vint pourtant où ils semblèrent avoir épuisé leur patience, car le docteur les vit tout à coup repousser les glaçons qu'ils avaient entassés.

« Bon ! dit-il au capitaine, qui se trouvait près de lui.

—Que font-ils ? demanda celui-ci.

—Ils m'ont tout l'air de vouloir démolir leur ouvrage et d'arriver jusqu'à nous ! Mais un instant ! ils seront démolis auparavant. En tout cas, pas de temps à perdre. »

Le docteur se glissa jusqu'au point où la mine devait être pratiquée; là, il fit élargir la chambre de toute la largeur et de toute la hauteur du talus; il ne resta bientôt plus à la partie supérieure qu'une écorce de glace épaisse d'un pied au plus; il fallut même la soutenir pour qu'elle ne s'effondrât pas.

Un pieu solidement appuyé sur le sol de granit fit l'office de poteau; le cadavre du renard fut attaché à son sommet, et une longue corde, nouée à sa partie inférieure, se déroula à travers la galerie jusqu'à la poudrière.

Les compagnons du docteur suivaient ses instructions sans trop les comprendre.

« Voici l'appât, » dit-il, en leur montrant le renard.

Au pied du poteau, il fit rouler un tonnelet pouvant contenir cent livres de poudre.

« Et voici la mine, ajouta-t-il.

—Mais, demanda Hatteras, ne nous ferons-nous pas sauter en même temps que les ours ?

—Non ! nous sommes suffisamment éloignés du théâtre de l'explosion ; d'ailleurs, notre maison est solide ; si elle se disjoint un peu, nous en serons quittes pour la refaire.

—Bien, répondit Altamont ; mais maintenant comment prétendez-vous opérer ?

—Voici, en halant cette corde, nous abattrons le pieu qui soutient la croûte de la glace au-dessus de la mine ; le cadavre du renard apparaîtra subitement hors du talus, et vous admettrez sans peine que des animaux affamés par un long jeûne n'hésiteront pas à se précipiter sur cette proie inattendue.

—D'accord.

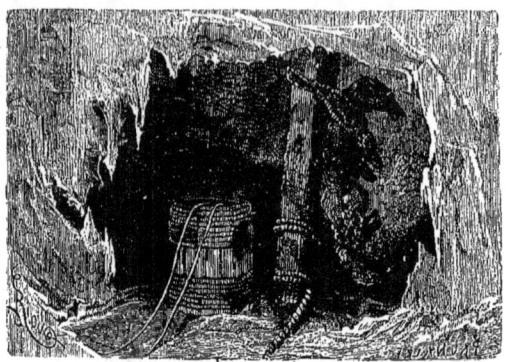

—Eh bien, à ce moment, je mets le feu à la mine, et je fais sauter d'un seul coup les convives et le repas.

—Bien ! bien ! » s'écria Johnson, qui suivait l'entretien avec un vif intérêt.

Hatteras, ayant confiance absolue dans son ami, ne demandait aucune explication. Il attendait. Mais Altamont voulait savoir jusqu'au bout.

« Docteur, dit-il, comment calculerez-vous la durée de votre mèche avec une précision telle, que l'explosion se fasse au moment opportun ?

—C'est bien simple, répondit le docteur, je ne calculerai rien.

—Vous avez donc une mèche de cent pieds de longueur.

—Non.

—Vous ferez donc simplement une traînée de poudre ?

—Point ! cela pourrait rater.

—Il faudra donc que quelqu'un se dévoue et aille mettre le feu à la mine ?

—S'il faut un homme de bonne volonté, dit Johnson avec empressement, je m'offre volontiers.

—Inutile, mon digne ami, répondit le docteur, en tendant la main au vieux maître d'équipage, nos cinq existences sont précieuses, et elles seront épargnées, Dieu merci.

—Alors, fit l'Américain, je renonce à deviner.

—Voyons, répondit le docteur en souriant, si l'on ne se tirait pas d'affaire dans cette ciconstance, à quoi servirait d'avoir appris la physique?

—Ah! fit Johnson rayonnant, la physique!

—Oui! N'avons-nous pas ici une pile électrique et des fils d'une longueur suffisante, ceux-là mêmes qui servaient à notre phare?

—Eh bien!

—Eh bien, nous mettrons le feu à la mine quand cela nous plaira, instantanément et sans danger.

—Hurrah! s'écria Johnson.

—Hurrah! » répétèrent ses compagnons, sans se soucier d'être ou non entendus de leurs ennemis.

Aussitôt, les fils électriques furent déroulés dans la galerie depuis la maison jusqu'à la chambre de la mine. Une de leurs extrémités demeura enroulée à la pile, et l'autre plongea au centre du tonnelet, les deux bouts restant placés à une petite distance l'un de l'autre.

A neuf heures du matin, tout fut terminé. Il était temps; les ours se livraient avec furie à leur rage de démolition.

Le docteur jugea le moment arrivé. Johnson fut placé dans le magasin à poudre, et chargé de tirer sur la corde rattachée au poteau. Il prit place à son poste.

« Maintenant, dit le docteur à ses compagnons, préparez vos armes, pour le cas où les assiégeants ne seraient pas tués du premier coup, et rangez-vous auprès de Johnson ; aussitôt après l'explosion, faites irruption au dehors.

—Convenu, répondit l'Américain.

—Et maintenant, nous avons fait tout ce que des hommes peuvent faire! nous nous sommes aidés! que le ciel nous aide! »

Hatteras, Altamont et Bell se rendirent à la poudrière. Le docteur resta seul près de la pile.

Bientôt, il entendit la voix éloignée de Johnson qui criait :

« Attention !

—Tout va bien, » répondit-il.

Johnson tira vigoureusement la corde ; elle vint à lui, entraînant le pieu ; puis, il se précipita à la meurtrière et regarda.

La surface du talus s'était affaissée. Le corps du renard apparaissait au-dessus des débris de glace. Les ours, surpris d'abord, ne tardèrent pas à se précipiter en groupe serré sur cette proie nouvelle.

« Feu ! » cria Johnson.

Le docteur établit aussitôt le courant électrique entre ses fils ; une explosion formidable eut lieu ; la maison oscilla comme dans un tremblement de terre ; les murs se fendirent. Hatteras, Altamont et Bell se précipitèrent hors du magasin à poudre, prêts à faire feu.

Mais leurs armes furent inutiles ; quatre ours sur cinq, englobés dans l'explosion, retombèrent çà et là en morceaux, méconnaissables, mutilés, carbonisés, tandis que le dernier, à demi rôti, s'enfuyait à toutes jambes.

« Hurrah ! hurrah ! hurrah ! » s'écrièrent les compagnons de Clawbonny, pendant que celui-ci se précipitait en souriant dans leurs bras.

CHAPITRE XIV. — LE PRINTEMPS POLAIRE.

Les prisonniers étaient délivrés ; leur joie se manifesta par de chaudes démonstrations et de vifs remercîments au docteur. Le vieux Johnson regretta bien un peu les peaux d'ours, brûlées et hors de service ; mais ce regret n'influa pas sensiblement sur sa belle humeur.

La journée se passa à restaurer la maison de neige, qui s'était fort ressentie de l'explosion. On la débarrassa des blocs entassés par les animaux, et ses murailles furent rejointoyées. Le travail se fit rapidement, à la voix du maître d'équipage, dont les bonnes chansons faisaient plaisir à entendre.

Le lendemain, la température s'améliora singulièrement, et par une brusque saute de vent, le thermomètre remonta à quinze degrés au-dessus de zéro (— 9° centig.). Une différence si considérable fut vivement ressentie par les hommes et les choses. La brise du sud ramenait avec elle les premiers indices du printemps polaire.

Cette chaleur relative persista pendant plusieurs jours ; le thermomètre, à l'abri du vent, marqua même trente et un degrés au-dessus de zéro — 1° centig.) ; des symptômes de dégel vinrent à se manifester.

La glace commençait à se crevasser ; quelques jaillissements d'eau salée se produisaient çà et là, comme les jets liquides d'un parc anglais; quelques jours plus tard, la pluie tomba en grande abondance.

Une vapeur intense s'élevait des neiges; c'était de bon augure, et la fonte de ces masses immenses paraissait prochaine. Le disque pâle du soleil tendait à se colorer davantage, et traçait des spirales plus allongées au-dessus de l'horizon; la nuit durait trois heures à peine.

Autre symptôme non moins significatif, quelques ptarmigans, les oies boréales, les pluviers, les gelinottes, revenaient par bandes; l'air s'emplissait peu à peu de ces cris assourdissants dont les navigateurs du printemps dernier se souvenaient encore. Des lièvres, que l'on chassa avec succès, firent leur apparition sur les rivages de la baie, ainsi que la souris

arctique, dont les petits terriers formaient un système d'alvéoles régulières.

Le docteur fit remarquer à ses compagnons que presque tous ces animaux commençaient à perdre le poil ou la plume blanche de l'hiver pour revêtir leur parure d'été; ils se « printanisaient » à vue d'œil, tandis que la nature laissait poindre leur nourriture sous forme de mousses, de pavots, de saxifrages et de gazon nain. On sentait toute une nouvelle existence percer sous les neiges décomposées.

Mais avec les animaux inoffensifs revinrent leurs ennemis affamés; les renards et les loups arrivèrent en quête de leur proie; des hurlements lugubres retentirent pendant la courte obscurité des nuits.

Le loup de ces contrées est très-proche parent du chien; comme lui, il aboie, et souvent de façon à tromper les oreilles les plus exercées, celles de la race canine, par exemple; on dit même que ces animaux emploient cette ruse pour attirer les chiens et les dévorer. Ce fait fut observé sur les terres de la baie d'Hudson, et le docteur put le constater à la Nouvelle-Amérique; Johnson eut soin de ne pas laisser courir ses chiens d'attelage, qui auraient pu se laisser prendre à ce piége.

Quant à Duk, il en avait vu bien d'autres, et il était trop fin pour aller se jeter dans la gueule du loup.

On chassa beaucoup pendant une quinzaine de jours; les provisions de viandes fraîches furent abondantes; on tua des perdrix, des ptarmigans et des ortolans de neige, qui offraient une alimentation délicieuse. Les chasseurs ne s'éloignaient pas du Fort-Providence. On peut dire que le menu gibier venait de lui-même au-devant du coup de fusil; il animait singulièrement par sa présence ces plages silencieuses, et la baie Victoria prenait un aspect inaccoutumé qui réjouissait les yeux.

Les quinze jours qui suivirent la grande affaire des ours, furent remplis par ces diverses occupations. Le dégel fit des progrès visibles; le thermomètre remonta à trente-deux degrés au-dessus de zéro (0 centig.); les torrents commencèrent à mugir dans les ravines, et des milliers de cataractes s'improvisèrent sur le penchant des coteaux.

Le docteur, après avoir déblayé une acre de terrain, y sema des graines de cresson, d'oseille et de cochléaria, dont l'influence antiscorbutique est excellente; il voyait déjà sortir de terre de petites feuilles verdoyantes, quand tout d'un coup, et avec une inconcevable rapidité, le froid reparut en maître dans son empire.

En une seule nuit, et par une violente brise du nord, le thermomètre reperdit près de quarante degrés; il retomba à huit degrés au-dessous de zéro (— 22 centig.). Tout fut gelé: oiseaux, quadrupèdes, amphibies, disparurent comme par enchantement; les trous à phoques se refermèrent, les crevasses disparurent, la glace reprit sa dureté de granit, et les cascades, saisies dans leur chute, se figèrent en longs pendicules de cristal.

Ce fut un véritable changement à vue; il se produisit dans la nuit du 11 au 12 mai. Et quand Bell, le matin, mit le nez au dehors par cette gelée foudroyante, il faillit l'y laisser.

« Oh! nature boréale, s'écria le docteur, un peu désappointé, voilà bien de tes coups! Allons! j'en serai quitte pour recommencer mes semis. »

Hatteras prenait la chose moins philosophiquement, tant il avait hâte de reprendre ses recherches. Mais il fallait se résigner.

« En avons-nous pour longtemps de cette température? demanda Johnson.

—Non, mon ami, non, répondit Clawbonny; c'est le dernier coup de patte du froid! vous comprenez bien qu'il est ici chez lui, et on ne peut guère le chasser sans qu'il résiste.

—Il se défend bien, répliqua Bell en se frottant le visage.

—Oui! mais j'aurais dû m'y attendre, répliqua le docteur, et ne pas sacrifier mes graines comme un ignorant, d'autant plus que je pouvais, à la rigueur, les faire pousser près des fourneaux à la cuisine.

—Comment, dit Altamont, vous deviez prévoir ce changement de température?

—Sans doute, et sans être sorcier! Il fallait mettre mes semis sous la protection immédiate de saint Mamert, de saint Pancrace et de saint Servais, dont la fête tombe les 11, 12 et 13 de ce mois.

—Par exemple, docteur, s'écria Altamont, vous allez me dire quelle influence les trois saints en question peuvent avoir sur la température ?

— Une très-grande, si l'on en croit les horticulteurs, qui les appellent « les trois saints de glace. »

— Et pourquoi cela, je vous prie ?

— Parce que généralement il se produit un froid périodique dans le mois de mai, et que ce plus grand abaissement de température a lieu du 11 au 13 de ce mois. C'est un fait, voilà tout.

— Il est curieux, mais l'explique-t-on ? demanda l'Américain.

— Oui, de deux manières : ou par l'interposition d'une plus grande quantité d'astéroïdes[1] à cette époque de l'année entre la terre et le soleil, ou simplement par la dissolution des neiges qui, en fondant, absorbent nécessairement une très-grande quantité de chaleur. Ces deux causes sont plausibles ; faut-il les admettre absolument ? Je l'ignore ; mais si je ne suis pas certain de la valeur de l'explication, j'aurais dû l'être de l'authenticité du fait, ne point l'oublier, et ne pas compromettre mes plantations. »

Le docteur disait vrai. Soit par une raison, soit par une autre, le froid fut très-intense pendant le reste du mois de mai ; les chasses durent être interrompues, non pas tant par la rigueur de la température que par l'absence complète du gibier ; heureusement, la réserve de viande fraîche n'était pas encore épuisée, à beaucoup près.

Les hiverneurs se retrouvèrent donc condamnés à une nouvelle inactivité ; pendant quinze jours, du 11 au 25 mai, leur existence monotone ne fut marquée que par un seul incident, une maladie grave, une angine couenneuse, qui vint frapper le charpentier inopinément ; à ses amygdales fortement tuméfiées et à la fausse membrane qui les tapissait, le docteur ne put se méprendre sur la nature de ce terrible mal ; mais il se trouvait là dans son élément, et la maladie, qui n'avait pas compté sur lui sans doute, fut rapidement détournée. Le traitement suivi par Bell fut très-simple, et la pharmacie n'était pas loin ; le docteur se contenta de mettre quelques petits morceaux de glace dans la bouche du malade ; en quelques heures, la tuméfaction commença à diminuer, et la fausse membrane disparut. Vingt-quatre heures plus tard, Bell était sur pied.

Comme on s'émerveillait de la médication du docteur :

« C'est ici le pays des angines, répondit-il ; il faut bien que le remède soit auprès du mal.

— Le remède et surtout le médecin, ajouta Johnson, » dans l'esprit duquel le docteur prenait des proportions pyramidales.

---

[1] Étoiles filantes, probablement les débris d'une grande planète.

Pendant ces nouveaux loisirs, celui-ci résolut d'avoir avec le capitaine une conversation importante : il s'agissait de faire revenir Hatteras sur cette idée de reprendre la route du nord sans emporter une chaloupe, un canot quelconque, un morceau de bois, enfin de quoi franchir les bras de mer ou les détroits. Le capitaine, si absolu dans ses idées, s'était formellement prononcé contre l'emploi d'une embarcation faite des débris du navire américain.

Le docteur ne savait trop comment entrer en matière, et cependant il importait que ce point fût promptement décidé, car le mois de juin amènerait bientôt l'époque des grandes excursions. Enfin, après avoir longtemps réfléchi, il prit un jour Hatteras à part, et, avec son air de douce bonté, il lui dit :

« Hatteras, me croyez-vous votre ami ?

—Certes, répondit le capitaine avec vivacité, le meilleur, et même le seul.

—Si je vous donne un conseil, reprit le docteur, un conseil que vous ne me demandez pas, le regarderez-vous comme désintéressé ?

—Oui, car je sais que l'intérêt personnel ne vous a jamais guidé ; mais où voulez-vous en venir ?

—Attendez, Hatteras, j'ai encore une demande à vous faire. Me croyez-vous un bon Anglais, comme vous, et ambitieux de gloire pour mon pays ? »

Hatteras fixa le docteur d'un œil surpris.

« Oui, répondit-il, en l'interrogeant du regard sur le but de sa demande.

—Vous voulez arriver au pôle nord, reprit le docteur ; je conçois votre ambition, je la partage, mais pour parvenir à ce but, il faut faire le nécessaire.

—Eh bien, jusqu'ici, n'ai-je pas tout sacrifié pour réussir ?

—Non, Hatteras, vous n'avez pas sacrifié vos répulsions personnelles, et en ce moment, je vous vois prêt à refuser les moyens indispensables pour atteindre le pôle.

—Ah ! répondit Hatteras, vous voulez parler de cette chaloupe, de cet homme...

—Voyons, Hatteras, raisonnons sans passion, froidement, et examinons cette question sous toutes ses faces. La côte sur laquelle nous venons d'hiverner peut être interrompue ; rien ne nous prouve qu'elle se prolonge pendant six degrés au nord ; si les renseignements qui vous ont amené jusqu'ici se justifient, nous devons, pendant les mois d'été, trouver une vaste étendue de mer libre. Or, en présence de l'océan Arctique, dégagé de glace et propice à une navigation facile, comment ferons-nous, si les moyens de le traverser nous manquent? »

Hatteras ne répondit pas.

« Voulez-vous donc vous trouver à quelques milles du pôle nord sans pouvoir y parvenir? »

Hatteras avait laissé retomber sa tête dans ses mains.

« Et maintenant, reprit le docteur, examinons la question à son point de vue moral. Je conçois qu'un Anglais sacrifie sa fortune et son existence pour donner à l'Angleterre une gloire de plus ! Mais parce qu'un canot fait de quelques planches arrachées à un navire américain, à un bâtiment naufragé et sans valeur, aura touché la côte nouvelle ou parcouru l'océan inconnu, cela pourra-t-il réduire l'honneur de la découverte? Est-ce que si vous aviez rencontré vous-même, sur cette plage, la coque d'un navire abandonné, vous auriez hésité à vous en servir? N'est-ce pas au chef seul de l'expédition qu'appartient le bénéfice de la réussite? Et je vous dedemande si cette chaloupe, construite par quatre Anglais, montée par quatre Anglais, ne sera pas anglaise depuis la quille jusqu'au platbord? »

Hatteras se taisait encore.

« Non, fit Clawbonny, parlons franchement, ce n'est pas la chaloupe qui vous tient au cœur, c'est l'homme.

—Oui, docteur, oui, répondit le capitaine, cet Américain, je le hais de toute une haine anglaise, cet homme que la fatalité a jeté sur mon chemin.....

—Pour vous sauver !

—Pour me perdre ! Il me semble qu'il me nargue, qu'il parle en maître ici, qu'il s'imagine tenir ma destinée entre ses mains et qu'il a deviné mes projets. Ne s'est-il pas dévoilé tout entier, quand il s'est agi de nommer ces terres nouvelles? A-t-il jamais avoué ce qu'il était venu faire sous ces latitudes? Vous ne m'ôterez pas de l'esprit une idée qui me tue ; c'est que cet homme est le chef d'une expédition de découverte envoyée par le gouvernement de l'Union.

—Et quand cela serait, Hatteras, qui prouve que cette expédition cherchait à gagner le pôle? L'Amérique ne peut-elle pas tenter, comme l'Angleterre, le passage du nord-ouest? En tout cas, Altamont ignore absolument vos projets, car ni Johnson, ni Bell, ni vous, ni moi, nous n'en avons dit un seul mot devant lui.

—Eh bien, qu'il les ignore toujours !

—Il finira nécessairement par les connaître, car nous ne pouvons pas le laisser seul ici?

—Et pourquoi pas ? demanda le capitaine, avec une certaine violence; ne peut-il demeurer au Fort-Providence ?

—Il n'y consentirait pas, Hatteras ; et puis, abandonner cet homme que nous ne serions pas certains de retrouver au retour, ce serait plus qu'imprudent, ce serait inhumain ; Altamont viendra, il faut qu'il vienne ! mais comme il est inutile de lui donner maintenant des idées qu'il n'a pas, ne lui disons rien, et construisons une chaloupe destinée en apparence à la reconnaissance de ces nouveaux rivages. »

Hatteras ne pouvait se décider à se rendre aux idées de son ami ; celui-ci attendait une réponse, qui ne se faisait pas.

« Et si cet homme refusait de consentir au dépeçage de son navire ? dit enfin le capitaine.

—Dans ce cas, vous auriez le bon droit pour vous ; vous construiriez cette chaloupe malgré lui, et il n'aurait plus rien à prétendre.

—Fasse donc le ciel qu'il refuse ! s'écria Hatteras.

—Avant un refus, répondit le docteur, il faut une demande ; je me charge de la faire. »

En effet, le soir même, au souper, Clawbonny amena la conversation sur certains projets d'excursions pendant les mois d'été, destinées à faire le relevé hydrographique des côtes.

« Je pense, Altamont, dit-il, que vous serez des nôtres?

—Certes, répondit l'Américain, il faut bien savoir jusqu'où s'étend cette terre de la Nouvelle-Amérique. »

Hatteras regardait fixement son rival pendant qu'il répondait ainsi.

« Et pour cela, reprit Altamont, il faut faire le meilleur emploi possible des débris du *Porpoise;* construisons donc une chaloupe solide et qui nous porte loin.

—Vous entendez, Bell, dit vivement le docteur ; dès demain nous nous mettrons à l'ouvrage. »

CHAPITRE XV. — LE PASSAGE DU NORD-OUEST.

Le lendemain, Bell, Altamont et le docteur se rendirent au *Porpoise,* le bois ne manquait pas ; l'ancienne chaloupe du trois-mâts, défoncée par le choc des glaçons pouvait encore fournir les parties principales de la nouvelle. Le charpentier se mit donc immédiatement à l'œuvre ; il fallait une embarcation capable de tenir la mer, et cependant assez légère pour pouvoir être transportée sur le traîneau.

Pendant les derniers jours de mai, la température s'éleva ; le thermomètre remonta au degré de congélation ; le printemps revint pour tout de bon, cette fois, et les hiverneurs durent quitter leurs vêtements d'hiver.

Les pluies étaient fréquentes ; la neige commença bientôt à profiter des moindres déclivités du terrain pour s'en aller en chutes et en cascades.

Hatteras ne put contenir sa satisfaction en voyant les champs de glace donner les premiers signes de dégel. La mer libre, c'était pour lui la liberté.

Si ses devanciers se trompèrent ou non sur cette grande question du bassin polaire, c'est ce qu'il espérait savoir avant peu. De là dépendait tout le succès de son entreprise.

Un soir, après une assez chaude journée, pendant laquelle les symptômes de décomposition des glaces s'accusèrent plus manifestement, il mit la conversation sur ce sujet si intéressant de la mer libre.

Il reprit la série des arguments qui lui étaient familiers, et trouva comme toujours dans le docteur un chaud partisan de sa doctrine. D'ailleurs ses conclusions ne manquaient pas de justesse.

« Il est évident, dit-il, que si l'Océan se débarrasse de ses glaces devant la baie Victoria, sa partie méridionale sera également libre jusqu'au Nouveau-Cornouailles et jusqu'au canal de la Reine. Penny et Belcher l'ont vu tel, et ils ont certainement bien vu.

—Je le crois comme vous, Hatteras, répondit le docteur, et rien n'autorisait à mettre en doute la bonne foi de ces illustres marins; on tentait vainement d'expliquer leur découverte par un effet du mirage; mais ils se montraient trop affirmatifs pour ne pas être certains du fait.

—J'ai toujours pensé de cette façon, dit Altamont qui prit alors la parole; le bassin polaire s'étend non-seulement dans l'ouest, mais aussi dans l'est.

—On peut le supposer, en effet, répondit Hatteras.

—On doit le supposer, reprit l'Américain, car cette mer libre, que les capitaines Penny et Belcher ont vue près des côtes de la terre Grinnel, Morton, le lieutenant de Kane, l'a également aperçue dans le détroit qui porte le nom de ce hardi savant !

—Nous ne sommes pas dans la mer de Kane, répondit sèchement Hatteras, et par conséquent nous ne pouvons vérifier le fait.

— Il est supposable, du moins, dit Altamont.

— Certainement, répliqua le docteur, qui voulait éviter une discussion inutile. Ce que pense Altamont doit être la vérité ; à moins de dispositions particulières des terrains environnants, les mêmes effets se produisent sous les mêmes latitudes. Aussi, je crois à la mer libre dans l'est aussi bien que dans l'ouest.

— En tout cas, peu nous importe! dit Hatteras.

— Je ne dis pas comme vous, Hatteras, reprit l'Américain, que l'indifférence affectée du capitaine commençait à échauffer, cela pourra avoir pour nous une certaine importance!

— Et quand, je vous prie?

— Quand nous songerons au retour.

— Au retour! s'écria Hatteras. Et qui y pense?

— Personne, répondit Altamont, mais enfin nous nous arrêterons quelque part, je suppose.

— Où cela? » fit Hatteras.

Pour la première fois, cette question était directement posée à l'Américain. Le docteur eût donné un de ses bras pour arrêter net la discussion.

Altamont ne répondant pas, le capitaine renouvela sa demande.

« Où cela? fit-il en insistant.

— Où nous allons! répondit tranquillement l'Américain.

— Et qui le sait? dit le conciliant docteur.

— Je prétends donc, reprit Altamont, que si nous voulons profiter du bassin polaire pour revenir, nous pourrons tenter de gagner la mer de Kane; elle nous mènera plus directement à la mer de Baffin.

— Vous croyez? fit ironiquement le capitaine.

— Je le crois, comme je crois que si jamais ces mers boréales devenaient praticables, on s'y rendrait par ce chemin qui est plus direct. Oh! c'est une grande découverte que celle du docteur Kane!

— Vraiment! fit Hatteras en se mordant les lèvres jusqu'au sang.

— Oui, dit le docteur, on ne peut le nier, et il faut laisser à chacun son mérite.

— Sans compter qu'avant ce célèbre marin, reprit l'Américain obstiné, personne ne s'était avancé aussi profondément dans le nord.

— J'aime à croire, reprit Hatteras, que maintenant les Anglais ont le pas sur lui!

— Et les Américains! fit Altamont.

— Les Américains! répondit Hatteras.

— Que suis-je donc? dit fièrement Altamont.

— Vous êtes, répondit Hatteras d'une voix à peine contenue, vous êtes un homme qui prétend accorder au hasard et à la science une même part de gloire ! Votre capitaine américain s'est avancé loin dans le nord, mais le hasard seul...

— Le hasard ! s'écria Altamont ; vous osez dire que Kane n'est pas redevable à son énergie et à son savoir de cette grande découverte ?

— Je dis, répliqua Hatteras, que ce nom de Kane n'est pas un nom à prononcer dans un pays illustré par les Parry, les Franklin, les Ross, les Belcher, les Penny, dans ces mers qui ont livré le passage du nord-ouest à l'Anglais Mac-Clure...

— Mac-Clure ! riposta vivement l'Américain, vous citez cet homme, et vous vous élevez contre les bénéfices du hasard ? N'est-ce pas le hasard seul qui l'a favorisé ?

— Non, répondit Hatteras en s'animant, non ! C'est son courage, son obstination à passer quatre hivers au milieu des glaces...

— Je le crois bien, répondit l'Américain ; il était pris, il ne pouvait revenir, et il a fini par abandonner son navire l'*Investigator* pour regagner l'Angleterre !

— Mes amis, dit le docteur...

— D'ailleurs, reprit Altamont en l'interrompant, laissons l'homme, et voyons le résultat. Vous parlez du passage du nord-ouest : eh bien, ce passage est encore à trouver ! »

Hatteras bondit à cette phrase ; jamais question plus irritante n'avait surgi entre deux nationalités rivales !

Le docteur essaya encore d'intervenir.

« Vous avez tort, Altamont, dit-il.

— Non pas ! je soutiens mon opinion, reprit l'entêté ; le passage du nord-ouest est encore à trouver, à franchir, si vous l'aimez mieux ! Mac-Clure ne l'a pas remonté, et jamais, jusqu'à ce jour, un navire parti du détroit de Behring n'est arrivé à la mer de Baffin ! »

Le fait était vrai, absolument parlant. Que pouvait-on répondre à l'Américain ?

Cependant Hatteras se leva et dit :

« Je ne souffrirai pas qu'en ma présence la gloire d'un capitaine anglais soit plus longtemps attaquée !

— Vous ne souffrirez pas ! répondit l'Américain en se levant également mais les faits sont là, et votre puissance ne va pas jusqu'à les détruire.

— Monsieur ! fit Hatteras, pâle de colère.

— Mes amis, reprit le docteur, un peu de calme ! nous discutons un point scientifique ! »

Le bon Clawbonny ne voulait voir qu'une discussion de science là où la haine d'un Américain et d'un Anglais était en jeu.

« Les faits, je vais vous les dire, reprit avec menace Hatteras qui n'écoutait plus rien.

—Et moi, je parlerai! » riposta l'Américain.

Johnson et Bell ne savaient quelle contenance tenir.

« Messieurs, dit le docteur avec force, vous me permettrez de prendre la parole! je le veux, dit-il ; les faits me sont connus comme à vous, mieux qu'à vous, et vous m'accorderez que j'en puis parler sans partialité.

—Oui! oui! firent Bell et Johnson, qui s'inquiétèrent de la tournure de la discussion, et créèrent une majorité favorable au docteur.

—Allez, monsieur Clawbonny, dit Johnson, ces messieurs vous écouteront, et cela nous instruira tous.

—Parlez donc! » fit l'Américain.

Hatteras reprit sa place en faisant un signe d'acquiescement, et se croisa les bras.

« Je vais vous raconter les faits dans toute leur vérité, dit le docteur, et vous pourrez me reprendre, mes amis, si j'omets ou si j'altère un détail

—Nous vous connaissons, monsieur Clawbonny, répondit Bell, et vous pouvez conter sans rien craindre.

—Voici la carte des mers polaires, reprit le docteur, qui s'était levé pour aller chercher les pièces du procès ; il sera facile d'y suivre la navigation de Mac-Clure, et vous pourrez juger en connaissance de cause. »

Le docteur étala sur la table l'une de ces excellentes cartes publiées par ordre de l'Amirauté, et qui contenait les découvertes les plus modernes faites dans les régions arctiques ; puis il reprit en ces termes :

« En 1848, vous le savez, deux navires, l'*Herald*, capitaine Kellet, et le *Plover*, commandant Moore, furent envoyés au détroit de Behring pour tenter d'y retrouver les traces de Franklin ; leurs recherches demeurèrent infructueuses ; en 1850, ils furent rejoints par Mac-Clure, qui commandait l'*Investigator*, navire sur lequel il venait de faire la campagne de 1849 sous les ordres de James Ross. Il était suivi du capitaine Collinson, son chef, qui montait l'*Entreprise ;* mais il le devança, et, arrivé au détroit de Behring, il déclara qu'il n'attendrait pas plus longtemps, qu'il partirait seul sous sa propre responsabilité, et, entendez-moi bien, Altamont, qu'il découvrirait Franklin ou le passage. »

Altamont ne manifesta ni approbation ni improbation.

« Le 5 août 1850, reprit le docteur, après avoir communiqué une dernière fois avec le *Plover*, Mac-Clure s'enfonça dans les mers de l'est par une route à peu près inconnue ; voyez, c'est à peine si quelques terres sont indiquées sur cette carte. Le 30 août, le jeune officier relevait le cap Bathurst; le 6 septembre, il découvrait la terre Baring qu'il reconnut depuis faire partie de la terre de Banks, puis la terre du Prince-Albert; alors il prit résolûment par ce détroit allongé qui sépare ces deux grandes îles, et qu'il nomma le détroit du Prince-de-Galles. Entrez-y par

la pensée avec le courageux navigateur! Il espérait déboucher dans le bassin de Melville que nous avons traversé, et il avait raison de l'espérer; mais les glaces, à l'extrémité du détroit, lui opposèrent une infranchissable barrière. Alors, arrêté dans sa marche, Mac-Clure hiverne de 1850 à 1851, et pendant ce temps il va au travers de la banquise s'assurer de la communication du détroit avec le bassin de Melville.

— Oui, fit Altamont, mais il ne le traversa pas.

— Attendez, fit le docteur. Pendant cet hivernage, les officiers de Mac-Clure parcourent les côtes avoisinantes, Creswell, la terre de Baring, Haswelt, la terre du Prince-Albert au sud, et Wynniat le cap Walker au nord. En juillet, aux premiers dégels, Mac-Clure tente une seconde fois d'entraîner l'*Investigator* dans le bassin de Melville; il s'en approche à vingt milles, vingt milles seulement ! mais les vents l'entraînent irrésistiblement au sud, sans qu'il puisse forcer l'obstacle. Alors, il se décide à redescendre le détroit du Prince-de-Galles, et à contourner la terre de Banks pour tenter par l'ouest ce qu'il n'a pu faire par l'est; il vire de bord; le 18, il relève le cap Kellet, et le 19, le cap du Prince-Alfred, deux degrés plus haut; puis, après une lutte effroyable avec les ice-bergs, il demeure soudé dans le passage de Banks, à l'entrée de cette suite de détroits qui ramènent à la mer de Baffin.

— Mais il n'a pu les franchir, répondit Altamont.

— Attendez encore, et ayez la patience de Mac-Clure. Le 26 septembre, il prit ses positions d'hiver dans la baie de la Mercy, au nord de la terre de Banks, et y demeura jusqu'en 1852; avril arrive; Mac-Clure n'avait plus d'approvisionnements que pour dix-huit mois. Cependant, il ne veut pas revenir; il part, traverse en traîneau le détroit de Banks et arrive à l'île Melville. Suivons-le. Il espérait trouver sur ces côtes les navires du commandant Austin envoyés à sa rencontre par la mer de Baffin et le détroit de Lancastre; il touche le 28 avril à Winter-Harbour, au point même où Parry hiverna trente-trois ans auparavant; mais de navires, aucun; seulement, il découvre dans un cairn un document par lequel il apprend que Mac-Clintock, le lieutenant d'Austin, avait passé là l'année précédente, et était reparti. Où un autre eût désespéré, Mac-Clure ne désespère pas. Il place à tout hasard dans le cairn un nouveau document, où il annonce son intention de revenir en Angleterre par le passage du nord-ouest qu'il a trouvé, en gagnant le détroit de Lancastre et la mer de Baffin. Si l'on n'entend plus parler de lui, c'est qu'il aura été entraîné au nord ou à l'ouest de l'île Melville; puis il revient, non découragé, à la baie de la Mercy refaire un troisième hivernage, de 1852 à 1853.

— Je n'ai jamais mis son courage en doute, répondit Altamont, mais son succès.

— Suivons-le encore, répondit le docteur. Au mois de mars, réduit à deux tiers de ration, à la suite d'un hiver très-rigoureux où le gibier manqua, Mac-Clure se décida à renvoyer en Angleterre la moitié de son équipage, soit par la mer de Baffin, soit par la rivière Mackensie et la baie d'Hudson; l'autre moitié devait ramener l'*Investigator* en Europe. Il

choisit les hommes les moins valides, auxquels un quatrième hivernage
eût été funeste ; tout était prêt pour leur départ fixé au 15 avril, quand le
6, se promenant avec son lieutenant Creswell sur les glaces, Mac-Clure
aperçut, accourant du nord et gesticulant, un homme, et cet homme, c'était
le lieutenant Pim, du *Herald*, le lieutenant de ce même capitaine Kellet.

qu'il avait laissé deux ans auparavant au détroit de Behring, comme je
vous l'ai dit en commençant. Kellet, parvenu à Winter-Harbour, avait
trouvé le document laissé à tout hasard par Mac-Clure ; ayant appris de la
sorte sa situation dans la baie de la Mercy, il envoya son lieutenant Pim
au-devant du hardi capitaine. Le lieutenant était suivi d'un détachement
de marins du *Herald*, parmi lesquels se trouvait un enseigne de vaisseau
français, M. de Bray, qui servait comme volontaire dans l'état-major du

capitaine Kellet. Vous ne mettez pas en doute cette rencontre de nos compatriotes?

—Aucunement, répondit Altamont.

—Eh bien, voyons ce qui va arriver désormais, et si ce passage du nord-ouest aura été réellement franchi. Remarquez que si l'on reliait les découvertes de Parry à celles de Mac-Clure, on trouverait que les côtes septentrionales de l'Amérique ont été contournées.

—Pas par un seul navire, répondit Altamont.

—Non, mais par un seul homme. Continuons. Mac-Clure alla visiter le capitaine Kellet à l'île Melville; il fit en douze jours les cent soixante-dix milles qui séparaient la baie de la Mercy de Winter-Harbour; il convint avec le commandant du *Herald* de lui envoyer ses malades, et revint à son bord; d'autres croiraient avoir assez fait à la place de Mac-Clure, mais l'intrépide jeune homme voulut encore tenter la fortune. Alors, et c'est ici que j'appelle votre attention, alors son lieutenant Creswell, accompagnant les malades et les infirmes de l'*Investigator*, quitta la baie de la Mercy, gagna Winter-Harbour, puis de là, après un voyage de quatre cent soixante-dix milles sur les glaces, il atteignit, le 2 juin, l'île Beechey, et quelques jours après, avec douze de ses hommes, il prit passage à bord du *Phenix*.

—Où je servais alors, dit Johnson, avec le capitaine Inglefield, et nous revînmes en Angleterre.

—Et, le 7 octobre 1853, reprit le docteur, Creswell arrivait à Londres, après avoir franchi tout l'espace compris entre le détroit de Behring et le cap Farewell.

—Eh bien, fit Hatteras, être arrivé d'un côté, être sorti par l'autre, cela s'appelle-t-il « avoir passé? »

—Oui, répondit Altamont, mais en franchissant quatre cent soixante-dix milles sur les glaces.

—Eh! qu'importe?

—Tout est là, répondit l'Américain. Le navire de Mac-Clure a-t-il fait la traversée, lui?

—Non, répondit le docteur, car, après un quatrième hivernage, Mac-Clure dut l'abandonner au milieu des glaces.

—Eh bien, dans un voyage maritime, c'est au vaisseau et non à l'homme de passer. Si jamais la traversée du nord-ouest doit devenir praticable, c'est à des navires et non à des traîneaux. Il faut donc que le navire accomplisse le voyage, ou, à défaut du navire, la chaloupe.

—La chaloupe! s'écria Hatteras, qui vit une intention évidente dans ces paroles de l'Américain.

—Altamont, se hâta de dire le docteur, vous faites une distinction puérile, et, à cet égard, nous vous donnons tous tort.

—Cela ne vous est pas difficile, messieurs, répondit l'Américain, vous êtes quatre contre un. Mais cela ne m'empêchera pas de garder mon avis.

—Gardez-le donc, s'écria Hatteras, et si bien, qu'on ne l'entende plus.

—Et de quel droit me parlez-vous ainsi? reprit l'Américain en fureur.

—De mon droit de capitaine! répondit Hatteras avec colère.

—Suis-je donc sous vos ordres! riposta Altamont.

—Sans aucun doute! et malheur à vous, si... »

Le docteur, Johnson, Bell intervinrent. Il était temps; les deux ennemis se mesuraient du regard. Le docteur se sentait le cœur bien gros.

Cependant, après quelques paroles de conciliation, Altamont alla se coucher en sifflant l'air national du « Yankee Doodle », et, dormant ou non, il ne dit plus un seul mot.

Hatteras sortit de la tente et se promena à grands pas au dehors; il ne rentra qu'une heure après, et se coucha sans avoir prononcé une parole.

CHAPITRE XVI. — L'ARCADIE BORÉALE.

Le 29 mai, pour la première fois, le soleil ne se coucha pas; son disque vint raser le bord de l'horizon, l'effleura à peine et se releva aussitôt; on entrait dans la période des jours de vingt-quatre heures. Le lendemain, l'astre radieux parut entouré d'un halo magnifique, cercle lumineux brillant de toutes les couleurs du prisme; l'apparition très-fréquente de ces phénomènes attirait toujours l'attention du docteur; il n'oubliait jamais d'en noter la date, les dimensions et l'apparence; celui qu'il observa ce

jour-là présentait, par sa forme elliptique, des dispositions encore peu connues.

Bientôt toute la gent criarde des oiseaux reparut; des bandes d'outardes, des troupes d'oies du Canada, venant des contrées lointaines de la Floride ou de l'Arkansas, filaient vers le nord avec une étonnante rapidité et ramenaient le printemps sous leurs ailes. Le docteur put en abattre quelques-unes, ainsi que trois ou quatre grues précoces et même une cigogne solitaire.

Cependant les neiges fondaient de toutes parts, sous l'action du soleil; l'eau salée, répandue sur l'ice-field par les crevasses et les trous de phoque, en hâtait la décomposition; mélangée à l'eau de mer, la glace formait une sorte de pâte sale à laquelle les navigateurs arctiques donnent le nom de « slush. » De larges mares s'établissaient sur les terres qui avoisinaient la baie, et le sol débarrassé semblait pousser comme une production du printemps boréal.

Le docteur reprit alors ses plantations; les graines ne lui manquaient pas; d'ailleurs il fut surpris de voir une sorte d'oseille poindre naturellement entre les pierres desséchées, et il admirait cette force créatrice de la nature qui demande si peu pour se manifester. Il sema du cresson, dont les jeunes pousses, trois semaines plus tard, avaient déjà près de dix lignes de longueur.

Les bruyères aussi commencèrent à montrer timidement leurs petites fleurs d'un rose incertain et presque décoloré, d'un rose dans lequel une main inhabile eût mis trop d'eau. En somme, la flore de la Nouvelle-Amérique laissait à désirer; cependant cette rare et craintive végétation faisait plaisir à voir; c'était tout ce que pouvaient donner les rayons affaiblis du soleil, dernier souvenir de la Providence qui n'avait pas complètement oublié ces contrées lointaines.

Enfin, il se mit à faire véritablement chaud; le 15 juin, le docteur constata que le thermomètre marquait cinquante-sept degrés au-dessus de zéro (+14° centig.); il ne voulait pas en croire ses yeux, mais il lui fallut se rendre à l'évidence; le pays se transformait; des cascades innombrables et bruyantes tombaient de tous les sommets caressés du soleil; la glace se disloquait, et la grande question de la mer libre allait enfin se décider. L'air était rempli du bruit des avalanches qui se précipitaient du haut des collines dans le fond des ravins, et les craquements de l'ice-field produisaient un fracas assourdissant.

On fit une excursion jusqu'à l'île Johnson; ce n'était réellement qu'un îlot sans importance, aride et désert; mais le vieux maître d'équipage ne fut pas moins enchanté d'avoir donné son nom à ces quelques rochers perdus en mer. Il voulut même le graver sur un roc élevé, et pensa se rompre le cou.

Hatteras, pendant ses promenades, avait soigneusement reconnu les terres jusqu'au delà du cap Washington; la fonte des neiges modifiait sensiblement la contrée; des ravins et des côteaux apparaissaient là où le vaste tapis blanc de l'hiver semblait recouvrir des plaines uniformes.

La maison et les magasins menaçaient de se dissoudre et il fallait souvent les remettre en bon état; heureusement, les températures de cinquante-sept degrés sont rares sous ces latitudes, et leur moyenne est à peine supérieure au point de congélation.

Vers le 15 du mois de juin, la chaloupe était déjà fort avancée et prenait bonne tournure. Tandis que Bell et Johnson travaillaient à sa construction, quelques grandes chasses furent tentées qui réussirent bien. On parvint à tuer des rennes; ces animaux sont très-difficiles à approcher; cependant Altamont mit à profit la méthode des Indiens de son pays; il rampa sur le sol en disposant son fusil et ses bras de manière à figurer les cornes de l'un de ces timides quadrupèdes, et de cette façon, arrivé à bonne portée, il put les frapper à coup sûr.

Mais le gibier par excellence, le bœuf musqué, dont Parry trouva de nombreux troupeaux à l'île Melville, ne paraissait pas hanter les rivages

de la baie Victoria. Une excursion lointaine fut donc résolue, autant pour chasser ce précieux animal que pour reconnaître les terres orientales. Hatteras ne se proposait pas de remonter au pôle par cette partie du continent, mais le docteur n'était pas fâché de prendre une idée générale du pays. On se décida donc à faire une pointe dans l'est du Fort-Providence. Altamont comptait chasser. Duk fut naturellement de la partie.

Donc, le lundi 17 juin, par un joli temps, le thermomètre marquant quarante et un degrés (+5° centigr.) dans une atmosphère tranquille et pure, les trois chasseurs, armés chacun d'un fusil à deux coups, de la hachettte, du couteau à neige, et suivis de Duk, quittèrent Doctor's-House à six heures du matin; ils étaient équipés pour une excursion qui pouvait durer deux ou trois jours; ils emportaient des provisions en conséquence.

A huit heures du matin, Hatteras et ses deux compagnons avaient franchi une distance de sept milles environ. Pas un être vivant n'était encore venu solliciter un coup de fusil de leur part, et leur chasse menaçait de tourner à l'excursion.

Ce pays nouveau offrait de vastes plaines qui se perdaient au delà des limites du regard; des ruisseaux nés d'hier les sillonnaient en grand nombre, et de vastes mares, immobiles comme des étangs, miroitaient sous l'oblique éclat du soleil. Les couches de glace dissoute livraient au pied un sol appartenant à la grande division des terrains sédimentaires dus à l'action des eaux, et si largement étendus à la surface du globe.

On voyait cependant quelques blocs erratiques d'une nature fort étran-

gère au sol qu'ils recouvraient, et dont la présence s'expliquait difficilement; mais les schistes ardoisés, les divers produits des terrains calcaires, se rencontraient en abondance, et surtout des espèces de cristaux curieux, transparents, incolores, et doués de la réfraction particulière au spath d'Islande.

Mais, bien qu'il ne chassât pas, le docteur n'avait pas le temps de faire le géologue; il ne pouvait être savant qu'au pas de course, car ses compagnons marchaient rapidement. Cependant il étudiait le terrain, et il causait le plus possible, car, sans lui, un silence absolu eût régné dans la petite troupe. Altamont n'avait aucune envie de parler au capitaine, qui ne désirait pas lui répondre.

Vers les dix heures du matin, les chasseurs s'étaient avancés d'une douzaine de milles dans l'est; la mer se cachait au-dessous de l'horizon; le docteur proposa une halte pour déjeuner. Ce repas fut pris rapidement; au bout d'une demi-heure, la marche recommença.

Le sol s'abaissait alors par des rampes douces; certaines plaques de neige conservées, soit par l'exposition, soit par la déclivité des rocs, lui donnaient une apparence moutonneuse; on eût dit des vagues déferlant en pleine mer par une forte brise.

La contrée présentait toujours des plaines sans végétation que pas un être animé ne paraissait avoir jamais fréquentées.

« Décidément, dit Altamont au docteur, nous ne sommes pas heureux dans nos chasses; je conviens que le pays offre peu de ressources aux animaux; mais le gibier des terres boréales n'a pas le droit d'être difficile, et il aurait pu se montrer plus complaisant.

—Ne nous désespérons pas, répondit le docteur; la saison d'été commence à peine, et si Parry a rencontré tant d'animaux divers à l'île Melville, il n'y a aucune raison pour n'en pas trouver ici.

—Cependant nous sommes plus au nord, répondit Hatteras.

—Sans doute, mais le nord n'est qu'un mot dans cette question; c'est le pôle du froid qu'il faut considérer, c'est-à-dire cette immensité glaciale au milieu de laquelle nous avons hiverné avec *le Forward;* or, à mesure que nous montons, nous nous éloignons de la partie la plus froide du globe; nous devons donc retrouver au delà ce que Parry, Ross et d'autres navigateurs rencontrèrent en deçà.

—Enfin, fit Altamont avec un soupir de regret, jusqu'ici nous faisons plutôt métier de voyageurs que de chasseurs!

—Patience, répondit le docteur, le pays tend à changer peu à peu, et je serai bien étonné si le gibier nous manque dans les ravins où la végétation aura trouvé moyen de se glisser.

—Il faut avouer, répliqua l'Américain, que nous traversons une contrée bien inhabitée et bien inhabitable!

—Oh! inhabitable, c'est un gros mot, repartit le docteur, je ne crois pas aux contrées inhabitables; l'homme, à force de sacrifices, en usant génération sur génération, et avec toutes les ressources de la science agricole, finirait par fertiliser un pareil pays!

—Vous pensez? fit Altamont.

—Sans doute! si vous alliez aux contrées célèbres des premiers jours du monde, aux lieux où fut Thèbes, où fut Ninive, où fut Babylone, dans ces vallées fertiles de nos pères, il vous semblerait impossible que l'homme y eût jamais pu vivre, et l'atmosphère même s'y est viciée depuis la disparition des êtres humains. C'est la loi générale de la nature qui rend insalubres et stériles les contrées où nous ne vivons pas comme celles où nous ne vivons plus. Sachez-le bien, c'est l'homme qui fait lui-même son pays, par sa présence, par ses habitudes, par son industrie, je dirai plus, par son haleine; il modifie peu à peu les exhalaisons du sol et les conditions atmosphériques, et il assainit par cela même qu'il respire! Donc, qu'il existe des lieux inhabités, d'accord, mais inhabitables, jamais. »

En causant ainsi, les chasseurs, devenus naturalistes, marchaient toujours, et ils arrivèrent à une sorte de vallon, largement découvert, au fond duquel serpentait une rivière à peu près dégelée; son exposition au midi avait déterminé sur ses bords et à mi-côte une certaine végétation. Le sol y montrait une véritable envie de se fertiliser; avec quelques pouces de terre végétale, il n'eût pas demandé mieux que de produire. Le docteur fit observer ces tendances manifestes.

« Voyez, dit-il, quelques colons entreprenants ne pourraient-ils, à la rigueur, s'établir dans cette ravine ? Avec de l'industrie et de la persévérance, ils en feraient tout autre chose, non pas les campagnes des zones tempérées, je ne dis pas cela, mais enfin un pays présentable. Eh ! si je ne me trompe, voilà même quelques habitants à quatre pattes ! Les gaillards connaissent les bons endroits.

— Ma foi, ce sont des lièvres polaires, s'écria Altamont, en armant son fusil.

— Attendez, s'écria le docteur, attendez, chasseur enragé ! Ces pauvres animaux ne songent guère à fuir ! Voyons, laissez-les faire ; ils viennent à nous ! »

En effet, trois ou quatre jeunes lièvres, gambadant parmi les petites bruyères et les mousses nouvelles, s'avançaient vers ces trois hommes dont ils ne paraissaient pas redouter la présence ; ils accouraient avec de jolis airs naïfs, qui ne parvenaient guère à désarmer Altamont.

Bientôt, ils furent entre les jambes du docteur, et celui-ci les caressa de la main en disant :

« Pourquoi des coups de fusil à qui vient chercher des caresses ? la mort de ces petites bêtes nous est bien inutile !

— Vous avez raison, docteur, répondit Hatteras ; il faut leur laisser la vie.

— Et à ces ptarmigans qui volent vers nous ! s'écria Altamont, à ces chevaliers qui s'avancent gravement sur leurs longues échasses ! »

Toute une gent emplumée venait au-devant des chasseurs, ne soupçonnant pas ce péril que la présence du docteur venait de conjurer. Duk lui-même, se contenant, demeurait en admiration.

C'était un spectacle curieux et touchant, que celui de ces jolis animaux qui couraient, bondissaient et voltigeaient sans défiance; ils se posaient sur les épaules du bon Clawbonny; ils se couchaient à ses pieds; ils s'offraient d'eux-mêmes à ces caresses inaccoutumées; ils semblaient faire de leur mieux pour recevoir chez eux ces hôtes inconnus; les oiseaux nom-

breux, poussant de joyeux cris, s'appelaient l'un l'autre, et il en venait des divers points de la ravine; le docteur ressemblait à un charmeur véritable. Les chasseurs continuèrent leur chemin en remontant les berges humides du ruisseau, suivis par cette bande familière, et, à un tournant du vallon, ils aperçurent un troupeau de huit ou dix rennes qui broutaient quelques lichens à demi enterrés sous la neige, animaux charmants à voir, gracieux et tranquilles, avec ces andouillers dentelés que la femelle portait aussi fièrement que le mâle; leur pelage, d'apparence laineuse, abandonnait déjà la blancheur hivernale pour la couleur brune et grisâtre de l'été; ils ne paraissaient ni plus effrayés ni moins apprivoisés que les lièvres ou les oiseaux de cette contrée paisible. Telles durent être les relations du premier homme avec les premiers animaux, au jeune âge du monde.

Les chasseurs arrivèrent au milieu du troupeau sans que celui-ci eût fait un pas pour fuir; cette fois, le docteur eut beaucoup de peine à contenir les instincts d'Altamont; l'Américain ne pouvait voir tranquillement ce magnifique gibier sans qu'une ivresse de sang lui montât au cerveau.

Hatteras regardait d'un air ému ces douces bêtes, qui venaient frotter leurs naseaux sur les vêtements du docteur, l'ami de tous les êtres animés.

« Mais enfin, disait Altamont, est-ce que nous ne sommes pas venus ici pour chasser?

—Pour chasser le bœuf musqué, répondait Clawbonny, et pas autre chose! Nous ne saurions que faire de ce gibier; nos provisions sont suffisantes; laissez-nous donc jouir de ce spectacle touchant de l'homme se mêlant aux ébats de ces paisibles animaux et ne leur inspirant aucune crainte.

—Cela prouve qu'ils ne l'ont jamais vu, dit Hatteras.

—Évidemment, répondit le docteur, et de cette observation on peut tirer la remarque suivante : c'est que ces animaux ne sont pas d'origine américaine.

—Et pourquoi cela? dit Altamont.

—S'ils étaient nés sur les terres de l'Amérique septentrionale, ils sauraient ce qu'on doit penser de ce mammifère bipède et bimane qu'on appelle l'homme, et, à notre vue, ils n'auraient pas manqué de s'enfuir! Non, il est probable qu'ils sont venus du nord, qu'ils sont originaires de ces contrées inconnues de l'Asie dont nos semblables ne se sont jamais approchés, et qu'ils ont traversé les continents voisins du pôle. Ainsi, Altamont, vous n'avez point le droit de les réclamer comme des compatriotes.

—Oh! répondit Altamont, un chasseur n'y regarde pas de si près, et le gibier est toujours du pays de celui qui le tue!

—Allons, calmez-vous, mon brave Nemrod! pour mon compte, je renoncerais à tirer un coup de fusil de ma vie, plutôt que de jeter l'effroi parmi cette charmante population. Voyez! Duk lui-même fraternise avec ces jolies bêtes. Croyez-moi, restons bons, quand cela se peut! La bonté est une force!

—Bien, bien, répondit Altamont, qui comprenait peu cette sensibilité, mais je voudrais vous voir avec votre bonté pour toute arme au milieu d'une bande d'ours ou de loups!

—Oh! je ne prétends point charmer les bêtes féroces, répondit le docteur; je crois peu aux enchantements d'Orphée; d'ailleurs, les ours et les loups ne viendraient pas à nous comme ces lièvres, ces perdrix et ces rennes.

—Pourquoi pas, répondit Altamont, s'ils n'avaient jamais vu d'hommes?

—Parce que ces animaux-là sont naturellement féroces, et que la férocité, comme la méchanceté, engendre le soupçon; c'est une remarque que les observateurs ont pu faire sur l'homme aussi bien que sur les animaux. Qui dit méchant dit méfiant, et la crainte est facile à ceux-là qui peuvent l'inspirer. »

Cette petite leçon de philosophie naturelle termina l'entretien.

Toute la journée se passa dans cette ravine que le docteur voulut appeler l'Arcadie-Boréale, à quoi ses compagnons ne s'opposèrent nullement, et, le soir venu, après un repas qui n'avait coûté la vie à aucun des habitants de cette contrée, les trois chasseurs s'endormirent dans le creux d'un rocher disposé tout exprès pour leur offrir un confortable abri.

CHAPITRE XVII. — LA REVANCHE D'ALTAMONT.

Le lendemain, le docteur et ses deux compagnons se réveillèrent après la nuit passée dans la plus parfaite tranquillité. Le froid, sans être vif, les avait un peu piqués aux approches du matin; mais, bien couverts, ils avaient dormi profondément sous la garde des animaux paisibles.

Le temps se maintenant au beau, ils résolurent de consacrer encore cette journée à la reconnaissance du pays et à la recherche des bœufs musqués. Il fallait bien donner à Altamont la possibilité de chasser un peu, et il fut décidé que, quand ces bœufs seraient les animaux les plus naïfs du monde, il aurait le droit de les tirer. D'ailleurs, leur chair, quoique fortement imprégnée de musc, fait un aliment savoureux, et les chasseurs se réjouissaient de rapporter au Fort-Providence quelques morceaux de cette viande fraîche et réconfortante.

Le voyage n'offrit aucune particularité pendant les premières heures de la matinée; le pays, dans le nord-est, commençait à changer de physio-

nomie; quelques ressauts de terrain, premières ondulations d'une contrée montueuse, faisaient présager un sol nouveau. Cette terre de la Nouvelle-Amérique, si elle ne formait pas un continent, devait être au moins une île importante; d'ailleurs, il n'était pas question de vérifier ce point géographique.

Duk courait au loin, et il tomba bientôt en arrêt sur des traces qui appartenaient à un troupeau de bœufs musqués; il prit alors les devants avec une extrême rapidité, et ne tarda pas à disparaître aux yeux des chasseurs.

Ceux-ci se guidèrent sur ses aboiements clairs et distincts, dont la précipitation leur apprit que le fidèle chien avait enfin découvert l'objet de leur convoitise.

Ils s'élancèrent en avant, et, après une heure et demie de marche, ils se trouvèrent en présence de deux animaux d'assez forte taille et d'un aspect véritablement redoutable ; ces singuliers quadrupèdes paraissaient étonnés des attaques de Duk, sans s'en effrayer d'ailleurs ; ils broutaient une sorte de mousse rose qui veloutait le sol dépourvu de neige. Le docteur les reconnut facilement à leur taille moyenne, à leurs cornes très-élargies et soudées à la base, à cette curieuse absence de mufle, à leur chanfrein busqué comme celui du mouton et à leur queue très-courte : l'ensemble de cette structure leur a fait donner, par les naturalistes, le nom d' « ovibos », mot composé qui rappelle les deux natures d'animaux dont ils tiennent. Une bourre de poils épaisse et longue, et une sorte de soie brune et fine formaient leur pelage.

A la vue des chasseurs, les deux animaux ne tardèrent pas à prendre la fuite, et ceux-ci les poursuivirent à toutes jambes.

Mais les atteindre était difficile, à des gens qu'une course soutenue d'une demi-heure essouffla complétement. Hatteras et ses compagnons s'arrêtèrent.

« Diable ! fit Altamont.

— Diable est le mot, répondit le docteur, dès qu'il put reprendre haleine. Je vous donne ces ruminants-là pour des Américains, et ils ne paraissent pas avoir de vos compatriotes une idée très-avantageuse.

— Cela prouve que nous sommes de bons chasseurs, » répondit Altamont.

Cependant les bœufs musqués, ne se voyant plus poursuivis, s'arrêtèrent dans une posture d'étonnement. Il devenait évident qu'on ne les forcerait pas à la course ; il fallut donc chercher à les cerner ; le plateau qu'ils occupaient alors se prêtait à cette manœuvre. Les chasseurs, laissant Duk harceler ces animaux, descendirent par les ravines avoisinantes, de manière à tourner le plateau. Altamont et le docteur se cachèrent à l'une de ses extrémités derrière des saillies de roc, tandis qu'Hatteras, en remontant à l'improviste par l'extrémité opposée, devait les rabattre sur eux.

Au bout d'une demi-heure, chacun avait gagné son poste.

« Vous ne vous opposez pas cette fois à ce qu'on reçoive ces quadrupèdes à coups de fusil? dit Altamont.

—Non! c'est de bonne guerre, » répondit le docteur, qui, malgré sa douceur naturelle, était chasseur au fond de l'âme.

Ils causaient ainsi, quand ils virent les bœufs musqués s'ébranler, Duk à leurs talons; plus loin, Hatteras, poussant de grands cris, les chassait du côté du docteur et de l'Américain, qui s'élancèrent bientôt au-devant de cette magnifique proie.

Aussitôt, les bœufs s'arrêtèrent, et, moins effrayés de la vue d'un seul ennemi, ils revinrent sur Hatteras; celui-ci les attendit de pied ferme, coucha en joue le plus rapproché des deux quadrupèdes, fit feu, sans que sa balle, frappant l'animal en plein front, parvînt à enrayer sa marche. Le second coup de fusil d'Hatteras ne produisit d'autre effet que de rendre ces bêtes furieuses; elles se jetèrent sur le chasseur désarmé et le renversèrent en un instant.

« Il est perdu, » s'écria le docteur.

Au moment où Clawbonny prononça ces paroles avec l'accent du désespoir, Altamont fit un pas en avant pour voler au secours d'Hatteras; puis il s'arrêta, luttant contre lui-même et contre ses préjugés.

« Non! s'écria-t-il, ce serait une lâcheté! »

Il s'élança vers le théâtre du combat avec Clawbonny.

Son hésitation n'avait pas duré une demi-seconde. Mais si le docteur vit ce qui se passait dans l'âme de l'Américain, Hatteras le comprit, lui qui se fût laissé tuer plutôt que d'implorer l'intervention de son rival. Toutefois, il eut à peine le temps de s'en rendre compte, car Altamont apparut près de lui.

Hatteras, renversé à terre, essayait de parer les coups de cornes et les coups de pieds des deux animaux; mais il ne pouvait prolonger longtemps une pareille lutte.

Il allait inévitablement être mis en pièces, quand deux coups de feu retentirent; Hatteras sentit les balles lui raser la tête.

« Hardi! » s'écria Altamont, qui, rejetant loin de lui son fusil déchargé, se précipita sur les animaux irrités.

LE DÉSERT DE GLACE. 375

L'un des bœufs, frappé au cœur, tomba foudroyé; l'autre, au comble de la fureur, allait éventrer le malheureux capitaine lorsque Altamont, se présentant face à lui, plongea entre ses mâchoires ouvertes sa main armée du couteau à neige ; de l'autre, il lui fendit la tête d'un terrible coup de hache.

Cela fut fait avec une rapidité merveilleuse, et un éclair eût illuminé toute cette scène. Le second bœuf se courba sur ses jarrets et tomba mort.

« Hurrah! hurrah ! » s'écria Clawbonny.

Hatteras était sauvé.

Il devait donc la vie à l'homme qu'il détestait le plus au monde! Que se passa-t-il dans son âme en cet instant? Quel mouvement humain s'y produisit qu'il ne put maîtriser?

C'est là l'un de ces secrets du cœur qui échappent à toute analyse.

Quoi qu'il en soit, Hatteras, sans hésiter, s'avança vers son rival, et lui dit d'une voix grave :

« Vous m'avez sauvé la vie, Altamont.

—Vous aviez sauvé la mienne, » répondit l'Américain.

Il y eut un moment de silence; puis Altamont ajouta :

« Nous sommes quittes ! Hatteras.

—Non, Altamont, répondit le capitaine; lorsque le docteur vous a retiré de votre tombeau de glace, j'ignorais qui vous étiez, et vous m'avez sauvé au péril de vos jours, sachant qui je suis.

—Eh ! vous êtes mon semblable, répondit Altamont, et quoi qu'il en ait, un Américain n'est point un lâche !

—Non, certes, s'écria le docteur, c'est un homme ! un homme comme vous, Hatteras !

—Et, comme moi, il partagera la gloire qui nous est réservée !

—La gloire d'aller au pôle Nord ! dit Altamont.

—Oui ! fit le capitaine, avec un accent superbe.

—Je l'avais donc deviné ! s'écria l'Américain. Vous avez donc osé concevoir un pareil dessein ! Vous avez osé tenter d'atteindre ce point inaccessible ! Ah ! c'est beau, cela ! Je vous le dis, moi, c'est sublime !

—Mais vous, demanda Hatteras d'une voix rapide, vous ne vous élanciez donc pas, comme nous, sur la route du pôle ? »

Altamont semblait hésiter à répondre.

« Eh bien ? » fit le docteur.

—Eh bien, non ! s'écria l'Américain. Non ! la vérité avant l'amour-propre ! Non ! je n'ai pas eu cette grande pensée qui vous a entraînés jusqu'ici. Je cherchais à franchir, avec mon navire, le passage du Nord-Ouest, et voilà tout.

—Altamont, dit Hatteras en tendant la main à l'Américain, soyez donc notre compagnon de gloire, et venez avec nous découvrir le pôle Nord ! »

Ces deux hommes serrèrent alors, dans une chaleureuse étreinte, leur main franche et loyale.

Quand ils se retournèrent vers le docteur, celui-ci pleurait.

« Ah ! mes amis, murmura-t-il en s'essuyant les yeux, comment mon cœur peut-il contenir la joie dont vous le remplissez ! Ah ! mes chers compagnons, vous avez sacrifié, pour vous réunir dans un succès commun, cette misérable question de nationalité ! Vous vous êtes dit que l'Angleterre et l'Amérique ne faisaient rien dans tout cela, et qu'une étroite sympathie devait nous lier contre les dangers de notre expédition ! Si le pôle Nord est atteint, qu'importe qui l'aura découvert ! Pourquoi se rabaisser ainsi, et se targuer d'être Américains ou Anglais, quand on peut se vanter d'être hommes ! »

Le bon docteur pressait dans ses bras les ennemis réconciliés ; il ne pouvait calmer sa joie ; les deux nouveaux amis se sentaient plus rapprochés encore par l'amitié que le digne homme leur portait à tous deux. Claw-

bonny parlait, sans pouvoir se contenir, de la vanité des compétitions, de la folie des rivalités, et de l'accord si nécessaire entre des hommes abandonnés loin de leur pays. Ses paroles, ses larmes, ses caresses, tout venait du plus profond de son cœur.

Cependant il se calma, après avoir embrassé une vingtième fois Hatteras et Altamont.

« Et maintenant, dit-il, à l'ouvrage, à l'ouvrage! Puisque je n'ai été bon à rien comme chasseur, utilisons mes autres talents. »

Et il se mit en train de dépecer le bœuf, qu'il appelait « le bœuf de la réconciliation, » mais si adroitement, qu'il ressemblait à un chirurgien pratiquant une autopsie délicate.

Ses deux compagnons le regardaient en souriant. Au bout de quelques minutes, l'adroit praticien eut retiré du corps de l'animal une centaine de livres de chair appétissante; il en fit trois parts, dont chacun se chargea, et l'on reprit la route du Fort-Providence.

A dix heures du soir, les chasseurs, marchant dans les rayons obliques du soleil, atteignirent Doctor's-House, où Johnson et Bell leur avaient préparé un bon repas.

Mais, avant de se mettre à table, le docteur s'était écrié d'une voix triomphante, en montrant ses deux compagnons de chasse :

« Mon vieux Johnson, j'avais emmené avec moi un Anglais et un Américain, n'est-il pas vrai ?

—Oui, monsieur Clawbonny, répondit le maître d'équipage.

—Eh bien, je ramène deux frères. »

Les marins tendirent joyeusement la main à Altamont; le docteur leur raconta ce qu'avait fait le capitaine américain pour le capitaine anglais, et, cette nuit-là, la maison de neige abrita cinq hommes parfaitement heureux.

CHAPITRE XVIII. — LES DERNIERS PRÉPARATIFS.

Le lendemain, le temps changea; il y eut un retour au froid; la neige, la pluie et les tourbillons se succédèrent pendant plusieurs jours.

Bell avait terminé sa chaloupe; elle répondait parfaitement au but qu'elle devait remplir; pontée en partie, haute de bord, elle pouvait tenir la mer par un gros temps, avec sa misaine et son foc; sa légèreté lui permettait d'être halée sur le traîneau sans peser trop à l'attelage de chiens.

Enfin, un changement d'une haute importance pour les hiverneurs se préparait dans l'état du bassin polaire. Les glaces commençaient à s'ébranler au milieu de la baie; les plus hautes, incessamment minées par les chocs, ne demandaient qu'une tempête assez forte pour s'arracher du rivage et former des ice-bergs mobiles. Cependant Hatteras ne voulut pas attendre la dislocation du champ de glace pour commencer son excursion. Puisque le voyage devait se faire par terre, peu lui importait que la mer fût libre ou non ; il fixa donc le départ au 25 juin ; d'ici là, tous les préparatifs pouvaient être entièrement terminés. Johnson et Bell s'occupèrent de remettre le traîneau en parfait état; les châssis furent renforcés et les patins refaits à neuf. Les voyageurs comptaient profiter pour

leur excursion de ces quelques semaines de beau temps que la nature accorde aux contrées hyperboréennes. Les souffrances seraient donc moins cruelles à affronter, les obstacles plus faciles à vaincre.

Quelques jours avant le départ, le 20 juin, les glaces laissèrent entre

elles quelques passes libres dont on profita pour essayer la chaloupe dans une promenade jusqu'au cap Washington. La mer n'était pas absolument dégagée, il s'en fallait ; mais enfin elle ne présentait plus une surface solide, et il eût été impossible de tenter à pied une excursion à travers les ice-fields rompus.

Cette demi-journée de navigation permit d'apprécier les bonnes qualités nautiques de la chaloupe.

Pendant leur retour, les navigateurs furent témoins d'un incident curieux. Ce fut la chasse d'un phoque faite par un ours gigantesque; celui-ci était heureusement trop occupé pour apercevoir la chaloupe, car il n'eût

pas manqué de se mettre à sa poursuite; il se tenait à l'affût auprès d'une crevasse de l'ice-field, par laquelle le phoque avait évidemment plongé. L'ours épiait donc sa réapparition avec la patience d'un chasseur ou plutôt d'un pêcheur, car il pêchait véritablement. Il guettait en silence; il ne remuait pas; il ne donnait aucun signe de vie.

Mais, tout d'un coup, la surface du trou vint à s'agiter; l'amphibie remontait pour respirer; l'ours se coucha tout de son long sur le champ glacé et arrondit ses deux pattes autour de la crevasse.

Un instant après, le phoque apparut, la tête hors de l'eau; mais il n'eut pas le temps de l'y replonger; les pattes de l'ours, comme détendues par un ressort, se rejoignirent, étreignirent l'animal avec une irrésistible vigueur, et l'enlevèrent hors de son élément de prédilection.

Ce fut une lutte rapide; le phoque se débattit pendant quelques secondes, et fut étouffé sur la poitrine de son gigantesque adversaire; celui-ci, l'emportant sans peine, bien qu'il fût d'une grande taille, et sautant légèrement d'un glaçon à l'autre jusqu'à la terre ferme, disparut avec sa proie.

« Bon voyage! lui cria Johnson; cet ours-là a un peu trop de pattes à sa disposition. »

La chaloupe regagna bientôt la petite anse que Bell lui avait ménagée entre les glaces.

Quatre jours séparaient encore Hatteras et ses compagnons du moment fixé pour leur départ. Hatteras pressait les derniers préparatifs; il avait hâte de quitter cette Nouvelle-Amérique, cette terre qui n'était pas sienne, et qu'il n'avait pas nommée; il ne se sentait pas chez lui.

Le 22 juin, on commença à transporter sur le traîneau les effets de campement, la tente et les provisions. Les voyageurs emportaient deux cents livres de viande salée, trois caisses de légumes et de viandes conservées, cinquante livres de saumure et de lime-juice, cinq quarters de farine[1], des paquets de cresson et de cochléaria, fournis par les plantations du docteur; en y ajoutant deux cents livres de poudre, les instruments, les armes et les menus bagages, en y comprenant la chaloupe, l'Halket-

---

[1] 380 livres.

Boat et le poids du traîneau, c'était une charge de près de quinze cents livres à traîner, et fort pesante pour quatre chiens; d'autant plus que, contrairement à l'habitude des Esquimaux, qui ne les font pas travailler plus de quatre jours de suite, ceux-ci n'ayant pas de remplaçants, devaient tirer tous les jours; mais les voyageurs se promettaient de les aider au besoin, et ils ne comptaient marcher qu'à petites journées; la distance de la baie Victoria au pôle était de cent cinquante-cinq milles au plus[1], et à douze milles[2] par jour, il fallait un mois pour la franchir; d'ailleurs, lorsque la terre viendrait à manquer, la chaloupe permettrait d'achever le voyage sans fatigues, ni pour les chiens, ni pour les hommes.

Ceux-ci se portaient bien; la santé générale était excellente; l'hiver, quoique rude, se terminait dans de suffisantes conditions de bien-être; chacun, pour avoir écouté les avis du docteur, échappa aux maladies inhérentes à ces durs climats. En somme, on avait un peu maigri, ce qui ne laissait pas d'enchanter le digne Clawbonny; mais on s'était fait le corps et l'âme à cette âpre existence, et maintenant ces hommes acclimatés pouvaient affronter les plus brutales épreuves de la fatigue et du froid sans y succomber.

Et puis enfin, ils allaient marcher au but du voyage, à ce pôle inaccessible, après quoi il ne serait plus question que du retour. La sympathie qui réunissait maintenant les cinq membres de l'expédition devait les aider à réussir dans leur audacieux voyage, et pas un d'eux ne doutait du succès de l'entreprise.

En prévision d'une expédition lointaine, le docteur avait engagé ses compagnons à s'y préparer longtemps d'avance et à « s'entraîner » avec le plus grand soin.

« Mes amis, leur disait-il, je ne vous demande pas d'imiter les coureurs anglais, qui diminuent de dix-huit livres après deux jours d'entraînement, et de vingt-cinq après cinq jours; mais enfin, il faut faire quelque chose afin de se placer dans les meilleures conditions possibles pour accomplir un long voyage. Or, le premier principe de l'entraînement est de supprimer la graisse chez le coureur comme chez le jockey, et cela, au moyen de purgatifs, de transpirations et d'exercices violents; ces gentlemen savent qu'ils perdront tant par médecine, et ils arrivent à des résultats d'une justesse incroyable; aussi, tel qui avant l'entraînement ne pouvait courir l'espace d'un mille sans perdre haleine, en fait facilement vingt-cinq après! On a cité un certain Townsed qui faisait cent milles en douze heures sans s'arrêter.

[1] 150 lieues. — [2] 5 lieues.

—Beau résultat, répondit Johnson, et bien que nous ne soyons pas très-gras, s'il faut encore maigrir...

—Inutile, Johnson; mais, sans exagérer, on ne peut nier que l'entraînement n'ait de bons effets; il donne aux os plus de résistance, plus d'élasticité aux muscles, de la finesse à l'ouïe, et de la netteté à la vue; ainsi, ne l'oublions pas. »

Enfin, entraînés ou non, les voyageurs furent prêts le 23 juin; c'était un dimanche, et ce jour fut consacré à un repos absolu.

L'instant du départ approchait, et les habitants du Fort-Providence

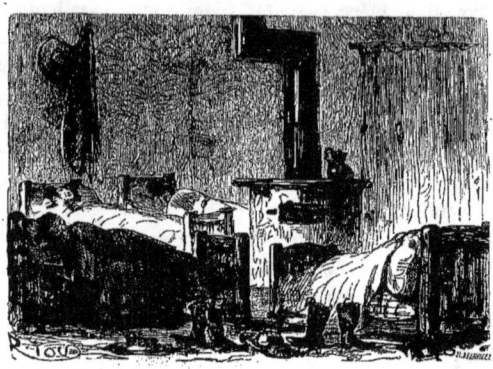

ne le voyaient pas arriver sans une certaine émotion. Cela leur faisait quelque peine au cœur de laisser cette hutte de neige, qui avait si bien rempli son rôle de maison, cette baie Victoria, cette plage hospitalière où s'étaient passés les derniers mois de l'hivernage. Retrouverait-on ces constructions au retour? Les rayons du soleil n'allaient-ils pas achever de fondre leurs fragiles murailles?

En somme, de bonnes heures s'y étaient écoulées! Le docteur, au repas du soir, rappela à ses compagnons ces émouvants souvenirs, et il n'oublia pas de remercier le ciel de sa visible protection.

Enfin l'heure du sommeil arriva. Chacun se coucha tôt pour se lever de grand matin. Ainsi s'écoula la dernière nuit passée au Fort-Providence.

CHAPITRE XIX. — MARCHE AU NORD.

Le lendemain, dès l'aube, Hatteras donna le signal du départ. Les chiens furent attelés au traîneau; bien nourris, bien reposés, après un hiver passé dans des conditions très-confortables, ils n'avaient aucune raison pour ne pas rendre de grands services pendant l'été. Ils ne se firent donc pas prier pour revêtir leur harnachement de voyage.

Bonnes bêtes, après tout, que ces chiens groënlandais; leur sauvage nature s'était formée peu à peu; ils perdaient de leur ressemblance avec le loup, pour se rapprocher de Duk, ce modèle achevé de la race canine; en un mot, ils se civilisaient.

Duk pouvait certainement réclamer une part dans leur éducation; il leur avait donné des leçons de bonne compagnie et prêchait d'exemple; en sa qualité d'Anglais, très-pointilleux sur la question du « cant, » il fut longtemps à se familiariser avec des chiens « qui ne lui avaient pas été présentés, » et dans le principe, il ne leur parlait pas; mais, à force de partager les mêmes dangers, les mêmes privations, la même fortune, ces animaux de race différente frayèrent peu à peu ensemble. Duk, qui avait bon cœur, fit les premiers pas, et toute la gent à quatre pattes devint bientôt une troupe d'amis.

Le docteur caressait les groënlandais, et Duk voyait sans jalousie ces caresses distribuées à ses congénères.

Les hommes n'étaient pas en moins bon état que les animaux; si ceux-ci devaient bien tirer, les autres se proposaient de bien marcher.

On partit à six heures du matin par un beau temps; après avoir suivi les contours de la baie, et dépassé le cap Washington, la route fut donnée droit au nord par Hatteras; à sept heures, les voyageurs perdaient dans le sud le cône du phare et le Fort-Providence.

Le voyage s'annonçait bien, et mieux surtout que cette expédition entreprise en plein hiver à la recherche du charbon! Hatteras laissait alors derrière lui, à bord de son navire, la révolte et le désespoir, sans être certain du but vers lequel il se dirigeait; il abandonnait un équipage à demi mort de froid; il partait avec des compagnons affaiblis par les misères d'un hiver arctique; lui, l'homme du nord, il revenait vers le sud! Maintenant, au contraire, entouré d'amis vigoureux et bien portants, soutenu, encouragé, poussé, il marchait au pôle, à ce but de toute sa vie! Jamais homme n'avait été plus près d'acquérir cette gloire immense pour son pays et pour lui-même!

Songeait-il à toutes ces choses si naturellement inspirées par la situation présente? Le docteur aimait à le supposer, et n'en pouvait guère douter à le voir si ardent. Le bon Clawbonny se réjouissait de ce qui devait réjouir son ami, et, depuis la réconciliation des deux capitaines, de ses deux amis, il se trouvait le plus heureux des hommes, lui auquel ces idées de haine, d'envie, de compétition, étaient étrangères, lui la meilleure des créatures! Qu'arriverait-il, que résulterait-il de ce voyage? Il l'ignorait; mais enfin, il commençait bien. C'était beaucoup.

La côte occidentale de la Nouvelle-Amérique se prolongeait dans l'ouest par une suite de baies au delà du cap Washington; les voyageurs, pour éviter cette immense courbure, après avoir franchi les premières rampes de Bell-Mount, se dirigèrent vers le nord, en prenant par les plateaux supérieurs. C'était une notable économie de route; Hatteras voulait, à moins que des obstacles imprévus de détroit ou de montagne ne s'y opposassent, tirer une ligne droite de trois cent cinquante milles depuis le Fort-Providence jusqu'au pôle.

Le voyage se faisait aisément; les plaines élevées offraient de vastes tapis blancs, sur lesquels le traîneau, garni de ses châssis soufrés, glissait sans peine, et les hommes, chaussés de leurs snow-shoes, y trouvaient une marche sûre et rapide.

Le thermomètre indiquait trente-sept degrés (+ 3° centig.). Le temps n'était pas absolument fixé, tantôt clair, tantôt embrumé; mais ni le froid, ni les tourbillons n'eussent arrêté des voyageurs si décidés à se porter en avant.

La route se relevait facilement au compas ; l'aiguille devenait moins paresseuse en s'éloignant du pôle magnétique ; elle n'hésitait plus ; il est vrai que, le point magnétique dépassé, elle se retournait vers lui, et marquait pour ainsi dire le sud à des gens qui marchaient au nord ; mais cette indication inverse ne donnait lieu à aucun calcul embarrassant.

D'ailleurs, le docteur imagina un moyen de jalonnement bien simple, qui évitait de recourir constamment à la boussole ; une fois la position établie, les voyageurs relevaient, par les temps clairs, un objet exactement placé au nord et situé à deux ou trois milles en avant ; ils marchaient alors vers lui jusqu'à ce qu'il fût atteint ; puis ils choisissaient un autre point de repère dans la même direction, et ainsi de suite. De cette façon, on s'écartait très-peu du droit chemin.

Pendant les deux premiers jours du voyage, on marcha à raison de vingt milles par douze heures; le reste du temps était consacré aux repas et au repos; la tente suffisait à préserver du froid pendant les instants du sommeil.

La température tendait à s'élever; la neige fondait entièrement par endroits, suivant les caprices du sol, tandis que d'autres places conservaient leur blancheur immaculée; de grandes flaques d'eau se formaient çà et là, souvent de vrais étangs, qu'un peu d'imagination eût fait prendre pour des lacs; les voyageurs s'y enfonçaient parfois jusqu'à mi-jambes; ils en riaient, d'ailleurs; le docteur était heureux de ces bains inattendus.

« L'eau n'a pourtant pas la permission de nous mouiller dans ce pays, disait-il; cet élément n'a droit ici qu'à l'état solide et à l'état gazeux;

quant à l'état liquide, c'est un abus! Glace ou vapeur, très-bien, mais eau, jamais! »

La chasse n'était pas oubliée pendant la marche, car elle devait procurer une alimentation fraîche; aussi Altamont et Bell, sans trop s'écarter, battaient les ravines avoisinantes; ils tiraient des ptarmigans, des guillemots, des oies, quelques lièvres gris; ces animaux passaient peu à peu de la confiance à la crainte; ils devenaient très-fuyards et fort difficiles à approcher. Sans Duk, les chasseurs en eussent été souvent pour leur poudre.

Hatteras leur recommandait de ne pas s'éloigner de plus d'un mille, car il n'avait ni un jour ni une heure à perdre, et ne pouvait compter que sur trois mois de beau temps.

Il fallait, d'ailleurs, que chacun fût à son poste près du traîneau, quand un endroit difficile, quelque gorge étroite, des plateaux inclinés, se présentaient à franchir; chacun alors s'attelait ou s'accotait au véhicule, le tirant, le poussant, ou le soutenant; plus d'une fois, on dut le décharger entièrement, et cela ne suffisait pas à prévenir des chocs, et par conséquent des avaries, que Bell réparait de son mieux.

Le troisième jour, le mercredi, 26 juin, les voyageurs rencontrèrent un lac de plusieurs acres d'étendue, et encore entièrement glacé par suite de son orientation à l'abri du soleil ; la glace était même assez forte pour supporter le poids des voyageurs et du traîneau. Cette glace paraissait dater d'un hiver éloigné, car ce lac ne devait jamais dégeler par suite de sa position; c'était un miroir compacte sur lequel les étés arctiques n'avaient aucune prise; ce qui semblait confirmer cette observation, c'est que ses

bords étaient entourés d'une neige sèche, dont les couches inférieures appartenaient certainement aux années précédentes.

A partir de ce moment, le pays s'abaissa sensiblement, d'où le docteur conclut qu'il ne pouvait avoir une grande étendue vers le nord; d'ailleurs, il était très-vraisemblable que la Nouvelle-Amérique n'était qu'une île et ne se développait pas jusqu'au pôle. Le sol s'aplanissait peu à peu à peine dans l'ouest quelques collines nivelées par l'éloignement et baignées dans une brume bleuâtre.

Jusque-là, l'expédition se faisait sans fatigue ; les voyageurs ne souffraient que de la réverbération des rayons solaires sur les neiges ; cette réflexion intense pouvait leur donner des snow-blindness [1] impossibles à

---

[1] Maladie des paupières occasionnée par la réverbération des neiges.

éviter. En tout autre temps, ils eussent voyagé la nuit pour éviter cet inconvénient; mais alors la nuit manquait. La neige tendait heureusement à se dissoudre, et perdait beaucoup de son éclat lorsqu'elle était sur le point de se résoudre en eau.

La température s'éleva, le 28 juin, à quarante-cinq degrés au-dessus de zéro (+ 7° centig.); cette hausse du thermomètre fut accompagnée d'une pluie abondante, que les voyageurs reçurent stoïquement, avec plaisir même; elle venait accélérer la décomposition des neiges; il fallut repren-

dre les mocassins de peau de daim, et changer le mode de glissage du traîneau. La marche fut retardée sans doute, mais, en l'absence d'obstacles sérieux, on avançait toujours.

Quelquefois le docteur ramassait sur son chemin des pierres arrondies ou plates, à la façon des galets usés par le remous des vagues, et alors il se croyait près du bassin polaire ; cependant la plaine se déroulait sans cesse à perte de vue.

Elle n'offrait aucun vestige d'habitation, ni huttes, ni cairns, ni caches d'Esquimaux ; les voyageurs étaient évidemment les premiers à fouler

cette contrée nouvelle ; les Groënlandais, dont les tribus hantent les terres arctiques, ne poussaient jamais aussi loin, et cependant, en ce pays, la chasse eût été fructueuse pour ces malheureux, toujours affamés ; on voyait parfois des ours qui suivaient sous le vent la petite troupe, sans manifester l'intention de l'attaquer ; dans le lointain, des bœufs musqués et des rennes apparaissaient par bandes nombreuses ; le docteur aurait bien voulu s'emparer de ces derniers pour renforcer son attelage; mais ils étaient très-fuyards et impossibles à prendre vivants.

Le 29, Bell tua un renard, et Altamont fut assez heureux pour abattre un bœuf musqué de moyenne taille, après avoir donné à ses compagnons une haute idée de son sang-froid et de son adresse; c'était vraiment un merveilleux chasseur, et le docteur, qui s'y connaissait, l'admirait fort. Le bœuf fut dépecé, et fournit une nourriture fraîche et abondante.

Ces hasards de bons et succulents repas étaient toujours bien reçus; les moins gourmands ne pouvaient s'empêcher de jeter des regards de satisfaction sur les tranches de chair vive. Le docteur riait lui-même, quand il se surprenait en extase devant ces opulents morceaux.

« Ne faisons pas les petites bouches, disait-il; le repas est une chose importante dans les expéditions polaires.

—Surtout, répondait Johnson, quand il dépend d'un coup de fusil plus ou moins adroit!

—Vous avez raison, mon vieux Johnson, répliquait le docteur, et l'on songe moins à manger lorsqu'on sait le pot-au-feu en train de bouillir régulièrement sur les fourneaux de la cuisine. »

Le 30, le pays, contrairement aux prévisions, devint très-accidenté, comme s'il eût été soulevé par une commotion volcanique; les cônes, les pics aigus se multiplièrent à l'infini, et atteignirent de grandes hauteurs.

Une brise de sud-est se prit à souffler avec violence, et dégénéra bientôt en un véritable ouragan; elle s'engouffrait à travers les rochers couronnés de neige, et parmi des montagnes de glace, qui, en pleine terre, affectaient cependant des formes d'hummoks et d'ice-bergs; leur présence sur ces plateaux élevés demeura inexplicable, même au docteur, qui cependant expliquait tout.

A la tempête succéda un temps chaud et humide; ce fut un véritable dégel; de tous côtés retentissait le craquement des glaçons, qui se mêlait au bruit plus imposant des avalanches.

Les voyageurs évitaient avec soin de longer la base des collines, et même de parler haut, car le bruit de la voix pouvait, en agitant l'air, déterminer des catastrophes; ils étaient témoins de chutes fréquentes et terribles qu'ils n'auraient pas eu le temps de prévoir; en effet, le caractère principal des avalanches polaires est une effrayante instantanéité; elles diffèrent en cela de celles de la Suisse ou de la Norvége; là, en effet, se forme une boule, peu considérable d'abord, qui, se grossissant des neiges et des rocs de sa route, tombe avec une rapidité croissante, dévaste les forêts, renverse les villages, mais enfin emploie un temps appréciable à se précipiter; or, il n'en est point ainsi dans les contrées frappées par le froid arctique; le déplacement du bloc de glace y est inattendu, foudroyant; sa chute n'est que l'instant de son départ, et qui le verrait oscil-

ler dans sa ligne de projection serait inévitablement écrasé par lui; le boulet de canon n'est pas plus rapide, ni la foudre plus prompte; se détacher, tomber, écraser ne fait qu'un pour l'avalanche des terres boréales, et cela avec le roulement formidable du tonnerre, et des répercussions étranges d'échos plus plaintifs que bruyants.

Aussi, aux yeux des spectateurs stupéfaits, se produisait-il parfois de véritables changements à vue; le pays se métamorphosait; la montagne devenait plaine sous l'attraction d'un brusque dégel; lorsque l'eau du ciel infiltrée dans les fissures des grands blocs, se solidifiait au froid d'une seule nuit, elle brisait alors tout obstacle par son irrésistible expansion, plus puissante encore en se faisant glace qu'en devenant vapeur, et le phénomène s'accomplissait avec une épouvantable instantanéité.

Aucune catastrophe ne vint heureusement menacer le traîneau et ses conducteurs; les précautions prises, tout danger fut évité. D'ailleurs, ce pays hérissé de crêtes, de contre-forts, de croupes, d'ice-bergs, n'avait pas une grande étendue, et trois jours après, le 3 juillet, les voyageurs se retrouvèrent dans les plaines plus faciles.

Mais leurs regards furent alors surpris par un nouveau phénomène, qui pendant longtemps excita les patientes recherches des savants des deux mondes; la petite troupe suivait une chaîne de collines hautes de cinquante pieds au plus, qui paraissait se prolonger sur plusieurs milles de longueur; or, son versant oriental était couvert de neige, mais d'une neige entièrement rouge.

On conçoit la surprise de chacun, et ses exclamations, et même le premier effet un peu terrifiant de ce long rideau cramoisi. Le docteur se hâta sinon de rassurer, au moins d'instruire ses compagnons; il connaissait cette particularité des neiges rouges, et les travaux d'analyse chimique faits à leur sujet par Wollaston, de Candolle et Bauer; il raconta donc que cette neige se rencontre non-seulement dans les contrées arctiques, mais en Suisse, au milieu des Alpes; de Saussure en recueillit une notable quantité sur le Breven en 1760, et, depuis, les capitaines Ross, Sabine, et d'autres navigateurs en rapportèrent de leurs expéditions boréales.

Altamont interrogea le docteur sur la nature de cette substance extraordinaire, et celui-ci lui apprit que cette coloration provenait uniquement de la présence de corpuscules organiques; longtemps les chimistes se demandèrent si ces corpuscules étaient d'une nature animale ou végétale; mais ils reconnurent enfin qu'ils appartenaient à la famille des champignons microscopiques du genre « Uredo, » que Bauer proposa d'appeler « Uredo nivalis. »

Alors le docteur, fouillant cette neige de son bâton ferré, fit voir à ses compagnons que la couche écarlate mesurait neuf pieds de profondeur, et il leur donna à calculer ce qu'il pouvait y avoir, sur un espace de plusieurs milles, de ces champignons, dont les savants comptèrent jusqu'à quarante-trois mille dans un centimètre carré.

Cette coloration, d'après la disposition du versant, devait remonter à un temps très-reculé, car ces champignons ne se décomposent ni par l'évaporation ni par la fusion des neiges, et leur couleur ne s'altère pas.

Le phénomène, quoique expliqué, n'en était pas moins étrange ; la couleur rouge est peu répandue par larges étendues dans la nature ; la réverbération des rayons du soleil sur ce tapis de pourpre produisait des effets bizarres ; elle donnait aux objets environnants, aux rochers, aux hommes, aux animaux, une teinte enflammée, comme s'ils eussent été éclairés par un brasier intérieur, et lorsque cette neige se fondait, il sem-

blait que des ruisseaux de sang vinssent à couler jusque sous les pieds des voyageurs.

Le docteur, qui n'avait pu examiner cette substance, lorsqu'il l'aperçut sur les Crimson-cliffs de la mer de Baffin, en prit ici à son aise, et il en recueillit précieusement plusieurs bouteilles.

Ce sol rouge, ce « Champ du Sang, » comme il l'appela, ne fut dépassé qu'après trois heures de marche, et le pays reprit son aspect habituel.

CHAPITRE XX. — EMPREINTES SUR LA NEIGE.

La journée du 4 juillet s'écoula au milieu d'un brouillard très-épais. La route au nord ne put être maintenue qu'avec la plus grande difficulté ; à chaque instant, il fallait la rectifier au compas. Aucun accident n'arriva heureusement pendant l'obscurité ; Bell seulement perdit ses snow-shoes, qui se brisèrent contre une saillie de roc.

« Ma foi, dit Johnson, je croyais qu'après avoir fréquenté la Mersey et la Tamise on avait le droit de se montrer difficile en fait de brouillards, mais je vois que je me suis trompé!

— Eh bien, répondit Bell, nous devrions allumer des torches comme à Londres ou à Liverpool!

— Pourquoi pas? répliqua le docteur; c'est une idée, cela; on éclai-

rerait peu la route, mais au moins on verrait le guide, et nous nous dirigerions plus directement.

— Mais, dit Bell, comment se procurer des torches?

— Avec de l'étoupe imbibée d'esprit-de-vin et fixée au bout de nos bâtons.

— Bien trouvé, répondit Johnson, et ce ne sera pas long à établir. »

Un quart d'heure après, la petite troupe reprenait sa marche aux flambeaux au milieu de l'humide obscurité.

Mais si on alla plus droit, on n'alla pas plus vite, et ces ténébreuses vapeurs ne se dissipèrent pas avant le 6 juillet; la terre s'étant alors refroidie, un coup de vent du nord vint emporter tout ce brouillard comme les lambeaux d'une étoffe déchirée.

Aussitôt, le docteur releva la position et constata que les voyageurs n'avaient pas fait dans cette brume une moyenne de huit milles par jour.

Le 6, on se hâta donc de regagner le temps perdu, et l'on partit de bon matin. Altamont et Bell reprirent leur poste de marche à l'avant, sondant le terrain et éventant le gibier; Duk les accompagnait; le temps avec son étonnante mobilité était redevenu très-clair et très-sec, et, bien

que les guides fussent à deux milles du traîneau, le docteur ne perdait pas de vue un seul de leurs mouvements.

Il fut donc fort étonné de les voir s'arrêter tout d'un coup et demeurer dans une posture de stupéfaction; ils semblaient regarder vivement au loin, comme des gens qui interrogent l'horizon.

Puis, se courbant vers le sol, ils l'examinaient avec attention et se relevaient surpris. Bell parut même vouloir se porter en avant; mais Altamont le retint de la main.

« Ah çà ! que font-ils donc ? dit le docteur à Johnson.

— Je les examine comme vous, monsieur Clawbonny, répondit le vieux marin, et je ne comprends rien à leurs gestes.

— Ils ont trouvé des traces d'animaux, répondit Hatteras.

— Cela ne peut être, dit le docteur.

—Pourquoi?

—Parce que Duk aboierait.

—Ce sont pourtant bien des empreintes qu'ils observent.

—Marchons, fit Hatteras, nous saurons bientôt à quoi nous en tenir. »

Johnson excita les chiens d'attelage, qui prirent une allure plus rapide.

Au bout de vingt minutes, les cinq voyageurs étaient réunis, et Hatteras, le docteur, Johnson, partageaient la surprise de Bell et d'Altamont.

En effet, des traces d'hommes, visibles, incontestables et fraîches comme si elles eussent été faites la veille, se montraient éparses sur la neige.

« Ce sont des Esquimaux, dit Hatteras.

—En effet, répondit le docteur, voilà les empreintes de leurs raquettes.

—Vous croyez? dit Altamont.

—Cela est certain!

—Eh bien, et ce pas? reprit Altamont en montrant une autre trace plusieurs fois répétée.

—Ce pas?

—Prétendez-vous qu'il appartienne à un Esquimau? »

Le docteur regarda attentivement et fut stupéfait; la marque d'un soulier européen, avec ses clous, sa semelle et son talon, était profondément creusée dans la neige; il n'y avait pas à en douter; un homme, un étranger, avait passé là.

« Des Européens ici! s'écria Hatteras

—Évidemment, fit Johnson.

— Et cependant, dit le docteur, c'est tellement improbable qu'il faut y regarder à deux fois avant de se prononcer. »

Le docteur examina donc l'empreinte deux fois, trois fois, et il fut bien obligé de reconnaître son origine extraordinaire.

Le héros de Daniel de Foë ne fut pas plus stupéfait en rencontrant la marque d'un pied creusée sur le sable de son île; mais si ce qu'il éprouva fut de la crainte, ici ce fut du dépit pour Hatteras. Un Européen si près du pôle!

On marcha en avant pour reconnaître ces traces; elles se répétaient pendant un quart de mille, mêlées à d'autres vestiges de raquettes et de mocassins; puis elles s'infléchissaient vers l'ouest.

Arrivés à ce point, les voyageurs se demandèrent s'il fallait les suivre plus longtemps.

« Non, répondit Hatteras. Allons... »

Il fut interrompu par une exclamation du docteur qui venait de ramasser sur la neige un objet plus convaincant encore, et sur l'origine duquel il n'y avait pas à se méprendre. C'était l'objectif d'une lunette de poche.

« Cette fois, dit-il, on ne peut plus mettre en doute la présence d'un étranger sur cette terre!...

— En avant! » s'écria Hatteras.

Et il prononça si énergiquement cette parole, que chacun le suivit; le traîneau reprit sa marche un moment interrompue.

Chacun surveillait l'horizon avec soin, sauf Hatteras, qu'une sourde colère animait et qui ne voulait rien voir. Cependant, comme on risquait de tomber dans un détachement de voyageurs, il fallait prendre ses précautions; c'était véritablement jouer de malheur que de se voir précédé sur cette route inconnue! Le docteur, sans éprouver la colère d'Hatteras, ne pouvait se défendre d'un certain dépit, malgré sa philosophie naturelle. Altamont paraissait également vexé; Johnson et Bell grommelaient entre leurs dents des paroles menaçantes.

« Allons, dit enfin le docteur, faisons contre fortune bon cœur.

— Il faut avouer, dit Johnson, sans être entendu d'Altamont, que si nous trouvions la place prise, ce serait à dégoûter de faire un voyage au pôle!

— Et cependant, répondit Bell, il n'y a pas moyen de douter...

— Non, répliqua le docteur; j'ai beau retourner l'aventure dans mon esprit, me dire que c'est improbable, impossible, il faut bien se rendre; ce soulier ne s'est pas empreint dans la neige sans avoir été au bout d'une jambe, et sans que cette jambe ait été attachée à un corps humain. Des Esquimaux, je le pardonnerais encore, mais un Européen!

—Le fait est, répondit Johnson, que si nous allions trouver les lits retenus dans l'auberge du bout du monde, ce serait vexant.

— Particulièrement vexant, répondit Altamont.

—Enfin, on verra, » fit le docteur.

Et l'on se remit en marche.

Cette journée s'accomplit sans qu'un fait nouveau vînt confirmer la présence d'étrangers sur cette partie de la Nouvelle-Amérique, et l'on prit enfin place au campement du soir.

Un vent assez violent ayant sauté dans le nord, il avait fallu chercher pour la tente un abri sûr au fond d'un ravin; le ciel était menaçant; des nuages allongés sillonnaient l'air avec une grande rapidité; ils rasaient le sol d'assez près, et l'œil avait de la peine à les suivre dans leur course échevelée; parfois, quelques lambeaux de ces vapeurs traînaient jusqu'à terre, et la tente ne se maintenait contre l'ouragan qu'avec la plus grande difficulté.

« Une vilaine nuit qui se prépare, dit Johnson après le souper.

— Elle ne sera pas froide, mais bruyante, répondit le docteur; prenons nos précautions, et assurons la tente avec de grosses pierres.

— Vous avez raison, monsieur Clawbonny; si l'ouragan entraînait notre abri de toile, Dieu sait où nous pourrions le rattraper. »

Les précautions les plus minutieuses furent donc prises pour parer à ce danger, et les voyageurs fatigués essayèrent de dormir.

Mais cela leur fut impossible; la tempête s'était déchaînée, et se précipitait du sud au nord avec une incomparable violence; les nuages s'éparpillaient dans l'espace comme la vapeur hors d'une chaudière qui vient de faire explosion; les dernières avalanches, sous les coups de l'ouragan, tombaient dans les ravines, et les échos renvoyaient en échange leurs sourdes répercussions; l'atmosphère semblait être le théâtre d'un combat à outrance entre l'air et l'eau, deux éléments formidables dans leurs colères, et le feu seul manquait à la bataille.

L'oreille surexcitée percevait dans le grondement général des bruits particuliers, non pas le brouhaha qui accompagne la chute des corps pesants, mais bien le craquement clair des corps qui se brisent; on entendait distinctement des fracas nets et francs, comme ceux de l'acier qui se rompt, au milieu des roulements allongés de la tempête.

Ces derniers s'expliquaient naturellement par les avalanches tordues dans les tourbillons, mais le docteur ne savait à quoi attribuer les autres.

Profitant de ces instants de silence anxieux, pendant lesquels l'ouragan semblait reprendre sa respiration pour souffler avec plus de violence, les voyageurs échangeaient leurs suppositions.

« Il se produit là, disait le docteur, des chocs, comme si des ice-bergs et des ice-fields se heurtaient.

— Oui, répondait Altamont, on dirait que l'écorce terrestre se disloque tout entière. Tenez, entendez-vous?

— Si nous étions près de la mer, reprenait le docteur, je croirais véritablement à une rupture des glaces.

— En effet, répondit Johnson, ce bruit ne peut s'expliquer autrement.

— Nous serions donc arrivés à la côte? dit Hatteras.

— Cela ne serait pas impossible, répondit le docteur; tenez, ajouta-t-il après un craquement d'une violence extrême, ne dirait-on pas un écrasement de glaçons? Nous pourrions bien être fort rapprochés de l'Océan.

— S'il en est ainsi, reprit Hatteras, je n'hésiterai pas à me lancer au travers des champs de glace.

— Oh! fit le docteur, ils ne peuvent manquer d'être brisés après une tempête pareille. Nous verrons demain; quoi qu'il en soit, s'il y a quelque troupe d'hommes à voyager par une nuit pareille, je la plains de tout mon cœur. »

L'ouragan dura pendant dix heures sans interruption, et aucun des hôtes de la tente ne put prendre un instant de sommeil; la nuit se passa dans une profonde inquiétude.

En effet, en pareilles circonstances, tout incident nouveau, une tempête, une avalanche, pouvait amener des retards graves. Le docteur aurait bien voulu aller au dehors reconnaître l'état des choses; mais comment s'aventurer dans ces vents déchaînés?

Heureusement, l'ouragan s'apaisa dès les premières heures du jour; on put enfin quitter cette tente qui avait vaillamment résisté; le docteur, Hatteras et Johnson se dirigèrent vers une colline haute de trois cents pieds environ; ils la gravirent assez facilement.

Leurs regards s'étendirent alors sur un pays métamorphosé, fait de roches vives, d'arêtes aiguës, et entièrement dépourvu de glace. C'était l'été succédant brusquement à l'hiver chassé par la tempête; la neige, rasée par l'ouragan comme par une lame affilée, n'avait pas eu le temps de se résoudre en eau, et le sol apparaissait dans toute son âpreté primitive.

Mais où les regards d'Hatteras se portèrent rapidement, ce fut vers le nord. L'horizon y paraissait baigné dans des vapeurs noirâtres.

« Voilà qui pourrait bien être l'effet produit par l'Océan, dit le docteur.

— Vous avez raison, fit Hatteras, la mer doit être là.

— Cette couleur est ce que nous appelons le « blinck » de l'eau libre, dit Johnson.

— Précisément, reprit le docteur.

— Eh bien, au traîneau! s'écria Hatteras, et marchons à cet Océan nouveau!

— Voilà qui vous réjouit le cœur, dit Clawbonny au capitaine.

— Oui, certes, répondit celui-ci avec enthousiasme; avant peu, nous aurons atteint le pôle! Et vous, mon bon docteur, est-ce que cette perspective ne vous rend pas heureux?

— Moi! je suis toujours heureux, et surtout du bonheur des autres! »

Les trois Anglais revinrent à la ravine, et, le traîneau préparé, on leva le campement. La route fut reprise; chacun craignait de retrouver encore les traces de la veille; mais, pendant le reste du chemin, pas un vestige de pas étrangers ou indigènes ne se montra sur le sol. Trois heures après, on arrivait à la côte.

« La mer ! la mer ! dit-on d'une seule voix.
— Et la mer libre ! » s'écria le capitaine.

Il était dix heures du matin.

En effet, l'ouragan avait fait place nette dans le bassin polaire ; les glaces, brisées et disloquées, s'en allaient dans toutes les directions ; les plus grosses, formant des ice-bergs, venaient de « lever l'ancre, » suivant l'expression des marins, et voguaient en pleine mer. Le champ avait subi un rude assaut de la part du vent ; une grêle de lames minces, de bavures et de poussière de glace était répandue sur les rochers environnants. Le peu qui restait de l'ice-field à l'arasement du rivage paraissait pourri ; sur les rocs, où déferlait le flot, s'allongeaient de larges algues marines et des touffes d'un varech décoloré.

L'Océan s'étendait au delà de la portée du regard, sans qu'aucune île, aucune terre nouvelle, vînt en limiter l'horizon.

La côte formait dans l'est et dans l'ouest, deux caps qui allaient se perdre

en pente douce au milieu des vagues; la mer brisait à leur extrémité, et une légère écume s'envolait par nappes blanches sur les ailes du vent; le sol de la Nouvelle-Amérique venait ainsi mourir à l'Océan polaire, sans convulsions, tranquille et légèrement incliné; il s'arrondissait en baie très-ouverte et formait une rade foraine délimitée par les deux promontoires. Au centre, un saillant du roc faisait un petit port naturel abrité sur trois points du compas; il pénétrait dans les terres par le large lit d'un ruisseau, chemin ordinaire des neiges fondues après l'hiver, et torrentueux en ce moment.

Hatteras, après s'être rendu compte de la configuration de la côte, résolut de faire ce jour même les préparatifs du départ, de lancer la cha-

loupe à la mer, de démonter le traîneau et de l'embarquer pour les excursions à venir.

Cela pouvait demander la fin de la journée. La tente fut donc dressée, et, après un repas réconfortant, les travaux commencèrent; pendant ce temps, le docteur prit ses instruments pour aller faire son point, et déterminer le relevé hydrographique d'une partie de la baie.

Hatteras pressait le travail; il avait hâte de partir; il voulait avoir quitté la terre ferme et pris les devants, au cas où quelque détachement arriverait à la mer.

A cinq heures du soir, Johnson et Bell n'avaient plus qu'à se croiser les bras. La chaloupe se balançait gracieusement dans le petit havre, son mât dressé, son foc halé bas et sa misaine sur les cargues ; les provisions et les parties démontées du traîneau y avaient été transportées ; il ne restait plus que la tente et quelques objets de campement à embarquer le lendemain.

Le docteur, à son retour, trouva ces apprêts terminés. En voyant la chaloupe tranquillement abritée des vents, il lui vint à l'idée de donner un nom à ce petit port, et proposa celui d'Altamont.

Cela ne fit aucune difficulté, et chacun trouva la proposition parfaitement juste.

En conséquence, le port fut appelé Altamont-Harbour.

Suivant les calculs du docteur, il se trouvait situé par 87° 05' de latitude et 118° 35' de longitude à l'orient de Greenwich, c'est-à-dire à moins de 3° du pôle. Les voyageurs avaient franchi une distance de deux cent milles depuis la baie Victoria jusqu'au port Altamont.

CHAPITRE XXI. — LA MER LIBRE.

Le lendemain matin, Johnson et Bell procédèrent à l'embarquement des effets de campement. A huit heures, les préparatifs de départ étaient terminés. Au moment de quitter cette côte, le docteur se prit à songer aux voyageurs dont on avait rencontré les traces, incident qui ne laissait pas de le préoccuper.

Ces hommes voulaient-ils gagner le nord ? avaient-ils à leur disposition quelque moyen de franchir l'océan polaire ? Allait-on encore les rencontrer sur cette route nouvelle ?

Aucun vestige n'avait, depuis trois jours, décelé la présence de ces voyageurs, et certainement, quels qu'ils fussent, ils ne devaient point avoir atteint Altamont-Harbour. C'était un lieu encore vierge de tout pas humain.

Cependant, le docteur, poursuivi par ses pensées, voulut jeter un dernier coup d'œil sur le pays, et il gravit une éminence haute d'une centaine de pieds au plus ; de là, son regard pouvait parcourir tout l'horizon du sud.

Arrivé au sommet, il porta sa lunette à ses yeux. Quelle fut sa surprise de ne rien apercevoir, non pas au loin dans les plaines, mais à quelques pas de lui ! Cela lui parut fort singulier ; il examina de nouveau, et enfin il regarda sa lunette... L'objectif manquait.

« L'objectif ! » s'écria-t-il.

On comprend la révélation subite qui se faisait dans son esprit ; il poussa un cri assez fort pour que ses compagnons l'entendissent, et leur anxiété fut grande en le voyant descendre la colline à toutes jambes.

« Bon ! qu'y a-t-il encore ? » demanda Johnson.

Le docteur, essoufflé, ne pouvait prononcer une parole ; enfin, il fit entendre ces mots :

« Les traces... les pas,.. le détachement !.. »

—Eh bien, quoi ? fit Hatteras... des étrangers ici ?

—Non !... non !... reprenait le docteur... l'objectif... mon objectif... à moi... »

Et il montrait son instrument incomplet.

« Ah ! s'écria l'Américain... vous avez perdu ?...

—Oui !

—Mais alors, ces traces...

—Les nôtres, mes amis, les nôtres ! s'écria le docteur. Nous nous sommes égarés dans le brouillard ! Nous avons tourné en cercle, et nous sommes retombés sur nos pas !

—Mais cette empreinte de souliers ? dit Hatteras.

—Le soulier de Bell, de Bell lui-même, qui, après avoir cassé ses snow-shoes, a marché toute une journée dans la neige.

—C'est parfaitement vrai, » dit Bell.

Et l'erreur fut si évidente que chacun partit d'un éclat de rire, sau Hatteras, qui n'était cependant pas le moins heureux de cette découverte.

« Avons-nous été assez ridicules, reprit le docteur, quand l'hilarité fut calmée. Les bonnes suppositions que nous avons faites! Des étrangers sur cette côte! allons donc! Décidément, il faut réfléchir ici avant de parler. Enfin, puisque nous voilà tirés d'inquiétude à cet égard, il ne nous reste plus qu'à partir.

—En route! » dit Hatteras.

Un quart-d'heure après, chacun avait pris place à bord de la chaloupe, qui, sa misaine déployée et son foc hissé, déborda rapidement d'Altamont-Harbour.

Cette traversée maritime commençait le mercredi 10 juillet; les navigateurs se trouvaient à une distance très-rapprochée du pôle, exactement cent soixante-quinze milles[1]; pour peu qu'une terre fût située à ce point du globe, la navigation par mer devait être très-courte.

Le vent était faible, mais favorable. Le thermomètre marquait cinquante degrés au-dessus de zéro (+ 10° centig.); il faisait réellement chaud.

La chaloupe n'avait pas souffert du voyage sur le traîneau; elle était en parfait état, et se manœuvrait facilement. Johnson tenait la barre; le docteur, Bell et l'Américain s'étaient accotés de leur mieux parmi les effets de voyage, disposés, partie sur le pont, partie au-dessous.

Hatteras, placé à l'avant, fixait du regard ce point mystérieux vers lequel il se sentait attiré avec une insurmontable puissance, comme l'aiguille aimantée au pôle magnétique. Si quelque rivage se présentait, il voulait être le premier à le reconnaître. Cet honneur lui appartenait réellement.

Il remarquait d'ailleurs que la surface de l'océan polaire était faite de lames courtes, telles que les mers encaissées en produisent. Il voyait là l'indice d'une terre prochaine, et le docteur partageait son opinion à cet égard.

Il est facile de comprendre pourquoi Hatteras désirait si vivement rencontrer un continent au pôle nord. Quel désappointement il eût éprouvé à voir la mer incertaine, insaisissable, s'étendre là où une portion de terre, si petite qu'elle fût, était nécessaire à ses projets! En effet, comment nommer d'un nom spécial un espace d'océan indéterminé? Comment planter en pleins flots le pavillon de son pays? Comment prendre

---

[1] 70 lieues 1/3

possession au nom de Sa Gracieuse Majesté d'une partie de l'élément liquide?

Aussi, l'œil fixe, Hatteras, sa boussole à la main, dévorait le nord de ses regards.

Rien, d'ailleurs, ne limitait l'étendue du bassin polaire jusqu'à la ligne

de l'horizon; il s'en allait au loin se confondre avec le ciel pur, de ces zones. Quelques montagnes de glace, fuyant au large, semblaient laisser passage à ces hardis navigateurs.

L'aspect de cette région offrait de singuliers caractères d'étrangeté. Cette impression tenait-elle à la disposition d'esprit de voyageurs très-émus et supra-nerveux? Il est difficile de se prononcer. Cependant le docteur, dans ses notes quotidiennes, a dépeint cette physionomie bizarre de l'océan; il en parle comme en parlait Penny, suivant lequel ces contrées présentent un aspect « offrant le contraste le plus frappant d'une « mer animée par des millions de créatures vivantes. »

La plaine liquide, colorée des nuances les plus vagues de l'outre-mer, se montrait étrangement transparente et douée d'un incroyable pouvoir dispersif, comme si elle eût été faite de carbure de soufre. Cette diaphanéité permettait de la fouiller du regard jusqu'à des profondeurs incommensurables; il semblait que le bassin polaire fût éclairé par dessous à la façon d'un immense aquarium; quelque phénomène électrique, produit au fond des mers, en illuminait sans doute les couches les plus reculées. Aussi la chaloupe semblait suspendue sur un abîme sans fond.

A la surface de ces eaux étonnantes, les oiseaux volaient en bandes

innombrables, pareilles à des nuages épais et gros de tempêtes. Oiseaux de passage, oiseaux de rivage, oiseaux rameurs, ils offraient dans leur ensemble tous les specimens de la grande famille aquatique, depuis l'albatros, si commun aux contrées australes, jusqu'au pingouin des mers arctiques, mais avec des proportions gigantesques. Leurs cris produisaient un assourdissement continuel. A les considérer, le docteur perdait sa science de naturaliste; les noms de ces espèces prodigieuses lui échappaient, et il se surprenait à courber la tête, quand leurs ailes battaient l'air avec une indescriptible puissance.

Quelques-uns de ces monstres aériens déployaient jusqu'à vingt pieds d'envergure; ils couvraient entièrement la chaloupe sous leur vol, et il y avait là, par légions, de ces oiseaux dont la nomenclature ne parut jamais dans l' « Index Ornithologus » de Londres.

Le docteur était abasourdi, et, en somme, stupéfait de trouver sa science en défaut.

Puis, lorsque son regard, quittant les merveilles du ciel, glissait à la surface de cet océan paisible, il rencontrait des productions non moins étonnantes du règne animal, et, entre autres, des méduses dont la largeur atteignait jusqu'à trente pieds; elles servaient à la nourriture générale de la gent aérienne, et flottaient comme de véritables îlots au milieu d'algues et de varechs gigantesques. Quel sujet d'étonnement! Quelle différence avec ces autres méduses microscopiques observées par Scoresby dans les mers du Groënland, et dont ce navigateur évalua le nombre à vingt-trois trilliards huit cent quatre-vingt-huit billiards de milliards dans un espace de deux milles carrés [1] !

Enfin, lorsqu'au delà de la superficie liquide, le regard plongeait dans les eaux transparentes, le spectacle n'était pas moins surnaturel de cet élément sillonné par des milliers de poissons de toutes les espèces; tantôt ces animaux s'enfonçaient rapidement au plus profond de la masse liquide, et l'œil les voyait diminuer peu à peu, décroître, s'effacer à la façon des spectres fantasmagoriques; tantôt, quittant les profondeurs de l'océan, ils remontaient en grandissant à la surface des flots. Les monstres marins ne paraissaient aucunement effrayés de la présence de la chaloupe; ils la caressaient au passage de leurs nageoires énormes; là où des baleiniers de profession se fussent à bon droit épouvantés, les navigateurs n'avaient pas même la conscience d'un danger couru, et cependant quelques-uns de ces habitants de la mer atteignaient à de formidables proportions.

Les jeunes veaux marins se jouaient entre eux; le narwal, fantastique comme la licorne, armé de sa défense longue, étroite et conique, outil merveilleux qui lui sert à scier les champs de glace, poursuivait les cétacés plus craintifs; des baleines innombrables chassant par leurs évents des colonnes d'eau et de mucilage, remplissaient l'air d'un sifflement particulier; le nord-caper à la queue déliée, aux larges nageoires caudales, fendait la vague avec une incommensurable vitesse, se nourrissant dans sa course d'animaux rapides comme lui, de gades ou de scombres, tandis que la baleine blanche, plus paresseuse, engloutissait paisiblement des mollusques tranquilles et indolents comme elle.

Plus au fond, les baleinoptères au museau pointu, les anarnacks groënlandais allongés et noirâtres, les cachalots géants, espèce répandue au sein de toutes les mers, nageaient au milieu des bancs d'ambre gris, ou

---

[1] Ce nombre échappant à toute appréciation de l'esprit, le baleinier anglais, afin de le rendre plus compréhensible, disait qu'à le compter quatre-vingt mille individus auraient été occupés jour et nuit depuis la création du monde.

se livraient des batailles homériques qui rougissaient l'océan sur une surface de plusieurs milles; les physales cylindriques, le gros tegusik du Labrador, les dauphins à dorsale en lame de sabre, toute la famille des phoques et des morses, les chiens, les chevaux, les ours marins, les lions, les éléphants de mer semblaient paître les humides pâturages de l'océan,

et le docteur admirait ces animaux innombrables aussi facilement qu'il eût fait des crustacés et des poissons à travers les bassins de cristal du Zoological-Garden.

Quelle beauté, quelle variété, quelle puissance dans la nature! Comme tout paraissait étrange et prestigieux au sein de ces régions circumpolaires!

L'atmosphère acquérait une surnaturelle pureté ; on l'eût dite surchargée d'oxygène ; les navigateurs aspiraient avec délices cet air qui leur versait une vie plus ardente ; sans se rendre compte de ce résultat, ils étaient en proie à une véritable combustion, dont on ne peut donner une idée, même affaiblie ; leurs fonctions passionnelles, digestives, respiratoires s'accomplissaient avec une énergie surhumaine ; les idées, surexcitées dans leur cerveau, se développaient jusqu'au grandiose : en une heure ils vivaient la vie d'un jour entier.

Au milieu de ces étonnements et de ces merveilles, la chaloupe voguait paisiblement au souffle d'un vent modéré que les grands albatros activaient parfois de leurs vastes ailes.

Vers le soir, Hatteras et ses compagnons perdirent de vue la côte de la Nouvelle-Amérique. Les heures de la nuit sonnaient pour les zones tempérées comme pour les zones équinoxiales ; mais ici, le soleil, élargissant ses spirales, traçait un cercle rigoureusement parallèle à celui de l'océan. La chaloupe, baignée dans ses rayons obliques, ne pouvait quitter ce centre lumineux qui se déplaçait avec elle.

Les êtres animés des régions hyperboréennes sentirent pourtant venir le soir, comme si l'astre radieux se fût dérobé derrière l'horizon. Les oiseaux, les poissons, les cétacés disparurent. Où ! Au plus profond du ciel ? Au plus profond de la mer ? Qui l'eût pu dire ? Mais, à leurs cris, à leurs sifflements, au frémissement des vagues agitées par la respiration des monstres marins, succéda bientôt la silencieuse immobilité ; les flots s'endormirent dans une insensible ondulation, et la nuit reprit sa paisible influence sous les regards étincelants du soleil.

Depuis le départ d'Altamont-Harbour, la chaloupe avait gagné un degré dans le nord ; le lendemain, rien ne paraissait encore à l'horizon, ni ces hauts pics qui signalent de loin les terres, ni ces signes particuliers auxquels un marin pressent l'approche des îles ou des continents.

Le vent tenait bon sans être fort ; la mer était peu houleuse ; le cortége des oiseaux et des poissons revint aussi nombreux que la veille ; le docteur, penché sur les flots, put voir les cétacés quitter leur profonde retraite et monter peu à peu à la surface de la mer ; quelques ice-bergs, et çà et là des glaçons épars, rompaient seuls l'immense monotonie de l'océan.

Mais, en somme, les glaces étaient rares, et elles n'auraient pu gêner la marche d'un navire. Il faut remarquer que la chaloupe se trouvait alors à dix degrés au-dessus du pôle du froid, et au point de vue des parallèles de température, c'est comme si elle eût été à dix degrés au-dessous. Rien d'étonnant, dès lors, que la mer fut libre à cette époque, comme elle le devait être par le travers de la baie de Disko, dans la mer de Baffin. Ainsi donc, un bâtiment aurait eu là ses coudées franches pendant les mois d'été.

Cette observation a une grande importance pratique; en effet, si jamais les baleiniers peuvent s'élever dans le bassin polaire, soit par les mers du nord de l'Amérique, soit par les mers du nord de l'Asie, ils sont assurés d'y faire rapidement leur cargaison, car cette partie de l'océan paraît être le vivier universel, le réservoir général des baleines, des phoques et de tous les animaux marins.

A midi, la ligne d'eau se confondait encore avec la ligne du ciel; le docteur commençait à douter de l'existence d'un continent sous ces latitudes élevées.

Cependant, en réfléchissant, il était forcément conduit à croire à l'existence d'un continent boréal; en effet, aux premiers jours du monde, après le refroidissement de la croûte terrestre, les eaux, formées par la condensation des vapeurs atmosphériques, durent obéir à la force centrifuge, s'élancer vers les zones équatoriales et abandonner les extrémités immobiles du globe. De là, l'émersion nécessaire des contrées voisines du pôle. Le docteur trouvait ce raisonnement fort juste.

Et il semblait tel à Hatteras.

Aussi les regards du capitaine essayaient de percer les brumes de l'horizon. Sa lunette ne quittait pas ses yeux. Il cherchait dans la couleur des eaux, dans la forme des vagues, dans le souffle du vent, les indices d'une terre prochaine. Son front se penchait en avant, et qui n'eût pas connu ses pensées l'eût admiré, cependant, tant il y avait dans son attitude d'énergiques désirs et d'anxieuses interrogations.

CHAPITRE XXII. — LES APPROCHES DU POLE.

Le temps s'écoulait au milieu de cette incertitude. Rien ne se montrait à cette circonférence si nettement arrêtée. Pas un point qui ne fût ciel ou mer. Pas même à la surface des flots, un brin de ces herbes terrestres qui firent tressaillir le cœur de Christophe Colomb marchant à la découverte de l'Amérique.

Hatteras regardait toujours.

Enfin, vers six heures du soir, une vapeur de forme indécise, mais sensiblement élevée, apparut au-dessus du niveau de la mer; on eût dit un panache de fumée; le ciel était parfaitement pur : donc cette vapeur ne pouvait s'expliquer par un nuage; elle disparaissait par instant, et reparaissait, comme agitée.

Hatteras fut le premier à observer ce phénomène; ce point indécis, cette vapeur inexplicable, il l'encadra dans le champ de sa lunette, et pendant une heure encore il l'examina sans relâche.

Tout à coup, quelque indice, certain apparemment, lui vint au regard, car il étendit le bras vers l'horizon, et d'une voix éclatante il s'écria :

« Terre ! terre ! »

A ces mots, chacun se leva comme mû par une commotion électrique. Une sorte de fumée s'élevait sensiblement au-dessus de la mer.

« Je vois ! je vois ! s'écria le docteur.

— Oui ! certes... oui, fit Johnson.

— C'est un nuage, dit Altamont.

— Terre ! terre ! » répondit Hatteras avec une inébranlable conviction.

Les cinq navigateurs examinèrent encore avec la plus grande attention. Mais comme il arrive souvent aux objets que leur éloignement rend indécis, le point observé semblait avoir disparu. Enfin les regards le saisirent de nouveau, et le docteur crut même surprendre une lueur rapide à vingt ou vingt-cinq milles dans le nord.

« C'est un volcan ! s'écria-t-il.

— Un volcan ? fit Altamont.

— Sans doute.

— Sous une latitude si élevée !

— Et pourquoi pas ? reprit le docteur; l'Islande n'est-elle pas une terre volcanique et pour ainsi dire faite de volcans ?

— Oui! l'Islande, reprit l'Américain; mais si près du pôle!

— Eh bien, notre illustre compatriote, le commodore James Ross, n'a-t-il pas constaté, sur le continent austral, l'existence de l'*Erebus* et du *Terror*, deux monts ignivomes en pleine activité par cent soixante-dix degrés de longitude et soixante-dix-huit degrés de latitude! pourquoi donc des volcans n'existeraient-ils pas au pôle nord?

— Cela est possible, en effet, répondit Altamont.

— Ah! s'écria le docteur, je le vois distinctement : c'est un volcan!

— Eh bien, fit Hatteras, courons droit dessus.

— Le vent commence à venir de bout, dit Johnson.

— Bordez la misaine, et au plus près. »

Mais cette manœuvre eut pour résultat d'éloigner la chaloupe du point observé, et les plus attentifs regards ne purent le reprendre.

Cependant on ne pouvait plus douter de la proximité de la côte. C'était donc là le but du voyage entrevu, sinon atteint, et vingt-quatre heures ne se passeraient pas, sans doute, sans que ce nouveau sol ne fût foulé par un pied humain. La Providence, après leur avoir permis de s'en approcher de si près, ne voudrait pas empêcher ces audacieux marins d'y attérir.

Cependant, dans les circonstances actuelles, personne ne manifesta la joie qu'une semblable découverte devait produire; chacun se renfermait en lui-même et se demandait ce que pouvait être cette terre du pôle. Les animaux semblaient la fuir; à l'heure du soir, les oiseaux, au lieu d'y chercher un refuge, s'envolaient dans le sud à tire-d'ailes! Était-elle donc si inhospitalière qu'une mouette ou un ptarmigan n'y pussent trouver asile? Les poissons eux-mêmes, les grands cétacés, fuyaient rapidement cette côte à travers les eaux transparentes. D'où venait ce sentiment de répulsion, sinon de terreur, commun à tous les êtres animés qui hantaient cette partie du globe?

Les navigateurs avaient subi l'impression générale; ils se laissaient aller aux sentiments de leur situation, et, peu à peu, chacun d'eux sentit le sommeil alourdir ses paupières.

Le quart revenait à Hatteras! Il prit la barre; le docteur, Altamont, Johnson et Bell, étendus sur les bancs, s'endormirent l'un après l'autre, et bientôt ils furent plongés dans le monde des rêves.

Hatteras essaya de résister au sommeil; il ne voulait rien perdre de ce temps précieux; mais le mouvement lent de la chaloupe le berçait insensiblement, et il tomba malgré lui dans une irrésistible somnolence.

Cependant l'embarcation marchait à peine; le vent ne parvenait pas à gonfler sa voile détendue. Au loin, quelques glaçons immobiles dans l'ouest réfléchissaient les rayons lumineux et formaient des plaques incandescentes en plein océan.

Hatteras se prit à rêver. Sa pensée rapide erra sur toute son existence; il remonta le cours de sa vie avec cette vitesse particulière aux songes, qu'aucun savant n'a encore pu calculer; il fit un retour sur ses jours écoulés; il revit son hivernage, la baie Victoria, le Fort-Providence, la maison du Docteur, la rencontre de l'Américain sous les glaces.

Alors il retourna plus loin dans le passé; il rêva de son navire, du *Forward* incendié, de ses compagnons, des traîtres qui l'avaient abandonné. Qu'étaient-ils devenus? Il pensa à Shandon, à Wall, au brutal Pen. Où étaient-ils? Avaient-ils pu gagner la mer de Baffin à travers les glaces?

Puis, son imagination de rêveur plana plus haut encore, et il se retrouva à son départ d'Angleterre, à ses voyages précédents, à ses tentatives avortées, à ses malheurs. Alors il oublia sa situation présente, sa réussite prochaine, ses espérances à demi réalisées. De la joie son rêve le rejeta dans les angoisses.

Pendant deux heures ce fut ainsi; puis, sa pensée reprit un nouveau cours; elle le ramena vers le pôle; il se vit posant enfin le pied sur ce continent anglais, et déployant le pavillon du Royaume-Uni.

Tandis qu'il sommeillait ainsi, un nuage énorme, de couleur olivâtre, montait sur l'horizon et assombrissait l'océan.

On ne peut se figurer avec quelle foudroyante rapidité les ouragans envahissent les mers arctiques. Les vapeurs engendrées dans les contrées équatoriales viennent se condenser au-dessus des immenses glaciers du nord, et appellent avec une irrésistible violence des masses d'air pour les remplacer. C'est ce qui peut expliquer l'énergie des tempêtes boréales.

Au premier choc du vent, le capitaine et ses compagnons s'étaient arrachés à leur sommeil, prêts à manœuvrer.

La mer se soulevait en lames hautes, à base peu développée; la chaloupe, ballottée par une violente houle, plongeait dans des gouffres profonds, ou oscillait sur la pointe d'une vague aiguë, en s'inclinant sous des angles de plus de quarante-cinq degrés.

Hatteras avait repris d'une main ferme la barre qui jouait avec bruit dans la tête du gouvernail; quelquefois, cette barre, violemment prise dans une embardée, le repoussait et le courbait malgré lui. Johnson et

Bell s'occupaient sans relâche à vider l'eau embarquée dans les plongeons de la chaloupe.

« Voilà une tempête sur laquelle nous ne comptions guère, dit Altamont en se cramponnant à son banc.

— Il faut s'attendre à tout ici, » répondit le docteur.

Ces paroles s'échangeaient au milieu des sifflements de l'air et du fracas des flots, que la violence du vent réduisait à une impalpable poussière liquide; il devenait presque impossible de s'entendre.

Le nord était difficile à tenir; les embruns épais ne laissaient pas entrevoir la mer au delà de quelques toises; tout point de repère avait disparu.

Cette tempête subite, au moment où le but allait être atteint, semblait renfermer de sévères avertissements; elle apparaissait à des esprits surexcités comme une défense d'aller plus loin. La nature voulait-elle donc interdire l'accès du pôle. Ce point du globe était-il entouré d'une fortification d'ouragans et d'orages qui ne permettait pas d'en approcher?

Cependant, à voir la figure énergique de ces hommes, on eût compris qu'ils ne céderaient ni au vent ni aux flots, et qu'ils iraient jusqu'au bout.

Ils luttèrent ainsi pendant toute la journée, bravant la mort à chaque instant, ne gagnant rien dans le nord, mais ne perdant pas, trempés sous une pluie tiède, et mouillés par les paquets de mer que la tempête leur jetait au visage; aux sifflements de l'air se mêlaient parfois de sinistres cris d'oiseaux.

Mais au milieu même d'une recrudescence du courroux des flots, vers six heures du soir, il se fit une accalmie subite. Le vent se tut miraculeusement. La mer se montra calme et unie, comme si la houle ne l'eût pas soulevée pendant douze heures. L'ouragan semblait avoir respecté cette partie de l'océan polaire.

Que se passait-il donc? Un phénomène extraordinaire, inexplicable, et dont le capitaine Sabine fut témoin pendant ses voyages aux mers groënlandaises.

Le brouillard, sans se lever, s'était fait étrangement lumineux.

La chaloupe naviguait dans une zone de lumière électrique, un immense feu Saint-Elme resplendissant, mais sans chaleur. Le mât, la voile, les agrès se dessinaient en noir sur le fond phosphorescent du ciel avec une incomparable netteté; les navigateurs demeuraient plongés dans un bain de rayons transparents, et leurs figures se coloraient de reflets enflammés.

L'accalmie soudaine de cette portion de l'océan provenait sans doute du mouvement ascendant des colonnes d'air, tandis que la tempête, appartenant au genre des cyclones[1], tournait avec rapidité autour de ce centre paisible.

Mais cet atmosphère en feu fit venir une pensée à l'esprit d'Hatteras.

« Le volcan ! s'écria-t-il.

—Est-ce possible ? fit Bell.

—Non ! non ! répondit le docteur ; nous serions étouffés si ses flammes s'étendaient jusqu'à nous.

—C'est peut-être son reflet dans le brouillard, fit Altamont.

—Pas davantage. Il faudrait admettre que nous fussions près de terre, et, dans ce cas, nous entendrions les fracas de l'éruption.

[1] Tempêtes tournantes.

—Mais alors?... demanda le capitaine.

—C'est un phénomène cosmique, répondit le docteur, phénomène peu observé jusqu'ici!... Si nous continuons notre route, nous ne tarderons pas à sortir de cette sphère lumineuse pour retrouver l'obscurité et la tempête.

—Quoi qu'il en soit, en avant! répondit Hatteras.

—En avant! » s'écrièrent ses compagnons, qui ne songèrent même pas à reprendre haleine dans ce bassin tranquille.

La voile, avec ses plis de feu, pendait le long du mât étincelant; les avirons plongèrent dans les vagues ardentes, et parurent soulever des flots d'étincelles faites de gouttes d'eau vivement éclairées.

Hatteras, la boussole à la main, reprit la route du nord; peu à peu, le brouillard perdit de sa lumière, puis de sa transparence; le vent fit entendre ses rugissements à quelques toises, et bientôt la chaloupe, se couchant sous une violente rafale, rentra dans la zone des tempêtes.

Mais l'ouragan avait heureusement tourné d'un point vers le sud, et l'embarcation put courir vent arrière, allant droit au pôle, risquant de sombrer, mais se précipitant avec une vitesse insensée; l'écueil, rocher ou glaçon, pouvait surgir à chaque instant des flots, et elle s'y fût infailliblement mise en pièces.

Cependant, pas un de ces hommes n'élevait une objection; pas un ne faisait entendre la voix de la prudence. Ils étaient pris de la folie du danger. La soif de l'inconnu les envahissait. Ils allaient ainsi non pas aveugles, mais aveuglés, trouvant l'effroyable rapidité de cette course trop faible au gré de leur impatience. Hatteras maintenait sa barre dans son imperturbable direction, au milieu des vagues écumant sous le fouet de la tempête.

Cependant l'approche de la côte se faisait sentir; il y avait dans l'air des symptômes étranges. Tout à coup le brouillard se fendit comme un rideau déchiré par le vent, et pendant un laps de temps rapide comme l'éclair, on put voir à l'horizon un immense panache de flammes se dresser vers le ciel.

« Le volcan! le volcan!.. »

Ce fut le mot qui s'échappa de toutes les bouches; mais la fantastique vision avait disparu; le vent, sautant dans le sud-est, prit l'embarcation par le travers, et l'obligea de fuir encore cette terre inabordable.

« Malédiction! fit Hatteras, en bordant sa misaine; nous n'étions pas à trois milles de la côte! »

Hatteras ne pouvait résister à la violence de la tempête; mais, sans lui céder, il biaisa dans le vent, qui se déchaînait avec un emportement indescriptible. Par instants, la chaloupe se renversait sur le côté, à faire craindre que sa quille n'émergeât tout entière; cependant elle finissait par se relever sous l'action du gouvernail, comme un coursier dont les jarrets fléchissent, et que son cavalier relève de la bride et de l'éperon.

Hatteras, échevelé, la main soudée à sa barre, semblait être l'âme de

cette barque, et ne faire qu'un avec elle, ainsi que l'homme et le cheval au temps des centaures.

Soudain, un spectacle épouvantable s'offrit à ses regards.

A moins de dix toises, un glaçon se balançait sur la cime houleuse des vagues; il descendait et montait comme la chaloupe; il la menaçait de sa chute, et l'eût écrasée à la toucher seulement.

Mais avec ce danger d'être précipité dans l'abîme, s'en présentait un autre non moins terrible; car ce glaçon, courant à l'aventure, était chargé d'ours blancs, serrés les uns contre les autres, et fous de terreur.

« Des ours! des ours! » s'écria Bell d'une voix étranglée.

Et chacun, terrifié, vit ce qu'il voyait.

Le glaçon faisait d'effrayantes embardées; quelquefois il s'inclinait sous

des angles si aigus, que les animaux roulaient pêle-mêle les uns sur les autres. Alors ils poussaient des grognements qui luttaient avec les fracas de la tempête, et un formidable concert s'échappait de cette ménagerie flottante.

Que ce radeau de glace vînt à culbuter, et les ours, se précipitant vers l'embarcation, en eussent tenté l'abordage.

Pendant un quart d'heure, long comme un siècle, la chaloupe et le glaçon naviguèrent de conserve, tantôt écartés de vingt toises, tantôt prêts à se heurter; parfois l'un dominait l'autre, et les monstres n'avaient qu'à se laisser choir. Les chiens groënlandais tremblaient d'épouvante. Duk restait immobile.

Hatteras et ses compagnons étaient muets; il ne leur venait pas même à l'idée de mettre la barre dessous pour s'écarter de ce redoutable voisinage, et ils se maintenaient dans leur route avec une inflexible rigueur.

Un sentiment vague, qui tenait plus de l'étonnement que de la terreur, s'emparait de leur cerveau; ils admiraient, et ce terrifiant spectacle complétait la lutte des éléments.

Enfin, le glaçon s'éloigna peu à peu, poussé par le vent auquel résistait la chaloupe avec sa misaine bordée à plat, et il disparut au milieu du brouillard, signalant de temps en temps sa présence par les grognements éloignés de son monstrueux équipage.

En ce moment, il y eut redoublement de la tempête; ce fut un déchaînement sans nom des ondes atmosphériques; l'embarcation, soulevée hors des flots, se prit à tournoyer avec une vitesse vertigineuse; sa misaine arrachée s'enfuit dans l'ombre comme un grand oiseau blanc; un trou circulaire, un nouveau Maëlstrœm se forma dans le remous des vagues; les navigateurs, enlacés dans ce tourbillon, coururent avec une rapidité telle que ses lignes d'eau leur semblaient immobiles, malgré leur incalculable rapidité. Ils s'enfonçaient peu à peu. Au fond du gouffre, une aspiration puissante, une succion irrésistible se faisait, qui les attirait et les engloutissait vivants.

Ils s'étaient levés tous les cinq. Ils regardaient d'un regard effaré. Le vertige les prenait. Ils avaient en eux ce sentiment indéfinissable de l'abîme!

Mais, tout d'un coup, la chaloupe se releva perpendiculairement. Son avant domina les lignes du tourbillon; la vitesse dont elle était douée la projeta hors du centre d'attraction, et, s'échappant par la tangente de cette circonférence qui faisait plus de mille tours à la seconde, elle fut lancée au dehors avec la vitesse d'un boulet de canon.

Altamont, le docteur, Johnson, Bell, furent renversés sur leurs bancs.

Quand ils se relevèrent, Hatteras avait disparu.

Il était deux heures du matin.

CHAPITRE XXIII. — LE PAVILLON D'ANGLETERRE.

Un cri, parti de quatre poitrines, succéda au premier instant de stupeur
« Hatteras! dit le docteur.
—Disparu! firent Johnson et Bell.
—Perdu! »

Ils regardèrent autour d'eux. Rien n'apparaissait sur cette mer houleuse Duk aboyait avec un accent désespéré; il voulait se précipiter au milieu des flots, et Bell parvenait à peine à le retenir.

« Prenez place au gouvernail, Altamont, dit le docteur, et tentons tout au monde pour retrouver notre infortuné capitaine! »

Johnson et Bell reprirent leurs bancs. Altamont saisit la barre, et la chaloupe errante revint au' vent.

Johnson et Bell se mirent à nager vigoureusement ; pendant une heure, on ne quitta pas le lieu de la catastrophe. On chercha, mais en vain ! Le malheureux Hatteras, emporté par l'ouragan, était perdu.

Perdu ! si près du pôle ! si près de ce but qu'il n'avait fait qu'entrevoir !

Le docteur appela, cria, fit feu de ses armes; Duk joignit ses lamentables aboiements à sa voix; mais rien ne répondit aux deux amis du capitaine. Alors une profonde douleur s'empara de Clawbonny ; sa tête retomba sur ses mains, et ses compagnons l'entendirent pleurer.

En effet, à cette distance de la terre, sans un aviron, sans un morceau de bois pour se soutenir, Hatteras ne pouvait avoir gagné vivant la côte,

et si quelque chose de lui touchait enfin cette terre tant désirée, ce serait son cadavre tuméfié et meurtri.

Après une heure de recherche, il fallut reprendre la route au nord et lutter contre les dernières fureurs de la tempête.

A cinq heures du matin, le 11 juillet, le vent s'apaisa ; la houle tomba peu à peu ; le ciel reprit sa clarté polaire, et, à moins de trois milles, la terre s'offrit dans toute sa splendeur.

Ce continent nouveau n'était qu'une île, ou plutôt un volcan dressé comme un phare au pôle boréal du monde.

La montagne, en pleine éruption, vomissait une masse de pierres brûlantes et de quartiers de rocs incandescents ; elle semblait s'agiter sous des secousses réitérées comme une respiration de géant ; les masses projetées montaient dans les airs à une grande hauteur, au milieu des jets d'une flamme intense, et des coulées de lave se déroulaient sur ses flancs en torrents impétueux; ici, des serpents embrasés se faufilaient entre les roches fumantes; là, des cascades ardentes retombaient au milieu d'une vapeur pourpre, et plus bas, un fleuve de feu, formé de mille rivières ignées, se jetait à la mer par une embouchure bouillonnante.

Le volcan paraissait n'avoir qu'un cratère unique d'où s'échappait la colonne de feu, zébrée d'éclairs transversaux; on eût dit que l'électricité ouait un rôle dans ce magnifique phénomène.

Au-dessus des flammes haletantes ondoyait un immense panache de fumée, rouge à sa base, noir à son sommet. Il s'élevait avec une incomparable majesté, et se déroulait largement en épaisses volutes.

Le ciel, à une grande hauteur, revêtait une couleur cendrée; l'obscurité éprouvée pendant la tempête, et dont le docteur n'avait pu se rendre compte, venait évidemment des colonnes de cendre déployées devant le soleil comme un impénétrable rideau. Il se souvint alors d'un fait semblable survenu en 1812, à l'île de la Barbade, qui, en plein midi, fut plongée dans les ténèbres profondes, par la masse des cendres rejetées du cratère de l'île Saint-Vincent.

Cet énorme rocher ignivome, poussé en plein océan, mesurait mille toises de hauteur, à peu près l'altitude de l'Hécla.

La ligne menée de son sommet à sa base formait avec l'horizon un angle de onze degrés environ.

Il semblait sortir peu à peu du sein des flots, à mesure que la chaloupe s'en approchait. Il ne présentait aucune trace de végétation. Le rivage même lui faisait défaut, et ses flancs tombaient à pic dans la mer.

« Pourrons-nous attérir? dit le docteur.

— Le vent nous porte, répondit Altamont.

— Mais je ne vois pas un bout de plage sur lequel nous puissions prendre pied!

— Cela paraît ainsi de loin, répondit Johnson; mais nous trouverons bien de quoi loger notre embarcation; c'est tout ce qu'il nous faut.

— Allons donc! » répondit tristement Clawbonny.

Le docteur n'avait plus de regards pour cet étrange continent qui se dressait devant lui. La terre du pôle était bien là, mais non l'homme qui l'avait découverte!

A cinq cents pas des rocs, la mer bouillonnait sous l'action des feux souterrains. L'île qu'elle entourait pouvait avoir huit à dix milles de circonférence, pas davantage, et, d'après l'estime, elle se trouvait très près du pôle, si même l'axe du monde n'y passait pas exactement.

Aux approches de l'île, les navigateurs remarquèrent un petit fiord en miniature suffisant pour abriter leur embarcation; ils s'y dirigèrent aussitôt, avec la crainte de trouver le corps du capitaine rejeté à la côte par la tempête!

Cependant, il semblait difficile qu'un cadavre y reposât; il n'y avait pas de plage, et la mer déferlait sur des rocs abrupts; une cendre épaisse et vierge de toute trace humaine recouvrait leur surface au delà de la portée des vagues.

Enfin la chaloupe se glissa par une ouverture étroite entre deux brisants à fleur d'eau, et là, elle se trouva parfaitement abritée contre le ressac.

Alors les hurlements lamentables de Duk redoublèrent; le pauvre animal appelait le capitaine dans son langage ému; il le redemandait à cette mer sans pitié, à ces rochers sans écho. Il aboyait en vain, et le docteur le caressait de la main sans pouvoir le calmer, quand le fidèle chien, comme s'il eût voulu remplacer son maître, fit un bond prodigieux et s'élança le premier sur les rocs, au milieu d'une poussière de cendre qui vola en nuage autour de lui.

« Duk ! ici, Duk ! » fit le docteur.

Mais Duk ne l'entendit pas et disparut. On procéda alors au débarquement; Clawbonny et ses trois compagnons prirent terre, et la chaloupe fut solidement amarrée.

Altamont se disposait à gravir un énorme amas de pierres, quand les aboiements de Duk retentirent à quelque distance avec une énergie inaccoutumée ; ils exprimaient non la colère, mais la douleur.

« Écoutez ! fit le docteur.

— Quelque animal dépisté? dit le maître d'équipage.

— Non! non! répondit le docteur en tressaillant, c'est de la plainte! ce sont des pleurs! le corps d'Hatteras est là. »

A ces paroles, les quatre hommes s'élancèrent sur les traces de Duk, au milieu des cendres qui les aveuglaient; ils arrivèrent au fond d'un fiord, à un espace de dix pieds sur lequel les vagues venaient mourir insensiblement.

Là, Duk aboyait auprès d'un cadavre enveloppé dans le pavillon d'Angleterre.

« Hatteras! Hatteras! » s'écria le docteur en se précipitant sur le corps de son ami.

Mais aussitôt il poussa une exclamation impossible à rendre.

Ce corps ensanglanté, inanimé en apparence, venait de palpiter sous sa main.

« Vivant! vivant! s'écria-t-il.

— Oui, dit une voix faible, vivant sur la terre du pôle, où m'a jeté la tempête! vivant sur l'*île de la Reine*!

— Hurrah! pour l'Angleterre! s'écrièrent les cinq hommes d'un commun accord.

— Et pour l'Amérique! » reprit le docteur en tendant une main à Hatteras et l'autre à l'Américain.

Duk, lui aussi, criait hurrah à sa manière, qui en valait bien une autre.

Pendant les premiers instants, ces braves gens furent tout entiers au bonheur de revoir leur capitaine; ils sentaient leurs yeux inondés de larmes.

Le docteur s'assura de l'état d'Hatteras. Celui-ci n'était pas grièvement blessé. Le vent l'avait porté jusqu'à la côte, où l'abordage fut fort périlleux; le hardi marin, plusieurs fois rejeté au large, parvint enfin, à force d'énergie, à se cramponner à un morceau de roc, et il réussit à se hisser au-dessus des flots.

Là, il perdit connaissance, après s'être roulé dans son pavillon, et il ne revint au sentiment que sous les caresses de Duk et au bruit de ses aboiements.

Après les premiers soins, Hatteras put se lever et reprendre, au bras du docteur, le chemin de la chaloupe.

« Le pôle! le pôle nord! répétait-il en marchant.

— Vous êtes heureux! lui disait le docteur.

— Oui, heureux! Et vous, mon ami, ne sentez-vous pas ce bonheur, cette joie de se trouver ici? Cette terre que nous foulons, c'est la terre du pôle! Cette mer que nous avons traversée, c'est la mer du pôle! Cet air que nous respirons, c'est l'air du pôle! Oh! le pôle nord! le pôle nord! »

En parlant ainsi, Hatteras était en proie à une exaltation violente, à une sorte de fièvre, et le docteur essayait en vain de le calmer. Ses yeux brillaient d'un éclat extraordinaire, et ses pensées bouillonnaient dans son cerveau. Clawbonny attribua cet état de surexcitation aux épouvantables périls que le capitaine venait de traverser.

Hatteras avait évidemment besoin de repos, et l'on s'occupa de chercher un lieu de campement.

Altamont trouva bientôt une grotte faite de rochers que leur chute avait arrangés en forme de caverne; Johnson et Bell y apportèrent les provisions et lâchèrent les chiens groënlandais.

Vers onze heures, tout fut préparé pour un repas; la toile de la tente servait de nappe; le déjeuner, composé de pemmican, de viande salée, de thé et de café, s'étalait à terre et ne demandait qu'à se laisser dévorer.

Mais auparavant, Hatteras exigea que le relevé de l'île fût fait; il voulait savoir exactement à quoi s'en tenir sur sa position.

Le docteur et Altamont prirent alors leurs instruments, et, après observation, ils obtinrent, pour la position précise de la grotte, 89° 59' 15" de latitude. La longitude, à cette hauteur, n'avait plus aucune importance, car tous les méridiens se confondaient à quelques centaines de pieds plus haut.

Donc, en réalité, l'île se trouvait située au pôle nord, et le quatre-vingt-dixième degré de latitude n'était qu'à quarante-cinq secondes de là, exactement à trois quarts de mille [1], c'est-à-dire vers le sommet du volcan.

Quand Hatteras connut ce résultat, il demanda qu'il fut consigné dans un procès-verbal fait en double, qui devait être déposé dans un cairn sur la côte.

Donc, séance tenante, le docteur prit la plume et rédigea le document suivant, dont l'un des exemplaires figure maintenant aux archives de la Société royale géographique de Londres.

« Ce 11 juillet 1861, par 89° 59' 15" de latitude septentrionale, a été découverte « l'île de la Reine, » au pôle nord, par le capitaine Hatteras, commandant le brick le *Forward*, de Liverpool, qui a signé, ainsi que ses compagnons.

« Quiconque trouvera ce document est prié de le faire parvenir à l'Amirauté.

« Signé : John HATTERAS, commandant du *Forward*; docteur CLAW-

---

[1] 1,237 mètres.

« BONNY; ALTAMONT, commandant du *Porpoise*; JOHNSON, maître d'équi-
« page; BELL, charpentier. »

« Et maintenant, mes amis, à table! » dit gaiement le docteur.

CHAPITRE XXIV. — COURS DE COSMOGRAPHIE POLAIRE.

Il va sans dire que, pour se mettre à table, on s'asseyait à terre.

« Mais, disait Clawbonny, qui ne donnerait toutes les tables et toutes les salles à manger du monde pour dîner par quatre-vingt-neuf degrés, cinquante-neuf minutes et quarante-cinq secondes de latitude boréale! »

Les pensées de chacun se rapportaient en effet à la situation présente; les esprits étaient en proie à cette prédominante idée du pôle nord. Dangers bravés pour l'atteindre, périls à vaincre pour en revenir, s'oubliaient dans ce succès sans précédent. Ce que ni les anciens, ni les modernes, ce que ni les Européens, ni les Américains, ni les Asiatiques n'avaient pu faire jusqu'ici, venait d'être accompli.

Aussi le docteur fut-il bien écouté de ses compagnons quand il raconta tout ce que sa science et son inépuisable mémoire purent lui fournir à propos de la situation actuelle.

Ce fut avec un véritable enthousiasme qu'il proposa de porter tout d'abord un toast au capitaine.

« A John Hatteras! dit-il.

— A John Hatteras! firent ses compagnons d'une seule voix.

— Au pôle nord! » répondit le capitaine, avec un accent étrange, chez cet être jusque-là si froid, si contenu, et maintenant en proie à une impérieuse surexcitation.

Les tasses se choquèrent, et les toasts furent suivis de chaleureuses poignées de mains.

« Voilà donc, dit le docteur, le fait géographique le plus important de notre époque! Qui eût dit que cette découverte précéderait celles du centre de l'Afrique ou de l'Australie! Vraiment, Hatteras, vous êtes au-dessus des Sturt et des Livingstone, des Burton et des Barth! Honneur à vous!

— Vous avez raison, docteur, répondit Altamont; il semble que, par les difficultés de l'entreprise, le pôle nord devait être le dernier point de la terre à découvrir. Le jour où un gouvernement eût absolument voulu connaître le centre de l'Afrique, il y eût réussi inévitablement à prix d'hommes et d'argent; mais ici, rien de moins certain que le succès, et il pouvait se présenter des obstacles absolument infranchissables.

—Infranchissables ! s'écria Hatteras avec véhémence, il n'y a pas d'obstacles infranchissables, il y a des volontés plus ou moins énergiques, voilà tout!

—Enfin, dit Johnson, nous y sommes, c'est bien. Mais enfin, monsieur Clawbonny, me direz-vous une bonne fois ce que ce pôle a de si particulier?

—Ce qu'il a, mon brave Johnson, il a qu'il est le seul point du globe immobile pendant que tous les autres points tournent avec une extrême rapidité.

— Mais je ne m'aperçois guère, répondit Johnson, que nous soyons plus immobiles ici qu'à Liverpool !

— Pas plus qu'à Liverpool vous ne vous apercevez de votre mouvement ; cela tient à ce que, dans ces deux cas, vous participez vous-même à ce mouvement ou à ce repos ! Mais le fait n'en est pas moins certain. La terre est douée d'un mouvement de rotation qui s'accomplit en vingt-quatre heures, et ce mouvement est supposé s'opérer sur un axe dont les extrémités passent au pôle nord et au pôle sud. Eh bien ! nous sommes à l'une des extrémités de cet axe nécessairement immobile.

— Ainsi, dit Bell, quand nos compatriotes tournent rapidement, nous restons en repos ?

— A peu près, car nous ne sommes pas absolument au pôle !

— Vous avez raison, docteur ! dit Hatteras d'un ton grave et en secouant la tête, il s'en faut encore de quarante-cinq secondes que nous ne soyons arrivés au point précis !

— C'est peu de chose, répondit Altamont, et nous pouvons nous considérer comme immobiles.

— Oui, reprit le docteur, tandis que les habitants de chaque point de l'équateur font trois cent quatre-vingt-seize lieues par heure !

— Et cela sans en être plus fatigués ! fit Bell.

— Justement ! répondit le docteur.

— Mais, reprit Johnson, indépendamment de ce mouvement de rotation, la terre n'est-elle pas douée d'un autre mouvement autour du soleil ?

— Oui, un mouvement de translation qu'elle accomplit en un an.

— Est-il plus rapide que l'autre ? demanda Bell.

— Infiniment plus, et je dois dire que, quoique nous soyons au pôle, il nous entraîne comme tous les habitants de la terre. Ainsi donc, notre prétendue immobilité n'est qu'une chimère : immobiles par rapport aux autres points du globe, oui ; mais par rapport au soleil, non.

— Bon, dit Bell avec un accent de regret comique, moi qui me croyais si tranquille ! il faut renoncer à cette illusion ! On ne peut décidément pas avoir un instant de repos en ce monde.

— Comme tu dis, Bell, répliqua Johnson ; et nous apprendrez-vous, monsieur Clawbonny, quelle est la vitesse de ce mouvement de translation ?

— Elle est considérable, répondit le docteur ; la terre marche autour du soleil soixante-seize fois plus vite qu'un boulet de vingt-quatre, qui fait cependant cent quatre-vingt-quinze toises par seconde. Sa vitesse de translation est donc de sept lieues six dixièmes par seconde ; vous le voyez, c'est bien autre chose que le déplacement des points de l'équateur.

— Diable! fit Bell, c'est à ne pas vous croire, monsieur Clawbonny! Plus de sept lieues par seconde, et cela quand il eût été si facile de rester immobiles, si Dieu l'avait voulu!

— Bon! fit Altamont, y pensez-vous, Bell! Alors, plus de jour, plus de nuit, plus de printemps, plus d'automne, plus d'été, plus d'hiver!

— Sans compter un résultat tout simplement épouvantable! reprit le docteur.

— Et lequel donc? fit Johnson.

— C'est que nous serions tombés sur le soleil!

— Tombés sur le soleil! répliqua Bell avec surprise.

— Sans doute. Si ce mouvement de translation venait à s'arrêter, la terre serait précipitée sur le soleil en soixante-quatre jours et demi.

— Une chute de soixante-quatre jours! répliqua Johnson.

— Ni plus ni moins, répondit le docteur; car il y a une distance de trente-huit millions de lieues à parcourir.

— Quel est donc le poids du globe terrestre? demanda Altamont.

— Il est de cinq mille huit cent quatre-vingt-un quatrillions de tonneaux.

— Bon! fit Johnson, voilà des nombres qui ne disent rien à l'oreille! on ne les comprend plus!

— Aussi, mon digne Johnson, je vais vous donner deux termes de comparaison qui vous resteront dans l'esprit: rappelez-vous qu'il faut soixante-quinze lunes pour faire le poids de la terre et trois cent cinquante mille terres pour faire le poids du soleil.

— Tout cela est écrasant! fit Altamont.

— Écrasant, c'est le mot, répondit le docteur, mais je reviens au pôle, puisque jamais leçon de cosmographie sur cette partie de la terre n'aura été plus opportune, si toutefois cela ne vous ennuie pas.

— Allez, docteur, allez! fit Altamont.

— Je vous ai dit, reprit le docteur, qui avait autant de plaisir à enseigner que ses compagnons en éprouvaient à s'instruire, je vous ai dit que le pôle était un point immobile par rapport aux autres points de la terre. Eh bien, ce n'est pas tout à fait vrai.

— Comment! dit Bell, il faut encore en rabattre?

— Oui, Bell, le pôle n'occupe pas toujours la même place exactement; autrefois l'étoile polaire était plus éloignée du pôle céleste qu'elle ne l'est maintenant. Notre pôle est donc doué d'un certain mouvement; il décrit un cercle en vingt-six mille ans environ. Cela vient de la précession des équinoxes, dont je vous parlerai tout à l'heure.

— Mais, dit Altamont, ne pourrait-il se faire que le pôle se déplaçât un jour d'une plus grande quantité?

—Eh! mon cher Altamont, répondit le docteur, vous touchez à une grande question que les savants débattirent longtemps à la suite d'une singulière découverte.

—Laquelle donc?

—Voici. En 1771, on découvrit le cadavre d'un rhinocéros sur les bords de la mer Glaciale, et, en 1799, celui d'un éléphant sur les côtes de la Sibérie. Comment ces quadrupèdes des pays chauds se rencontraient-ils sous une pareille latitude? De là, étrange rumeur parmi les géologues, qui n'étaient pas aussi savants que le fut depuis un Français, M. Élie de Beaumont, lequel démontra que ces animaux vivaient sous des latitudes déjà élevées, et que les torrents et les fleuves avaient tout bonnement amené leurs cadavres là où on les avait trouvés. Mais, comme cette explication n'était pas encore émise, devinez ce qu'inventa l'imagination des savants?

—Les savants sont capables de tout, dit Altamont en riant.

—Oui, de tout pour expliquer un fait; eh bien, ils supposèrent que le pôle de la terre avait été autrefois à l'équateur, et l'équateur au pôle.

—Bah!

—Comme je vous le dis, et sérieusement; or, s'il en eût été ainsi, comme la terre est aplatie au pôle de plus de cinq lieues, les mers, transportées au nouvel équateur par la force centrifuge, auraient recouvert des montagnes deux fois hautes comme l'Himalaya; tous les pays qui avoisinent le cercle polaire, la Suède, la Norvége, la Russie, la Sibérie, le Groënland, la Nouvelle-Bretagne, eussent été ensevelis sous cinq lieues d'eau, tandis que les régions équatoriales, rejetées au pôle, auraient formé des plateaux élevés de cinq lieues!

—Quel changement! fit Johnson.

—Oh! cela n'effrayait guère les savants.

—Et comment expliquaient-ils ce bouleversement? demanda Altamont.

—Par le choc d'une comète. La comète est le « Deus ex machina »; toutes les fois qu'on est embarrassé en cosmographie, on appelle une comète à son secours. C'est l'astre le plus complaisant que je connaisse, et, au moindre signe d'un savant, il se dérange pour tout arranger!

—Alors, dit Johnson, selon vous, monsieur Clawbonny, ce bouleversement est impossible?

—Impossible!

—Et s'il arrivait?

—S'il arrivait, l'équateur serait gelé en vingt-quatre heures!

—Bon! s'il se produisait maintenant, dit Bell, on serait capable de dire que nous ne sommes pas allés au pôle!

—Rassurez-vous, Bell. Pour en revenir à l'immobilité de l'axe terrestre, il en résulte donc ceci : c'est que si nous étions pendant l'hiver à cette place, nous verrions les étoiles décrire un cercle parfait autour de nous. Quant au soleil, le jour de l'équinoxe du printemps, le 23 mars, il nous paraîtrait (je ne tiens pas compte de la réfraction), il nous paraîtrait exactement coupé en deux par l'horizon, et monterait peu à peu en formant des courbes très-allongées ; mais ici, il y a cela de remarquable que, dès qu'il a paru, il ne se couche plus, il reste visible pendant six mois ; puis son disque vient raser de nouveau l'horizon à l'équinoxe d'automne, au 22 septembre, et, dès qu'il s'est couché, on ne le revoit plus de tout l'hiver.

—Vous parliez tout à l'heure de l'aplatissement de la terre aux pôles, dit Johnson ; veuillez donc m'expliquer cela, monsieur Clawbonny.

—Voici, Johnson. La terre étant fluide aux premiers jours du monde, vous comprenez qu'alors son mouvement de rotation dut repousser une partie de sa masse mobile à l'équateur, où la force centrifuge se faisait plus vivement sentir. Si la terre eût été immobile, elle fût restée une sphère parfaite ; mais, par suite du phénomène que je viens de vous décrire, elle présente une forme ellipsoïdale, et les points du pôle sont plus rapprochés du centre que les points de l'équateur de cinq lieues un tiers environ.

—Ainsi, dit Johnson, si notre capitaine voulait nous emmener au centre de la terre, nous aurions cinq lieues de moins à faire pour y arriver ?

—Comme vous le dites, mon ami.

—Eh bien, capitaine, c'est autant de chemin de fait ! Voilà une occasion dont il faut profiter... »

Hatteras ne répondit pas. Évidemment, il n'était pas à la conversation, ou bien il l'écoutait sans l'entendre.

« Ma foi ! répondit le docteur, au dire de certains savants, ce serait peut-être le cas de tenter cette expédition.

—Ah ! vraiment ! fit Johnson.

—Mais laissez-moi finir, reprit le docteur, je vous raconterai cela plus tard ; je veux vous apprendre d'abord comment l'aplatissement des pôles est la cause de la précession des équinoxes, c'est-à-dire pourquoi, chaque année, l'équinoxe du printemps arrive un jour plus tôt qu'il ne le ferait, si la terre était parfaitement ronde. Cela vient tout simplement de ce que l'attraction du soleil s'opère d'une façon différente sur la partie renflée du globe située à l'équateur, qui éprouve alors un mouvement rétrograde. Subséquemment, c'est ce qui déplace un peu ce pôle, comme je vous l'ai dit plus haut. Mais, indépendamment de cet effet, l'aplatissement devrait en avoir un plus curieux et plus personnel, dont nous nous apercevrions si nous étions doués d'une sensibilité mathématique.

—Que voulez-vous dire? demanda Bell.

—C'est que nous sommes plus lourds ici qu'à Liverpool.

—Plus lourds?

—Oui! nous, nos chiens, nos fusils, nos instruments!

—Est-il possible?

—Certes, et par deux raisons : la première, c'est que nous sommes plus rapprochés du centre du globe, qui, par conséquent, nous attire davantage : or, cette force attractive n'est autre chose que la pesanteur. La seconde, c'est que la force de rotation, nulle au pôle, étant très-marquée à l'équateur, les objets ont là une tendance à s'écarter de la terre; ils y sont donc moins pesants.

—Comment! dit Johnson, sérieusement, nous n'avons donc pas le même poids en tous lieux?

—Non, Johnson; suivant la loi de Newton, les corps s'attirent en raison directe des masses, et en raison inverse du carré des distances. Ici, je pèse plus parce que je suis plus près du centre d'attraction, et sur une autre planète, je pèserais plus ou moins, suivant la masse de la planète.

—Quoi! fit Bell, dans la lune?...

—Dans la lune, mon poids, qui est de deux cents livres à Liverpool, ne serait plus que de trente-deux.

—Et dans le soleil?

—Oh! dans le soleil, je pèserais plus de cinq mille livres!

—Grand Dieu! fit Bell, il faudrait un cric alors pour soulever vos jambes?

—Probablement! répondit le docteur, en riant de l'ébahissement de Bell; mais ici la différence n'est pas sensible, et, en déployant un effort égal des muscles du jarret, Bell sautera aussi haut que sur les quais de la Mersey.

—Oui! mais dans le soleil? répétait Bell, qui n'en revenait pas.

—Mon ami, lui répondit le docteur, la conséquence de tout ceci est que nous sommes bien où nous sommes, et qu'il est inutile de courir ailleurs.

—Vous disiez tout à l'heure, reprit Altamont, que ce serait peut-être le cas de tenter une excursion au centre de la terre! Est-ce qu'on a jamais pensé à entreprendre un pareil voyage?

—Oui, et cela termine ce que j'ai à vous dire relativement au pôle. Il n'y a pas de point du monde qui ait donné lieu à plus d'hypothèses et de chimères. Les anciens, fort ignorants en cosmographie, y plaçaient le jardin des Hespérides. Au moyen âge, on supposa que la terre était supportée par des tourillons placés aux pôles, sur lesquels elle tournait; mais, quand on vit les comètes se mouvoir librement dans les régions circumpolaires, il fallut renoncer à ce genre de support. Plus tard, il se rencontra un astronome français, Bailly, qui soutint que le peuple policé et perdu dont parle Platon, les Atlantides, vivait ici même. Enfin, de nos jours, on a prétendu qu'il existait aux pôles une immense ouverture, d'où se dégageait la lumière des aurores boréales, et par laquelle on pouvait pénétrer dans l'intérieur du globe; puis, dans la sphère creuse, on imagina l'existence de deux planètes, Pluton et Proserpine, et un air lumineux par suite de la forte pression qu'il éprouvait.

—On a dit tout cela? demanda Altamont.

—Et on l'a écrit, et très-sérieusement. Le capitaine Synness, un de nos compatriotes, proposa à Humphry Davy, Humboldt et Arago de tenter le voyage! Mais ces savants refusèrent.

— Et ils firent bien.

— Je le crois. Quoi qu'il en soit, vous voyez, mes amis, que l'imagination s'est donné libre carrière à l'endroit du pôle, et qu'il faut tôt ou tard en revenir à la simple réalité.

— D'ailleurs, nous verrons bien, dit Johnson, qui n'abandonnait pas son idée.

— Alors, à demain les excursions, dit le docteur, souriant de voir le vieux marin peu convaincu, et s'il y a une ouverture particulière pour aller au centre de la terre, nous irons ensemble ! »

CHAPITRE XXV. — LE MONT HATTERAS.

Après cette conversation substantielle, chacun, s'arrangeant de son mieux dans la grotte, y trouva bientôt le sommeil.

Chacun, sauf Hatteras. Pourquoi cet homme extraordinaire ne dormit-il pas?

Le but de sa vie n'était-il pas atteint? N'avait-il pas accompli les hardis projets qui lui tenaient au cœur? Pourquoi le calme ne succédait-il pas à l'agitation dans cette âme ardente? Ne devait-on pas croire que, ses projets accomplis, Hatteras retomberait dans une sorte d'abattement, et que ses nerfs détendus aspireraient au repos? Après le succès, il semblait même naturel qu'il fût pris de ce sentiment de tristesse qui suit toujours les désirs satisfaits.

Mais non. Il se montrait plus surexcité. Ce n'était cependant pas la pensée du retour qui l'agitait ainsi. Voulait-il aller plus loin encore? Son ambition de voyageur n'avait-elle donc aucune limite, et trouvait-il le monde trop petit, parce qu'il en avait fait le tour?

Quoi qu'il en soit, il ne put dormir. Et cependant cette première nuit passée au pôle du monde fut pure et tranquille. L'île était absolument inhabitée. Pas un oiseau dans son atmosphère enflammée, pas un animal sur son sol de cendres, pas un poisson sous ses eaux bouillonnantes. Seulement au loin, les sourds ronflements de la montagne à la tête de laquelle s'échevelaient des panaches de fumée incandescente.

Lorsque Bell, Johnson, Altamont et le docteur se réveillèrent, ils ne trouvèrent plus Hatteras auprès d'eux. Inquiets, ils quittèrent la grotte, et ils aperçurent le capitaine debout sur un roc. Son regard demeurait invariablement fixé sur le sommet du volcan. Il tenait à la main ses instruments; il venait évidemment de faire le relevé exact de la montagne.

Le docteur alla vers lui et lui adressa plusieurs fois la parole avant de le tirer de sa contemplation. Enfin, le capitaine parut le comprendre.

« En route! lui dit le docteur, qui l'examinait d'un œil attentif, en route; allons faire le tour de notre île; nous voilà prêts pour notre dernière excursion.

— La dernière, fit Hatteras avec cette intonation de la voix des gens qui rêvent tout haut; oui, la dernière, en effet. Mais aussi, reprit-il avec une grande animation, la plus merveilleuse! »

Il parlait ainsi, en passant ses deux mains sur son front pour en calmer les bouillonnements intérieurs.

En ce moment, Altamont, Johnson et Bell le rejoignirent; Hatteras parut alors sortir de son état d'hallucination.

« Mes amis, dit-il d'une voix émue, merci pour votre courage, merci

pour votre persévérance, merci pour vos efforts surhumains qui nous ont permis de mettre le pied sur cette terre!

—Capitaine, dit Johnson, nous n'avons fait qu'obéir, et c'est à vous seul qu'en revient l'honneur.

—Non! non! reprit Hatteras avec une violente effusion, à vous tous comme à moi! à Altamont comme à nous tous! comme au docteur lui-même! Oh! laissez mon cœur faire explosion entre vos mains! Il ne peut plus contenir sa joie et sa reconnaissance! »

Hatteras serrait dans ses mains celles des braves compagnons qui l'entouraient. Il allait, il venait, il n'était plus maître de lui.

« Nous n'avons fait que notre devoir d'Anglais, disait Bell.

— Notre devoir d'amis, répondait le docteur.

— Oui, reprit Hatteras, mais ce devoir, tous n'ont pas su le remplir. Quelques-uns ont succombé! Pourtant, il faut leur pardonner, à ceux qui ont trahi comme à ceux qui se sont laissé entraîner à la trahison! Pauvres gens! je leur pardonne. Vous m'entendez, docteur!

— Oui, répondit le docteur, que l'exaltation d'Hatteras inquiétait sérieusement.

— Aussi, reprit le capitaine, je ne veux pas que cette petite fortune qu'ils étaient venus chercher si loin, ils la perdent. Non! rien ne sera changé à mes dispositions, et ils seront riches... s'ils revoient jamais l'Angleterre! »

Il eût été difficile de ne pas être ému de l'accent avec lequel Hatteras prononça ces paroles.

« Mais, capitaine, dit Johnson en essayant de plaisanter, on dirait que vous faites votre testament.

— Peut-être, répondit gravement Hatteras.

— Cependant, vous avez devant vous une belle et longue existence de gloire, reprit le vieux marin.

— Qui sait? » fit Hatteras.

Ces mots furent suivis d'un assez long silence. Le docteur n'osait interpréter le sens de ces dernières paroles.

Mais Hatteras se fit bientôt comprendre, car d'une voix précipitée, qu'il contenait à peine, il reprit :

« Mes amis, écoutez-moi. Nous avons fait beaucoup jusqu'ici, et cependant il reste beaucoup à faire. »

Les compagnons du capitaine se regardèrent avec un profond étonnement.

« Oui, nous sommes à la terre du pôle, mais nous ne sommes pas au pôle même!

— Comment cela? fit Altamont.

— Par exemple! s'écria le docteur, qui craignait de deviner.

— Oui! reprit Hatteras avec force, j'ai dit qu'un Anglais mettrait le pied sur le pôle du monde; je l'ai dit, et un Anglais le fera.

— Quoi?... répondit le docteur.

— Nous sommes encore à quarante-cinq secondes du point inconnu,

reprit Hatteras avec une animation croissante, et là où il est, j'irai !
— Mais c'est le sommet de ce volcan ! dit le docteur.
— J'irai.
— C'est un cône inaccessible !
— J'irai.
— C'est un cratère béant, enflammé !
— J'irai. »

L'énergique conviction avec laquelle Hatteras prononça ces derniers mots ne peut se rendre. Ses amis étaient stupéfaits ; ils regardaient avec terreur la montagne qui balançait dans l'air son panache de flammes.

Le docteur reprit alors la parole ; il insista, il pressa Hatteras de renoncer à son projet ; il dit tout ce que son cœur put imaginer, depuis l'humble prière jusqu'aux menaces amicales ; mais il n'obtint rien sur l'âme nerveuse du capitaine pris d'une sorte de folie qu'on pourrait nommer « la folie polaire. »

Il n'y avait plus que les moyens violents pour arrêter cet insensé, qui courait à sa perte. Mais, prévoyant qu'ils amèneraient des désordres graves, le docteur ne voulut les employer qu'à la dernière extrémité.

Il espérait d'ailleurs que des impossibilités physiques, des obstacles infranchissables, arrêteraient Hatteras dans l'exécution de son projet.

« Puisqu'il en est ainsi, dit-il, nous vous suivrons.
— Oui, répondit le capitaine, jusqu'à mi-côte de la montagne ! Pas plus loin ! Ne faut-il pas que vous rapportiez en Angleterre le double du procès-verbal qui atteste notre découverte, si... ?
— Pourtant !...
— C'est décidé, répondit Hatteras d'un ton inébranlable, et puisque les prières de l'ami ne suffisent pas, le capitaine commande. »

Le docteur ne voulut pas insister plus longtemps, et quelques instants après, la petite troupe, équipée pour une ascension difficile, et précédée de Duk, se mit en marche.

Le ciel resplendissait. Le thermomètre marquait cinquante-deux degrés + 11° centig.) L'atmosphère s'imprégnait largement de la clarté particulière à ce haut degré de latitude. Il était huit heures du matin.

Hatteras prit les devants avec son brave chien ; Bell et Altamont, le docteur et Johnson le suivirent de près.

« J'ai peur, dit Johnson.
— Non, non, il n'y a rien à craindre, répondit le docteur, nous sommes là. »

Quel singulier îlot, et comment rendre sa physionomie particulière, qui était l'imprévu, la nouveauté, la jeunesse ! Ce volcan ne paraissait pas vieux, et des géologues auraient pu indiquer une date récente à sa formation.

Les rochers, cramponnés les uns aux autres, ne se maintenaient que par un miracle d'équilibre. La montagne n'était, à vrai dire, qu'un amoncellement de pierres tombées de haut. Pas de terre, pas la moindre mousse, pas le plus maigre lichen, pas de trace de végétation. L'acide carbonique, vomi par le cratère, n'avait encore eu le temps de s'unir ni à l'hydrogène de l'eau, ni à l'ammoniaque des nuages, pour former, sous l'action de la lumière, les matières organisées.

Cette île, perdue en mer, n'était due qu'à l'agrégation successive des déjections volcaniques; c'est ainsi que plusieurs montagnes du globe se sont formées; ce qu'elles ont rejeté de leur sein a suffi à les construire. Tel l'Etna qui a déjà vomi un volume de lave plus considérable que sa masse elle-même; tel encore le Monte-Nuovo, près de Naples, engendré par des scories dans le court espace de quarante-huit heures.

Cet amas de roches dont se composait l'île de la Reine était évidemment sorti des entrailles de la terre; il avait au plus haut degré le caractère plutonien. A sa place s'étendait autrefois la mer immense, formée, dès les premiers jours, par la condensation des vapeurs d'eau sur le globe refroidi; mais, à mesure que les volcans de l'ancien et du nouveau monde s'éteignirent ou, pour mieux dire, se bouchèrent, ils durent être remplacés par de nouveaux cratères ignivomes.

En effet, on peut assimiler la terre à une vaste chaudière sphéroïdale. Là, sous l'influence du feu central, s'engendrent des quantités immenses de vapeurs emmagasinées à une tension de milliers d'atmosphères, et qui feraient sauter le globe sans les soupapes de sûreté ménagées à l'extérieur.

Ces soupapes sont les volcans; quand l'une se ferme, l'autre s'ouvre, et, à l'endroit des pôles, où, sans doute par suite de l'aplatissement, l'écorce terrestre est moins épaisse, il n'est pas étonnant qu'un volcan se soit inopinément formé par le soulèvement du massif au-dessus des flots.

Le docteur, tout en suivant Hatteras, remarquait ces étranges particularités; son pied foulait un tuf volcanique et des dépôts ponceux faits de scories, de cendres, de roches éruptives, semblables aux syénites et aux granits de l'Islande.

Mais, s'il attribuait à l'îlot une origine presque moderne, c'est que le terrain sédimentaire n'avait pas encore eu le temps de s'y former.

L'eau manquait aussi. Si l'île de la Reine eût compté plusieurs siècles d'existence, des sources thermales auraient jailli de son sein, comme aux environs des volcans. Or, non-seulement on n'y trouvait pas une molécule liquide, mais les vapeurs qui s'élevaient des ruisseaux de laves semblaient être absolument anhydres.

Ainsi, cette île était de formation récente, et telle elle apparut un jour, telle elle pouvait disparaître un autre, et s'immerger de nouveau au fond de l'océan.

A mesure que l'on s'élevait, l'ascension devenait de plus en plus difficile; les flancs de la montagne se rapprochaient de la perpendiculaire, et il fallait prendre de grandes précautions pour éviter les éboulements. Souvent des colonnes de cendres se tordaient autour des voyageurs et menaçaient de les asphyxier, ou des torrents de lave leur barraient le passage. Sur quelques surfaces horizontales, les ruisseaux, refroidis et solidifiés à la partie supérieure, laissaient sous leur croûte durcie la lave s'écouler en bouillonnant. Chacun devait donc sonder pour éviter d'être plongé tout à coup dans ces matières en fusion.

De temps en temps, le cratère vomissait des quartiers de roches rougies au sein des gaz enflammés; quelques-unes de ces masses éclataient dans l'air comme des bombes, et leurs débris se dispersaient dans toutes les directions à d'énormes distances.

On conçoit de quels dangers innombrables cette ascension de la montagne était entourée, et combien il fallait être fou pour la tenter.

Cependant Hatteras montait avec une agilité surprenante, et, dédaignant le secours de son bâton ferré, il gravissait sans hésiter les pentes les plus raides.

Il arriva bientôt à un rocher circulaire, sorte de plateau de dix pieds de largeur environ; un fleuve incandescent l'entourait, après s'être bifurqué à l'arête d'un roc supérieur, et ne laissait qu'un passage étroit par lequel Hatteras se glissa audacieusement.

Là, il s'arrêta, et ses compagnons purent le rejoindre. Alors il sembla mesurer du regard l'intervalle qui lui restait à franchir; horizontalement, il ne se trouvait pas à plus de cent toises du cratère, c'est-à-dire du point mathématique du pôle; mais verticalement, c'était encore plus de quinze cents pieds à gravir.

L'ascension durait déjà depuis trois heures; Hatteras ne semblait pas fatigué; ses compagnons se trouvaient au bout de leurs forces.

Le sommet du volcan paraissait être inaccessible. Le docteur résolut d'empêcher à tout prix Hatteras de s'élever plus haut. Il essaya d'abord de le prendre par la douceur, mais l'exaltation du capitaine allait jusqu'au délire; pendant la route, il avait donné tous les signes d'une folie croissante, et qui l'a connu, qui l'a suivi dans les phases diverses de son existence, ne peut en être surpris. A mesure qu'Hatteras s'élevait au-dessus de l'océan, sa surexcitation s'accroissait; il ne vivait plus dans la région des hommes; il croyait grandir avec la montagne elle-même.

« Hatteras, lui dit le docteur, assez! nous n'en pouvons plus.

— Demeurez donc, répondit le capitaine d'une voix étrange, j'irai plus haut!

— Non! ce que vous faites est inutile! vous êtes ici au pôle du monde!

— Non! non! plus haut!

— Mon ami! c'est moi qui vous parle, le docteur Clawbonny. Ne me reconnaissez-vous pas?

— Plus haut! plus haut! répétait l'insensé.

— Eh bien, non! nous ne souffrirons pas... »

Le docteur n'avait pas achevé ces mots qu'Hatteras, par un effort surhumain, franchit le fleuve de lave et se trouva hors de la portée de ses compagnons.

Ceux-ci poussèrent un cri; ils croyaient Hatteras abîmé dans le torrent de feu; mais le capitaine était retombé de l'autre côté, suivi par son chien Duk, qui ne voulait pas le quitter.

Il disparut derrière un rideau de fumée, et l'on entendit sa voix qui décroissait dans l'éloignement.

« Au nord! au nord! criait-il. Au sommet du Mont-Hatteras! Souvenez-vous du Mont-Hatteras! »

On ne pouvait songer à rejoindre le capitaine; il y avait vingt chances pour rester là où il avait passé avec ce bonheur et cette adresse particulière aux fous; il était impossible de franchir ce torrent de feu, impossible également de le tourner. Altamont tenta vainement de passer; il faillit périr en voulant traverser le fleuve de lave; ses compagnons durent le retenir malgré lui.

« Hatteras! Hatteras! » s'écriait le docteur.

Mais le capitaine ne répondit pas, et les aboiements à peine distincts de Duk retentirent seuls dans la montagne.

Cependant Hatteras se laissait voir par intervalles à travers les colonnes de fumée et sous les pluies de cendre. Tantôt son bras, tantôt sa tête sortaient du tourbillon. Puis il disparaissait et se montrait plus haut accroché aux rocs. Sa taille diminuait avec cette rapidité fantastique des objets qui s'élèvent dans l'air. Une demi-heure après, il semblait déjà rapetissé de moitié.

L'atmosphère s'emplissait des bruits sourds du volcan; la montagne résonnait et ronflait comme une chaudière bouillante; on sentait ses flancs frissonner. Hatteras montait toujours. Duk le suivait.

De temps en temps, un éboulement se produisait derrière eux, et quelque roc énorme, pris d'une vitesse croissante et rebondissant sur les crêtes, allait s'engouffrer jusqu'au fond du bassin polaire.

Hatteras ne se retournait même pas. Il s'était servi de son bâton comme d'une hampe pour y attacher le pavillon anglais. Ses compagnons épouvantés ne perdaient pas un de ses mouvements. Ses dimensions devenaient

peu à peu microscopiques, et Duk paraissait réduit à la taille d'un gros rat.

Il y eut un moment où le vent rabattit sur eux un vaste rideau de flamme. Le docteur poussa un cri d'angoisse; mais Hatteras réapparut, debout, agitant son drapeau.

Le spectacle de cette effrayante ascension dura plus d'une heure. Une heure de lutte avec les rocs vacillants, avec les fondrières de cendre dans lesquelles ce héros de l'impossible disparaissait jusqu'à mi-corps. Tantôt il se hissait, en s'arc-boutant des genoux et des reins contre les anfractuosités de la montagne, et tantôt suspendu par les mains à quelque arête vive, il oscillait au vent comme une touffe desséchée.

Enfin il arriva au sommet du volcan, à l'orifice même du cratère. Le docteur eut alors l'espoir que le malheureux, parvenu à son but, en reviendrait peut-être, et n'aurait plus que les dangers du retour à subir.

Il poussa un dernier cri :

« Hatteras ! Hatteras ! »

L'appel du docteur fut tel qu'il remua l'Américain jusqu'au fond de l'âme.

« Je le sauverai, » s'écria Altamont.

Puis, d'un bond, franchissant le torrent de feu au risque d'y tomber, il disparut au milieu des roches.

Clawbonny n'avait pas eu le temps de l'arrêter.

Cependant Hatteras, parvenu à la cime de la montagne, s'avançait au-dessus du gouffre sur un roc qui surplombait. Les pierres pleuvaient autour de lui. Duk le suivait toujours. Le pauvre animal semblait déjà saisi par l'attraction vertigineuse de l'abîme. Hatteras agitait son pavillon qui s'éclairait de reflets incandescents, et le fond rouge de l'étamine se développait en longs plis au souffle du cratère.

Hatteras le balançait d'une main. De l'autre, il montrait au zénith le pôle de la sphère céleste. Cependant, il semblait hésiter. Il cherchait encore le point mathématique où se réunissent tous les méridiens du globe, et sur lequel, dans son entêtement sublime, il voulait poser le pied.

Tout d'un coup le rocher manqua sous lui. Il disparut. Un cri terrible de ses compagnons monta jusqu'au sommet de la montagne. Une seconde, un siècle! s'écoula. Clawbonny crut son ami perdu et enseveli à jamais dans les profondeurs du volcan. Mais Altamont était là, Duk aussi. L'homme et le chien avaient saisi le malheureux au moment où il disparaissait dans l'abîme. Hatteras était sauvé, sauvé malgré lui, et, une demi-heure plus tard, le capitaine du *Forward*, privé de tout sentiment, reposait entre les bras de ses compagnons désespérés.

Quand il revint à lui, le docteur interrogea son regard dans une muette angoisse. Mais ce regard inconscient, comme celui de l'aveugle qui regarde sans voir, ne lui répondit pas.

« Grand Dieu! dit Johnson, il est aveugle!

—Non! répondit Clawbonny, non! Mes pauvres amis, nous n'avons sauvé que le corps d'Hatteras! Son âme est restée au sommet de ce volcan! Sa raison est morte!

—Fou! s'écrièrent Johnson et Altamont consternés.

—Fou! » répondit le docteur.

Et de grosses larmes coulèrent de ses yeux.

CHAPITRE XXVI. — RETOUR AU SUD.

Trois heures après ce triste dénoûment des aventures du capitaine Hatteras, Clawbonny, Altamont et les deux matelots se trouvaient réunis dans la grotte au pied du volcan.

Là, Clawbonny fut prié de donner son opinion sur ce qu'il convenait de faire.

« Mes amis, dit-il, nous ne pouvons prolonger notre séjour à l'île de la Reine; la mer est libre devant nous; nos provisions sont en quantité suffisante; il faut repartir et regagner en toute hâte le Fort-Providence, où nous hivernerons jusqu'à l'été prochain.

—C'est aussi mon avis, répondit Altamont; le vent est bon, et dès demain nous reprendrons la mer. »

La journée se passa dans un profond abattement. La folie du capitaine était d'un présage funeste, et, quand Johnson, Bell, Altamont, reportaient leurs idées vers le retour, ils s'effrayaient de leur abandon, ils s'épouvantaient de leur éloignement. L'âme intrépide d'Hatteras leur faisait défaut.

Cependant, en hommes énergiques, ils s'apprêtèrent à lutter de nouveau contre les éléments, et contre eux-mêmes, si jamais ils se sentaient faiblir.

Le lendemain samedi, 13 juillet, les effets de campement furent embarqués, et bientôt tout fut prêt pour le départ.

Mais avant de quitter ce rocher pour ne jamais le revoir, le docteur,

suivant les intentions d'Hatteras, fit élever un cairn au point même où le capitaine avait abordé l'île; ce cairn fut fait de gros blocs superposés, de façon à former un amer parfaitement visible, si toutefois les hasards de l'éruption le respectaient.

Sur une des pierres latérales, Bell grava au ciseau cette simple inscription:

JOHN HATTERAS
1861

Le double du document fut déposé à l'intérieur du cairn dans un cylindre de fer-blanc parfaitement clos, et le témoignage de la grande découverte demeura ainsi abandonné sur ces rochers déserts.

Alors les quatre hommes et le capitaine, — un pauvre corps sans âme, — et son fidèle Duk, triste et plaintif, s'embarquèrent pour le voyage du retour. Il était dix heures du matin. Une nouvelle voile fut établie avec les toiles de la tente. La chaloupe, filant vent arrière, quitta l'île de la Reine, et le soir, le docteur, debout sur son banc, lança un dernier adieu au Mont-Hatteras, qui flamboyait à l'horizon.

La traversée fut très-rapide; la mer, constamment libre, offrit une navigation facile, et il semblait vraiment qu'il fût plus aisé de fuir le pôle que d'en approcher.

Mais Hatteras n'était pas en état de comprendre ce qui se passait autour de lui; il demeurait étendu dans la chaloupe, la bouche muette, le regard éteint, les bras croisés sur la poitrine, Duk couché à ses pieds. Vainement le docteur lui adressait la parole. Hatteras ne l'entendait pas.

Pendant quarante-huit heures, la brise fut favorable et la mer peu houleuse. Clawbonny et ses compagnons laissaient faire le vent du nord.

Le 15 juillet, ils eurent connaissance d'Altamont-Harbour dans le sud; mais comme l'océan Polaire était dégagé sur toute la côte, au lieu de traverser en traîneau la terre de la Nouvelle-Amérique, ils résolurent de la contourner et de gagner par mer la baie Victoria.

Le trajet était plus rapide et plus facile. En effet, cet espace que les voyageurs avaient mis quinze jours à passer avec leur traîneau, ils en mirent huit à peine à le franchir en naviguant, et, après avoir suivi les sinuosités d'une côte frangée de fiords nombreux dont ils déterminèrent la configuration, ils arrivèrent le lundi soir, 23 juillet, à la baie Victoria.

La chaloupe fut solidement ancrée au rivage, et chacun s'élança vers le Fort-Providence. Mais quelle dévastation! La Maison-du-Docteur, les magasins, la poudrière, les fortifications, tout s'en était allé en eau sous l'action des rayons solaires, et les provisions avaient été saccagées par les animaux carnassiers.

Triste et décevant spectacle!

Les navigateurs touchaient presque à la fin de leurs provisions, et ils comptaient les refaire au Fort-Providence. L'impossibilité d'y passer l'hiver devint évidente. En gens habitués à prendre rapidement leur parti, ils se décidèrent donc à gagner la mer de Baffin par le plus court.

« Nous n'avons pas d'autre parti à suivre, dit le docteur; la mer de Baffin n'est pas à six cents milles; nous pouvons naviguer tant que l'eau ne manquera pas à notre chaloupe, gagner le détroit de Jones, et de là les établissements danois.

—Oui, répondit Altamont, réunissons ce qui nous reste de provisions, et partons. »

En cherchant bien, on trouva quelques caisses de pemmican éparses çà et là, et deux barils de viande conservée, qui avaient échappé à la destruction. En somme, un approvisionnement pour six semaines et de la poudre en suffisante quantité. Tout cela fut promptement rassemblé ; on profita de la journée pour calfater la chaloupe, la remettre en état, et le lendemain, 24 juillet, la mer fut reprise.

Le continent, vers le quatre-vingt-troisième degré de latitude, s'infléchissait dans l'est. Il était possible qu'il rejoignît ces terres connues sous le nom de terre Grinnel, Ellesmer et le Lincoln-Septentrional, qui forment la ligne côtière de la mer de Baffin. On pouvait donc tenir pour certain que le détroit de Jones s'ouvrait sur les mers intérieures, à l'imitation du détroit de Lancastre.

La chaloupe navigua dès lors sans grandes difficultés ; elle évitait facilement les glaces flottantes. Le docteur, en prévision de retards possibles, réduisit ses compagnons à demi-ration de vivres ; mais, en somme, ceux-ci ne se fatiguaient pas beaucoup, et leur santé se maintint en bon état.

D'ailleurs, ils n'étaient pas sans tirer quelques coups de fusil ; ils tuèrent des canards, des oies, des guillemots, qui leur fournirent une alimentation fraîche et saine. Quant à leur réserve liquide, ils la refaisaient facilement aux glaçons d'eau douce qu'ils rencontraient sur la route, car ils avaient toujours soin de ne pas s'écarter des côtes, la chaloupe ne leur permettant pas d'affronter la pleine mer.

A cette époque de l'année, le thermomètre se tenait déjà constamment au-dessous du point de congélation ; le temps, après avoir été souvent pluvieux, se mit à la neige et devint sombre ; le soleil commençait à raser de près l'horizon, et son disque s'y laissait échancrer chaque jour davantage. Le 30 juillet, les voyageurs le perdirent de vue pour la première fois, c'est-à-dire qu'ils eurent une nuit de quelques minutes.

Cependant la chaloupe filait bien, et fournissait quelquefois des courses de soixante à soixante-cinq milles par vingt-quatre heures ; on ne s'arrêtait pas un instant ; on savait quelles fatigues à supporter, quels obstacles à franchir la route de terre présenterait, s'il fallait la prendre, et ces mers resserrées ne pouvaient tarder à se rejoindre ; il y avait déjà des jeunes glaces reformées çà et là. L'hiver succède inopinément à l'été sous les hautes latitudes ; il n'y a ni printemps ni automne ; les saisons intermédiaires manquent. Il fallait donc se hâter.

454   AVENTURES DU CAPITAINE HATTERAS.

Le 31 juillet, le ciel étant pur au coucher du soleil, on aperçut les premières étoiles dans les constellations du zénith. A partir de ce jour, un brouillard régna sans cesse, qui gêna considérablement la navigation.

Le docteur, en voyant se multiplier les symptômes de l'hiver, devint très-inquiet; il savait quelles difficultés sir John Ross éprouva pour gagner la mer de Baffin, après l'abandon de son navire; et même, le passage des glaces tenté une première fois, cet audacieux marin fut forcé de revenir à son navire et d'hiverner une quatrième année; mais au moins il avait un abri pour la mauvaise saison, des provisions et du combustible.

Si pareil malheur arrivait aux survivants du *Forward*, s'il leur fallait s'arrêter ou revenir sur leurs pas, ils étaient perdus; le docteur ne dit rien

de ses inquiétudes à ses compagnons, mais il les pressa de gagner le plus possible dans l'est.

Enfin, le 15 août, après trente jours d'une navigation assez rapide, après avoir lutté depuis quarante-huit heures contre les glaces qui s'accumulaient dans les passes, après avoir risqué cent fois leur frêle chaloupe, les navigateurs se virent absolument arrêtés, sans pouvoir aller plus loin; la mer était prise de toutes parts, et le thermomètre ne marquait plus en moyenne que quinze degrés au-dessus de zéro (— 9 centig.).

D'ailleurs, dans tout le nord et l'est, il fut facile de reconnaître la proximité d'une côte à ces petites pierres plates et arrondies, que les flots usent sur les rivages; la glace d'eau douce se rencontrait aussi plus fréquemment.

Altamont fit ses relevés avec une scrupuleuse exactitude; et il obtint 77° 15′ de latitude et 85° 02′ de longitude.

« Ainsi donc, dit le docteur, voici notre position exacte; nous avons atteint le Lincoln-Septentrional, précisément au cap Éden; nous entrons dans le détroit de Jones; avec un peu plus de bonheur, nous l'aurions trouvé libre jusqu'à la mer de Baffin. Mais il ne faut pas nous plaindre. Si mon pauvre Hatteras eût rencontré d'abord une mer si facile, il fût arrivé rapidement au pôle. Ses compagnons ne l'eussent pas abandonné, et sa tête ne se serait pas perdue sous l'excès des plus terribles angoisses!

—Alors, dit Altamont, nous n'avons plus qu'un parti à prendre : abandonner la chaloupe et rejoindre en traîneau la côte orientale du Lincoln.

—Abandonner la chaloupe et reprendre le traîneau, bien, répondit le docteur; mais, au lieu de traverser le Lincoln, je propose de franchir le détroit de Jones sur les glaces et de gagner le Devon-Septentrional.

—Et pourquoi? demanda Altamont.

—Parce que plus nous nous approcherons du détroit de Lancastre, plus nous aurons de chances d'y rencontrer des baleiniers.

—Vous avez raison, docteur, mais je crains bien que les glaces ne soient pas encore assez unies pour nous offrir un passage praticable.

—Nous essayerons, » répondit Clawbonny.

La chaloupe fut déchargée; Bell et Johnson reconstruisirent le traîneau; toutes ses pièces étaient en bon état; le lendemain les chiens y furent attelés, et l'on prit le long de la côte pour gagner l'ice-field.

Alors recommença ce voyage tant de fois décrit, fatigant et peu rapide; Altamont avait eu raison de se défier de l'état de la glace; on ne put traverser le détroit de Jones, et il fallut suivre la côte du Lincoln.

Le 21 août, les voyageurs, en coupant de biais, arrivèrent à l'entrée du détroit du Glacier; là, ils s'aventurèrent sur l'ice-field, et le lendemain, ils atteignirent l'île Cobourg, qu'ils traversèrent en moins de deux jours au milieu des bourrasques de neige.

Ils purent alors reprendre la route plus facile des champs de glace, et enfin, le 24 août, ils mirent le pied sur le Devon-Septentrional.

« Maintenant, dit le docteur, il ne nous reste plus qu'à traverser cette terre et à gagner le cap Warender à l'entrée du détroit de Lancastre. »

Mais le temps devint affreux et très-froid; les raffales de neige, les tourbillons reprirent leur violence hivernale; les voyageurs se sentaient à bout de forces. Les provisions s'épuisaient, et chacun dut se réduire au tiers de ration, afin de conserver aux chiens une nourriture proportionnée à leur travail.

La nature du sol ajoutait beaucoup aux fatigues du voyage; cette terre du Devon-Septentrional était extrèmement accidentée; il fallut franchir les monts Trauter par des gorges impraticables, en luttant contre tous les éléments déchaînés. Le traîneau, les hommes et les chiens faillirent y rester, et, plus d'une fois, le désespoir s'empara de cette petite troupe, si aguerrie cependant, et si faite aux fatigues d'une expédition polaire. Mais, sans qu'ils s'en rendissent compte, ces pauvres gens étaient usés moralement et physiquement; on ne supporte pas impunément dix-huit mois d'incessantes fatigues et une succession énervante d'espérances et de désespoirs. D'ailleurs, il faut le remarquer, l'aller se fait avec un entraînement, une conviction, une foi qui manquent au retour. Aussi, les malheureux se traînaient avec peine; on peut dire qu'ils marchaient par habitude, par un reste d'énergie animale presque indépendante de leur volonté.

Ce ne fut que le 30 août qu'ils sortirent enfin de ce cahos de montagnes.

dont l'orographie des zones basses ne peut donner aucune idée, mais ils en sortirent meurtris et à demi-gelés. Le docteur ne suffisait plus à soutenir ses compagnons, et il se sentait défaillir lui-même.

Les monts Trauter venaient aboutir à une sorte de plaine convulsionnée par le soulèvement primitif de la montagne.

Là, il fallut absolument prendre quelques jours de repos; les voyageurs ne pouvaient plus mettre un pied devant l'autre; deux des chiens d'attelage étaient morts d'épuisement.

On s'abrita donc derrière un glaçon, par un froid de deux degrés au-dessous de zéro (—19° centig.); personne n'eut le courage de dresser la tente.

Les provisions étaient fort réduites, et, malgré l'extrême parcimonie mise dans les rations, celles-ci ne pouvaient durer plus de huit jours; le gibier devenait rare et regagnait pour l'hiver de moins rudes climats. La mort par la faim se dressait donc menaçante devant ses victimes épuisées.

Altamont, qui montrait un grand dévouement et une véritable abnégation, profita d'un reste de force et résolut de procurer par la chasse quelque nourriture à ses compagnons.

Il prit son fusil, appela Duk et s'engagea dans les plaines du nord; le docteur, Johnson et Bell le virent s'éloigner presque indifféremment. Pendant une heure, ils n'entendirent pas une seule fois la détonation de son fusil, et ils le virent revenir sans qu'un seul coup eût été tiré; mais l'Américain accourait comme un homme épouvanté.

« Qu'y a-t-il? lui demanda le docteur.

—Là-bas! sous la neige! répondit Altamont avec un accent d'effroi en montrant un point de l'horizon.

—Quoi?

—Toute une troupe d'hommes!...

—Vivants?

—Morts... gelés... et même... »

L'Américain n'osa achever sa pensée, mais sa physionomie exprimait la plus indicible horreur.

Le docteur, Johnson, Bell, ranimés par cet incident, trouvèrent le moyen de se relever et se traînèrent sur les traces d'Altamont, vers cette partie de la plaine qu'il indiquait du geste.

Ils arrivèrent bientôt à un espace resserré, au fond d'une ravine profonde, et là, quel spectacle s'offrit à leur vue!

Des cadavres déjà raidis, à demi-enterrés sous ce linceul blanc, sortaient çà et là de la couche de neige; ici un bras, là une jambe, plus loin des mains crispées, des têtes conservant encore leur physionomie menaçante et désespérée!

Le docteur s'approcha, puis il recula, pâle, les traits décomposés, pendant que Duk aboyait avec une sinistre épouvante.

« Horreur! horreur! fit-il.

—Eh bien? demanda le maître d'équipage.

—Vous ne les avez pas reconnus? fit le docteur d'une voix altérée.

—Que voulez-vous dire?

—Regardez! »

Cette ravine avait été naguère le théâtre d'une dernière lutte des hommes contre le climat, contre le désespoir, contre la faim même, car, à certains restes horribles, on comprit que les malheureux s'étaient repus de cadavres humains, peut-être d'une chair encore palpitante, et, parmi eux, le docteur avait reconnu Shandon, Pen, le misérable équipage du *Forward*;

les forces firent défaut, les vivres manquèrent à ces infortunés; leur chaloupe fut brisée probablement par les avalanches ou précipitée dans un gouffre, et ils ne purent profiter de la mer libre; on peut supposer aussi qu'ils s'égarèrent au milieu de ces continents inconnus. D'ailleurs, des gens partis sous l'excitation de la révolte ne pouvaient être longtemps unis

entre eux de cette union qui permet d'accomplir les grandes choses. Un chef de révoltés n'a jamais qu'une puissance douteuse entre les mains. Et sans doute, Shandon fut promptement débordé.

Quoi qu'il en soit, cet équipage passa évidemment par mille tortures, mille désespoirs, pour en arriver à cette épouvantable catastrophe; mais le secret de leurs misères est enseveli avec eux pour toujours dans les neiges du pôle.

« Fuyons! fuyons! » s'écria le docteur.
Et il entraîna ses compagnons loin du lieu de ce désastre. L'horreur leur rendit une énergie momentanée. Ils se remirent en marche.

CHAPITRE XXVII. — CONCLUSION.

A quoi bon s'appesantir sur les maux qui frappèrent sans relâche les survivants de l'expédition? Eux-mêmes, ils ne purent jamais retrouver dans leur mémoire le souvenir détaillé des huit jours qui s'écoulèrent après l'horrible découverte des restes de l'équipage. Cependant, le 9 septembre, par un miracle d'énergie, ils se trouvèrent au cap Horsburg, à l'extrémité du Devon-Septentrional.

Ils mouraient de faim; ils n'avaient pas mangé depuis quarante-huit heures, et leur dernier repas fut fait de la chair de leur dernier chien esquimau. Bell ne pouvait aller plus loin, et le vieux Johnson se sentait mourir.

Ils étaient sur le rivage de la mer de Baffin, prise en partie, c'est-à-dire sur le chemin de l'Europe. A trois milles de la côte, les flots libres déferlaient avec bruit sur les vives arêtes du champ de glace.

Il fallait attendre le passage problématique d'un baleinier, et combien de jours encore?...

Mais le ciel prit ces malheureux en pitié, car, le lendemain, Altamont aperçut distinctement une voile à l'horizon.

On sait quelles angoisses accompagnent ces apparitions de navire, quelles craintes d'une espérance déçue! Le bâtiment semble s'approcher et s'éloigner tour à tour. Ce sont des alternatives horribles d'espoir et de désespoir, et trop souvent, au moment où les naufragés se croient sauvés, la voile entrevue s'éloigne et s'efface à l'horizon.

Le docteur et ses compagnons passèrent par toutes ces épreuves; ils étaient arrivés à la limite occidentale du champ de glace, se portant, se poussant les uns les autres, et ils voyaient disparaître peu à peu ce navire, sans qu'il eût remarqué leur présence. Ils l'appelaient, mais en vain!

Ce fut alors que le docteur eut une dernière inspiration de cet industrieux génie qui l'avait si bien servi jusqu'alors.

Un glaçon, pris par le courant, vint se heurter contre l'ice-field.

« Ce glaçon ! » fit-il, en le montrant de la main.

On ne le comprit pas.

« Embarquons ! embarquons ! » s'écria-t-il.

Ce fut un éclair dans l'esprit de tous.

« Ah ! monsieur Clawbonny, monsieur Clawbonny ! » répétait Johnson en embrassant les mains du docteur.

Bell, aidé d'Altamont, courut au traîneau ; il en rapporta l'un des montants, le planta dans le glaçon comme un mât, et le soutint avec des cordes ; la tente fut déchirée pour former tant bien que mal une voile. Le vent était favorable ; les malheureux abandonnés se précipitèrent sur le fragile radeau et prirent le large.

Deux heures plus tard, après des efforts inouïs, les derniers hommes du *Forward* étaient recueillis à bord du *Hans Christien*, baleinier danois, qui regagnait le détroit de Davis.

Le capitaine reçut en homme de cœur ces spectres qui n'avaient plus d'apparence humaine ; à la vue de leurs souffrances, il comprit leur histoire ; il leur prodigua les soins les plus attentifs, et il parvint à les conserver à la vie.

Dix jours après, Clawbonny, Johnson, Bell, Altamont et le capitaine Hatteras débarquèrent à Korsœur, dans le Seeland, en Danemark ; un bateau à vapeur les conduisit à Kiel ; de là, par Altona et Hambourg, ils gagnèrent Londres, où ils arrivèrent le 13 du même mois, à peine remis de leurs longues épreuves.

Le premier soin du docteur fut de demander à la Société royale géographique de Londres la faveur de lui faire une communication ; il fut admis à la séance du 15 juillet.

Que l'on s'imagine l'étonnement de cette savante assemblée, et ses hurrahs enthousiastes après la lecture du document d'Hatteras.

Ce voyage, unique dans son espèce, sans précédent dans les fastes de l'histoire, résumait toutes les découvertes antérieures faites au sein des régions circumpolaires ; il reliait entre elles les expéditions des Parry, des Ross, des Franklin, des Mac-Clure ; il complétait, entre le centième et le cent quinzième méridien, la carte des contrées hyperboréennes, et enfin il aboutissait à ce point du globe inaccessible jusqu'alors, au pôle même.

Jamais, non, jamais nouvelle aussi inattendue n'éclata au sein de l'Angleterre stupéfaite !

Les Anglais sont passionnés pour ces grands faits géographiques ; ils se sentirent émus et fiers, depuis le lord jusqu'au cokney, depuis le prince-marchand jusqu'à l'ouvrier des docks.

La nouvelle de la grande découverte courut sur tous les fils télégraphiques du Royaume-Uni avec la rapidité de la foudre; les journaux inscrivirent le nom d'Hatteras en tête de leurs colonnes comme celui d'un martyr, et l'Angleterre tressaillit d'orgueil.

On fêta le docteur et ses compagnons, qui furent présentés à Sa Gra-

cieuse Majesté par le lord Grand-Chancelier, en audience solennelle.

Le gouvernement confirma les noms d'île de la Reine, pour le rocher du pôle nord, de Mont-Hatteras, décerné au volcan lui-même, et d'Altamont-Harbourg, donné au port de la Nouvelle-Amérique.

Altamont ne se sépara plus de ses compagnons de misère et de gloire, devenus ses amis; il suivit le docteur, Bell et Johnson à Liverpool, qui les acclama à leur retour, après les avoir si longtemps crus morts et ensevelis dans les glaces éternelles.

Mais cette gloire, le docteur Clawbonny la rapporta sans cesse à celui qui la méritait entre tous. Dans la relation de son voyage, intitulée : « The English at the North-Pole, » publiée l'année suivante par les soins de la Société royale de géographie, il fit de John Hatteras l'égal des plus grands voyageurs, l'émule de ces hommes audacieux qui se sacrifient tout entiers aux progrès de la science.

Cependant, cette triste victime d'une sublime passion vivait paisiblement dans la maison de santé de Sten-Cottage, près de Liverpool, où son ami le docteur l'avait installé lui-même. Sa folie était douce, mais il ne parlait pas, il ne comprenait plus, et sa parole semblait s'être en allée avec sa raison. Un seul sentiment le rattachait au monde extérieur, son amitié pour Duk, dont on n'avait pas voulu le séparer.

Cette maladie, cette « folie polaire, » suivait donc tranquillement son cours et ne présentait aucun symptôme particulier, quand, un jour, le docteur Clawbonny, qui visitait souvent son pauvre malade, fut frappé de son allure.

Depuis quelque temps, le capitaine Hatteras, suivi de son fidèle chien qui le regardait d'un œil doux et triste, se promenait chaque jour pendant de longues heures ; mais sa promenade s'accomplissait invariablement suivant un sens déterminé et dans la direction d'une certaine allée de Sten-Cottage. Le capitaine, une fois arrivé à l'extrémité de l'allée, revenait à reculons. Quelqu'un l'arrêtait-il ? il montrait du doigt un point fixe dans le ciel. Voulait-on l'obliger à se retourner ? il s'irritait, et Duk, partageant sa colère, aboyait avec fureur.

Le docteur observa attentivement une manie si bizarre, et il comprit bientôt le motif de cette obstination singulière ; il devina pourquoi cette promenade s'accomplissait dans une direction constante, et, pour ainsi dire, sous l'influence d'une force magnétique.

Le capitaine John Hatteras marchait invariablement vers le Nord.

FIN.

TABLE

PREMIÈRE PARTIE

LES ANGLAIS AU POLE NORD.

	Pages.
Chapitre I. — Le *Forward*.	3
II. — Une lettre inattendue.	11
III. — Le docteur Clawbonny.	18
IV. — Dog Captain.	22
V. — La pleine mer.	30
VI. — Le grand courant polaire.	38
VII. — Le détroit de Davis.	44
VIII. — Propos de l'équipage.	52
IX. — Une nouvelle.	60
X. — Périlleuse navigation.	66
XI. — Le pouce du Diable.	75
XII. — Le capitaine Hatteras.	83
XIII. — Les projets d'Hatteras.	92
XIV. — Expédition à la recherche de Franklin	98

		Pages
CHAPITRE XV.	— Le *Forward* rejeté dans le Sud.................................	107
XVI.	— Le pôle magnétique...	113
XVII.	— La catastrophe de sir John Franklin.........................	121
XVIII.	— La route au Nord...	126
XIX.	— Une baleine en vue...	130
XX.	— L'île Beechey..	137
XXI.	— La mort de Bellot..	144
XXII.	— Commencement de révolte....................................	152
XXIII.	— L'assaut des glaçons.......................................	158
XXIV.	— Préparatifs d'hivernage....................................	166
XXV.	— Un vieux renard de James Ross..............................	172
XXVI.	— Le dernier morceau de charbon..............................	181
XXVII.	— Les grands froids de Noël..................................	188
XXVIII.	— Préparatifs de départ......................................	195
XXIX.	— A travers les champs de glace..............................	199
XXX.	— Le Cairn...	210
XXXI.	— La mort de Simpson...	217
XXXII.	— Le retour au *Forward*.....................................	223

SECONDE PARTIE

LE DÉSERT DE GLACE.

CHAPITRE I.	— L'inventaire du docteur....................................	231
II.	— Les premières paroles d'Altamont...........................	239
III.	— Dix-sept jours de marche...................................	248
IV.	— La dernière charge de poudre...............................	256
V.	— Le phoque et l'ours..	266
VI.	— Le *Porpoise*..	274
VII.	— Une discussion cartologique................................	284
VIII.	— Excursion au nord de la baie Victoria......................	292
IX.	— Le froid et le chaud.......................................	300

TABLE.

		Pages.
CHAPITRE X.	— Les plaisirs de l'hivernage............................	308
XI.	— Traces inquiétantes.................................	316
XII.	— La prison de glace.................................	325
XIII.	— La mine...	334
XIV.	— Le printemps polaire...............................	344
XV.	— Le passage du Nord-Ouest..........................	351
XVI.	— L'Arcadie boréale.................................	362
XVII.	— La revanche d'Altamont............................	371
XVIII.	— Les derniers préparatifs...........................	378
XIX.	— Marche au Nord...................................	384
XX.	— Empreintes sur la neige............................	395
XXI.	— La mer libre......................................	406
XXII.	— Les approches du pôle.............................	415
XXIII.	— Le pavillon d'Angleterre...........................	425
XXIV.	— Cours de cosmographie polaire.....................	432
XXV.	— Le mont Hatteras.................................	440
XXVI.	— Retour au Sud....................................	450
XXVII.	— Conclusion.......................................	459

FIN DE LA TABLE.

Paris. — Imp. GAUTHIER-VILLARS, 55, quai des Grands-Augustins.

www.ingramcontent.com/pod-product-compliance
Lightning Source LLC
Chambersburg PA
CBHW060516230426
43665CB00013B/1539